The Place to Be · Salons als Orte der Emanzipation · Salons – Places of Emancipation

The Place to Be

Salons als Orte der Emanzipation
Salons – Places of Emancipation

Herausgegeben von Werner Hanak, Astrid Peterle und Danielle Spera
im Auftrag des Jüdischen Museums Wien
Edited by Werner Hanak, Astrid Peterle, and Danielle Spera
on behalf of the Jewish Museum Vienna

Inhalt

Contents

6	Ideen sterben nicht
Ideas Do Not Die
Danielle Spera	114	Der Ort des Salons: Berta Zuckerkandl
The Location of the Salon: Berta Zuckerkandl
Andrea Winklbauer
14	„Daß man nur um den Preis der Lüge in die Gesellschaft hineinkam"
Berliner und Wiener Salonièren im Spiegelbild ihrer Biografinnen
"That entrance into society was possible only at the price of lying"
Berlin and Vienna Salonières in the Reflection of Their Biographers
Gabriele Kohlbauer-Fritz	138	Rote Salons im Grünen
Pädagogik, Pazifismus und Lebensreform in gelebter Geselligkeit
Red Salons in the Green
Progressive Education, Pacifism and "Life Reform" in Lived Conviviality
Marcus G. Patka
38	„Zum Wohle unserer Mitmenschen, zur Ehre des Judentums" – Salons und (Frauen-)Vereine
"For the benefit of our fellow human beings, for the honor of Judaism" – Salons and (Women's) Associations
Domagoj Akrap	162	„Früher pflegte man sich Gäste einzuladen, wenn man Lust und Geld hatte. Heute ladet man sie ein, wenn Vollmond ist."
Über Exilsalons und Emigrantenzirkel
"In former days, one used to invite guests when one had the whim and the money. Today one invites them when the moon is full."
On Exile Salons and Emigrant Circles
Sabine Bergler
50	Cherchez la femme
Über präsente und fehlende Frauen in Wiener Salons und Kaffeehäusern
Cherchez la femme
On Present and Absent Women in Viennese Salons and Coffeehouses
Werner Hanak	188	Haben Sie Wien schon bei Tag gesehen?
Oder: Kennen Sie Ihre Stadt?
Have You Already Seen Vienna by Day?
Or: Do You Know Your City?
Hannah Landsmann
70	Aufbruch, Liebe, Depression: Die Salonièren des 19. Jahrhunderts
Emergence, Love, Depression: The Salonières of the 19th Century
Astrid Peterle	198	Salon Talk
Anna Mendelssohn
		206	Bibliografie und Quellen (Auswahl) / Selected Bibliography
		208	Abkürzungsverzeichnis / Abbreviations
		209	Autorinnen und Autoren / Authors
		213	Leihgeber / Lenders
96	Salon Wertheimstein im Bezirksmuseum Döbling, 2018
Wertheimstein salon in Döbling District Museum, 2018
Nafez Rerhuf	214	Dank / Acknowledgments
		224	Impressum / Imprint

DANIELLE SPERA

Ideen sterben nicht

Ideas Do Not Die

Unsere Dauerausstellung im Jüdischen Museum Wien haben wir *Unsere Stadt!* genannt. Wir erinnern darin an die Initiativen, die Jüdinnen und Juden für unsere Stadt gesetzt haben – in Wirtschaft, Infrastruktur, Wissenschaft, Kunst, Kultur und für den Aufschwung der Gesellschaft allgemein, wie sehr sie sie prägten und wie sehr sie sich mit ihr identifizierten, auch wenn sie im Lauf der Jahrhunderte immer wieder aus dieser Stadt blutig vertrieben wurden. Unsere Stadt aus weiblicher (jüdischer) Perspektive zu beleuchten, ist uns ein besonderes Anliegen.

Wir stellen wichtige österreichische und Wiener Jüdinnen vor und betrachten deren Stellung in der Gesellschaft. Mit einer Analyse der Salons und vor allem der Protagonistinnen, die diese Räume zu einem *Place to Be* machten, setzt sich diese Erforschung der weiblichen Wiener jüdischen Geschichte fort. Hier verhandeln wir die Biografien wichtiger Wiener Jüdinnen, die sich in einer Zeit, in der Frauen im öffentlichen Leben nicht vorhanden waren, ihren Platz in der Gesellschaft etablierten, indem sie als Gastgeberinnen fungierten. Gastgeberinnen nicht im Sinn einer Repräsentantin, die bei Soireen oder Diners als Aufputz dient, während die Männer sich zu den essentiellen Gesprächen in das Zigarrenzimmer oder ähnlich definierten Räume zurückziehen: Hier treten sie als Organisatorinnen und Akteurinnen regelmäßiger privater Zusammenkünfte aktiv in Erscheinung, bei denen sich Gäste aus verschiedenen Gesellschaftsschichten, unterschiedlichen Konfessionen oder Berufsgruppen, z. B. Kulturschaffende, Künstler oder Wirtschaftstreibende, zum intellektuellen Gedankenaustausch einfanden.

Networking im besten Sinne würde man heute das bezeichnen, was die Wiener Salons zwischen 1780 und 1938 ausmachte. Diese – meist von jüdischen Gastgeberinnen geprägten – Kommunikationsräume waren in zweifacher Hinsicht Orte der Emanzipation und der Ermächtigung: für Frauen, die von der Öffentlichkeit ausgeschlossen waren und für die Entwicklung einer bürgerlich-kritischen Zivilgesellschaft. Ab dem Ende des 18. Jahrhunderts bis zur Zäsur 1938 prägten die jüdischen Gastgeberinnen den Diskursraum Salon. Als starke Frauenpersönlichkeiten schufen sie in ihren Häusern Ermächtigungsräume, die ihnen im öffentlichen Leben verwehrt blieben. Die Salons von Fanny von Arnstein, Josephine von Wertheimstein, Berta Zuckerkandl und vielen anderen, wurden zu kultivierten Orten der Politik und gleichzeitig politischen Orten der Kultur.

We named our permanent exhibition at the Jewish Museum Vienna *Our City!* In it we remember the initiatives that Jewish women and men have undertaken for our city – in business, infrastructure, science, art, culture and for the upswing of society in general, how much they shaped Vienna and how much they identified with it, even when they had repeatedly been bloodily driven out of this city over the centuries. Illuminating our city from a feminine (Jewish) perspective is of special concern to us.

We introduce important Austrian and Viennese Jewish women and consider their position in society. With an analysis of the salons and, above all, those who made these spaces a *Place to Be*, this exploration of female Viennese Jewish history continues. Here we examine the biographies of important Viennese Jewish women who, by acting as hostesses, established their place in society at a time when women did not exist in public life. Hostesses not in the sense of a representative who serves as an embellishment at soirées or dinners while the men retire to the essential conversations in the cigar room or similarly defined spaces: Here they actively appear as organizers and protagonists of regular private gatherings at which guests from different walks of life, different religious denominations or professional groups, e.g., people involved in culture, artists or entrepreneurs, came together for the intellectual exchange of ideas.

What constituted the Vienna salons between 1780 and 1938 would today be termed networking in the best sense of the word. These communicative spaces—shaped for the most part by Jewish hostesses—were places of emancipation and empowerment in two respects: for women who were excluded from public life and for the development of a critical, civil society. From the end of the 18th century until

Fanny von Arnsteins Salon am Hohen Markt
Fanny von Arnstein's salon on Hoher Markt
Anfang 19. Jh. / beginning of 19th century
Slg. / Coll. JMW, Inv. Nr. 15475
Foto / Photo: David Peters

Hilde Spiel und Anna Mendelssohn undatiert
Hilde Spiel with Anna Mendelssohn n.d.
Slg. / Coll. Anna Mendelssohn

Heute gilt es, die Leistungen der Salonièren für die Wiener Kultur-, Wirtschafts- und Politikszene begreiflich zu machen. Diese gleichzeitig elitären wie auch demokratischen Räume beförderten die Emanzipation der Frauen, des Judentums aber auch ganz allgemein einer kritischen Zivilgesellschaft. Um 1900 wurden die Wiener Cafés zu den neuen Orten des gesellschaftlichen und künstlerischen Diskurses der anbrechenden Moderne. Frauen durften diese lange Zeit nur in Begleitung von Männern betreten bzw. wurden sie bewusst ausgeschlossen, wie etwa in Adolf Loos' 1908 als Männerclub erbauter American Bar. Die sogenannten Reformsalons von Berta Zuckerkandl und Eugenie Schwarzwald können als Gegenentwurf zu diesem patriarchalen Akt des Ausschlusses verstanden werden. Mit der Zäsur der Schoa verlagerte sich die Wiener Salonkultur in die Emigration, um sich schließlich in den letzten Jahren wieder vermehrt in der Stadt zu etablieren.

Das Leben der Salonièren muss heute in all seiner Widersprüchlichkeit dargestellt werden, denn diese Gastgeberinnen des 19. Jahrhunderts und beginnenden 20. Jahrhunderts vollführten einen Drahtseilakt: Ihr Wirken war geprägt von gesellschaftlichen Konventionen, die ihre Rolle als Frauen maßgeblich beschränkten. Gleichzeitig erfuhren sie aber auch große Anerkennung für ihre Leistungen als Förderinnen des künstlerischen und politischen Diskurses. Ermöglicht wurde ihnen diese damals wie heute gewürdigte Tätigkeit durch die Infrastruktur ihrer Ehen und Häuser. Wohlstand und Ansehen täuschten aber nur oberflächlich über die tatsächlichen Konstellationen hinweg, dass der angeordnete Weg in der vorbestimmten Rolle oft

the turning point in 1938, the Jewish hostesses characterized the discourse space of the salon. As strong female personalities, they created locations of empowerment in their homes that were denied them in public life. The salons of Fanny von Arnstein, Josephine von Wertheimstein, Berta Zuckerkandl and many others became cultured places of politics and at the same time political places of culture.

Today it is important to make the achievements of the salonières for the Viennese cultural, economic and political scene comprehensible. Elitist, yet democratic, these spaces promoted the emancipation of women, of Judaism, but also of a critical civil society in general. Around 1900, the Viennese cafés became the new venues of social and artistic discourse at the dawn of modernity. For a long time, women were only permitted to enter them when accompanied by men, or were deliberately excluded, like in Adolf Loos' American bar, built in 1908 as a men's club. The so-called progressive salons of Berta Zuckerkandl and Eugenie Schwarzwald can be seen as counter-drafts to these patriarchal acts of exclusion. With the caesura of the Shoah, the Viennese salon culture shifted into emigration, in order to establish itself more and more in the city in recent years.

The life of the salonières must be portrayed today in all its contradictions, for these 19th century and early 20th century hostesses walked a tightrope: their actions were dominated by social conventions that significantly limited their role as women. At the same time, they also received great recognition for their achievements as catalysers of artistic and political debate. Appreciated back then and today, this activity was made possible by the infrastructure of their marriages and houses. Affluence and reputation, however, only superficially obscured the actual constellations and the fact that the arranged path in the predetermined role often led to loneliness and depression despite the abundance of social life, which then often ended in the clinical diagnosis (by male physicians/psychoanalysts) of "hysteria." Josephine von Wertheimstein, for example, one of the most important salonières of the late nineteenth century, without any illusions compares her life to the vegetation of a plant or a starfish.

The "pioneer" among the Viennese salonières, Fanny von Arnstein, was probably not shaken in her self-image. She had set out from her hometown of Berlin to Vienna to be married here as a young girl. Instead of accepting her fate and devoting herself solely to her role as wife and mother, she became the vanguard of defining Viennese women personalities.

trotz der Fülle des Gesellschaftslebens in Einsamkeit und Depression mündete, was dann häufig (von männlichen Ärzten/Psychoanalytikern) in der klinischen Diagnose „Hysterie" mündete. So vergleicht eine der wichtigsten Salonièren des ausklingenden 19. Jahrhunderts, Josephine von Wertheimstein, ihr Leben illusionslos mit dem Vegetationsdasein einer Pflanze oder eines Seesterns.

Die „Pionierin" unter den Wiener Salonièren, Fanny von Arnstein, war vermutlich in ihrem Selbstverständnis nicht erschüttert. Sie hatte den Weg aus ihrer Heimatstadt Berlin nach Wien angetreten, um hier als junges Mädchen verheiratet zu werden. Anstatt sich ihres Schicksals zu fügen und in ihrer Rolle als Ehefrau und Mutter aufzugehen, wurde sie zur Vorreiterin prägender Wiener Frauenpersönlichkeiten. Aus der prominenten Berliner Familie Itzig stammend, wurde die 17-jährige Feigele mit dem elf Jahre älteren Wiener Bankier Nathan von Arnstein verheiratet, der mit seinem Compagnon Bernhard von Eskeles das Bankwesen in Wien entscheidend gestaltete. Ihnen gehörte u.a. das Palais Eskeles, in dem sich heute das Jüdische Museum Wien befindet.

Aus der Weltstadt Berlin brachte die – wie alle Salonièren nach ihr – hoch gebildete, von den Ideen der Aufklärung geprägte Fanny von Arnstein nicht nur internationales Flair in die zu jener Zeit provinzielle kaiserliche Residenzstadt, sondern schuf mit ihrem Salon eine Institution, die zum wesentlichen Treffpunkt der Intellektuellen, Künstler, Gelehrten und vor allem der Anhänger eines politischen Liberalismus wurde. Fanny von Arnstein schaffte es, in der geistigen Öde Wiens eine Tür in die Welt zu öffnen – und das noch dazu in einer Zeit der politischen und gesellschaftlichen Repression und angesichts eines reaktionären und fortschrittfeindlichen Klimas. Das hatte zur Folge, dass Fanny von Arnsteins Salon zum Haupteinsatzgebiet der Spitzel von Staatskanzler Metternich wurde. Dies ermöglichte der Geschichtsschreibung auch einen spannenden Einblick in die Weihnachtstradition, da die Geheimpolizei, die den Arnsteinschen Salon nicht nur während des Wiener Kongresses mit großem Argwohn betrachtete, eine erstaunliche Entdeckung machte: Fanny brachte den bis zu diesem Zeitpunkt in Wien völlig unbekannten Brauch des Weihnachtsbaumes nach Wien.

Heute steht an der Stelle dieses *Place to Be* am Hohen Markt in Wien ein karger Wohnbau aus den 1950er-Jahren. An die Tatsache, dass dieses Haus am Beginn des 19. Jahrhunderts das Zentrum des europäischen Geistes und der

Coming from the prominent Itzig family in Berlin, 17-year-old Feigele was wed to the Viennese banker Nathan von Arnstein, eleven years her senior, who, along with his companion Bernhard von Eskeles, had a decisive influence on banking in Vienna. Palais Eskeles, where the Jewish Museum Vienna is located today, also belonged to them.

A native of the cosmopolitan city of Berlin, Fanny von Arnstein—like all salonières after her—highly educated and inspired by the ideas of the Enlightenment, not only brought international flair to the then-provincial imperial capital, but with her salon created an institution that became a major meeting place of intellectuals, artists, scholars and especially the proponents of political liberalism. In the intellectual wasteland of Vienna, Fanny von Arnstein managed to open a door into the world—and she did all of this at a time of political and social repression, and in the face of a reactionary climate hostile to progress. As a result, Fanny von Arnstein's salon became the main theater of operations for the informers of State Chancellor Metternich. It also provided a fascinating insight into the tradition of Christmas, as the secret police, who not only viewed Arnstein's salon with great suspicion during the Congress of Vienna, made an astounding discovery there: Fanny brought the custom of the Christmas tree, completely unknown up to then, to Vienna.

Today, this *Place to Be* on Hoher Markt in Vienna is a barren residential building from the 1950s. Nothing more is left to remind us that this house was the center of the European spirit and European culture at the beginning of the 19th century. In the Jewish Museum we often talk about this interesting woman. The museum possesses a number objects that enable us to tell the story of the great networker. Her appointment book, which also includes a drawing of the Christmas tree, a Torah curtain donated by her husband

Danielle Spera und Leigh Turner
Danielle Spera with Leigh Turner
Foto / Photo: Lukas Pichelmann

europäischen Kultur bildete, erinnert heute nichts mehr. Im Jüdischen Museum sprechen wir häufig von dieser interessanten Frau. Im Besitz des Museums befinden sich zahlreiche Objekte, an Hand derer wir die Geschichte der großartigen Netzwerkerin erzählen können. Ihr Merkbüchlein, das auch eine Zeichnung des Weihnachtsbaumes beinhaltet, ein Tora-Vorhang, gestiftet von ihrem Ehemann Nathan als „Herzensgabe" (so die Inschrift) sowie Zeichnungen aus dem Salon bilden den Nukleus der Gegenstände, die uns dazu dienen, Fanny nicht in Vergessenheit geraten zu lassen.

Gerade weil es von Fanny von Arnstein nur wenige Zeugnisse gibt, galt bisher die Biografie über sie, geschrieben von der großen österreichischen Schriftstellerin Hilde Spiel aus dem Jahr 1978, als eine der raren Quellen für das Leben dieser ganz speziellen Frau. „Ideen sterben nicht mit und gleich den Menschen, denen sie ihr Leben verdanken. Sie mögen mit ihnen zu Grabe getragen werden, doch bewegen sie sich im dunklen Erdreich fort, um in verwandelter Form wieder zutage zu treten."[1]

War Fanny von Arnstein die Wegbereiterin für zahlreiche Wiener Jüdinnen, die ihrem Beispiel folgten und ein offenes Haus führten, in dem regelmäßige Gäste, auch Habitués genannt, ohne große Einladung aus- und eingingen, so endet die Ära der Salons mit einer weiteren herausragenden Frau: Berta Zuckerkandl. Die Journalistin und Schriftstellerin prägte über Jahrzehnte mit ihrem Salon an wechselnden Orten, zuletzt im Palais Lieben-Auspitz an der Ringstraße das geistige Leben in Wien bis zu ihrer Vertreibung im Jahr 1938. Im Exil führte sie ihren Salon weiter. In ihrem *Place to Be* war die geistige und künstlerische Elite zu Hause. Als Vorbild für ihre Rolle als Salonière diente ihr sicherlich ihre Mutter Amalia, in deren Salon wichtige Politiker, Financiers und Künstler ein- und ausgingen. Berta Zuckerkandls Vater, Moritz Szeps war ein einflussreicher Verleger. Als Herausgeber des *Neuen Wiener Tagblatts* war er ein Verfechter des Liberalismus, mit Kronprinz Rudolf eng befreundet und in Kontakt mit führenden britischen und französischen Politikern, die Berta, die ihren Vater bei seiner Arbeit unterstützte, bereits als 16-Jährige kennenlernte. Durch die Heirat ihrer Schwester mit dem Bruder des französischen Ministerpräsidenten Clemenceau bekam Berta Zuckerkandl im Salon ihrer Schwester in Paris einen profunden Einblick in die französische Avantgarde. Im Salon Zuckerkandl in Wien erlebte nicht nur die Moderne ihre Hochblüte, hier wurde die Gründung der

Nathan as a "gift of the heart" (the inscription), as well as drawings from the salon form the nucleus of the objects that allow Fanny not to be forgotten.

Precisely because only a handful of testimonies to Fanny von Arnstein exist, the biography about her, written by the great Austrian writer Hilde Spiel, is considered as one of the rare sources on the life of this very special woman. "Ideas do not die with, and like, those to whom they owe their life. They may be carried to the grave with them, but they go on moving in the dark earth, to come to the light of day once more in a transformed state."[1]

Whereas Fanny von Arnstein was the trailblazer for many Viennese Jewish women who followed her example and ran an open house where regular guests, also called habitués, went in and out without any grand invitation, the era of salons ends with another outstanding woman: Berta Zuckerkandl. For decades, the journalist and writer shaped the intellectual life in Vienna with her salon, held at changing locations, the last one being Palais Lieben-Auspitz on the Ringstrasse, until her expulsion in 1938. She continued her salon in exile. The intellectual and artistic elite felt at home in her *Place to Be*. Her mother Amalia, whose salon was frequented by important politicians, financiers and artists, certainly served as a model for her role as a salonière. Berta Zuckerkandl's father, Moritz Szeps, was an influential publisher. As the editor of the *Neues Wiener Tagblatt*, he was an advocate of liberalism, a close friend of Crown Prince Rudolf, and in contact with leading British and French politicians, whom Berta, who supported her father in his work, met already as a 16-year-old. Through the marriage of her sister to the brother of the French Prime Minister Clemenceau, Berta Zuckerkandl gained profound insight into the French avant-garde at her sister's salon in Paris. Not only did modernism experience its heyday at the Zuckerkandl salon in Vienna, the founding of the Vienna Secession as well as the Wiener Werkstätte was decided here. A legendary relationship also came about in her parlor: Gustav Mahler got to know his future wife Alma Schindler at Berta Zuckerkandl's salon. Zuckerkandl, at one of her salons, engaged Josef Hoffmann on her brother-in-law's behalf for the construction of the Purkersdorf Sanatorium, a splendid Viennese art nouveau building. Hugo von Hofmannsthal and Max Reinhardt laid the foundation for the Salzburg Festival in her salon. Often, two hundred guests could be counted at her Sunday gatherings; the food was reported to be meager, but Berta Zuckerkandl

Wiener Secession sowie der Wiener Werkstätte beschlossen bzw. wurde auch eine legendäre Beziehung in die Wege geleitet: In Berta Zuckerkandls Salon lernte Gustav Mahler Alma Schindler, seine spätere Frau kennen. Zuckerkandl engagierte für ihren Schwager bei einem ihrer Salons Josef Hoffmann für den Bau des Sanatoriums Purkersdorf, einem Prachtbau des Wiener Jugendstils. Hugo von Hofmannsthal und Max Reinhardt legten in ihrem Salon den Grundstock für die Salzburger Festspiele. Oft wurden zweihundert Gäste gezählt, die sich sonntags bei ihr einfanden, die Verpflegung war laut Berichten kärglich, aber es ging Berta Zuckerkandl um die geistige Nahrung und nicht um profanes Essen.

Der sogenannte „Anschluss" an Nazi-Deutschland setzte auch der Salonkultur ein Ende. Die Salonièren wurden vertrieben. Manche setzten im Exil diese Kultur fort, immer verbunden mit einer Sehnsucht nach Wien.

„Der Salon befand sich immer dort, wo sie sich aufhielt ...", so schreibt Andrea Winklbauer in ihrem Beitrag, in dem sie Berta Zuckerkandls Salon als den letzten bedeutenden Europas porträtiert. Sabine Bergler widmet sich ausführlich dem Thema Exilsalons und Emigrantenzirkel. Präsenten und fehlenden Frauen in Wiener Salons und Kaffeehäusern widmet sich Werner Hanak in seinem Beitrag „Cherchez la femme". Astrid Peterle schreibt über Aufbruch, Liebe, Depression im Hinblick auf die Salonièren des 19. Jahrhunderts. Gabriele Kohlbauer betrachtet Berliner und Wiener Salonièren im Spiegelbild ihrer Biografinnen, Domagoj Akrap unterzieht Salons und (Frauen-) Vereine einer genauen Betrachtung, Markus Patka untersucht die „Roten Salons im Grünen" von Yella Hertzka, Helene Scheu und Eugenie Schwarzwald. Hannah Landsmann beschreibt in ihrem Beitrag „Haben Sie Wien schon bei Tag gesehen?", wie man die Salonkultur der heutigen Öffentlichkeit, die ihre Geselligkeit oft in sozialen Medien auslebt, vermittelt.

Allen Autorinnen und Autoren gilt mein herzlicher Dank. Sie haben diese Publikation in ihrer Fülle zu einem spannenden und umfassenden Überblickswerk zu Salonièren im Laufe vieler Jahrzehnte gestaltet.

Auch die Ausstellung *The Place to Be. Salons als Orte der Emanzipation* ist Resultat eines kreativen Teamworks der wissenschaftlichen Mitarbeiterinnen und Mitarbeiter des Jüdischen Museums Wien. Die kuratorische Koordination oblag Astrid Peterle und Werner Hanak unter Mitarbeit von Adina Seeger, die auch die Katalogredaktion übernommen hat. Dem ganzen wissenschaftlichen Team

was concerned with intellectual nourishment, not plain fare.

The so-called "Anschluss" with Nazi Germany also put an end to the salon culture, as the salonières were driven out of the country. Some carried on this culture in exile, always connected with a yearning for Vienna.

"The salon was located at all times and wherever she stayed ..." writes Andrea Winklbauer in her essay, in which she portrays Berta Zuckerkandl's salon as Europe's last significant one. Sabine Bergler delves into the theme of exile salons and migrant circles. Werner Hanak explores the presence and absence of women in Viennese salons and coffee houses in his article "Cherchez la femme." Astrid Peterle writes about emergence, love and depression with regard to the salonières of the 19th century. Gabriele Kohlbauer looks at Berlin and Vienna salonières in the reflection of their biographers; Domagoj Akrap subjects salons and (women's) clubs to a closer scrutiny; Markus G. Patka examines the "Red Salons in Green Spaces" of Yella Hertzka, Helene Scheu and Eugenie Schwarzwald. In her piece "Have You Already Seen Vienna by Day?" Hannah Landsmann describes how to convey the salon culture of the present-day public, who

Danielle Spera und Sissy Strauss
Danielle Spera with Sissy Strauss
Foto / Photo: Sebastian Gansrigler

des JMW danke ich für die Kuratierung der einzelnen Ausstellungskapitel: Domagoj Akrap, Sabine Bergler, Werner Hanak, Gabriele Kohlbauer, Hannah Landsmann, Marcus G. Patka, Astrid Peterle und Andrea Winklbauer. Herzlicher Dank gilt Janine Zettl für ihre Unterstützung des kuratorischen Teams sowie Julia Kosely und Eva Streit für ihre Mitarbeit während der Recherchen zur Ausstellung. Dominik Cobanoglu danke ich für die Ausstellungsorganisation, Birgit Antes für die Klärung von Film- und Musikrechten, Christian Fischer für die technische Leitung, Markus Roboch und Claudia Lauppert für die Budgetüberwachung. Für die Gestaltung der Ausstellung Gerhard Abel und Waltraud Ertl von PLANET Architects sowie Stefan Fuhrer für die Gestaltung dieses Buchs, für die Grafik und das Plakat.

Unter den zahlreichen privaten und institutionellen Leihgebern der Ausstellung möchte ich besonders für die Leihgabe der Objekte aus dem Salon der Villa Wertheimstein Direktor Matti Bunzl, Direktorin Christina Schwarz und Michaela Lindinger vom Wien Museum danken sowie Herrn Kommerzialrat Hans Scheikl vom Bezirksmuseum Döbling. Marie-Therese Arnbom danke ich für ein spezielles Porträt von Hilde Spiel, die selbst einen Salon führte. Ihrer Enkelin, Anna Mendelssohn, danke ich für ihren Filmbeitrag, den sie in Zusammenarbeit mit Yosi Wanunu und unter Mitwirkung von Jens Kastner, Dudu Kücükgöl, Gin Müller und Elisabeth Tambwe speziell für die Ausstellung gestaltet hat.

Bis auf wenige Ausnahmen gibt es heute keine Salonkultur mehr, dem Nationalsozialismus ist es gelungen, durch die Vertreibung der Organisatorinnen als auch wesentlicher Habitués, auch diesen wichtigen Teil der Wiener jüdischen Kultur zu zerstören. Derzeit gibt es zwar fast überbordend viele Veranstaltungen, die sich „Salon" nennen, sich allerdings meist völlig anderen Zwecken verschreiben und andere Ziele verfolgen, sei es politische Vernetzung, Diskussionsrunden, Vorträge, Businessevents oder auch Charity-Veranstaltungen.

In Relation zu den ursprünglichen Salons haben die heutigen Netzwerke also andere Aufgaben übernommen. Ganz zu schweigen von den „virtuellen" Salons, den bekannten sozialen Netzwerken wie Facebook, Instagram oder auch Blogs. Die Vielfalt an Themen und Menschen lässt ein wichtiges Kriterium außer Acht: die Exklusivität. Jeder kann mitwirken, sie sind oft anonym, unverbindlich und kurzlebig, es fehlt der essentielle persönliche Austausch. Sie bleiben selbstreferenzielle Systeme, die Akteure und

often enjoy socializing in social media. My heartfelt thanks to all of the authors! They have crafted this extensive publication into an exciting and comprehensive survey work on the salonières throughout the many decades.

Moreover, the exhibition *The Place to Be. Salons —Spaces of Emancipation* is the result of a creative teamwork of the Jewish Museum Vienna research staff. The curatorial coordination was the responsibility of Astrid Peterle and Werner Hanak. They were assisted by Adina Seeger, who also edited the catalog. I thank the entire team of JMW scholars for curating the individual exhibition chapters: Domagoj Akrap, Sabine Bergler, Werner Hanak, Gabriele Kohlbauer, Hannah Landsmann, Marcus G. Patka, Astrid Peterle and Andrea Winklbauer. Many thanks to Janine Zettl for her support of the curatorial team as well as Julia Kosely and Eva Streit for her cooperation while researching for the exhibition. Thanks likewise go to Dominik Cobanoglu for the exhibition organization, Birgit Antes for clarifying the film and music rights, Christian Fischer for technical management, as well as Markus Roboch and Claudia Lauppert for budget monitoring. Gerhard Abel and Waltraud Ertl of PLANET Architects are to be thanked for the design of the exhibition, as well as Stefan Fuhrer for the design of this book, the graphics and the poster.

Among the numerous private and institutional lenders of the exhibition, I would like to thank Director Matti Bunzl, Director Christina Schwarz and Michaela Lindinger of the Wien Museum for the loan of the objects from the Villa Wertheimstein salon, as well as Herr Kommerzialrat Hans Scheikl of the District Museum Döbling. I thank Marie-Therese Arnbom for a special portrait of Hilde Spiel, who ran her own salon. I thank her granddaughter, Anna Mendelssohn, for her film contribution, which she realized in collaboration with Yosi Wanunu and with the participation of Jens Kastner, Dudu Kücükgöl, Gin Müller and Elisabeth Tambwe.

Apart from a few exceptions, there is no salon culture to speak of today. National Socialism succeeded in destroying this important part of Viennese Jewish culture by expelling the organizers as well as the prominent habitués. Although an almost overwhelming number of events currently call themselves "salons," they are usually committed to completely different purposes and pursue other goals, be it political networking, discussions, lectures, business get-togethers or even charity events.

In relation to the original salons, today's networks have taken on other tasks. Not to mention the "virtual" salons, the

Akteurinnen bleiben in ihren wohlbekannten Kreisen und verkehren mit jenen, die ohnehin ihre Meinung teilen. Andererseits könnten sie durch ihre rasche und einfache Verbreitung als Vorstufe zu tatsächlichen Salon-Veranstaltungen dienen und damit die Organisation derselben erleichtern.

Was heute aber schmerzhaft fehlt, sind die zentralen Personen: die Salonièren – dezidierte Gastgeberinnen oder Gastgeber – mit ganz wenigen Ausnahmen, daher schätzen wir uns glücklich, zwei Persönlichkeiten in Wien gefunden zu haben, die tatsächlich die Salonkultur aufrecht halten: Sissy Strauss und den britischen Botschafter Leigh Turner, deren Räume regelmäßig mit spannenden Habitués zu *Places to Be* werden. Ich bin dankbar, dass sie diese für uns öffneten!

Zum Schluss möchte ich nochmals Berta Zuckerkandl zu Wort kommen lassen, die im Folgenden vielleicht auch ein bisschen an den Salon dachte, als sie schrieb:

„Als der Krieg ausbrach, erlebten meine Schwester und ich den tiefsten Schmerz einer scheinbar unüberbrückbaren Trennung. Doch wir verloren einander nicht. Niemals! Sie hing mit ganzer Seele an Frankreich […]. Ich hatte Österreich sozusagen in meinem Blut. Aber beide besaßen wir ein drittes Vaterland. Dort gab es keinen Krieg, keinen Hass, keinen Brudermord. Er ist nicht von dieser Erde. Nur wer den Glauben, die Liebe zu den Menschen niemals, auch nicht während des wüstesten Blutrauschs ringsum verloren hat, weiß, wo dieses Land liegt."[2]

Und in das Tagebuch ihres Enkels Emile schrieb Berta Zuckerkandl 1935:

„„Wahr sein, gütig sein, gerecht sein! In frohen Tagen nicht übermütig, in traurigen Tagen nicht verzagt! Stark sein! […] Deine Großmama Berta Zuckerkandl-Szeps […]."'[3]

1   Hilde SPIEL: Fanny von Arnstein oder Die Emanzipation, Wien, 1978, 165.
2   Berta ZUCKERKANDL, Ich erlebte 50 Jahre Weltgeschichte, Stockholm 1939, 216.
3   Zit. n. ORF Kulturmontag / „Berta Zuckerkandl – Schriftstellerin und Salonière", 8. April 2013.

well-known social networks like Facebook, Instagram or blogs. The diversity of topics and people does not regard one important criterion: exclusivity. Everyone can participate; they are often anonymous, non-committal, short-lived and lack the essential personal exchange. They thus remain self-referential systems, the female and male protagonists stay in their well-known circles and associate with those who share their opinions anyway. On the other hand, through their quick and easy dissemination, they could be precursors to actual salon events and thus make the organization of them easier.

Painfully missing today are the central people: the salonières—dedicated hostesses, or hosts—with very few exceptions; therefore we are fortunate to have found two personalities in Vienna who actually uphold the salon culture: Sissy Strauss and the British Ambassador Leigh Turner, whose rooms regularly become *Places to Be* with exciting habitués. I am grateful they opened them for us.

Finally, I would like Berta Zuckerkandl to have a word again; she was perhaps thinking of the salon when she wrote in the following: "When the war broke out, my sister and I had to bear the deepest pain of an apparently complete separation. But we never became lost to each other. Never! Her soul belonged to France—and in my blood was Austria! But both of us had a third fatherland where there was no war, no hatred, no fratricide. It was not of this world. Only those who never lose their love and faith in humanity can become citizens of this land."[2]

And in 1935 Berta Zuckerkandl wrote in the journal of her grandson Emile: "'Be true, be kind, be just! Do not be cocky in happy days, do not despair in sad days! Be strong! […] Your grandmama Berta Zuckerkandl-Szeps […].'"[3]

1   Hilde SPIEL, *Fanny von Arnstein: A Daughter of the Enlightenment*, trans. Christine Shuttleworth, New York: New Vessel Press, 2013, n. p. Available at https://books.google.at/books?id=qyEMCAAAQBAJ.
2   Berta ZUCKERKANDL, *My Life and History*, trans. John Sommerfeld, New York: Alfred A. Knopf, 1939, p. 224.
3   Quoted in ORF Kulturmontag / „Berta Zuckerkandl – Schriftstellerin und Salonière", April 8, 2013.

GABRIELE KOHLBAUER-FRITZ

„Daß man nur um den Preis der Lüge in die Gesellschaft hineinkam"
Berliner und Wiener Salonièren im Spiegelbild ihrer Biografinnen

"That entrance into society was possible only at the price of lying"
Berlin and Vienna Salonières in the Reflection of Their Biographers

„So fahren diese Frauen wie ein Wirbelwind in die damalige Gesellschaft, wecken das verschlafene, dumpfe und philiströse Bürgertum auf und führen die heterogensten Elemente zusammen: Diplomaten und Schriftsteller, Adlige und Juden, Gelehrte und Schauspieler, Aufklärer und Geistseher, Konservative und Revolutionäre."

Dies schreibt die Historikerin Selma Stern[1] in einem 1922 in der jüdischen Kulturzeitschrift *Ost und West* erschienenen Artikel über den klassen-, religions- und geschlechtsübergreifenden Charakter der frühen Salonkultur. Ausgehend von Paris und beeinflusst von den Ideen der französischen Aufklärung, fasste sie ab der zweiten Hälfte des 18. Jahrhunderts auch in Berlin und in Wien Fuß, wo vor allem der Salon der Fanny von Arnstein eine Zeitlang im Zentrum des gesellschaftlichen Lebens stand. Die herausragende Rolle, die die jüdischen Salondamen dabei spielten, faszinierte Generationen von Frauen nach ihnen.[2] Vor allem die Auseinandersetzung Hannah Arendts mit der Lebensgeschichte der Rahel Levin Varnhagen und der historische Roman Hilde Spiels über Fanny von Arnstein gehen über das Genre der biografischen Literatur hinaus und versuchen Antworten auf eigene Identitätskonflikte angesichts der Schoa, des Exils und ihrer schwierigen Beziehung zur alten Heimat und zu alten Freunden zu finden.[3] So unterschiedlich wie ihre beiden Protagonistinnen Rahel Levin Varnhagen und Fanny von Arnstein waren auch ihre beiden Biografinnen Hannah Arendt und Hilde Spiel. Hannah Arendt hat ihr Jüdin-Sein nie in Frage gestellt,[4] während Hilde Spiel in einer katholisch assimilierten Familie aufwuchs und erst als erwachsene Frau von ihren jüdischen Vorfahren erfuhr.[5] Hannah Arendt, die kompromisslose Intellektuelle, erwählte sich mit Rahel Levin Varnhagen eine Frau, die sich letztendlich taufen ließ und somit scheinbar einen Kompromiss einging. Die in Österreich sozialisierte, diplomatische Hilde Spiel hingegen entschied sich für Fanny von Arnstein, die dem Judentum die Treue hielt und gleichzeitig nicht gegen die Konversion ihrer einzigen Tochter opponierte, für Hilde Spiel ein Zeichen wahrer religiöser Toleranz.

Tabubrüche und das Ringen um gesellschaftliche Anerkennung

Im feministischen Diskurs wird der Rolle der jüdischen Salonièren oft Vorbildfunktion zugeschrieben. So hoben sie den Umgang zwischen Juden und Nichtjuden, der bisher

"So these women ride into the society of that time like a whirlwind, awaken the sleepy, dull and philistine bourgeoisie, and bring the most heterogeneous elements together: diplomats and writers, nobles and Jews, scholars and actors, enlighteners and apparitionists, conservatives and revolutionaries."

This is what historian Selma Stern[1] writes in an article published in 1922 in the Jewish cultural journal *Ost und West* on the class-, religion- and gender-spanning character of early salon culture. Coming from Paris and influenced by the ideas of the French Enlightenment, it took hold in the second half of the 18th century in Berlin and Vienna, where especially the salon of Fanny von Arnstein stood at the center of social life for a time. The outstanding role played by the Jewish salon ladies fascinated generations of women after them.[2] Above all, Hannah Arendt's confrontation with the life story of Rahel Levin Varnhagen and Hilde Spiel's historical novel about Fanny von Arnstein go beyond the genre of biographical literature and attempt to find answers to their own identity conflicts in the face of the Shoah, exile and their difficult relationship with the old homeland and with old friends.[3] Just as different as the two protagonists Rahel Levin Varnhagen and Fanny von Arnstein were their two biographers Hannah Arendt and Hilde Spiel. Hannah Arendt never questioned her being a Jew,[4] while Hilde Spiel grew up in a Catholic-assimilated family and only learned about her Jewish ancestry as an adult woman.[5] Hannah Arendt, the uncompromising intellectual, chose Rahel Levin Varnhagen as a woman who was ultimately baptized and thus apparently made a compromise. The diplomatic Hilde Spiel, socialized in Austria, opted for Fanny von Arnstein, who remained faithful to Judaism while not opposing the conversion of her only daughter, a sign of true religious tolerance for Hilde Spiel.

Hilde Spiel Fanny von Arnstein oder die Emanzipation. Ein Frauenleben an der Zeitenwende 1758–1818 1992 Buchcover Hilde Spiel Fanny von Arnstein oder die Emanzipation. Ein Frauenleben an der Zeitenwende 1758–1818 (Fanny von Arnstein: Daughter of the Enlightenment) 1992 Book cover Fischer Taschenbuch-Verlag

Hannah Arendt Rahel Varnhagen. Lebensgeschichte einer deutschen Jüdin aus der Romantik 1981 Buchcover Hannah Arendt Rahel Varnhagen. Lebensgeschichte einer deutschen Jüdin aus der Romantik (Rahel Varnhagen: The Life of a Jewess) 1981 Book cover Piper Verlag

Taboo Breaks and the Struggle for Social Recognition

In feminist discourse, the role of Jewish salonières is often ascribed an exemplary function. They elevated the relationship between Jews and non-Jews, which was previously limited to business dealings, to a private level and changed the rigid role model of the bourgeois woman within the patriarchally structured Jewish family.[6] One of the early salonières in Berlin, Henriette Herz, praised for her beauty and wit,[7] was married by her father as a fifteen-year-old to Markus Herz, who was twice her age. This marriage turned out to be a happy one, particularly since her husband supported and encouraged her educational endeavors. In her memoirs, Henriette Herz describes how quickly long-established traditions were thrown overboard. For her, who wore her hair under a bonnet as a newly married wife according to the Jewish tradition, the removal of the old-fashioned headdress meant liberation: "My vanity also had reason to rejoice, for around that time Jewish women received permission to wear hairpieces, even though not their real hair, in public. Since my parents had nothing against this, a wig that suited me was made, and soon it too was put aside and was replaced with my own shiny, coal-black hair."[8]

Her childhood friend Dorothea Brendel Mendelssohn made a much more radical break with the Jewish tradition. As the daughter of the philosopher Moses Mendelssohn, she grew up in a house where religious laws were strictly adhered to, but the ideas of the Enlightenment also had importance. Her first arranged marriage with banker Simon Veit pro-

Henriette Herz
Druck nach einem
Gemälde
nach 1920
Henriette Herz
Print based on a painting
after 1920
Slg. / Coll. JMW,
Inv. Nr. 3532

auf geschäftliche Beziehungen beschränkt war, auf eine private Ebene und veränderten das starre Rollenbild der gutbürgerlichen Frau innerhalb der patriarchalisch strukturierten jüdischen Familie.[6] Eine der frühen Berliner Salonièren, die wegen ihrer Schönheit und ihres Verstandes gerühmte Henriette Herz,[7] wurde von ihrem Vater als Fünfzehnjährige mit dem doppelt so alten Arzt Markus Herz verheiratet, eine Ehe, die sich in der Folge als glücklich erwies, zumal ihr Ehemann sie in ihren Bildungsbestrebungen unterstützte und förderte. In ihren Memoiren beschreibt Henriette Herz, wie rasch althergebrachte Traditionen über Bord geworfen wurden. Für sie selbst, die als jungverheiratete Ehefrau gemäß der jüdischen Tradition die Haare unter einer Haube verhüllt trug, bedeutete das Ablegen des altmodischen Kopfputzes Befreiung: „Meine Eitelkeit bekam auch Gelegenheit sich zu freuen, weil um diese Zeit den jüdischen Frauen gleichsam die Erlaubnis gegeben war, wenn auch nicht ihr eigenes, doch falsches Haar tragen zu dürfen, und da meine Eltern nichts dagegen hatten, wurde eine Perücke angefertigt, die mir sehr gut stand, doch war sie bald beiseitegelegt, und das eigene, rabenschwarze glänzende Haar ersetzte sie."[8]

Einen weitaus radikaleren Bruch mit der jüdischen Tradition vollzog ihre Jugendfreundin Dorothea Brendel

Dorothea Schlegel, geb. Mendelssohn
Druck nach Federzeichnung
Anfang 19. Jahrhundert
Dorothea Schlegel, née Mendelssohn
Print based on a pen drawing
early 19th century
Slg. / Coll. JMW, Inv. Nr. 4757

Mendelssohn. Als Tochter des Philosophen Moses Mendelssohn wuchs sie in einem Haus auf, wo einerseits die religiösen Gesetze streng eingehalten wurden, andererseits auch die Ideen der Aufklärung Geltung hatten. Ihre erste arrangierte Ehe mit dem Bankier Simon Veit verlief unglücklich. Im Salon Henriettes lernte sie den Philosophen Friedrich Schlegel kennen. Sie ließ sich von ihrem jüdischen Ehemann scheiden und lebte einige Jahre in wilder Ehe mit Schlegel, bevor sie sich taufen ließ und Schlegel heiratete. Den Verstoß gegen gesellschaftliche Konventionen musste Dorothea Veit teuer bezahlen. Viele ehemalige Bekannte mieden sie. Henriette Herz gehörte zu den wenigen Aufrechten, die auch weiterhin mit ihr Kontakt hielten: „Mein Mann hätte gewünscht, daß ich den Umgang mit der Freundin meiner Kindheit abgebrochen hätte. Ich erklärte ihm, daß er Herr in seinem Hause sei, daß ich ihn aber bitte, mir zu gestatten, hinsichts meines Umgangs außer seinem Hause auch ferner meiner Ansicht zu folgen, und daß ich eine so liebe Freundin in einer so schwierigen Lage nicht verlassen würde."[9]

Ein weiterer Makel, der Dorothea Mendelssohn Schlegels gesellschaftlicher Akzeptanz im Wege stand, war ihr fehlendes Vermögen. Obwohl ihr geschiedener Ehegatte sie in großzügiger Weise finanziell unterstützte, lebte sie zeitweise in sehr beengten Verhältnissen. Auch als sie schon längst mit Friedrich Schlegel verheiratet war, wurde sie immer wieder von finanziellen Nöten geplagt. Als Philosoph und Historiker musste sich Schlegel mit Vorträgen und Artikeln über Wasser halten. 1809 nahm er eine Stelle als Hofsekretär in Wien an, wo das bescheidene Zuhause der Schlegels ein „Vereinigungspunkt für höher gebildete Menschen, interessante Fremde und Künstler"[10] wurde.

Dass auch die Taufe und gesicherte materielle Verhältnisse keine Garantie für gesellschaftliche Anerkennung waren, zeigt das Beispiel von Marianne von Eybenberg, geborener Meyer. Diese war ohne das Wissen ihrer orthodoxen Eltern zum Christentum konvertiert, in der Hoffnung, ihr Verehrer Graf Geßler würde sie heiraten. Das tat er aus „Mangel an Kraft, sich über Vorurteile hinwegzusetzen",[11] jedoch nicht. Später nahm sie der österreichische Gesandte am preußischen Hof, Fürst Heinrich Reuß, zur Frau. Er setzte sie sogar in seinem Testament zur Erbin ein, allerdings hielt er die Ehe vor seiner Familie geheim, was diese nach seinem Tod bewog, die Ehe im Nachhinein als illegitim zu anzufechten.[12] Die Wertschätzung, die ihr die adelige Familie ihres Mannes zeit ihres Lebens verweigerte,

ceeded unhappily. In Henriette's salon she met the philosopher Friedrich Schlegel. She divorced her Jewish husband and lived several years in cohabitation with Schlegel before she was baptized and married him. Dorothea Veit had to pay dearly for the violation of social conventions. Many former acquaintances shunned them. Henriette Herz was one of the few upright people who kept in touch with her: "My husband would have wished that I had broken off the contact with my childhood girlfriend. I explained to him that he was master of his house, but that I should ask him to allow me to follow my view on the subject of my dealings outside his house, and that I would not abandon such a dear friend in such a difficult situation."[9]

Another blemish standing in the way of Dorothea Mendelssohn Schlegel's social acceptance was her lack of wealth. Although her divorced spouse generously supported her financially, she sometimes lived in very cramped conditions. Even when she had long been married to Friedrich Schlegel, she was constantly plagued by financial hardships. As a philosopher and historian, Schlegel had to keep afloat with lectures and articles. In 1809 he took up a position as court secretary in Vienna, where the modest home of the Schlegels became a "unification point for higher educated people, interesting foreigners and artists."[10]

The example of Marianne von Eybenberg, née Meyer, shows that even baptism and secure material conditions were no guarantee for social recognition. She had converted to Christianity without the knowledge of her Orthodox parents in the hope that her admirer Count Gessler would marry her. But he did not do that out of the "lack of strength to disregard prejudices."[11] Later, the Austrian ambassador to the Prussian court, Prince Heinrich Reuss, wed her. He even placed her in his will as heiress, but kept the marriage secret from his family, which prompted them after his death to challenge the marriage in retrospect as illegitimate.[12] Marianne von Eybenberg received the esteem her husband's noble family had denied her throughout her life in the Jewish salons and from intellectual contemporaries like Wolfgang von Goethe, with whom she met regularly and exchanged letters.

Not only the quest of Jewish salonières for education and knowledge, but also the transgression of female and, generally, social role models is emphasized by historians and Germanists.[13] However, the upheavals of Jewish society initially played out primarily in the upper bourgeois classes.[14] Even the most progressive salonières were barely unaware of the lower social strata's struggle for existence at first, and

erhielt auch Marianne von Eybenberg in den jüdischen Salons und von intellektuellen Zeitgenossen wie von Wolfgang von Goethe, mit dem sie sich regelmäßig traf und im Briefaustausch stand.

Nicht nur das Streben der jüdischen Salonièren nach Bildung und Wissen, sondern auch die Überschreitung von weiblichen und allgemein gesellschaftlichen Rollenbildern wird von Historikerinnen und Germanistinnen hervorgehoben.[13] Allerdings spielten sich die Umwälzungen der jüdischen Gesellschaft zunächst vor allem in den oberen bürgerlichen Schichten ab.[14] Der Existenzkampf der unteren sozialen Schichten war selbst den fortschrittlichsten Salonièren zunächst kaum bewusst, und Armut wurde oft als selbst verschuldet angesehen. So schreibt Henriette Herz über ihren gescheiterten Versuch, die Tochter jüdischer Bettler „wenngleich für den dienenden Stand, jedoch sehr zur Tugend zu erziehen".[15] In ihren Augen war es vor allem die fehlende Moral der jungen Frau, die ihr pädagogisches Projekt vereitelte: „Sie machte mir vielen Kummer, und der Zögling der Tugend starb zuletzt als Dienstmädchen in der Charité im Wochenbett"[16] Wesentlich mehr Sensibilität für die sozialen Gegensätze und das Elend der unteren Klassen brachte die Salonière und Schriftstellerin Fanny Lewald auf. Sie schrieb, allerdings erst einige Jahrzehnte später ab der Mitte des 19. Jahrhunderts, über das schwere Schicksal von Dienstbotinnen und Arbeiterinnen und gilt bis heute als eine der wichtigen Vorkämpferinnen der deutschen Frauenbewegung.[17]

Rahel Varnhagen –
die intellektuelle Rebellin

Dass Tabubrüche und Kompromisslosigkeit einen hohen Preis hatten, wusste niemand so gut wie Rahel Levin. In ihrer Dachstube in der Jägerstraße versammelten sich zwischen 1790 und 1806 die Vertreter des geistigen Berlin: die Brüder Humboldt, Friedrich Schlegel, Friedrich Gentz, Jean Paul, Clemens Brentano, Adalbert von Chamisso, Friedrich Schleiermacher, Christian und Ludwig Tieck, Prinz Louis Ferdinand von Preußen und seine Geliebte Pauline Wiesel und noch viele andere. Nach 1819 führte sie in der Mauerstraße in Berlin einen zweiten Salon, der stark politisch ausgerichtet war und in dem vor allem die Vordenker des „Jungen Deutschland" wie Heinrich Heine und Ludwig Börne ein und aus gingen. Die scharfsinnige Intellektuelle

poverty was often seen as self-inflicted. Thus, Henriette Herz writes about her failed attempt to educate the daughter of Jewish beggars "though for the servant class, but very much for virtue."[15] In her eyes, it was above all the lack of morality of the young woman that thwarted her educational project: "She brought me much grief, and the pupil of virtue died lastly as a maid at Charité hospital in childbed."[16] Much more sensitivity to the social contradictions and the misery of the lower classes was mustered up by the salonière and writer Fanny Lewald. She wrote, however, several decades later, from the middle of the 19th century on, about the difficult fate of female servants and workers, and is still regarded today as one of the important pioneers of the German women's movement.[17]

Rahel Varnhagen –
The Intellectual Rebel

Nobody knew as well as Rahel Levin that taboos and uncompromisingness had a high price. Between 1790 and 1806, representatives of intellectual Berlin gathered in her attic on Jägerstrasse: the Humboldt brothers, Friedrich Schlegel, Friedrich Gentz, Jean Paul, Clemens Brentano, Adalbert von Chamisso, Friedrich Schleiermacher, Christian and Ludwig Tieck, Prince Louis Ferdinand of Prussia and his mistress Pauline Wiesel, as well as many others. After 1819, she ran a second salon on Mauerstrasse in Berlin, which was strongly politically oriented and in which especially the masterminds of the "Young Germany" movement like Heinrich Heine and Ludwig Börne went in and out. The ingenious intellectual Rahel Levin left more than ten thousand letters and records to posterity, providing a complex picture of her development, her internal conflicts and the contradictions of society at that time.[18] "I shall never be convinced that I am a Shlemihl and a Jewess; since all these years and after so much thinking about it, it has not dawned upon me, I shall never grasp it,"[19] she writes in a letter to the doctor and writer David Veit. She desperately wanted to be accepted in a society, though she relentlessly saw through it, and its superficialities and conventions posed obstacles to her search for truthfulness: "I must know, with regard to everything, how it comes about and how it is: thus ever since my childhood I have had the greatest desire to look at corpses,"[20] as she describes her urge to search for the truth in a diary entry. Just as unconventional as her way of thinking was her outward lifestyle.

Rahel Levin hinterließ der Nachwelt mehr als zehntausend Briefe und Aufzeichnungen, die ein vielschichtiges Bild über ihre Entwicklung, ihre inneren Konflikte und die Widersprüche der damaligen Gesellschaft geben.[18] „Es wird mir nie einkommen, daß ich ein Schlehmihl und eine Jüdin bin, da es mir nach den langen Jahren und dem vielen Denken darüber nicht bekannt wird so werd ich's auch nie recht wissen."[19],

schreibt sie in einem Brief an den Arzt und Schriftsteller David Veit. Sie wollte unbedingt angenommen sein in einer Gesellschaft, obwohl sie diese schonungslos durchschaute und deren Oberflächlichkeiten und Konventionen ihrem Streben nach Wahrhaftigkeit entgegenstanden: „Ich muß von allem wissen wie es wird, wie es ist. So habe ich, von Kindheit an, den größten Trieb gehabt, Leichen zu besehen",[20] schildert sie ihren Drang nach Wahrheitssuche in einem Tagebucheintrag. Unkonventionell wie ihre Denkweise war auch ihr äußerer Lebensstil. So blieb sie bis zu ihrem 43. Lebensjahr unverheiratet und hatte einige Verhältnisse mit adeligen Männern, die sich jedoch stets wieder zerschlugen. Ihre Unangepasstheit und ihr umfangreicher schriftlicher Nachlass veranlassten einige Historikerinnen und Kulturwissenschaftlerinnen, in ihr ein feministisches Rollenmodell zu sehen.[21] Zweifelsohne litt sie unter dem beschränkten Bildungszugang für Frauen, die auf häuslichen Unterricht angewiesen waren, und sie kämpfte um ihr „intellektuelles und kulturelles Mitspracherecht".[22] Andererseits war sie allein aufgrund ihres analytischen Verstandes nicht zu uneingeschränkter Frauensolidarität bereit, und ihr beißender Spott traf nicht nur viele Männer, sondern auch so manche Zeitgenossin: „Gott! was sind die Weiber elend. So wahr er mir in meiner letzten Noth beistehen soll, ich fasse sie nicht. Nur eitel; gräßlich!",[23] lautete ihr vernichtendes Urteil über die Frauen, mit denen sie während ihres Aufenthalts in Frankfurt am Main im Herbst 1815 verkehrte. Bereits 1814 hatte Rahel Levin den um einige Jahre jüngeren Schriftsteller und Diplomaten Karl August Varnhagen von Ense geheiratet. Einen Tag vor der Hochzeit ließ sie sich taufen, ein Schritt, der auch von guten Freunden wie dem Humanisten und Universalgelehrten Wilhelm von Humboldt böse und mit antisemitischem Unterton kommentiert wurde: „Man sagt mir, ...daß Varnhagen die kleine Levy nunmehr geheiratet hat. So kann sie noch einmal Gesandtenfrau und Exzellenz werden. Es ist nichts, was die Juden nicht erreichen."[24] Mit Taufe und Heirat änderte Rahel ihren Namen

She thus remained unmarried until she was 43 and had some relationships with men of nobility, which, however, always shattered her again. Her non-conformism and her extensive written legacy led some historians to see her as a feminist role model.[21] Undoubtedly, she suffered from the limited educational access for women who were dependent upon home education and fought for her "intellectual and cultural right to a say."[22] On the other hand, because of her analytical mind, she was not ready for unrestricted female solidarity, and her acrid ridicule not only affected many men, but many a contemporary: "God! These hussies are wretched. As true as He is to help me in my last need, I cannot believe it. Only vain; appalling!"[23] was her devastating verdict on the women with whom she socialized during her stay in Frankfurt on the Main in autumn 1815. Rahel Levin had already married the writer and diplomat Karl August Varnhagen von Ense, who was a

Rahel Varnhagen von Ense (née Levin)
nach Peter Friedel
1800
Rahel Varnhagen von Ense (née Levin)
Based on Peter Friedel
1800
Staatsbibliothek zu Berlin, Inv. Nr. M8361

auf Antonie Friederike Varnhagen von Ense. Ihr Mann bot ihr finanzielle Sicherheit, den lang ersehnten gesellschaftlichen Status, und er unterstützte sie in ihren literarischen Ambitionen. „Ich bin völlig frei bei ihm, sonst hätte ich ihn nie heiraten können. Er denkt über Ehe wie ich. Ich bin ganz wahr mit ihm: in allem",[25] schreibt sie in einem Brief an ihre Freundin Pauline Wiesel. Wirklich glücklich war sie mit ihrer neu erworbenen gesellschaftlichen Stellung jedoch nicht. Wie ein Seismograph registrierte sie alle unausgesprochenen Sticheleien und wusste sehr wohl, dass man seine Identität nicht einfach mit der Taufe und der Namensänderung ablegen kann. Auch hatte sie nicht wirklich vor, ihre Rolle als kritische Außenseiterin der Gesellschaft aufzugeben und sich um den Preis des Verlustes der Wahrhaftigkeit anzupassen. „Aus dem Judentum kommt man nicht heraus", nennt ihre Biografin Hannah Arendt das letzte Kapitel ihres Buches, in dem sie festhält, dass Rahel trotz Taufe „Jüdin geblieben" ist: „Es gibt keine Assimilation, wenn man nur seine eigene Vergangenheit aufgibt, aber die fremde ignoriert. In einer im großen Ganzen judenfeindlichen Gesellschaft – und das waren bis in unser Jahrhundert hinein alle Länder, in denen Juden lebten – kann man sich nur assimilieren, wenn man sich an den Antisemitismus assimiliert. Will man ein normaler Mensch werden, akkurat so wie alle anderen, so bleibt kaum etwas anderes übrig, als alte Vorurteile mit neuen zu vertauschen. Tut man dies nicht, so wird man unversehens ein Rebell – ‚ich bin ein Rebell' – und bleibt ein Jude."[26]

Im Oktober 1814 begleitete Rahel ihren Mann, der eine Stelle im österreichischen diplomatischen Dienst angenommen hatte, nach Wien. Hier traf sie ihre Jugendfreundin Dorothea Schlegel wieder, vor allem aber nahm sie Kontakt mit Fanny von Arnstein auf, deren Wiener Salon weit über die Grenzen der Kaiserstadt berühmt geworden war.

Fanny von Arnstein und Cäcilie von Eskeles, „im Äußeren ganz der Zuschnitt der Frauen aus dem Alten Testament"

Im Unterschied zu Rahels Berliner Dachstube, die den Mittelpunkt des intellektuellen Berlin bildete, aber ihren Habitués keinen besonderen Luxus bot, war der Arnstein'sche Salon einer der ersten gesellschaftlichen Treffpunkte in Wien. Fanny von Arnsteins Mann Nathan Adam Freiherr von

few years younger, in 1814. A day before the wedding she was baptized, a move that was also nastily commented upon with an anti-Semitic undertone by good friends such as the humanist and polymath Wilhelm von Humboldt: "I hear … that Varnhagen has now married little Levy woman. So now at last she can become an Excellency and Ambassador's wife once again. There is nothing the Jews cannot achieve."[24] With baptism and marriage, Rahel changed her name to Antonie Friederike Varnhagen von Ense. Her husband offered her financial security, the long-awaited social status, and he supported her in her literary ambitions. "I am completely free with him, otherwise I would never have been able to marry him. He thinks about marriage like me. I am quite true with him: in everything,"[25] she writes in a letter to her friend Pauline Wiesel. But she was not really happy with her newly acquired social position. Like a seismograph, she recorded all the unspoken taunts and knew very well that one cannot simply discard one's identity with baptism and a name alteration. Nor did she really intend to give up her role as a critical outsider of society and adapt herself at the price of losing truthfulness. "One Does Not Escape Jewishness," is how her biographer Hannah Arendt titled the last chapter of her book, in which she states that despite baptism, Rahel "remained a Jew":"No assimilation could be achieved merely by surrendering one's own past, but ignoring the alien past. In a society on the whole hostile to Jews—and that situation obtained in all countries in which Jews lived, down to the twentieth century—it is possible to assimilate only by assimilating to anti-Semitism also. If one wishes to be a normal person precisely like everybody else, there is scarcely any alternative to exchanging old prejudices for new ones. If that is not done, one involuntarily becomes a rebel—'But I am a rebel after all!'—and remains a Jew."[26]

In October 1814 Rahel accompanied her husband, who had accepted a position in the Austrian diplomatic service, to Vienna. Here she met her childhood friend Dorothea Schlegel again, but above all made contact with Fanny von Arnstein, whose Viennese salon had become famous far beyond the borders of the imperial city.

Arnstein gehörte zu den reichsten Männern der Stadt. Gemeinsam mit seinem Schwager Salomon von Herz und Bernhard von Eskeles führte er eines der wichtigsten Bankhäuser Wiens. Die Arnsteins waren Teil einer jüdischen Aristokratie, die zwar von der Gunst des Kaisers abhing, gleichzeitig jedoch äußerst privilegiert war. Fanny von Arnsteins Aufgabe war es, zu repräsentieren. Sie rang nicht um gesellschaftliche Anerkennung wie Rahel Levin Varnhagen, denn ihr sozialer Status war so hoch, dass sie bis zu einem gewissen Grad auch vor Antisemitismus geschützt war. In seinen Memoiren beschrieb Rahel Levin Varnhagens Ehemann Karl August Varnhagen von Ense die Anmut, den Verstand und die Belesenheit der Hausherrin und die Bedeutung des Arnstein'schen Salons für die Stellung der Juden in Wien: „Lange Zeit war das Haus der Frau von Arnstein in Wien schlechthin das einzige seiner Art, und wenn später viele andre, jedoch sicher kein gleiches, entstanden sind, so ist gerade das auch ein Verdienst der ausgezeichneten Frau, durch welche diese Bahn erst eröffnet und für Nachfolger gangbar gemacht worden ist. Die freie, geachtete, dem Zwang der Vorurtheile enthobene Stellung, deren später und jetzt die mosaischen Glaubensgenossen in Wien sich erfreuen, ist ganz unleugbar erst mit und durch das eindringende Wirken und Walten der Frau von Arnstein gewonnen worden."[27]

Anders als Rahel Varnhagen hinterließ Fanny von Arnstein der Nachwelt kaum literarische Dokumente. Im Archiv des Jüdischen Museums befindet sich ein Merkbüchlein aus Fannys Besitz, in dem sie verschiedene Gedichte, Sprüche und Notizen festgehalten hat, darunter ein Gedicht von Moses Ephraim Kuh, ein Zwiegespräch zwischen einem Zöllner und einem durchreisenden Juden, der gezwungen ist, Leibmaut zu entrichten:

„Z. Du, Jude, mußt drey Thaler Zoll erlegen.
J. Drey Thaler? Soviel Geld? Mein Herr, weswegen?
Z. Das fragst du noch? Weil du ein Jude bist.
Wärst du ein Türk', ein Heid', ein Atheist,
So würden wir nicht einen Deut begehren,
Als einen Juden müssen wir dich scheren.
J. Hier ist das Geld! – Lehrt euch dies euer Christ?"[28]

Als Fanny Itzig von ihrem frisch angetrauten Ehemann Nathan von Arnstein 1776 aus Berlin nach Wien geholt wurde, blieb ihr diese entwürdigende Zahlung des Leibzolls[29] dank einer von Nathans Vater erwirkten Ausnahmeregelung zwar erspart.[30] Dass sie das Gedicht in ihr Büchlein aufgenommen hat, weist jedoch darauf hin, dass Fanny

Fanny von Arnstein and Cäcilie von Eskeles, "outwardly bore quite the stamp of the women of the Old Testament"

In contrast to Rahel's attic parlor in Berlin, which formed the city's intellectual center, but offered no particular luxury to its habitués, the Arnstein salon was one of the first social meeting places in Vienna. Fanny von Arnstein's husband Nathan Adam Freiherr von Arnstein was one of the richest men in the city. Together with his brother-in-law Salomon von Herz and Bernhard von Eskeles, he ran one of the most important banking houses in Vienna. The Arnsteins were part of a Jewish aristocracy that depended on the favor of the Emperor, but at the same time was extremely privileged. Fanny von Arnstein's job was to represent. She did not fight for social recognition like Rahel Levin Varnhagen, because her social status was so high that she was, to a certain degree, protected from anti-Semitism. In his memoirs, Rahel Levin Varnhagen's husband Karl August Varnhagen von Ense described the grace, wisdom and literacy of the lady of the house and the significance of Arnstein's salon for the position of the Jews in Vienna: "For a long time Frau von Arnstein's house in Vienna was simply the only one of its kind, and if later many others, but surely none like hers, have come into being, then this too is to the credit of this excellent woman, by whom this passage was first opened and made viable for her successors. The free, respected position, removed from the constraint of prejudice, which the adherents of the Mosaic faith have enjoyed and now enjoy in Vienna, was quite undeniably first won with and through the influence and activity of Frau von Arnstein."[27]

Unlike Rahel Varnhagen, Fanny von Arnstein hardly left any literary documents for posterity. In the Jewish Museum archive there is a notebook from Fanny's estate, in which she has recorded various poems, sayings and notes, including a poem by Moses Ephraim Kuh, a dialogue between a customs officer (Z) and a passing Jew (J) who is forced to pay a head toll:

"Z. You, Jew, must pay three thalers customs.
J. Three thalers? So much money? My Lord, why?
Z. You still ask that? Because you are a Jew.
Would you be a Turk, a heathen, an atheist,
We would not care at all,
As a Jew, we have to fleece you.
J. Here is the money! – Doesn't your Christ teach you this?"[28]

Merkbüchlein der Fanny von Arnstein
Note booklet of Fanny von Arnstein
Slg. / Coll. JMW,
Inv. Nr.15436
Foto / Photo: Sebastian Gansrigler

die ambivalente Situation der tolerierten Wiener Juden als zugleich privilegiert wie auch diskriminiert sehr wohl bewusst war. Ein Miniaturbild auf Elfenbein aus Familienbesitz zeigt Fanny als selbstbewusste junge Frau, nach der damaligen Mode gekleidet und frisiert, ein Porträt, das zu jener Zeit entstanden sein muss. Ihre elegante Erscheinung beschreibt Hilde Spiel im Vorwort ihres Buches: „Ihre ephemere Gestalt, ihr ungreifbarer Reiz haben sich nur im Spiegel ihrer Zeitgenossen erhalten. Aber die Erscheinungsform, die ihr eigen war, wandelte sich zum Gleichnis. Keine Prophetin und keine Weise – eine große Dame wurde zum Sinnbild der Befreiung ihres Volkes"[31]

Fanny von Arnsteins Dasein in Wien war eine einzige Erfolgsgeschichte: Bewundert, beneidet, gepriesen, verehrt, war sie nicht nur die bekannteste der Wiener Salonièren, sondern auch eine Philanthropin und Mäzenin. So unterstützte sie sowohl das Krankenhaus der Elisabethinen als auch das Israelitische Spital in Wien, und sie organisierte die Pflege der in den napoleonischen Kriegen verwundeten Soldaten, stets darauf bedacht, ihre Stiftungen gleichermaßen jüdischen wie auch christlichen Institutionen

When Fanny Itzig was brought from Berlin to Vienna in 1776 by her newly wedded husband Nathan von Arnstein, she was spared the humiliating payment of her "Leibzoll" (literally: "body toll")[29] thanks to an exemption obtained by Nathan's father.[30] The fact that she has included the poem in her book, however, indicates that Fanny was well aware of the ambivalent situation of the tolerated Viennese Jews as both privileged and discriminated. A miniature on ivory from the family estate shows Fanny as a self-confident young woman, dressed and styled according to the fashion of the time, a portrait that must have originated back then. Her elegant appearance is described by Hilde Spiel in the foreword of her book: "Her ephemeral figure, her intangible charm have been preserved only in the mirror of her contemporaries. But the outward form that was hers became her image. It was neither a prophet nor a wise woman, but a great lady, who became a symbol of the liberation of women and the emancipation of the Jews."[31]

Fanny von Arnstein's life in Vienna was a sole success story: admired, envied, praised, revered, she was not only the best-known of the Viennese salonières, but also a philan-

zukommen zu lassen. Besondere Verdienste erwarb sich Fanny von Arnstein, die selbst eine hervorragende Pianistin war und zu den Gründungsmitgliedern der Gesellschaft der Musikfreunde zählte, als Musikpatronin. In ihrem Haus am Graben Nr. 1175 hatte sich auch Wolfgang Amadeus Mozart im Sommer 1781 für ein paar Monate eingemietet, und es ist anzunehmen, dass er als Gast in ihrem Salon zugegen war. Auch als Kennerin der Werke von Johann Sebastian Bach und seiner Familie tat sich Fanny von Arnstein hervor, und sie spielte deren Stücke in ihrem Salon. Eine von einem Kopisten gefertigte Musikhandschrift von Johann Sebastian Bachs „Sechs Triosonaten für Orgel, BWV 525–530" in der Bearbeitung für zwei Cembali mit dem Besitzstempel von Fanny von Arnstein findet man heute in der Musiksammlung der Österreichischen Nationalbibliothek.[32]

Die Liebe zur Musik teilte Fanny mit ihrer Schwester Cäcilia (Zippora), die 1799 in zweiter Ehe Bernhard Freiherr von Eskeles heiratete und in Wien ebenfalls einen Salon führte, der dem der Arnsteins um nichts nachstand. Cäcilia von Eskeles war Cellistin und mit Ludwig van Beethoven befreundet, der ihr am 20. Jänner 1823 eine kleine Komposition nach Worten von Johann Wolfgang von Goethe, „Der Edle Mensch sei hülfreich und gut", widmete. Eine erste Schilderung von Cäcilie von Eskeles' gesellschaftlichem Auftritt in Wien findet man in den Memoiren der Weimarer Sängerin Caroline Jagemann. Diese trage gleich ihrer Schwester „im Äußeren ganz den Zuschnitt der Frauen aus dem Alten Testament" und „habe auch den eigentümlichen Dialekt ihre Nation nicht ganz überwunden", verstehe es aber, „das Frappierende durch Eleganz in Formen und Haltung vollständig auszugleichen"[33]. Einen Höhepunkt erlebten die Salons Arnstein und Eskeles während des Wiener Kongresses, zu dem sich zahlreiche Delegierte aus ganz Europa in Wien einfanden, um die Neuordnung Europas zu verhandeln, und auch in den Wiener Salons große Politik diskutiert wurde.[34] Sowohl Fanny als auch Cäcilie ergriffen offen für ihr Vaterland Preußen Partei, eine Parteinahme, die vor allem von der österreichischen Geheimpolizei mit Argwohn beobachtet wurde. So heißt im Bericht eines Konfidenten: „Mme Arnstein et Mme Eskeles tiennent toutes sortes de propos scandaleux rien que pour préparer l'opinion en faveur de la Prussie [...]. En un mot, ces dames sont scandaleusement prussiennes."[35]

Rahel Varnhagen war während ihres Wien-Aufenthalts ein ständiger Gast in den Häusern Arnstein und Eskeles,

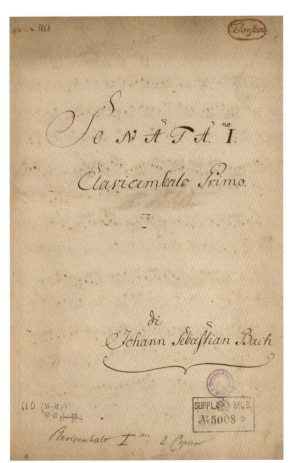

Musikhandschrift mit Stempel von Fanny von Arnstein
Music manuscript with Fanny von Arnstein's stamp
ÖNB / Musiksammlung
MUS Hs. 5008

Miniatur-Medaillon Fanny von Arnstein Email
Miniature medallion of Fanny von Arnstein Enamel
Slg. / Coll. Mariella Meinl
Foto / Photo: Sebastian Gansrigler

Ludwig van Beethoven Autograph Edel sei der Mensch *Geschenk an Cäcilie von Eskeles*
Ludwig van Beethoven Autograph Edel sei der Mensch *(Let Man Be Noble) Gift to Cäcilie von Eskeles*
Archiv der Gesellschaft der Musikfreunde in Wien, Album Wimpffen I/19

thropist and patron. She supported both the Elizabethan Hospital and the Jewish Hospital in Vienna, and she organized the care of soldiers wounded in the Napoleonic wars, always concerned about her foundations donating to Jewish as well as Christian institutions. An excellent pianist and one of the founding members of the Society of Friends of Music, Fanny von Arnstein gained special merit as a music patron. Wolfgang Amadeus Mozart had lodged for a few months in the summer of 1781 in her house at Graben No. 1175, and it is likely that he was present as a guest in her salon. Moreover, Fanny von Arnstein distinguished herself as a connoisseur of the works of Johann Sebastian Bach and his family, and played their pieces in her salon. A music manuscript of Johann Sebastian Bach's "Six Trio Sonatas for Organ, BWV 525-530," edited by a copyist, transcribed for two harpsichords, and bearing the ownership stamp of Fanny von Arnstein, can be found today in the music collection of the Austrian National Library.[32]

Fanny shared her love for music with her sister Cäcilie (Zippora), who wed Baron Freiherr von Eskeles in her second marriage in 1799 and also ran a salon in Vienna, which was in no way inferior to that of the Arnsteins. Cäcilie von Eskeles was a cellist and friends with Ludwig van Beethoven, who dedicated a small composition to her on January 20, 1823, based on the words of Johann Wolfgang von Goethe, "Let noble man be helpful and good." A first description of Cäcilie von Eskeles' social appearance in Vienna can be found in the memoirs of the Weimar-born singer Caroline Jagemann. Like her sister, she "outwardly bore quite the stamp of the women of the Old Testament" and had "not quite overcome the peculiar dialect of her nation," but understood "how to make up for what was striking in her features by elegance in form and deportment."[33] The Arnstein and Eskeles salons experienced a high point during the Vienna Congress, to which numerous delegates from all over Europe gathered in Vienna to negotiate the new order of Europe, and grand politics were also discussed in the Vienna salons.[34] Both Fanny and Cäcilie openly sided with their Fatherland Prussia party, a partisanship which was especially observed with suspicion by the Austrian secret police. Therefore, the report of a confidential informer goes: "Mme Arnstein et Mme Eskeles tiennent toutes sortes de propos scandaleux rien que pour préparer l'opinion en faveur de la Prussie [...]. En un mot, ces dames sont scandaleusement prussiennes."[35]

During her stay in Vienna, Rahel Varnhagen was a regular guest at the Arnstein and Eskeles houses, and spent the

und die Sommermonate verbrachte sie im Landhaus der Arnsteins in Baden. Mehr als die Damen der Gesellschaft imponierte ihr in Wien Bernhard von Eskeles. In ihrer Beschreibung seines Auftretens und seines Charakters schwingt ein Zwischenton mit, der andeutet, wie sehr sie dem Judentum noch verbunden war: „Eskeles: den ich sehr liebe, weil ihm seine Klugheit bis aus den Poren dringt, er ißt, er schweigt, er lacht klug: er sagt selbstgedachtes originales. Ja! Er amüsiert mich in gewißem Sinn hier beßer als alle andere Leute: weil er ganz jüdisch geblieben ist, mit geistigen Gaben, und ein reiches Leben über ihn weggegangen ist, welches er ganz nach seiner Art bearbeitet hat, und lauter Originales davon ausgibt mit der aisance des gelebtesten Menschen auf gutjüdische Weise."[36]

Eleonore Fliess Eskeles „gehörte zur Jüdischen Nation, war eine Fremde und zahlte kein Toleranzgeld"

Nicht erwiesen ist, ob Rahel Levin Varnhagen auch Bernhard von Eskeles' Schwester Eleonore gekannt hatte, deren unkonventionelle Lebensgeschichte derjenigen von Rahel nicht unähnlich war. Die 1752 in Wien geborene Eleonore (Lea) Eskeles war in erster Ehe mit einem gewissen Meir oder Moses Fliess verheiratet gewesen und hatte mit diesem in Berlin gelebt. Bald trennte sie sich von ihm und kehrte in ihre Geburtsstadt zurück, wo sie in wilder Ehe mit Valentin Günther lebte, einem engen Vertrauten von Kaiser Joseph II., der auch an der Verfassung des Toleranzpatents nicht unbeteiligt gewesen sein soll.[37] Bald darauf tauchten die Namen Valentin Günther und seiner Geliebten Eleonore Fliess Eskeles im Zusammenhang mit einer verworrenen Spionagegeschichte zwischen Preußen und Österreich auf. Ohne Beweise, ob die Anschuldigungen stichhaltig seien, wurde Eleonore Fliess Eskeles kurzerhand aus der Stadt verwiesen und Valentin Günther nach Hermannstadt zwangsversetzt. „Madame Eskeles gehörte zur Jüdischen Nation, war eine Fremde und zahlte kein Toleranzgeld. Sie konnte also nach dem damaligen harten Gesetze abgeschafft werden",[38] heißt es in einem Kommentar der *Deutschen Monatsschrift* zu der Affäre, einer Affäre, die ziemliches Aufsehen erregte und selbst Wolfgang Amadeus Mozart, der mit Günther einen Freund und Fürsprecher beim Kaiser verloren hatte, zu abfälligen antisemitischen Bemerkungen über „die Jüdin Escules" veranlasste.[39] Dass auch ihr einflussreicher und wohlhabender Bruder Bernhard von Eskeles nichts für sie tun konnte, zeigt, wie unsicher und fragil der Status der Wiener Juden und Jüdinnen war.

1792 hob Kaiser Leopold II. das strenge Urteil gegen Eleonore Fliess Eskeles wieder auf und gestattete ihr, nach Wien zurückzukehren, wo sie wieder in den Häusern ihrer beiden Schwägerinnen Fanny von Arnstein und Cäcilie von Eskeles verkehrte und selbst einen kleinen, bescheidenen Salon führte, in dem sich keine „große Gesellschaft", sondern ein kleiner Kreis von Intellektuellen einfand. In den Erinnerungen Caroline Pichlers findet sich eine Schilderung dieser philosophisch-literarischen Zusammenkünfte: „Eine Freundin meiner Ältern, Frau von Vließ, Schwester des Baron von Eskeles, war nach einer langen Abwesenheit im Jahr 1802 oder 1803 wieder nach Wien zurückgekommen.

summer months at the Arnstein's country home in Baden. In Vienna, Bernhard von Eskeles impressed her more than the ladies of the society. In her description of his appearance and his character, there is a note in between, which indicates how much she was still connected to Judaism: "I like Eskeles very much because he exudes intelligence; he eats, he is silent and he laughs with intelligence. His thoughts and ideas are all original. Yes! He amuses me more than other people: because he has remained entirely Jewish, with intellectual gifts. He has lived a full life according to his principles. He shares his experience with you with the ease of an experienced man in a good Jewish manner."[36]

Eleonore Fliess Eskeles "belonged to the Jewish nation, was a stranger and paid no tolerance impost"

It is not proven whether Rahel Levin Varnhagen had also known Bernhard von Eskeles' sister Eleonore, whose unconventional life story was not unlike that of Rahel's. Eleonore (Lea) Eskeles, born in Vienna in 1752, had first been married to a certain Meir or Moses Fliess, and had lived with him in Berlin. Soon she separated from him and returned to her native city, where she lived in cohabitation with Valentin Günther, a close confidant of Emperor Joseph II, who was said to not have been uninvolved in the constitution of the Patent of Toleration.[37] Shortly thereafter, the names of Valentin Günther and his lover Eleonore Fliess Eskeles appeared in connection with a complicated spy story between Prussia and Austria. Without proof of whether the allegations were valid, Eleonore Fliess Eskeles was summarily expelled from the city and Valentin Günther forcibly transferred to Hermannstadt (Sibiu, Rumania). "Madame Eskeles belonged to the Jewish nation, was a stranger and paid no tolerance impost. She could therefore be expelled according to the hard laws of the day,"[38] it says in a commentary of the *Deutsche Monatsschrift* on the affair, one that caused quite a stir and even prompted Wolfgang Amadeus Mozart, who had lost a friend and interceder to the emperor in Günther, to make derogatory, anti-Semitic remarks about "the Jewess Escules."[39] The fact that her influential and wealthy brother Bernhard von Eskeles was unable to do anything for her shows how uncertain and fragile the status of Viennese Jews was.

In 1792, Emperor Leopold II rescinded the severe sentence against Eleonore Fliess Eskeles and allowed her to

Sie war Witwe und bejahrt, aber ein reger Geist, eine Liebe zu höheren geistigen Genüssen und endliche Guthmüthigkeit und Freundlichkeit machten ihr Haus, so klein es war, zu einem angenehmen Sammelplatz für einen beschränkten, aber gewählten Kreis gebildeter Menschen ... Schlegel (A. W) las uns Übersetzungen aus Calderon und andere Gedichte theils von ihm selbst, theils von seinem Bruder Friedrich vor, dessen Ankunft in Wien man für's nächste Jahr erwartete, und auf welche, so wie auf den anwesenden Bruder, ihre Fehden mit Kotzebue und Merkel, so wie ihre Vergötterung Goethe's und die neuen Theorien von Poesie höchst aufmerksam gemacht hatte."[40]

Mit Rahel Levin Varnhagen teilte Eleonore Fliess Eskeles die Begeisterung für Johann Wolfgang von Goethe. Sie hatte ihn 1808 in bei einem Kuraufenthalt, den sie gemeinsam mit ihrer Schwägerin Cäcilia von Eskeles verbracht hatte, kennengelernt und stand seither in Briefkontakt mit ihm. Goethe schätzte ihren scharfen Verstand, und sie verschaffte ihm eine Handschrift Mozarts für seine Autographensammlung. Eleonore Fliess Eskeles starb im August 1812 an Schlagfluss und ist am Währinger Friedhof begraben. Sechs Jahre später verstarb Fanny von Arnstein. Auch sie hat sich nicht taufen lassen, und ihr Mann Nathan, der

Brief Eleonore Flies' (Eskeles) an Johann Wolfgang von Goethe Wien 1812
Letter of Eleonore Flies (Eskeles) to Johann Wolfgang von Goethe Vienna 1812
Klassik Stiftung Weimar/Goethe- und Schiller-Archiv / Weimar Classics Foundation/Goethe and Schiller Archive, GSA 6/421

return to Vienna, where she consorted in the homes of her two sister-in-laws Fanny von Arnstein and Cäcilie von Eskeles, and ran a small, modest salon where the "grand society" did not gather, but rather a small circle of intellectuals. In Caroline Pichler's memoirs there is a description of these philosophical-literary gatherings: "A friend of my parents, Frau von Vließ, sister of Baron von Eskeles, had come back to Vienna after a long absence in 1802 or 1803. She was a widow and up in years, but a lively mind, a love of higher spiritual pleasures, and finite goodness and kindness made her house, small as it was, a pleasant gathering place for a limited but chosen circle of educated people ... Schlegel (A.W.) read us translations of Calderon and other poems partly by himself, partly by his brother Frederick, whose arrival in Vienna was expected for next year, and to whom attention was highly drawn, as well as to the brother present, their feuds with Kotzebue and Merkel, their adulation for Goethe, and the new theories of poetry."[40]

Eleonore Fliess Eskeles shared the enthusiasm for Johann Wolfgang von Goethe with Rahel Levin Varnhagen. She had met him in 1808 during a spa stay, which she had spent together with her sister-in-law Cäcilie von Eskeles, and had since corresponded with him. Goethe valued her keen intellect, and she procured a Mozart manuscript for him for his collection of autographs. Eleonore Fliess Eskeles died of a stroke in August 1812 and is buried at the Jewish cemetery in Währing. Six years later, Fanny von Arnstein passed away. She, too, did not get baptized, and her husband Nathan, who survived his wife by 20 years, donated a Torah curtain to the prayer house in Dempfingerhof in memory of Fanny with the dedication inscription: "This was promised as a tribute to the house of the Lord before her death, by her, the distinguished Mrs. Feigele, Baroness von Arnstein, the daughter of the princely, highly revered Daniel (Itzig) from Berlin. In fulfillment of her wish it was now offered by her husband, the venerable representative Nathan Baron von Arnstein, may his light and that of his daughter shine. May their benevolent gift last forever (Psalm 112/9). In the year 579 (1819) according to the Minor era."[41]

Their daughter Henriette is mentioned in the inscription, however, without being named specifically because she was already baptized at this time. Fanny's sister Cäcilie von Eskeles also remained faithful to Judaism. On a portrait painted by Friedrich von Amerling of the 72-year-old Cäcilie in festive dress, she holds a youth portrait of her children Marianne and Daniel in her hands. Cäcilie's gaze wanders

Parochet / Tora-Vorhang, Wien 1818/19, mit hebräischer Widmungsinschrift (siehe S. 30)
Parochet / Torah curtain, Vienna 1818/19 with dedication inscription in Hebrew (see p. 26)
Slg. / Coll. JMW, Inv. Nr. 238, Foto / Photo: David Peters

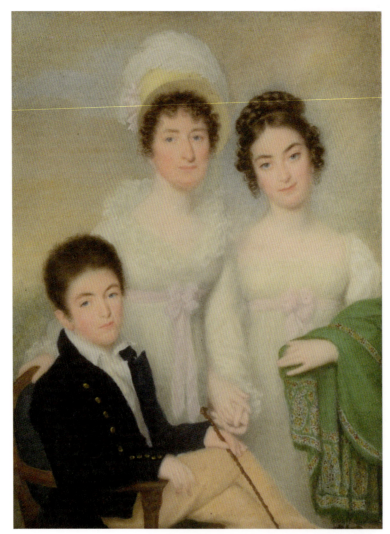

Cäcilie von Eskeles mit ihren Kindern Marianne und Daniel
Miniaturmalerei auf Elfenbein
ca. 1817–1819
Cäcilie von Eskeles with her children Marianne and Daniel
Miniature painting on ivory
ca. 1817–1819
Boris Wilnitsky Fine Arts, Wien/Vienna
Foto / Photo: Andreas Diem

Marianne und Daniel Eskeles, die Kinder von Cäcilie von Eskeles
ca. 1808–1810
Marianne and Daniel Eskeles, the children of Cäcilie von Eskeles
ca. 1808–1810
Boris Wilnitsky Fine Arts, Wien / Vienna
Foto / Photo: Andreas Diem

Friedrich von Amerling
Cäcilie Eskeles
Friedrich von Amerling
Cäcilie Eskeles
Germanisches Nationalmuseum Nürnberg, Inv. Nr. Gm913

seine Frau um 20 Jahre überlebte, stiftete dem Bethaus im Dempfingerhof im Andenken an Fanny einen Tora-Vorhang mit folgender Widmungsinschrift: „Dies war vor ihrem Tod als Herzensgabe dem Haus des Herrn versprochen, von ihr, der ausgezeichneten Frau Feigele, Baronin von Arnstein, der Tochter des fürstlichen, hochverehrten Daniel (Itzig) aus Berlin. In Erfüllung ihres Wunsches wurde er nun dargebracht von ihrem Gatten, dem ehrwürdigen Repäsentanten Nathan Baron von Arnstein, sein Licht möge leuchten und ihrer Tochter. Ihre wohltätige Gabe möge für immer bestehen (Psalm 112/9). Im Jahr 579 (1819) der kleinen Zeitrechnung."[41]

Die gemeinsame Tochter Henriette wird in der Inschrift zwar erwähnt, jedoch ohne ihren Namen zu nennen, denn sie war zu diesem Zeitpunkt bereits getauft. Dem Judentum treu blieb auch Fannys Schwester Cäcilie von Eskeles. Auf einem von Friedrich von Amerling gemalten Porträt der 72-jährigen Cäcilie in festlicher Aufmachung hält diese ein Jugendbildnis ihrer Kinder Marianne und Daniel in den Händen. Cäcilies Blick schweift melancholisch in die Ferne. Die beiden Kinder sind zu dem Zeitpunkt längst erwachsen und getauft.[42] Ob sie den Abfall ihrer Kinder vom Judentum bedauerte oder ob sie deren Entscheidung mit derselben Nonchalance wie Fanny hinnahm, bleibt dahingestellt.

Hilde Spiel: „Ich hätte es nicht ausgehalten, in seiner Nähe auf die Plattform zu treten und ihm die Hände zu schütteln"

Für Hilde Spiel verkörperte Fanny von Arnstein, die „dem Glauben ihrer Väter die Treue hielt"[43], die Möglichkeit einer echten von Respekt und Toleranz geprägten jüdisch-christlichen Symbiose: „Eine Frau wie Fanny, die sich weigerte, eine der beiden Stellungen zu beziehen, die sich halb in der jüdischen, halb in der christlichen Welt bewegte, in beiden gleich zu Hause war und mit der Gelassenheit einer wahren Tochter der Aufklärung auf die orthodoxen wie auf die konvertierten ihrer Glaubensgenossen blickte – eine solche Frau war immerhin das Symbol einer dritten Lösung der Judenfrage, die so vollkommen gewesen wäre, daß sie nicht durchgeführt werden konnte: wie jede andere Idee seit allem Urbeginn."[44]

Mit dem Gedanken, ein Buch über Fanny von Arnstein zu schreiben, trug sich Hilde Spiel erstmals im Exil in

melancholically into the distance. Both children are already grown and baptized at this point in time.[42] Whether she regretted her children's renunciation of Judaism or whether she accepted their decision with the same nonchalance as Fanny remains an open question.

Hilde Spiel: "I could not have endured stepping onto the platform near him and shaking his hand."

For Hilde Spiel, Fanny von Arnstein, who "remained faithful to the belief of her fathers,"[43] embodied the possibility of a genuine, respectful and tolerant Jewish-Christian symbiosis: "A woman like Fanny, who refused to take up one of the two positions, who moved half in the Jewish and half in the Christian world, was at home in both and looked with the serenity of a true daughter of the Enlightenment upon the orthodox as well as the converted among her fellow believers. Such a woman was ... the symbol of a third solution of the Jewish question, which would have been so perfect that it could not be carried out: like every other idea since the beginning of time."[44]

Hilde Spiel first toyed with the idea of writing a book about Fanny von Arnstein during her exile in Great Britain, where she had emigrated in 1936. She began the extensive study of sources in 1958, and in 1962 it appeared under the title *Fanny von Arnstein oder Die Emanzipation* (the English title is *Fanny von Arnstein: Daughter of the Enlightenment*). She saw it as one of her most important works and regarded Fanny's personality as a "true guiding, signal and symbolic figure of Jewish and female emancipation."[45] Nevertheless, Hilde Spiel wrote her book with the knowledge of the Shoah and with the knowledge that the promises of emancipation and the Enlightenment had not prevented the National Socialist extermination camps. She returned to Vienna for the first time for a brief visit in January 1946 as a British war correspondent. In her diary she describes her encounter with the war-torn city, old acquaintances, neighbors, former servants and a few remigrants. Although her keen eye did not miss the deceitfulness of many Viennese, who saw themselves primarily as victims, it was clear to her that "the slow process of detachment from the English realm, which would lead to my final return to Vienna seventeen years later, had started."[46]

More and more often Hilde Spiel visited her former hometown. In 1955, she acquired a house on Lake Wolfgang, where

Alfons Purtscher
Hilde Spiel im Londoner Exil
Öl auf Leinen
1954
Alfons Purtscher
Hilde Spiel in exile in London
Oil on canvas
1954
Georg Fritsch Antiquariat, Wien / Vienna

Großbritannien, wohin sie 1936 emigriert war. 1958 begann sie mit dem umfangreichen Quellenstudium, und 1962 erschien es unter dem Titel „Fanny von Arnstein oder Die Emanzipation". Sie sah es als eines ihrer wichtigsten Werke an und betrachtete die Persönlichkeit Fannys als eine „wahre Leit-, Signal- und Symbolfigur der jüdischen wie der weiblichen Emanzipation".[45] Dennoch schrieb Hilde Spiel ihr Buch mit dem Wissen um die Schoa und mit dem Wissen, dass die Versprechungen der Emanzipation und der Aufklärung die nationalsozialistischen Vernichtungslager nicht verhindert hatten. Sie selbst kam im Jänner 1946 als britische Kriegskorrespondentin erstmals für kurze Zeit wieder nach Wien zurück. In ihrem Tagebuch schildert sie ihre Begegnung mit der kriegszerstörten Stadt, alten Bekannten, Nachbarn, ehemaligen Dienstboten und einigen wenigen Remigranten. Obwohl ihrem scharfen Blick die Falschheit so mancher Wiener nicht entging, die sich in erster Linie als Opfer sahen, war für sie klar, dass „der langsame Prozess einer Loslösung aus dem englischen Bereich, der siebzehn Jahre später zu meiner endgültigen Rückkehr nach Wien führen sollte, seinen Anfang genommen hatte".[46]

Immer öfter besuchte Hilde Spiel ihre ehemalige Heimatstadt. 1955 erwarb sie ein Haus am Wolfgangsee, wo sie in den folgenden Jahren einen literarischen Salon führte, zu dessen Gästen Heimito von Doderer, Leo Perutz, Alexander Lernet-Holenia, Franz Theodor Csokor, Hans Habe, Elias Canetti, Robert Jungk, später auch Thomas Bernhard und noch viele andere zählten. Dass die Idylle in der neuen alten Heimat nicht ganz perfekt war, kommentiert sie in ihren Erinnerungen mit unverhohlener Ironie: „Und man heißt sie freundlich willkommen, nicht, wie die enttäuschte Rahel Varnhagen nach dem neu aufgebrausten ‚Judensturm' an den deutschen Universitäten klagte, ‚zum Peinigen und Verachten, zum Fußstoßen und Treppenhinunterwerfen', sondern zum Liebhaben, ja, ans Herzdrücken, zum neuerlichen Anhören ihrer nun authentisch vorgebrachten Witze – die sie freilich nicht mehr allzu gern erzählen –, zur Belebung der Gespräche und vor allem zur Gewähr, daß jenes im Grunde von allen gehaßte, aber notgedrungen mitgetragene Naziregime mit seinen ekelhaften Einmischungen in den gemütlichen Tagesablauf und schließlich noch mit all den Opfern, die einem im Zuge der Rückeroberung Europas abverlangt wurden, nun wirklich zu Ende war. Der Antisemitismus mit seinen tödlichen Folgen war vorbei, er wurde höchstens wieder, wie in den guten alten Zeiten, zum Kavaliersdelikt hinter vorgehaltener Hand."[47]

she held a literary salon in the following years, hosting guests like Heimito von Doderer, Leo Perutz, Alexander Lernet Holenia, Franz Theodor Csokor, Hans Habe, Elias Canetti, Robert Jungk, later Thomas Bernhard, and many others. In her memoirs she comments with unconcealed irony on the fact that the idyll in the new homeland was not quite perfect: "And they were given a warm welcome, not, as the disillusioned Rahel Varnhagen complained after the newly kindled 'Judensturm' of 1819 at the German universities, subjected to 'torture and contempt, to kicking and throwing down stairs,' but rather to love, even to embraces, to renewed attention to their jokes, now related at first hand (although they no longer had much heart to tell them), to the revival of the dialogue and above all to the realization that the Nazi regime had been fundamentally hated by all, but endured by necessity, with its disgusting intrusions into the comfortable daily routine and finally with all the sacrifices that had been demanded in the course of the reconquest of Europe, was now finally at an end. Anti-Semitism with its fatal consequences was finished; at worst it had become a trifling offense, off the record, as in the good old days."[47]

Her relationship to Heimito von Doderer, whom she revered as an author, but whose human inadequacies she was aware of at the same time, was marked by ambivalence: "Doderer's *Die Strudlhofstiege* had enchanted me. That the mighty novel whose predecessor this book had been, *Die Dämonen*, was originally to have been called *The Demons of the Ostmark* and bore clear traces of anti-Semitism, that the events of July 15, 1927 were presented in it in a questionable way—what did it matter to me? I was defenseless against this quintessence of Viennese awareness of life, this language as precise as it was absurd, this power of construction combined with a vividness of detail which was continually astonishing. I accepted everything: that Heimito had confused the Third Reich with the Holy Roman Empire, a claim which he himself never made, although his friends made it on his behalf—a confusion which can really hardly be believed of an illegal party member, who ought by rights to have read that party's bible *Mein Kampf*. And I accepted because they did not concern me personally [...]."[48]

In the last years of her life, Hilde Spiel was celebrated by the Austrian cultural industry as the "grande dame of literature" and received numerous honors. However, she also suffered defeats and fell victim to intrigues, such as in 1972, when her application for the PEN presidency was thwarted by a "male society."[49] Hilde Spiel finally laid her overly

Von Ambivalenz geprägt war ihr Verhältnis zu Heimito von Doderer, den sie als Autor verehrte, über dessen menschliche Unzulänglichkeiten sie sich gleichzeitig aber im Klaren war: „Doderers *Strudlhofstiege* hatte mich verzaubert. Daß der gewaltige Roman, dessen ‚Rampe' dieses Buch gewesen war, ursprünglich *Die Dämonen der Ostmark* heißen sollte und deutlich antisemitische Züge trug, daß in ihm die Ereignisse des 15. Juli 1927 auf fragwürdige Art und Weise dargestellt wurden – was verschlug's? Ich war wehrlos gegenüber dieser Verdichtung wienerischen Lebensgefühls, dieser so präzisen wie skurrilen Sprache, dieser Kraft des Aufbaus bei immer wieder frappierender Anschaulichkeit der Details. Alles, alles nahm ich hin: daß Heimito, was niemals er, aber seine Freunde für ihn ins Feld führten, jenes ‚Dritte Reich' mit dem Heiligen Römischen Reich Deutscher Nation verwechselt hätte – eine Verirrung, die man einem illegalen Parteimitglied, das eigentlich die Bibel jener Partei, *Mein Kampf*, gelesen haben müßte, wirklich nur schwer zugestehen kann."[48]

In den letzten Jahren ihres Lebens wurde Hilde Spiel vom österreichischen Kulturbetrieb als „Grande Dame der Literatur" gefeiert und mit zahlreichen Ehrungen ausgezeichnet. Sie musste aber auch Niederlagen einstecken und wurde Opfer von Intrigen wie 1972, als ihre Bewerbung um die P.E.N.-Präsidentschaft von einem „Männerbund"[49] vereitelt wurde. Endgültig verabschiedet hat sich Hilde Spiel von ihrer allzu versöhnlichen Haltung gegenüber Österreich, als sie 1988 wegen Kurt Waldheims Patronanz ihre geplante Eröffnungsrede bei den Salzburger Festspielen absagte: „Ich hätte es nicht ausgehalten, in seiner Nähe auf die Platform zu treten und ihm die Hand zu schütteln. Das ist ein Mann, den ich ablehne."[50]

Hannah Arendt, zwischen Paria und Parvenu

Hannah Arendt, die als Philosophin und politische Theoretikerin gegenüber den Lügen der Gesellschaft grundsätzlich weniger versöhnlich gestimmt war als Hilde Spiel, begann bereits 1923 an ihrem Buch über Rahel Varnhagen zu arbeiten. Als sie 1933 Deutschland verlassen musste, war das Manuskript des Buches in Grundzügen fertig. 1957 erschien es erstmals auf Englisch, zwei Jahre später kam es auf Deutsch heraus. Auch für Hannah Arendt war die Auseinandersetzung mit der Lebensgeschichte Rahel Varnhagens

conciliatory attitude toward Austria to rest when she canceled her planned opening speech at the Salzburg Festival in 1988 because of Kurt Waldheim's patronage: "I could not have endured stepping onto the platform near him and shaking his hand. This is a man who I reject."[50]

Hannah Arendt, Between Pariah and Parvenu

As a philosopher and political theorist fundamentally less conciliatory towards society's lies than Hilde Spiel, Hannah Arendt began working on her biography of Rahel Varnhagen back in 1923. When she had to leave Germany in 1933, the manuscript of the book was basically finished. It first appeared in English in 1957 and two years later in German. For Hannah Arendt as well, the confrontation with Rahel Varnhagen's life story was a confrontation with the increasing anti-Semitism in Germany from the 1920s onwards and a "reflection of her own situation as a Jewish woman—in a hardly changed Germany, several decades later."[51] Her relationship to Martin Heidegger,[52] the philosopher, teacher, short-term lover and life-long "friend," who had sympathized with National Socialism even before Adolf Hitler came to power in Germany and also became a party member in 1933, was equivocal. In a letter written to Hannah Arendt in the winter of 1932 or 1933, Heidegger tried to cleanse himself of the reproach of anti-Semitism: "The rumors that are upsetting you are slanders that are perfect matches for other experiences I have endured over the last few years. I cannot very well exclude Jews from the seminar invitations; not least because I have not had a *single* seminar invitation in the last four semesters. That I supposedly don't say hello to Jews is such a malicious piece of gossip that in any case I will have to take note of it in the future."[53]

After the war, Martin Heidegger and Hannah Arendt continued their correspondence, and several personal encounters took place. While Heidegger's letters are written in a pandering tone, Hannah Arendt's replies convey a clear distance. She expresses her ambivalent relationship with Heidegger to their mutual colleague Karl Jaspers: "Heidegger: because human beings are not consistent, not I at any rate, I was pleased. You are right a thousand times over in each of your sentences. What you call impurity I would call lack of character—but in the sense that he literally has none and certainly not a particularly bad one. At the same time, he

eine Auseinandersetzung mit dem zunehmenden Antisemitismus in Deutschland ab den 1920er-Jahren und eine „Reflexion ihrer eigenen Situation als Jüdin – im kaum veränderten Deutschland, einige Jahrzehnte später".[51] Zwiespältig war ihr Verhältnis zu Martin Heidegger[52], dem Philosophen, Lehrer, kurzzeitigen Geliebten und lebenslangem „Freund", der schon vor der Machtübernahme Adolf Hitlers in Deutschland mit dem Nationalsozialismus sympathisiert hatte und 1933 auch Parteimitglied wurde. In einem im Winter 1932 oder 1933 verfassten Brief an Hannah Arendt versuchte sich Heidegger vom Vorwurf des Antisemitismus reinzuwaschen: „Die Gerüchte, die Dich beunruhigen, sind Verleumdungen, die völlig zu den übrigen Erfahrungen passen, die ich in den letzten Jahren machen mußte. Daß ich Juden nicht gut von den Seminareinladungen ausschließen kann, mag daraus hervorgehen, daß ich in den letzten 4 Semestern *überhaupt keine* Seminareinladungen hatte. Daß ich Juden nicht grüßen soll, ist eine so üble Nachrede, daß ich sie mir allerdings künftig merken werde."[53]

Nach dem Krieg setzten Martin Heidegger und Hannah Arendt ihre Korrespondenz fort, und es kam auch wieder zu einigen persönlichen Begegnungen. Während Heideggers Briefe in einem anbiedernden Tonfall verfasst sind, kommt in den Antworten Hannah Arendts deutliche Distanz zum Ausdruck. Gegenüber ihrem gemeinsamen Kollegen Karl Jaspers drückt sie ihre ambivalente Beziehung zu Heidegger aus: „Heidegger: Da man doch bekanntlich nicht konsequent ist, ich jedenfalls nicht, habe ich mich gefreut. Sie haben mit jedem Satz hundertmal recht. Was Sie Unreinheit nennen, würde ich Charakterlosigkeit nennen, aber in dem Sinne, daß er buchstäblich keinen hat, bestimmt auch keinen besonders schlechten. Dabei lebt er doch in einer Tiefe und mit einer Leidenschaftlichkeit, die man nicht leicht vergessen kann; das Verdrehen ist unerträglich, und allein die Tatsache, daß er jetzt alles so aufzieht, als sei es eine Interpretation von ‚Sein und Zeit', spricht dafür, daß alles wieder verdreht herauskommen wird."[54]

In ihren persönlichen Gefühlen gegenüber Martin Heidegger, seiner Verstricktheit mit dem Nationalsozialismus und seinen nachträglichen Rechtfertigungsversuchen war Hannah Arendt bereit, ihm vieles nachzusehen. Ihr scharfer Verstand blieb davon unberührt. In ihrer Analyse gesellschaftlicher und politischer Zustände und menschlicher Unzulänglichkeiten war Hannah Arendt zu keinerlei Kompromissen bereit. Auch wenn sich Martin Heidegger noch

lives in depths and with a passionateness that one can't easily forget. The distortion is intolerable, and the very fact that he is arranging everything now to look like an interpretation of *Sein und Zeit* suggests that it will all come out distorted again."[54]

In her personal feelings towards Martin Heidegger, his entanglement with National Socialism and his subsequent attempts to justify it, Hannah Arendt was ready to let him get away with much. Her sharp mind remained unaffected. In her analysis of social and political conditions and human inadequacies, Hannah Arendt was prepared to make no compromises. Even if Martin Heidegger tried so hard to build upon the old friendship before Hannah Arendt's emigration from Germany, and did not want to see the deep abyss that separated their two worlds after the break of civilization by the Shoah, Hannah Arendt was, despite this abyss, painfully aware of her connection with Heidegger. She shared this ambivalence in relationships with dishonest people with her protagonist Rahel Varnhagen. Rahel's desperate pursuit of authenticity is reflected in Hannah Arendt's questioning of encrusted thought patterns and ideologies: "As a Jew, Rahel always stood outside, had been a pariah, and discovered at last, most unwillingly and unhappily, that entrance into society was possible only at the price of lying, of a far more generalized lie than simple hypocrisy. She discovered that it was necessary for the parvenu—but for him alone—to sacrifice every natural impulse, to conceal all truth, to misuse all love, not only to suppress all passion, but worse still, to convert it into a means of social climbing."[55] Like Rahel, who, as a Jew, despaired of being only able to choose between the two possibilities of pariah or parvenu, and ultimately decided to "choose herself,"[56] that is, to remain authentic, to think freely, and to not accept a subordinate role, Hannah Arendt thus chose this third way, too.

1   Selma STERN, „Der Wandel des jüdischen Frauentyps seit der Emanzipation in Deutschland", in *Ost und West*, 1922, Jg. 22, Nr. ¾, p. 69.
2   Cf. especially Bertha BADT, *Rahel und ihre Zeit*, Munich: E. Rentsch, 1912; Margarete SUSMAN, *Frauen der Romantik*, Jena: Eugen Diederichs Verlag, 1929.
3   Renate GFÖLLNER, „Rahel und Hannah, Fanny und Hilde: Ein Parallelogramm zur Geschichte der Emanzipation jüdischer Frauen", in Andrea M. LAURITSCH, *Zions Töchter. Jüdische Frauen in Literatur, Kunst und Politik*, Vienna: LIT Verlag, 2006, pp. 7–47.
4   Hannah ARENDT, *Ich will verstehen. Selbstauskünfte zu Leben und Werk*, herausgegeben von Ursula LUDZ, Munich: Piper, 1996, pp. 50–53 and pp. 63–64.
5   Hilde SPIEL, *Die hellen und die finsteren Zeiten. Erinnerungen 1911–1946*, Munich: Paul List Verlag, 1989, pp. 7–14.
6   Peter SEIBERT, „Zur Genese des Kulturtyps der jüdischen Salondame", in *Der literarische Salon. Literatur und Geselligkeit zwischen Aufklärung und Vormärz*, Stuttgart: Metzler, 1993, pp. 117–126.

so sehr bemühte, an die alte Freundschaft vor Hannah Arendts Emigration aus Deutschland anzuknüpfen, und den tiefen Abgrund nicht sehen wollte, der ihre beiden Welten nach dem Zivilisationsbruch durch die Schoa voneinander trennte, war Hannah Arendt sich dieses Abgrunds trotz ihrer Verbindung mit Heidegger schmerzlich bewusst. Diese Ambivalenz in den Beziehungen zu unehrlichen Menschen teilte sie mit ihrer Protagonistin Rahel Varnhagen. In Hannah Arendts Hinterfragen von verkrusteten Denkstrukturen und Ideologien spiegelt sich Rahels verzweifeltes Streben nach Authentizität wider: „Rahel stand immer als Jüdin außerhalb der Gesellschaft, war ein Paria und entdeckte schließlich, höchst unfreiwillig und höchst unglücklich, daß man nur um den Preis der Lüge in die Gesellschaft hineinkam, um den Preis einer viel allgemeineren Lüge als die der einfachen Heuchelei; entdeckte, daß es für den Parvenu – aber eben auch nur für ihn – gilt, alles Natürliche zu opfern, alle Wahrheit zu verdecken, alle Liebe zu mißbrauchen, alle Leidenschaft nicht nur zu unterdrücken, sondern schlimmer, zum Mittel des Aufstiegs zu machen."[55] So wie Rahel, die als Jüdin daran verzweifelte, nur zwischen den beiden Möglichkeiten Paria oder Parvenu wählen zu können, und sich letztendlich dazu entschloss, „sich selbst zu wählen",[56] das heißt, authentisch zu bleiben, frei zu denken und sich nicht unterzuordnen, so wählte auch Hannah Arendt diesen dritten Weg.

---

1 Selma STERN: Der Wandel des jüdischen Frauentyps seit der Emanzipation in Deutschland, in: Ost und West, 1922, Jg. 22, Nr. ¾, 69.
2 Vgl. vor allem auch Bertha BADT: Rahel und ihre Zeit, München 1912; Margarete SUSMAN: Frauen der Romantik, Jena 1929.
3 Renate GFÖLLNER: Rahel und Hannah, Fanny und Hilde: Ein Parallelogramm zur Geschichte der Emanzipation jüdischer Frauen, in: Andrea M. LAURITSCH: Zions Töchter. Jüdische Frauen in Literatur, Kunst und Politik, Wien 2006, 7–47.
4 Hannah ARENDT: Ich will verstehen. Selbstauskünfte zu Leben und Werk, herausgegeben von Ursula LUDZ, München 1996, 50–53 und 63–64.
5 Hilde SPIEL: Die hellen und die finsteren Zeiten. Erinnerungen 1911–1946, München 1989, 7–14.
6 Peter SEIBERT: Zur Genese des Kulturtyps der jüdischen Salondame, in: Der literarische Salon. Literatur und Gesellschaft zwischen Aufklärung und Vormärz, Stuttgart 1993, 117–126.
7 Liliane WEISSBERG: Weibliche Körpersprachen. Bild und Wort bei Henriette Herz, in: Jutta DICK, Barbara HAHN (Hg.): Von einer Welt in die andere. Jüdinnen im 19. und 20. Jahrhundert, Wien 1993, 71–92.
8 Rainer SCHMITZ (Hg.): Henriette Herz in Erinnerungen Briefen und Zeugnissen, Leipzig und Weimar 1984, 35.
9 Ebd., 57.
10 Caroline PICHLER: Denkwürdigkeiten aus meinem Leben, Wien 1844, 135.
11 Ebd., 80.
12 Hanne Lotte LUND: Der Berliner „jüdische" Salon um 1800, Emanzipation in der Debatte, Berlin/Boston 2012, 531–532.

7 Liliane WEISSBERG, „Weibliche Körpersprachen. Bild und Wort bei Henriette Herz", in Jutta DICK, Barbara HAHN (eds.), *Von einer Welt in die andere. Jüdinnen im 19. und 20. Jahrhundert*, Vienna: Brandstätter, 1993, pp. 71–92.
8 Rainer SCHMITZ (ed.), *Henriette Herz in Erinnerungen Briefen und Zeugnissen*, Leipzig und Weimar: Kiepenheuer 1984, pp. 35. English translation of Henriette Herz "Memoirs of a Jewish Girlhood" in Jeanine BLACKWELL and Susanne ZANTOP (eds.), *Bitter Healing: German Women Writers from 1700 to 1830: An Anthology*, Lincoln, NE and London: University of Nebraska Press, 1990, p. 328.
9 SCHMITZ, *Henriette Herz in Erinnerungen Briefen und Zeugnissen*, p. 57.
10 Caroline PICHLER, *Denkwürdigkeiten aus meinem Leben*, Vienna: A. Pichler's sel. Witwe, 1844, p. 135.
11 Ibid., p. 80.
12 Hanne Lotte LUND, *Der Berliner „jüdische" Salon um 1800, Emanzipation in der Debatte*, Berlin/Boston: De Gruyter, 2012, pp. 531–532.
13 Barbara HAHN, *Die Jüdin Pallas Athene: Auch eine Theorie der Moderne*, Berlin: Berlin Verlag, 2002.
14 Wolfgang GASSER, *Jüdische DienstbotInnen in Wien – von den napoleonischen Kriegen, dem Biedermeier bis zur 1848er-Revolution*, Master Thesis, University of Vienna, 2001.
15 SCHMITZ, *Henriette Herz in Erinnerungen, Briefen und Zeugnissen*, p. 84.
16 Ibid.
17 Fanny LEWALD, *Osterbriefe für die Frauen*, Berlin: O. Janke, 1863; Margarita PAZI, Fanny LEWALD-STAHR, „Die sanfte Emanzipation der Frau", in Jutta DICK, Barbara HAHN (eds.), *Von einer Welt in die andere. Jüdinnen im 19. und 20. Jahrhundert*, Vienna: Brandstätter, 1993, pp. 109–125.
18 Rahel LEVIN VARNHAGEN, *Rahel. Ein Buch des Andenkens für ihre Freunde, Bd. 1–6*, Göttingen: Wallstein, 2011.
19 *Aus dem Nachlass Varnhagen's von Ense. Briefwechsel zwischen Rahel und David Veit, Bd. 1*, Leipzig: F.A. Brockhaus, 1861, p. 13.
20 Achim LOTHAR (ed.), *Aus Rahel's Herzensleben. Briefe und Tagebuchblätter*, Leipzig: F.A. Brockhaus, 1877, p. 123.
21 Ursula ISSELSTEIN, „Rahel Levins Einbrüche in die eingerichtete Welt", in Jutta DICK, Barbara HAHN (ed.), *Von einer Welt in die andere. Jüdinnen im 19. und 20. Jahrhundert*, Vienna: Brandstätter, 1993, pp. 93–108; Sulamith SPARRE, *Rahel Levin Varnhagen (1771–1833). Salonière, Aufklärerin, Selbstdenkerin, romantische Individualistin, Jüdin*, Lich: Verlag Edition AV, 2007.
22 ISSELSTEIN, p. 93.
23 Hilde SPIEL, *Fanny von Arnstein: Daughter of the Enlightenment*, trans. Christine Shuttleworth, New York: New Vessel Press, 2013, p. 464.
24 Quoted in Hannah ARENDT, *Rahel Varnhagen: The Life of a Jewess*, trans. Richard and Clara Wilson, Baltimore and London: The John Hopkins University Press, 1997, p. 238.
25 „Rahel Varnhagen an Pauline Wiesel, Frankfurt am Main, September 1818", in Marlies GERHARDT, *Rahel Varnhagen/Pauline Wiesel. Ein jeder machte seine Frau aus mir wie sie liebte und verlangte. Ein Briefwechsel*, Darmstadt and Neuwied: Luchterhand, 1987, p. 25.
26 Hannah ARENDT, *Rahel Varnhagen: The Life of a Jewess*, p. 256.
27 Karl August VARNHAGEN VON ENSE, *Denkwürdigkeiten des eigenen Lebens*, quoted in Hilde SPIEL, *Fanny von Arnstein: Daughter of the Enlightenment*, p. 175.
28 Coll. JMW, Inv. No. 15436, acquisition by Baron Pereira Arnstein.
29 A special toll that travelling Jews had to pay for their personal integrity when crossing a certain customs border.
30 SPIEL, *Fanny von Arnstein: Daughter of the Enlightenment*, pp. 9–12.
31 Ibid., p. 8.
32 SPIEL, *Fanny von Arnstein: Daughter of the Enlightenment*, p. 8.
33 Ingrid SCHRAMM, „Mit Mozart unter einem Dach. Fanny von Arnstein im Blickfeld ihrer Biografin Hilde Spiel", in Ingrid SCHRAMM, Michael HANSEL (eds.), *Hilde Spiel und der literarische Salon*, Innsbruck/Vienna/Bolzano: Studien Verlag, 2017, pp. 38–53.
34 SPIEL, *Fanny von Arnstein: Daughter of the Enlightenment*, p. 263.

13 Barbara HAHN: Die Jüdin Pallas Athene: Auch eine Theorie der Moderne, Berlin 2002.
14 Wolfgang GASSER: Jüdische DienstbotInnen in Wien – von den napoleonischen Kriegen, dem Biedermeier bis zur 1848er-Revolution, Wien 2001.
15 Henriette Herz in Erinnerungen, Briefen und Zeugnissen, Leipzig und Weimar 1984, 84.
16 Ebd., 84.
17 Fanny LEWALD: Osterbriefe für die Frauen, Berlin 1863; Margarita PAZI, Fanny LEWALD-STAHR: Die sanfte Emanzipation der Frau, in: Jutta DICK, Barbara HAHN (Hg.): Von einer Welt in die andere. Jüdinnen im 19. und 20. Jahrhundert, Wien 1993, 109–125.
18 Rahel LEVIN VARNHAGEN: Rahel. Ein Buch des Andenkens für ihre Freunde, Bd. 1–6, Göttingen 2011.
19 Aus dem Nachlass Varnhagen's von Ense. Briefwechsel zwischen Rahel und David Veit, Leipzig 1861, Bd. 1, 13.
20 Achim LOTHAR (Hg.): Aus Rahel's Herzensleben. Briefe und Tagebuchblätter, Leipzig 1877, 123.
21 Ursula ISSELSTEIN: Rahel Levins Einbrüche in die eingerichtete Welt, in: Jutta DICK, Barbara HAHN (Hg.): Von einer Welt in die andere. Jüdinnen im 19. und 20. Jahrhundert, Wien 1993, 93–108; Sulamith SPARRE: Rahel Levin Varnhagen (1771–1833). Salonière, Aufklärerin, Selbstdenkerin, romantische Individualistin, Jüdin, Lich 2007.
22 ISSELSTEIN, 93.
23 Hilde SPIEL: Fanny von Arnstein oder Die Emanzipation. Ein Frauenleben an der Zeitwende, Frankfurt am Main 1978, 464.
24 Zitiert nach Hannah ARENDT: Rahel Varnhagen. Lebensgeschichte einer deutschen Jüdin aus der Romantik, München/ Zürich 2005, 211.
25 Rahel Varnhagen an Pauline Wiesel, Frankfurt am Main, September 1818, in: Marlies GERHARDT: Rahel Varnhagen/Pauline Wiesel. Ein jeder machte seine Frau aus mir wie er sie liebte und verlangte. Ein Briefwechsel, Darmstadt und Neuwied, 1987, 25.
26 Hannah ARENDT: Rahel Varnhagen. Lebensgeschichte einer deutschen Jüdin aus der Romantik, München/Zürich 2005, 234.
27 Karl August VARNHAGEN VON ENSE: Denkwürdigkeiten des eigenen Lebens, zitiert nach Hilde SPIEL: Fanny von Arnstein oder Die Emanzipation. Ein Frauenleben an der Zeitwende, Frankfurt am Main 1978, 175.
28 Slg. JMW, Inv.-Nr. 15436, Ankauf von Baron Pereira Arnstein.
29 Spezielles Geleitgeld, das reisende Juden bei der Überschreitung einer bestimmten Zollgrenze für ihre persönliche Unversehrtheit zahlen mussten.
30 Hilde SPIEL: Fanny von Arnstein oder Die Emanzipation. Ein Frauenleben an der Zeitwende, Frankfurt am Main 1978, 9–12.
31 Hilde SPIEL: Fanny von Arnstein oder Die Emanzipation. Ein Frauenleben an der Zeitwende, Frankfurt a. M. 1978, 8.
32 Ingrid SCHRAMM: Mit Mozart unter einem Dach. Fanny von Arnstein im Blickfeld ihrer Biografin Hilde Spiel, in: Ingrid SCHRAMM, Michael HANSEL (Hg.): Hilde Spiel und der literarische Salon, Innsbruck/Wien/Bozen 2017, 38–53.
33 Hilde SPIEL: Fanny von Arnstein oder Die Emanzipation. Ein Frauenleben an der Zeitwende, Frankfurt am Main 1978, 263.
34 Hazel ROSENSTRAUCH: Congress mit Damen. Europa zu Gast in Wien 1814/15, Wien 2014, 46–61.
35 Zit. n. Karin SCHNEIDER/Eva Maria WERNER/Brigitte MAZOHL: Europa in Wien. Who is Who beim Wiener Kongress 1814/15, Wien 2015, 76.
36 Rahel und Varnhagen an Moritz und Ernestine in Berlin, Wien, den 30. Januar 1815, in: Renata BUZZO MÀRGARI BAROVERO (Hg.): Rahel Levin Varnhagen. Familienbriefe, München 2009, 496.
37 Hilde SPIEL: Fanny von Arnstein oder Die Emanzipation. Ein Frauenleben an der Zeitwende, Frankfurt am Main 1978, 106–108; vgl. auch: Wilhelm WECKBECKER (Hg.): Von Maria Theresia zu Franz Joseph. Zwei Lebensbilder aus dem alten Österreich, herausgegeben und mit Anmerkungen versehen von Wilhelm Weckbecker, Berlin 1929, 44–50.

34 Hazel ROSENSTRAUCH, *Congress mit Damen. Europa zu Gast in Wien 1814/15*, Vienna: Czernin Verlag, 2014, pp. 46–61.
35 Quoted in Karin SCHNEIDER/Eva Maria WERNER/Brigitte MAZOHL, *Europa in Wien. Who is Who beim Wiener Kongress 1814/15*, Vienna: Böhlau, 2015, p. 76. English translation: "Madame Arnstein and Mademe Eskeles make all sorts of scandalous remarks just to prepare the opinion in favor of Prussia [...] In a word, these ladies are scandalously Prussian."
36 Letter from Rahel and Varnhagen to Moritz and Ernestine in Berlin, Vienna, 30 January 1815 in Renata BUZZO MÀRGARI BAROVERO (ed.), *Rahel Levin Varnhagen. Familienbriefe*, Munich: C. H. Beck, 2009, p. 496.
37 SPIEL, *Fanny von Arnstein: Daughter of the Enlightenment*, pp. 106–108; cf. also Wilhelm WECKBECKER (ed.), *Von Maria Theresia zu Franz Joseph. Zwei Lebensbilder aus dem alten Österreich, herausgegeben und mit Anmerkungen versehen von Wilhelm Weckbecker*, Berlin: Verlag für Kulturpolitik, 1929, pp. 44–50.
38 *Deutsche Monatsschrift*, July 1792, p. 195.
39 SPIEL, *Fanny von Arnstein: Daughter of the Enlightenment*, pp. 114–122.
40 Caroline PICHLER, *Denkwürdigkeiten aus meinem Leben*, pp. 131–132.
41 Coll. JMW, Inv. No. 238.
42 Friedrich von AMERLING, *Portrait of Cäcile von Eskeles*, oil on canvas, 1932, Germanisches Nationalmuseum Nuremberg.
43 SPIEL, *Fanny von Arnstein: Daughter of the Enlightenment*, p. 478.
44 Ibid., p. 256.
45 Letter of Hilde Spiel to Marion Berghahn, 21 Sep. 1987, Estate of Hilde Spiel, Austrian National Library.
46 Hilde SPIEL, *Rückkehr nach Wien. Ein Tagebuch*, Frankfurt am Main: Ullstein, 1991, p. 135.
47 Hilde SPIEL, *The Dark and the Bright: Memoirs 1911–1989*, trans. Christine Shuttleworth, Riverside CA: Ariadne Press, 2007, p. 294.
48 Ibid., pp. 332–333.
49 Ibid., p. 354.
50 Ingo HERMANN (ed.), *Hilde Spiel. Die Grande Dame, Gespräch mit Anne Linsel in der Reihe „Zeugen des Jahrhunderts"*, Göttingen: Lamuv Verlag, 1992, p. 93.
51 Edna BROCKE, „,Treue als Zeichen der Wahrheit'. Hannah Arendts Weg als Jüdin gezeichnet nach Selbstzeugnissen", in Alte Synagoge (ed.), *Hannah Arendt. Lebensgeschichte einer deutschen Jüdin. Studienreihe der Alten Synagoge, Bd. 5*, Essen: Klartext 1995, p. 52.
52 Ingeborg NORDMANN, „,Gegen Philosophie hilft nur Philosophie. Und ich habe keine eigene auf Lager.' Hannah Arendts Auseinandersetzung mit Martin Heidegger", in Jutta DICK, Barbara HAHN (ed.), *Von einer Welt in die andere. Jüdinnen im 19. und 20. Jahrhundert*, Vienna: Brandstätter, 1993, pp. 266–285.
53 Quoted in Antonia GRUNENBERG, *Hannah Arendt and Martin Heidegger: History of a Love*, trans. Peg Birmingham, Kristina Lebedeva and Eva Birmingham, Bloomington IN: Indiana University Press, 2017, p. 107.
54 Hannah Arendt, Letter to Karl Jaspers, 29 September 1949, in Lotte KÖHLER (ed.), *Hannah Arendt/Karl Jaspers, Correspondence 1926–1969*, trans. Robert and Rita Kimbler, Orlando FL: Harcourt Brace & Company, 1992 p. 142.
55 Hannah ARENDT, *Rahel Varnhagen. The Life of a Jewess*, p. 208.
56 Agnes HELLER, „Eine Frau in finsteren Zeiten", in Alte Synagoge (ed.), *Hannah Arendt. Lebensgeschichte einer deutschen Jüdin. Studienreihe der Alten Synagoge, Bd. 5*, p. 20.

38 Deutsche Monatsschrift, Juli 1792, 195.
39 Hilde SPIEL: Fanny von Arnstein oder Die Emanzipation. Ein Frauenleben an der Zeitwende, Frankfurt am Main 1978, 114–122.
40 Caroline PICHLER: Denkwürdigkeiten aus meinem Leben, Bd. 2, Wien 1844, 131–132.
41 Slg. JMW, Inv.-Nr. 238.
42 Friedrich von AMERLING: Porträt der Cäcilie von Eskeles, Öl auf Leinwand, 1932, Germanisches Nationalmuseum Nürnberg.
43 Hilde SPIEL: Fanny von Arnstein oder Die Emanzipation. Ein Frauenleben an der Zeitwende, Frankfurt am Main 1978, 478.
44 Ebenda, 256.
45 Brief Hilde Spiels an Marion Berghahn, 21.9.1987, NL, HS, ÖNB.
46 Hilde SPIEL: Rückkehr nach Wien. Ein Tagebuch, Frankfurt am Main 1991, 135.
47 Hilde SPIEL: Welche Welt ist meine Welt? Erinnerungen 1946–1989, München Leipzig 1990, 171–172.
48 Ebd., 224.
49 Ebd., 256.
50 Ingo HERMANN (Hg.): Hilde Spiel. Die Grande Dame, Gespräch mit Anne Linsel in der Reihe „Zeugen des Jahrhunderts", Göttingen 1992, 93.
51 Edna BROCKE: „Treue als Zeichen der Wahrheit". Hannah Arendts Weg als Jüdin gezeichnet nach Selbstzeugnissen, in: Alte Synagoge (Hg.): Hannah Arendt. Lebensgeschichte einer deutschen Jüdin. Studienreihe der Alten Synagoge, Bd. 5, Essen 1995, 52.
52 Ingeborg NORDMANN: „Gegen Philosophie hilft nur Philosophie. Und ich habe keine eigene auf Lager." Hannah Arendts Auseinandersetzung mit Martin Heidegger, in: Jutta DICK, Barbara HAHN (Hg.): Von einer Welt in die andere. Jüdinnen im 19. und 20. Jahrhundert, Wien 1993, 266–285.
53 Hannah ARENDT/Martin HEIDEGGER: Briefe 1925 bis 1975 und andere Zeugnisse. Aus den Nachlässen herausgegeben von Ursula LUDZ, Frankfurt am Main 1998, 68.
54 Hannah Arendt, Brief an Karl Jaspers, 29. September 1949, in: Hannah ARENDT/Karl JASPERS: Briefwechsel 1926–1969, herausgegeben von Lotte KÖHLER und Hans SANER, München 1985, 178.
55 Hannah ARENDT: Rahel Varnhagen. Lebensgeschichte einer deutschen Jüdin aus der Romantik, München/Zürich 2005, 218.
56 Agnes HELLER: Eine Frau in finsteren Zeiten, in: Alte Synagoge (Hg.): Hannah Arendt. Lebensgeschichte einer deutschen Jüdin. Studienreihe der Alten Synagoge, Bd. 5, Essen 1995, 20.

DOMAGOJ AKRAP

„Zum Wohle unserer Mitmenschen, zur Ehre des Judentums" – Salons und (Frauen-)Vereine

"For the benefit of our fellow human beings, for the honor of Judaism" – Salons and (Women's) Associations

Die Salonkultur war gerade aus Berlin nach Wien gelangt, als sich in der Zeit des Wiener Biedermeier die hier lebenden Juden anschickten, erste Institutionen einzurichten – ein neues Gotteshaus, eine Religionsschule samt Bibliothek, ein Archiv und die ersten Vereine. All das nahm damals seinen Anfang, obwohl die Juden offiziell keine Gemeinde bilden durften und als Juden in der Kaiserstadt nur toleriert wurden.

Es war die Zeit der Napoleonischen Kriege, in deren Folge Österreich innerhalb weniger Jahre zweimal vor der Zahlungsunfähigkeit stand und den Staatsbankrott erklären musste.[2] In dieser prekären finanziellen Situation war der Staat nicht mehr imstande, für die gesamte notleidende Bevölkerung zu sorgen, was dazu führte, dass der Kaiser im Bereich gesellschaftlicher Organisation Gründungen von Privatinitiativen einräumte. Diese Umstände waren die Initialzündung für Gründungen von Vereinen im Bereich der Wohltätigkeit. Da den Frauen nun eine weitere Rolle, neben Haus und Familie, ermöglicht worden war, traten darauf auch die ersten Frauenvereine hervor. Das Ziel dieser als Notlösung gestatteten Zusammenschlüsse auf halbprivater Basis war zunächst stark patriotisch geprägt. Den Anfang unter den Gründungen von Frauenvereinen machte die 1810/1811 gegründete „Gesellschaft adeliger Frauen zur Beförderung des Guten und Nützlichen". Ziel dieses Vereins war der Dienst am Vaterland, er sollte im „Privaten, wenigstens zum Theile, und allmählig leisten, was der Staat jetzt nicht zu leisten vermag".[3] Die Tätigkeit für den Verein wird als ehrenhaftes Zeichen am Vaterland gesehen, so unterstützte die Gesellschaft die Bewohnerinnen und Bewohner der Schlachtfelder von Aspern und Wagram in den Jahren 1812–13. Durch diesen „von oben" angeordneten Schritt wurden Frauen veranlasst, aus dem privaten Bereich in die Halböffentlichkeit zu treten, es wurden Grenzen durchlässig, was im Laufe des 19. Jahrhunderts ein immer stärkeres gesellschaftliches Engagement der Frauen zur Folge haben sollte.

Eine spezifisch von Frauen getragene Erscheinung jener Zeit war der Salon. Er war ein Ort, wo die Frauen über das „Schöne" und „Wahre" in Literatur und Kunst diskutieren konnten, wo sie im privaten, bestenfalls halböffentlichen geselligen Rahmen ihre Unterhaltungen führen konnten, deren Ergebnisse sich der Kenntnis Außenstehender in der Regel entzogen. Sie konnten in einer „semineutralen Atmosphäre" für kurze Zeit die gesellschaftlichen Schranken

The salon culture had just reached Vienna from Berlin when, during the Viennese Biedermeier period, the Jews living here set about establishing the first institutions—a new house of worship, a religious school along with a library, an archive, and the first associations. All of this began to take root back then although Jews were not allowed to officially form any community and were merely tolerated in the imperial city.

It was the time of the Napoleonic Wars in which Austria twice stood at the brink of insolvency within a few years and state bankruptcy had to be declared.[2] In this precarious financial situation, the state was no longer able to care for the entire needy population, which led the emperor to allow the founding of private initiatives in the area of social organization. These circumstances sparked the establishment of associations in the charitable field. Since a further role beyond house and family had been made possible for women, the first women's societies also soon emerged. The goal of these alliances, permitted as an emergency solution and set up on a semi-private basis, was initially very patriotically defined. The first women's association to be instituted was the Gesellschaft adeliger Frauen zur Beförderung des

Die „Gesellschaft adeliger Frauen zur Beförderung des Guten und Nützlichen" war der erste Frauenwohltätigkeitsverein in Wien (gegr. 1810); Fanny von Arnstein gehörte dem Gründungsausschuss an
The "Society of Noble Women for the Promotion of the Good and Useful" was the first women's charitable society in Vienna (founded in 1810); Fanny von Arnstein was a member of the founding committee
Wienbibliothek im Rathaus, Sign. A-20593

Josefine von Königswarter, langjährige Vorsteherin des „Israelitischen Frauen-Wohltätigkeitsvereins" und führendes Vorstandsmitglied in der „Israelitischen Kinderbewahranstalt"
Josefine von Königswarter, longtime head of the "Jewish Women's Charity Society" and leading member of the board of the "Jewish Nursery School"
Slg. / Coll. JMW, Inv. Nr. 326
Foto / Photo: David Peters

zwischen Bürgertum und Adel sowie die religiösen Schranken zwischen Juden und Christen überspringen.⁴

Anders verhielt es sich bei den entstehenden Vereinen. Für die Frauen war es da erstmals möglich, direkt auf die Gesellschaft einzuwirken, und die Ergebnisse ihres Handelns wurden von der Öffentlichkeit wahrgenommen. Die Vereine eröffneten den Frauen ein neues Tor in die bürgerliche Gesellschaft. Im weiteren Sinn können sie als Ausdruck des Rechts auf Arbeit gesehen werden, das von Frauenseite im Laufe des Jahrhunderts vermehrt eingefordert wurde.

Von Anfang an bestanden zwischen den Salons und den Frauenvereinen personelle Beziehungen. Eine der ersten jüdischen Salonièren in Wien, Fanny von Arnstein (1758–1818), gehörte dem Gründungsausschuss der „Gesellschaft adeliger Frauen" an. Die Verbindungen setzten sich auch in den folgenden Generationen fort, so waren Therese Auspitz und Sophie von Todesco, um nur zwei Namen zu nennen, sowohl für berühmte Wiener Salons wie auch für tatkräftiges Engagement in Vereinen bekannt.

Nur wenige Jahre nach der Gründung der „Gesellschaft adeliger Frauen" wurde auch der erste jüdische Wohltätig-

Guten und Nützlichen (*Society of Noble Women for the Promotion of the Good and Useful*), founded in 1810/1811. This society's aim was to serve the fatherland; it was to "gradually provide in private, at least in parts, what the state is now not able to provide."³ Being active for the society is seen as an honorable sign to the fatherland; therefore, the Society supported the residents near the battlefields of Aspern and Wagram in the years 1812–13. Through this step ordered "from above," women were prompted to come out of the private realm into the semi-public sphere. Borders became pervious, which was to result in an increasingly stronger social engagement of women in the course of the 19th century.

A phenomenon of that era specifically sustained by women was the salon. It was a place where women could discuss about the "beautiful" and the "true" in literature and art, where they were able to conduct their conversations in private, at best semi-public social settings, the results of which regularly eluded the knowledge of outsiders. In a "semi-neutral atmosphere" they could leap over the social barriers between the bourgeoisie and nobility, as well as the religious ones between Jews and Christians, at least for a while.⁴

In the emerging associations it was a different story. For the women it was possible for the first time there to directly have an impact on society and the consequences of their actions perceived by the public. The associations opened up a new gateway for women into the bourgeois society. In a further sense these organizations could be regarded as an expression of the right to work, something demanded more and more by women as the century progressed.

Personal relationships between the salons and the women's associations had existed since the beginning. Fanny von Arnstein (1758–1818), one of the first salonières in Vienna, belonged to the founding committee of the *Society of Noble Women*. The connections also continued in the succeeding generations. Therese Auspitz and Sophie von Todesco, to only mention two names, were therefore not only known for famous Viennese salons, but also for their active engagement in associations.

Just a few years after the establishment of the *Society of Noble Women*, the first Jewish charitable society in Vienna was founded in 1816—the *Israelitischer Frauen-Wohltätigkeits-Verein* (*Jewish Women's Charity Society*).⁵ A development that was to lead in the following decades to more and more inceptions of Jewish aid and charity societies thus started. The cornerstones of activity of the

keitsverein in Wien 1816 gegründet – der „Israelitische Frauen-Wohltätigkeits-Verein".[5] Damit setzte eine Entwicklung ein, die in den folgenden Jahrzehnten zu immer mehr Gründungen von jüdischen Hilfs- und Wohltätigkeitsvereinen führen sollte. Die Eckpfeiler der Tätigkeit des „Israelitischen Frauen-Wohltätigkeits-Vereins" können kurz mit Bekämpfung des Hungers, der Not und von Krankheiten zusammengefasst werden. Es waren breit angelegte Ziele, die der Verein verfolgte – neben den hilfsbedürftigen Mädchen standen blinde und taubstumme Kinder gleichermaßen im Mittelpunkt, ebenso wie angehende Hebammen und Ärzte. Wertheimer betont, dass sich „fast jede hier verheiratete Israelitin gerne mit einem Jahresbetrag anschließt".[6]

In diesem neu entstandenen Rahmen konnten jüdische Frauen die wichtige religiöse Pflicht der *Zedaka*, der Wohltätigkeit, erfüllen. Soziales (Öffentliches) und Religiöses (Privates) wurden auf diesem Wege miteinander verbunden. Anders als bei den Salons, wo das Judentum immer wieder als Hindernis und Hemmnis zur vollen Angleichung an die höhere nichtjüdische Gesellschaft empfunden wurde, konnten die Protagonistinnen in den Wohltätigkeitsvereinen ihr Judentum sogar stärken und, was neu war, öffentlich kundtun.[7]

Neben der berühmten und bekannten Form jüdischer Salons entwickelte sich um die Mitte des 19. Jahrhundert offenbar auch eine andere Salonkultur, die fernab der „besseren" Gesellschaft lag.

Therese Meyer geb. Weikersheim (1813–1852) gründete vermutlich 1847 den „Theresien-Kreuzer-Verein", der sich in erster Linie der Unterstützung armer Schulkinder widmete. Der Verein orientierte sich ganz an den englischen Penny-Vereinen, die ihren Namen vom Geldbetrag herleiteten, den die Mitglieder an den Verein zu entrichten hatten. Im Falle des „Theresien-Kreuzer-Vereins" war es ein Kreuzer täglich.[8] Der Verein zielte auf die Hilfeleistung beim Schulbesuch armer israelitischer Kinder ab. Vor allem Mädchen sollten der Unterricht und eine Ausbildung (meistens als Erzieherin oder Lehrerin) ermöglicht werden, um sie dadurch zu einem selbständigen Leben zu befähigen. Therese Meyer wird als äußerst bescheidene Frau beschrieben, die sich durch ein schlichtes Leben ausgezeichnet hat. Sie wirkte durch ihren Verein im Stillen, ohne Prunk und „Vonsichredenmachen in der großen Welt".[9] Parallel zu ihrer Vereinstätigkeit dürfte sie auch einen Salon geführt haben. Von diesem heißt es, er war „nicht der

Jewish Women's Charity Society can be briefly summed up with combating hunger, hardship and diseases. These were broadly laid out goals that the association pursued—besides needy girls, other main foci centered on blind and deaf-mute children, as well prospective midwives and doctors. Wertheimer stresses that "nearly every married female Israelite here gladly follows up with a yearly amount."[6]

In this newly created setting, Jewish women could fulfill the important religious duty of *tzedakah*, charity. The social (public) and the religious (private) were linked to each other in this way. As opposed to the salons, where Jewishness was perceived again and again as a hindrance and impediment to complete assimilation into the higher, non-Jewish society, the women protagonists in the charity societies could even strengthen their Jewishness and, which was new, publicly proclaim it.[7]

In addition to the famous and well-known form of the Jewish salon, a different subculture far removed from the "better society" apparently also developed around the middle of the 19th century. Therese Meyer, née Weikersheim (1813–1852), founded the *Theresien-Kreuzer Verein (Theresian Kreuzer Society)*, presumably in 1847, which primarily devoted itself to the assistance of poor schoolchildren. The

Der Meil (Tora-Mantel) wurde anlässlich des 25-jährigen Hochzeitsjubiläums von Ruchele Brandeis geb. Weikersheim gespendet. Sie war die Schwester der Begründerin des „Theresien-Kreuzer Vereins", Therese Weikersheim, und dort selbst als Vorstandsmitglied aktiv
The meil (Torah mantle) was donated on the occasion of the 25th wedding anniversary of Ruchele Brandeis, née Weikersheim. She was the sister of Therese Weikersheim, the founder of the "Theresian Kreutzer Society," and active there herself as a board member
Slg. / Coll. JMW, Inv. Nr. 3260
Foto / Photo: David Peters

Julie Schlesinger, Jugendfreundin von Therese Meyer, geb. Weikersheim, war Mitbegründerin des „Theresien-Kreuzer Vereins"
Julie Schlesinger, childhood friend of Therese Meyer, née Weikersheim, was co-founder of the "Theresian Kreutzer Society"
Wienbibliothek im Rathaus, Sign. 87689 A

association oriented itself totally to the English penny clubs, the names of which derived from the fee members had to pay to the club. In the case of the *Theresian Kreuzer Society*, it was one kreutzer daily.[8] The society strived to help poor Jewish children attend school. Girls in particular were to be provided with instruction and training (mostly as a nursery school teacher or school teacher) to enable them to live independently afterwards. Therese Meyer is described as an extremely modest woman who distinguished herself by an unpretentious life. She worked quietly through her society, without pageantry and "becoming a talking point in the big world."[9] Parallel to her society activities, she also ran a salon. It was said that it was "not the gathering spot of stars of the largest size, her soirées were not gleaming and exciting, her house did not boast highly bemedaled gentlemen in shining adornment and aristocratic ladies bedecked with flowers, but she had made domesticity and silent do-gooding, like every female virtue, her life's task, and she always knew how to go about this task in a dignified manner."[10]

Two traditional Jewish virtues stand out in this description—modesty (*tzniut*) and charity (*tzedakah*)—which are readily connected with women. On account of this completely different image of Therese Meyer's salon, the question unavoidably comes to mind: Were there already two types of salons in Vienna in the Age of Metternich?

If the salons particularly represented a place where Jewish women could emancipate, at least partially, but exposed them at the same time to the danger of (complete) assimilation through conversion, we encounter here a salon in which the Jewish values such as *tzedakah* were lived.[11] Association activity thus offered middle-class Jewish women not only an opportunity to liberate themselves somewhat from the role assigned to them and to be actively involved, but also the possibility to fulfill the main commandments of Judaism in the process. No danger of apostatizing from the Jewish faith lurked in this social commitment, since its commandments were the motive for becoming socially active after all.

Besides the namesake of the society, her childhood friend Julie Schlesinger played a decisive role during the founding of the *Theresian Kreuzer Society*. Julie Schlesinger, née Schiel (1815–1902), grew up in a good middle-class home in Vienna. Her father came from Wrocław to Vienna and was the first Jew to operate a type foundry here. From early on Julie's mother taught her to care for the old and sick. Therese Meyer gave her the first opportunity to put what she

Versammlungsort von Sternen erster Größe, ihre Soireen waren nicht glänzend und aufsehenerregend, ihr Haus prangte nicht im leuchtenden Schmucke vielbesternter Herren und im Blumenflor der aristokratischen Damenwelt, aber Häuslichkeit und geräuschloses Wohlthun, wie jede weibliche Tugend, hatte sie sich zur Aufgabe ihres Lebens gemacht, und diese Aufgabe hat sie stets würdig zu lösen gewußt".[10]

In dieser Beschreibung treten zwei traditionelle jüdische Tugenden hervor – Bescheidenheit (*Zniut*) und Wohltätigkeit (*Zedaka*) –, die gern mit Frauen verbunden werden. Aufgrund des ganz anders gearteten Bilds des Salons von Therese Meyer drängt sich unausweichlich die Frage auf:

Gab es bereits im Vormärz in Wien zwei Arten von Salons? Standen die Salons vor allem für einen Ort, an dem sich jüdische Frauen, zumindest teilweise, emanzipieren konnten, zugleich aber auch der Gefahr der (völligen) Assimilation durch Konversion aussetzten, tritt uns hier ein Salon entgegen, in dem jüdische Werte wie *Zedaka* gelebt wurden.[11] Die Vereinstätigkeit bot somit den bürgerlichen jüdischen Frauen nicht nur eine Möglichkeit, sich von der ihnen zugewiesenen Rolle ein wenig zu emanzipieren und aktiv tätig zu werden, sondern sie konnten dabei auch zentrale Gebote des Judentums erfüllen. Bei diesem gesellschaftlichen Engagement lauerte keine Gefahr, vom Judentum abzufallen, waren doch dessen Gebote der Beweggrund, gesellschaftlich aktiv zu werden.

Eine entscheidende Rolle bei der Gründung des „Theresien-Kreuzer-Vereins" hatte, neben der Namensträgerin des Vereins, ihre Kindheitsfreundin Julie Schlesinger.

Julie Schlesinger, geborene Schiel (1815–1902), wuchs in einem gutbürgerlichen Haus in Wien auf. Ihr Vater kam aus Breslau nach Wien und betrieb hier als erster Jude eine Schriftgießerei. Von ihrer Mutter hatte Julie von früh an vermittelt bekommen, für Arme und Kranke zu sorgen. Die erste Möglichkeit, das früh Erlernte in die Tat umzusetzen, bot ihr Therese Meyer. Nachdem diese bereits 1852 had learned at any early age into action. After Therese Meyer died in 1852, Schlesinger also took over the chair of the *Theresian Kreuzer Society* for the next ten years. The society also owned a foundation with 500 guldens, named after the chairperson. Only one year later, her deeds confirmed by the society's success, she was elected as the first woman to the board of the *Israelitisches Taubstummeninstitut (Jewish Institute for the Deaf and Mute)*. "The need for the prudence and counsel of a woman had made its presence felt," she noted in her biographical sketch.[12] She remained faithful to this institution until the end of her life. Her activity there was acknowledged with numerous honors—in 1878 she received the certificate of honor from the teaching staff for her 25-years of service at the Institute. Just three years later, meanwhile a bearer of the Golden Cross of Merit for her "lifelong, charitable, humanitarian work,"[13] she was appointed as honorary president of the *Jewish Institute for the Deaf and Mute*.

Since her youth, Schlesinger had socialized much in circles of female writers and actresses. She had maintained a deep friendship with the imperial court actress Julie Rettich since 1835, and she associated with the poetess Betty Paoli, as well as with Maria von Ebner-Eschenbach. Her letters attest to her creative urge, her artistic receptivity and above

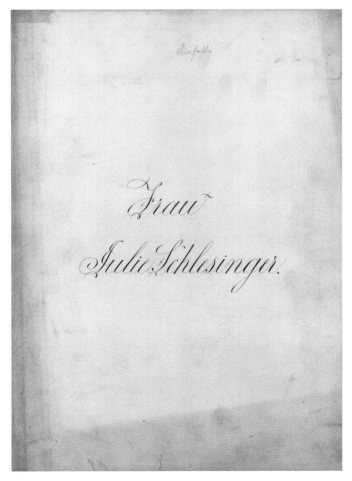
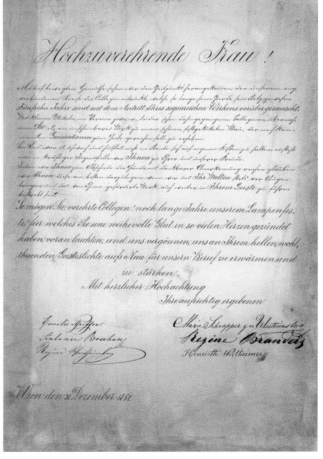

Ehrenurkunde für Julie Schlesinger vom 31. Dezember 1861, verliehen aus Anlass ihres 15-jährigen Engagements im „Theresien-Kreuzer Verein"
A certificate of honor for Julie Schlesinger from December 31, 1861, awarded on the occasion of her 15-year engagement in the "Theresian Kreutzer Society"
Slg. / Coll. JMW, Inv. Nr. 5584

Diplom zur Ernennung von Julie Schlesinger zur Ehrenpräsidentin des „Allgemeinen österreichischen israelitischen Taubstummen-Instituts" vom 12. Februar 1881.
Diploma marking the appointment of Julie Schlesinger as honorary president of the "Jewish Institute for the Deaf and Mute" on February 12, 1881.
Slg. / Coll. JMW, Inv. Nr. 5802

verstarb, übernahm Schlesinger für die nächsten zehn Jahre auch den Vorsitz des „Theresien-Kreuzer-Vereins". Der Verein besaß auch eine Stiftung mit 500 Gulden, die den Namen der Vorsteherin trug. Nur ein Jahr später, vom Erfolg des Vereins in ihrem Tun bestätigt, wurde sie als erste Frau in den Vorstand des „Israelitischen Taubstummeninstituts" gewählt. „Es hatte sich das Bedürfnis nach der Umsicht und dem Rate einer Frau bemerkbar gemacht", bemerkte sie in ihrer Lebensskizze dazu.[12] Dieser Institution blieb sie bis an ihr Lebensende treu verbunden. Ihre Tätigkeit im Institut wurde mit zahlreichen Ehrungen gewürdigt – 1878 erhielt sie vom Lehrkörper der Anstalt die Ehrenurkunde für die 25-jährige Tätigkeit am Institut, nur drei Jahre später, inzwischen Trägerin des goldenen Verdienstkreuzes für „langjähriges, gemeinnütziges, humanitäres Wirken",[13] wurde sie zur Ehrenpräsidentin des „Israelitischen Taubstummeninstituts" ernannt.

Schlesinger verkehrte seit ihrer Jugend viel in Kreisen von Literatinnen und Schauspielerinnen. Mit der Hofschauspielerin Julie Rettich verband sie seit 1835 eine innige Freundschaft, sie stand mit der Lyrikerin Betty Paoli sowie mit Maria von Ebner-Eschenbach in Verbindung. Ihre Briefe zeugen von ihrem Schaffensdrang, ihrer künstlerischen Empfänglichkeit und vor allem von ihrem Sinn für Wohltätigkeit. Neben der Kunstsinnigkeit, die aus ihren gelegentlich verfassten Gedichten spricht, bekundete sie auch all her sense of charity. In addition to the appreciation of art, evident in her occasionally written poems, she also expressed keen interest in the nascent women's rights movement.[14] Her character was an ideal coalescence of the aesthetic, well-read salon lady with the socially active and thinking, self-determined woman.

Further women standing at the interface between the salon and the association included Therese Auspitz and Sophie von Tedesco. Therese Auspitz (1801–1877), the daughter of Judith Lewinger, née Wertheim (1769–1841), one of the founders of the *Jewish Women's Charity Society*, served as its chairperson from 1849 until her death.[15] The family ran a salon that became important towards the end of the 19th century. A contemporary account relates that Frau Auspitz created an own aristocracy and bestowed a title upon all those who attended her salon.[16] Sophie von Tedesco, née Gomperz (1825–1895), also was on the board of the *Jewish Women's Charity Society* and had belonged since 1847 to the board of the *Israelitische Kinderbewahranstalt* (*Jewish Nursery School*), an association founded by Josef Wertheimer in which women, however, made up the board members according to the statutes. Since the mid-19th century Sophie von Tedesco had run a convivial house. After the completion of Palais Todesco in 1864, the lady regarded as gentle and good-natured operated a salon that was the meeting place of a distinguished circle of friends for thirty years.[17]

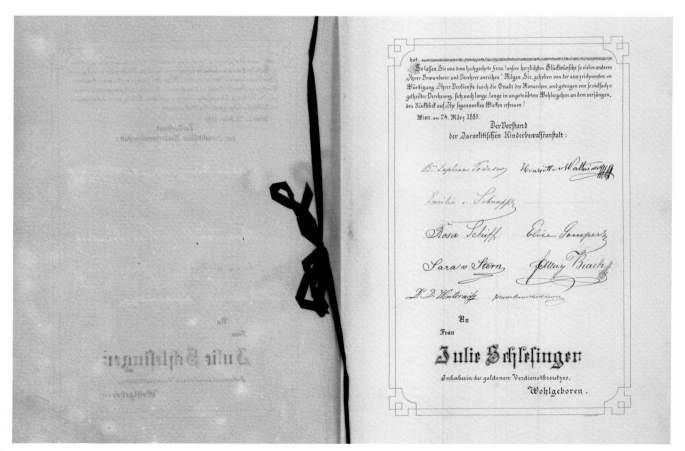

Glückwunschadresse zum 70. Geburtstag von Julie Schlesinger. Congratulatory address on Julie Schlesinger's 70th birthday
Slg. / Coll. JMW, Inv. Nr. 661

Foto des Salon Todesco
Photo of the Salon Todesco
Slg. / Coll. JMW, Inv. Nr. 4048/3

reges Interesse an der aufkommenden Frauenrechtsbewegung.[14] In ihrer Person verband sich auf ideale Weise die schöngeistige, belesene Salondame mit der gesellschaftlich aktiven, sozial denkenden, selbstbestimmten Frau.

Weitere am Schnittpunkt zwischen Salon und Verein stehende Damen waren, neben anderen, Therese Auspitz und Sophie von Todesco. Therese Auspitz (1801–1877), die Tochter von Judith Lewinger, geb. Wertheim (1769–1841), einer der Gründerinnen des „Israelitischen Frauen-Wohltätigkeits-Vereins", gehörte diesem von 1849 bis zu ihrem Tod als Vorsteherin an.[15] Die Familie führte einen Salon, der gegen Ende des 19. Jahrhunderts bedeutsam wurde und von dem es in einer zeitgenössischen Darstellung heißt, Frau Auspitz schaffe sich eine eigene Aristokratie und allen denjenigen, die ihren Salon besuchen, verleihe sie einen Titel.[16] Auch Sophie von Todesco, geb. Gomperz (1825–1895), war im Vorstand des „Israelitischen Frauen-Wohltätigkeits-Vereins" und gehörte seit 1847 dem Vorstand der „Israelitischen Kinderbewahranstalt" an, eines von Josef Wertheimer gegründeten Vereins, in dem aber die Frauen dem Statut nach die Vorstandsmitglieder stellten.

Sophie von Todesco führte seit der Mitte des 19. Jahrhunderts ein geselliges Haus, und nach der Fertigstellung des Palais Todesco 1864 unterhielt die als sanft und gutmütig geltende Dame 30 Jahre lang einen Salon, der Sammelpunkt eines erlesenen Freundeskreises war.[17]

Die Salonière Sophie von Todesco war seit Mitte des 19. Jh. in diversen Wohltätigkeitsvereinen aktiv, darunter im „Israelitischen Frauen-Wohltätigkeits-Verein" und der „Israelitischen Kinderbewahranstalt"
The salonière Sophie von Todesco had been involved in various charities since the mid-19th century, including the "Jewish Women's Charity Society" and the "Jewish Nursery School"
Slg. / Coll. JMW, Inv. Nr. 4052

Therese Auspitz, bekannte Salonière und langjährige Vorsteherin des „Israelitischen Frauen-Wohltätigkeitsvereins"
Therese Auspitz, well-known salonière and longtime head of the "Jewish Women's Charity Society"
Slg. / Coll. JMW, Inv. Nr. 325

Nachdem die personellen Verbindungen zwischen Salon und (Frauen-)Verein offenkundig gemacht wurden, stellt sich die Frage nach dem Verhältnis der beiden Erscheinungen zueinander.

Zum Unterschied vom Verein, der ein „Kollektivprodukt" ist, stellte der Salon die „Hofhaltung" einer Dame, der Salonière, dar. Mit dem immer leichter öffentlich zugänglichen Angebot in Kunst und Kultur sowie dem vermehrten Auftreten der Frauen im öffentlichen Leben schwindet allmählich die Rolle der Salons als Ort weiblicher Emanzipation.[18] Die Salons können trefflich als die Öffentlichkeit des Privaten beschrieben werden, bei dem einer kleinen geladenen Gruppe Einblick in das bürgerliche Leben der Gastgeberin geboten wird, während die Frauenvereine Ausdruck einer organisierten privaten Öffentlichkeit waren.[19] Beide Institutionen wurden von Frauen getragen und hatten, zumindest ansatzweise, emanzipatorische Züge. Allerdings stellten weder die Salondamen noch die Vereinsvorsteherinnen anfangs die bestehende Gesellschaftsordnung grundsätzlich in Frage. Salons und (Frauen-)Vereine ermöglichten, auf unterschiedlichen Ebenen, ein Überschreiten der von der Gesellschaft vorgegebenen Grenzen. Bei den Salons blieb dies allerdings auf eine kleine höhere Schicht begrenzt, in der für eine völlige Emanzipation, zumindest im Vormärz, der Preis der Konversion zu bezahlen gewesen wäre. In der Vereinstätigkeit konnten Frauen bewusst als Jüdinnen nach außen treten und andere Schichten erreichen. Im Salon versuchten sie eine Emanzipation als Frauen innerhalb der bürgerlichen Gesellschaftsschicht und im Verein als Jüdinnen innerhalb ihrer Religionsgemeinschaft. Am Ende waren die Salons und die Frauenvereine vielleicht doch nur zwei Seiten der gleichen Medaille.

Once the personal connections between the salon and (women's) association were manifested, the question of the relation of both phenomena to each other is raised.

Unlike the association, which is a "collective product," the salon represents a lady's, the salonière's, "holding of court." With the growing publicly accessible offer in art and culture, as well as the heightened appearance of women in public life, the role of the salon as a place of female emancipation gradually diminishes.[18] The salons can fittingly be described as the public sphere of the private in which a small, invited group is given an insight into the middle-class life of the hostess, while the women's associations were the expression of an organized private publicness.[19] Both institutions were sustained by women and had, at least to some extent, emancipative features. However, neither the salon ladies nor the association board chairpersons basically questioned the existing social order at the beginning. Salons and (women's) associations enabled, on different levels, the borders predetermined by society to be overcome. In the salons, nevertheless, this remained limited to a small higher class in which the price for complete emancipation, at least in the Age of Metternich, would have had to be conversion. Women active in associations could outwardly appear consciously as Jewish women and reach other classes. In the salon they attempted emancipation as women within the bourgeois social class, and in the association as Jewish women within their religious community. In the end, the salons and the women's associations were perhaps two sides of the same coin after all.

1   Zitat im Titel: Prediger Dr. Adolf Jellinek bei der 50-Jahr-Feier des *Israelitischen Frauen-Wohltätigkeits-Vereins*, zit. n. Israelitischer Frauen-Wohltätigkeits-Verein. 100. Vereinsjahr. Jubiläums- und Jahresbericht für das Jahr 1915, Wien 1916, 10.

2   Als Folge des Staatsbankrotts 1816 wurde die Nationalbank gegründet. Zum Thema Wirtschaftsentwicklung vgl. Clemens JOBST/Hans KERNBAUER: Die Bank. Das Geld. Der Staat. Nationalbank und Währungspolitik in Österreich 1816–2016, Frankfurt a. M. 2016; oder Felix BUTSCHEK: Österreichische Wirtschaftsgeschichte, Wien 2011.

3   Siehe Verfassung der Gesellschaft adeliger Frauen zur Beförderung des Guten und Nützlichen, Wien 1810, § 1, 2.

4   Siehe Louise HECHT/Dieter HECHT: Jüdische Frauen zwischen Haskalah und Emanzipation, in: Salondamen und Dienstboten. Jüdisches Bürgertum um 1800 aus weiblicher Sicht. Juden in Mitteleuropa 2009, 33 f.

5   Siehe dazu: Israelitischer Frauen-Wohltätigkeits-Verein. 100. Vereinsjahr. Jubiläums- und Jahresbericht für das Jahr 1915, Wien 1916; Joseph WERT-

1   Quotation in headline: Preacher Dr. Adolf Jellinek at the 50th anniversary celebration of the *Israelitischer Frauen-Wohltätigkeits-Verein* (*Jewish Women's Charity Society*), quoted in Israelitischer Frauen-Wohltätigkeits-Verein, *100. Vereinsjahr. Jubiläums- und Jahresbericht für das Jahr 1915*, Vienna, 1916, p. 10.

2   As a consequence of the state bankruptcy, the National Bank was founded in 1816. On the topic of economic development, cf. Clemens JOBST/Hans KERNBAUER, *Die Bank. Das Geld. Der Staat. Nationalbank und Währungspolitik in Österreich 1816–2016*, Frankfurt am Main: Campus Verlag, 2016; or Felix BUTSCHEK, *Österreichische Wirtschaftsgeschichte*, Vienna: Böhlau, 2011.

3   See the *Verfassung der Gesellschaft adeliger Frauen zur Beförderung des Guten und Nützlichen* (*Constitution of the Society of Noble Women for the Promotion of the Good and Useful*), Vienna: k.k. Hof- und Staatsdruckerei, 1810, Articles 1, 2.

4   See Louise HECHT/Dieter HECHT, „Jüdische Frauen zwischen Haskalah und Emanzipation", in *Salondamen und Dienstboten. Jüdisches Bürgertum um 1800 aus weiblicher Sicht. Juden in Mitteleuropa 2009*, St. Pölten: Institut für jüdische Geschichte Österreichs, 2009, p. 3 f.

5   See also Israelitischer Frauen-Wohltätigkeits-Verein, *100. Vereinsjahr. Jubiläums- und Jahresbericht für das Jahr 1915*, Vienna, 1916; Joseph WERTHEIMER, „Über einige neuere wohlthätige Veranstaltungen innerhalb der israelitischen Gemeinde zu Wien", in *Kalender und Jahrbuch für Israeliten auf das Jahr*

6 WERTHEIMER, 80.
7 Margret Friedrich sieht in der Tatsache, dass Frauenvereine fast ausschließlich im Bereich der Fürsorge entstanden, den Einfluss der Mädchenerziehung, die vor allem die Fähigkeit, für andere da zu sein, zu fördern hatte. Vgl. Margret FRIEDRICH: Zur Tätigkeit und Bedeutung der Frauenvereine im 19. Jahrhundert in Metropole und Provinz, 125–174, in: Brigitte MAZOHL-WALLNIG (Hg.): Bürgerliche Frauenkultur im 19. Jahrhundert, Wien [u. a.] 1995, 129.
8 WOLF, 188 f., sowie MALLEIER, 58. Bei Malleier liegt die Spende bei einem Kreuzer wöchentlich. Es ist allerdings anzunehmen, dass es sich um einen Kreuzer täglich handelt, da diese Summe 6 Gulden jährlich ausmacht, wie bei Wolf erwähnt.
9 Siehe Therese Meyer, geborene Weikersheim [o. A.], in: *Deborah (Die Biene). Ein Volksblatt zur Belehrung und Unterhaltung für Israeliten*, Wien 20. Juni 1866, [135].
10 Ebenda.
11 Vgl. dazu Paula HYMAN: Gender and Assimilation in Modern Jewish History: The Roles and Representation of Women, 1995, 20 f. Hyman argumentiert, dass entgegen dem üblichen Trend, wonach Männer häufiger konvertierten als Frauen, ausgerechnet unter den Berliner „Salon-Jüdinnen" die Konversionsrate signifikant höher war, was auf das soziale Umfeld, in dem sie verkehrten, zurückzuführen ist.
12 Siehe Julie Schlesinger – Gedenkblätter von Freunden den Freundin, Wien 1903, 7. Die Lebensskizze wird in der Würdigung von Marianne Heinisch zur Gänze zitiert.
13 Ebenda, 9.
14 Ebenda, 10.
15 Siehe Israelitischer Frauen-Wohltätigkeits-Verein. 100. Vereinsjahr. Jubiläums- und Jahresbericht für das Jahr 1915, Wien 1916, 5 und 7.
16 Siehe Paul Graf VASILI: Die Wiener Gesellschaft, Leipzig 1885, 358 (zit. n. GAUGUSCH: Wer einmal war, Bd. 1, Wien [2011], 36).
17 Vgl. Julius GOMPERZ: Jugend-Erinnerungen, Wien 1903, 40 f.
18 Siehe Margret FRIEDRICH: Zur Tätigkeit und Bedeutung der Frauenvereine im 19. Jahrhundert in Metropole und Provinz, 125–174, in: MAZOHL-WALLNIG, 128.
19 Einleitung, ebenda, 23.

WERNER HANAK

Cherchez la femme
Über präsente und
fehlende Frauen in Wiener Salons
und Kaffeehäusern

Cherchez la femme
On Present and Absent Women in
Viennese Salons and Coffeehouses

Aus der gegenwärtigen mitteleuropäischen Perspektive ist es glücklicherweise schwer, sich das Fehlen der Frauen im öffentlichen Leben des 19. Jahrhunderts und selbst noch des frühen 20. Jahrhunderts vorzustellen. Zwar sind Frauen noch heute in vielen Bereichen nicht gleichberechtigt, selten in Vorständen großer Firmen zu finden und bei Podiumsdiskussionen meist in der Minderzahl. Doch in der Öffentlichkeit, auf der Straße, in Lokalen oder auf Universitäten sind Frauen genauso präsent wie Männer. Und die Orte, von denen sie ferngehalten werden, beschränken sich mehr und mehr auf konservative Männerclubs verschiedenster Couleurs wie Burschenschaften, Freimaurer oder Vereine mit religiösem Hintergrund.

Das 19. Jahrhundert war anders: Weder an seinem aufklärerischen Beginn noch in seinem vorrevolutionär-biedermeierlichen, schon gar nicht in seinem nachrevolutionär-neoabsolutistischen Mittelteil und schließlich – merkwürdigerweise – nicht einmal zwischen der liberalen Phase und der Moderne bemühte sich die Gesellschaft, Frauen den Weg in die Öffentlichkeit zu ebnen. „Die Frauen könnten gar nicht politisch unterdrückt sein, weil die politische Öffentlichkeit ohnehin nicht ihre Sphäre sei; das seien viel mehr Haus und Mutterschaft."[1] Diese Meinung stammt von 1911, also aus der vielbesungenen Spätphase von Wien um 1900. Geäußert hat sie Theodor Gomperz, Professor für Altphilologie und vehementer Gegner von Frauen als Studierenden auf der Universität. Dass er auch der „kleine Bruder" der wohl wichtigsten Wiener Salonière der zweiten Hälfte des 19. Jahrhunderts, Josephine von Wertheimsteins, ist, die ihre Bildung nach eigenen Angaben auch der Vermittlungsarbeit ebendieses Bruders verdankte, zeigt, wie widersprüchlich und unübersichtlich dieses Terrain für unsere historische Perspektive ist.

Ermächtigungsort für Bürger und Juden. Auch für Frauen?

Wer machte wann was in welchem Salon? So die wesentlichen Fragen, wie sie beispielsweise auch Historikerinnen und Historiker in Bezug auf längst vergangene Theateraufführungen des 19. Jahrhunderts stellen. Doch die Rekonstruktion der Handlungen und selbst auch der Protagonistinnen und Protagonisten sowie der Nebendarstellerinnen und Nebendarsteller gestaltet sich noch viel schwieriger als bei Theateraufführungen. Auch wenn wir manchmal

From the current Central European perspective, it is fortunately difficult to imagine the absence of women in the public life of the 19th century and even into the early 20th century. Women are still not equally entitled in many areas, seldom found on corporate boards and mostly in the minority at podium discussions. Yet women are just as present as men in public, on the street, in bars or at universities. And the places they are kept away from are increasingly limited to conservative men's clubs of various shades such as student fraternities, freemasons or associations with a religious background.

The 19th century was different: Neither in its enlightened beginning, nor in its pre-revolutionary, Biedermeier phase, least of all in its post-revolutionary, neo-absolutist middle part and finally—oddly enough—not even between the liberal phase and modernity did society endeavor to pave the way for women into public life. "Women could not be politically suppressed at all, because the public arena of politics is not their sphere anyway; that is much more household and motherhood."[1] This opinion originates from 1911, that is, from the much-hailed late phase of Vienna around 1900. Theodor Gomperz, professor of ancient philology and a vehement opponent of women as students at the university, expressed it. The fact that he was also the "little brother" of the perhaps most important Viennese salonière of the second half of the 19th century, Josephine von Wertheimstein, who, according to her own account, owes her education to the mediation efforts of this very brother, shows how contradictory and unclear this terrain is for our historical perspective.

A Place of Empowerment for the Bourgeois and for Jews. For Women Too?

Who did what, when, in which salon? These are the essential questions posed, for instance, by female and male historians in reference to bygone theater performances of the 19th century. However, the reconstruction of the plots and even the female and male protagonists and the supporting actresses and actors prove much more difficult than the theater performances themselves. Even if we sometimes have graphic illustrations, later even photographs of the salons, we never see people on them. The written records about those invited, respectively, the "storyline," are incomplete and selective. There is nothing comparable to a playbill or a text of the piece.

über grafische Darstellungen, später sogar Fotografien der Salons verfügen, nie sehen wir Menschen darauf abgebildet. Auch die schriftlichen Aufzeichnungen über die Geladenen bzw. die „Handlung" sind lückenhaft und selektiv, nichts, was mit einem Programmzettel oder einem Stücktext vergleichbar ist.

Bei dieser defizitären Ausgangslage ist gleichzeitig wenig, aber auch, je nach Interessenlage, sehr viel vorstellbar, hineininterpretierbar. Zum Beispiel hinsichtlich der Frage zur Partizipation von Frauen jenseits der gastgebenden Salonière. Waren so viele Frauen wie Männer eingeladen? Waren sie mehr? Waren sie in der Konversation gleichberechtigt? Sprachen sie? Wurde ihnen zugehört? War der Salon vielleicht sogar der Ort ihrer Emanzipation?

In den Vorbereitungsgesprächen zum Ausstellungsprojekt „The Place to Be. Salons als Orte der Emanzipation" stellten wir mit der Einführung des Begriffs „Ermächtigungsraum" die These auf, dass die bürgerlichen, oft von jüdischen Frauen geführten Salons den Bürgern, teilweise auch Juden und Frauen einen Raum zur Verfügung stellten, in dem eine Ermächtigung stattfand. Hinsichtlich der Frauen ist diese These jedoch am schwierigsten zu verifizieren, da wir nur sehr wenig darüber wissen, wie viele Frauen neben der Gastgeberin tatsächlich in den Salons verkehrten. Denn der Nachruhm der Salons, vor allem durch Tagebuchaufzeichnungen oder Erinnerungen vermittelt, konzentrierte sich fast ausschließlich auf die Salonière als Gastgeberin und die männlichen Gäste, jene „Männer von Welt" aus dem Geistes- oder Wirtschaftsleben der jeweiligen Stadt oder den Reisenden mit internationalem Ruf, die in den Nachbetrachtungen der Zusammenkünfte wie Trophäen gefeiert wurden. Frauen dagegen finden sich in den Salongast-Aufzählungen der Primär- und Sekundärliteratur in den Jahren vor 1900 selten. Und dennoch, Karlheinz Rossbacher, der im Rahmen seiner Studien zur Wiener Ringstraße[2] viele Primärquellen zu den Salons und deren Gastgeberfamilien überprüft hat, trifft es wohl gut, wenn er schreibt: „Frauen mochten oft in der Minderzahl sein, waren aber immer dabei."[3]

Das Fehlen der visuellen Quellen macht schriftliche Primärquellen besonders wichtig. Die Lesung muss dabei immer im Bewusstsein erfolgen, dass prinzipiell nur Männer als erwähnenswert empfunden wurden und sich die Beschreibung von Frauen im Normalfall meist auf das In-den-Himmel-Heben einer alles überstrahlenden Gastgeberin und das Übersehen aller anderen, unsichtbaren Frauen

Taking this inadequate starting situation into account, there is little, but at the same time, depending on the interests, also very much imaginable, to be interpreted into it. For example, regarding the question of women's participation beyond the hosting salonière. Were as many women as men invited? Or even more? Were they on equal footing in the conversation? Did they speak? Were they listened to? Was the salon perhaps even their space of emancipation?

In the preparatory discussions about the exhibition project *The Place to Be. Salons as Spaces of Emancipation*, with the introduction of the term "spaces of emancipation" we advanced the thesis that the bourgeois salons, often run by Jewish women, provided a space to the middle class, and partially to Jews and women, where an empowerment took place. With respect to women, this thesis is the most difficult to verify nonetheless, since we only know very little about how many women, besides the hostess, actually consorted in the salons. Because the posthumous fame of the salons, conveyed above all through diary notes or memoirs, concentrates almost exclusively on the salonière as hostess and the male guests, those "men of the world" from the intellectual or business life of the respective city or the travelers of international renown who were celebrated in the subsequent reviews of the meetings like trophies. Women, on the contrary, are seldom found on the salon guest lists of primary or secondary literature in the years prior to 1900. All the same, Karlheinz Rossacher, who examined many primary sources about the salons and their host families in his studies of the Vienna Ringstrasse,[2] probably captures it well when he writes: "Women may have often been in the minority, but they were always present."[3]

The lack of visual sources makes written primary sources especially important. When reading these, one must always be aware that only men were principally felt to be worth mentioning and the description of women was normally limited for the most part to praising the hostess, who outshines everyone, to the skies, and overlooking all of the other, invisible women. Women, and that is striking, mostly only found entrance into a salon re-narration if they had appeared during this gathering in artistic action.

This is also recounted, for instance, in the much-cited report of the Metternichian secret police of the Christmas party held on December 26, 1814 at the Arnsteinian house, according to which the secret policeman was witness to the first Christmas tree in Vienna at Fanny von Arnstein's salon, which had become a "place to be" during the Congress of

beschränkte. Frauen, und das ist auffällig, fanden in einer Salon-Nacherzählung meist nur dann Eingang, wenn sie bei einer Zusammenkunft in künstlerische Aktion getreten waren.

Dies erzählt beispielsweise auch der vielzitierte Bericht der Metternich'schen Geheimpolizei vom Weihnachtsfest am 26. Dezember 1814 aus dem Arnstein'schen Haus, wonach der Geheimpolizist in Fanny von Arnsteins Salon, der zu einem „place to be" während des Wiener Kongresses geworden war, Zeuge des ersten Weihnachtsbaumes in Wien wurde, eines schicken Berliner Brauches, den die in Berlin geborene Fanny Arnstein den Wienerinnen und Wienern an diesem Abend stiftete.

„Bei Arnsteins war vorgestern nach berliner Sitte ein sehr zahlreiches Weihnachtsbaum- oder Christbaumfest. Es waren dort Staatskanzler Hardenberg, die Staats-Räthe Jordan und Hoffmann, Fürst Radziwill, Herr Bartholdy, alle getauften und beschnittenen Anverwandten des Hauses. Alle gebetenen, eingeladenen Personen erhielten Geschenke oder Souvenirs vom Christbaum. Es wurden nach berliner Sitte komische Lieder gesungen; Frau von Münch sang Lieder vom Kasperle. Es wurde durch alle Zimmer ein Umgang gehalten mit den zugeteilten, vom Weihnachtsbaum angenommenen Gegenständen. Fürst Hardenberg amüsierte sich unendlich; Herr von Humboldt war nicht dabei."[4]

Es verwundert nicht, dass die Geheimpolizei Metternichs vor allem an den anwesenden Machthabern und politischen Köpfen Interesse zeigte – beide Rollenfächer waren 1814 ausschließlich von Männern belegt –, wenn man die netzwerkende Gastgeberin Fanny von Arnstein außer Acht lässt. Doch die Geheimpolizei lag da auch ganz im Mainstream der anderen Berichterstattungen, die Frauen prinzipiell nicht erfasste. Dazu passt auch die in diesem Bericht verwendete Redewendung der „getauften und beschnittenen Anverwandten" des Hauses, unter die mit Sicherheit auch die weiblichen Verwandten gezählt wurden. Die einzige Frau, die in den Bericht Eingang findet, ist „Frau von Münch", bei der es sich möglicherweise um die 1826 in Paris verstorbene Agathe Freifrau von Münch, geborene von Westrenen Themat,[5] handelte, die „Lieder vom Kasperle" sang. Als Künstlerin oder als dilettierende adelige Performerin konnte auch sie sich an diesem Abend im Geheimpolizei-Report einen Namen machen.

Von Fanny von Arnstein stammt ein einzigartiges visuelles Dokument im Archiv des Jüdischen Museums Wien,[6]

Vienna. The tree was a fashionable Berlin custom that native Berliner Fanny von Arnstein presented to the Viennese guests on this evening.

"At Arnstein's the day before yesterday was a very ornate Christmas tree or celebration in the Berlin style. In attendance were State Chancellor Hardenberg, State Councilors Jordan and Hoffmann, Prince Radziwill, Herr Bartholdy, all baptized and circumcised relatives of the family. All of the invited guests received presents or souvenirs from the Christmas tree. Humorous songs were sung Berlin-style; Frau von Münch sang songs from Punch and Judy. The guests paraded through all the rooms with the objects taken from the Christmas tree. Prince Hardenberg appeared to be having a very good time; Herr von Humboldt was not there."[4]

It is no wonder that Metternich's secret police showed interest primarily in the power brokers and political heads in attendance—both roles were exclusively cast by men in 1814—if one disregards the networking hostess Fanny von Arnstein. However, the secret police also totally followed the mainstream of other reports that principally did not include women. The phrase used in this report, "baptized and circumcised relatives" of the house, among whom most certainly the female next of kin were also counted, is also fitting. The only woman finding mention in the account, singing "songs from Punch and Judy" is "Frau von Münch," possibly referring to Agathe Freifrau von Münch, née von Westrenen Themat,[5] who died in 1826 in Paris. As an artiste or dilettante noble performer, she also made a name for herself on this evening in the secret police report.

A unique visual document in the archive of the Jewish Museum Vienna originates from Fanny von Arnstein.[6] Although it does not show any action in the salon, it most likely depicts those guests who attended her salon in the year 1793 with certain regularity. It is a collection of thirty small-sized portraits in pencil in a red morocco slipcase with the gold engraved dedication "To F.A. from I. F. 1793," which indicates a gift of the artist I. F. (possibly Joseph Fischer, 1769–1822) to the salonière. Among the thirty portraits, like the one of the enlightened philosopher Joseph von Sonnenfels (1733–1817) and the later police minister Johann Anton Graf von Pergen (1725–1814), there are six portraits of women. While one of the untitled portraits probably features the likeness of the hostess herself, we still find the names "Madame Sebottendorf" (Maria Josepha Sebottendorf von der Rose, a close friend of Fanny von Arnstein), "Frau von Sowek," "Frau von Lürwald" and "Julie Degelmann," who

das zwar ebenfalls keine Aktion im Salon zeigt, dafür aber mit einer hohen Wahrscheinlichkeit jene Gäste, die um das Jahr 1793 ihren Salon mit einer gewissen Regelmäßigkeit besuchten: eine Sammlung von 30 kleinformatigen Porträts in Bleistift in einem roten Maroquin-Schuber mit der in Gold eingeprägten Widmung „An F. A. von I. F. 1793", welche auf ein Geschenk des Künstlers I. F. (möglicherweise Joseph Fischer, 1769-1722) an die Salonière hinweist. Unter den 30 Porträts, wie etwa jenes des Aufklärers Joseph von Sonnenfels (1733–1817) und des späteren Polizeiministers Johann Anton Graf von Pergen (1725–1814) finden sich sechs Frauenporträts.

Während es sich bei einem nicht beschrifteten wohl um das Bildnis der Gastgeberin selbst handelt, finden wir noch die Namen „Madame Sebottendorf" (Maria Josepha Sebottendorf von der Rose, eine enge Freundin Fanny von Arnsteins), „Frau von Sowek", „Frau von Lürwald" und „Julie Degelmann", bei der es sich möglicherweise um die Ehefrau des als Beethoven-Förderer bekannten Hofrats Baron Josef Bernhard von Degelmann handelt. Sollte die These, dass es sich bei diesen 30 Bildnissen um repräsentative Habitués des frühen Salons Arnstein handelt, ein Porträt die Gastgeberin zeigt, so könnte man folgern, dass bei Fanny von Arnstein am Ende des 18. Jahrhunderts, einer Zeit, der nachgesagt wird, sie sei Frauen gegenüber offener gewesen als die nachfolgenden Jahrzehnte, ein Sechstel der Gäste weiblich waren.

Jenseits der Salonièren-Rolle scheint es, wie bei der singenden Agathe Freifrau von Münch, genau die Mischung aus adeliger Herkunft und künstlerischer Professionalität gewesen zu sein, die Frauen im 19. Jahrhundert die größte Chance gab, in die Annalen eines Salons einzugehen. So wissen wir, dass im späteren intellektuellen Salon der gebildeten, sich für Frauenrechte einsetzenden Auguste von Littrow (1819–1890) nicht nur Franz Grillparzer, Friedrich Hebbel, Eduard von Bauernfeld, Ferdinand von Saar, Ernst von Feuchtersleben, Johannes Brahms, Rudolf von Alt, Anton von Fernkorn, sondern auch die Schriftstellerinnen Marie von Ebner-Eschenbach, Betty Paoli und Ottilie von Goethe sowie der Burgtheaterstar Charlotte Wolter zu Gast waren.[7] Ebner-Eschenbach, die 1830 auf Schloss Zdislawitz bei Kremsier als Marie Dubský von Třebomyslice zur Welt kam, sowie Betty Paoli, die als Gesellschafterin der Fürstin Maria Anna Schwarzenberg arbeitete und als deren leiblicher Vater Fürst Nikolaus Esterházy kolportiert wurde, waren adligen Umgang gewohnt. Das Gleiche gilt

possibly was the wife of Privy Councilor Baron Joseph von Degelmann, known as a patron of Beethoven. Should the thesis that these thirty likenesses have to do with the representative habitués of the early Salon Arnstein and include a portrait of the hostess, one could conclude that in the case of Fanny von Arnstein, at the end of the 18th century, a time rumored to having been more open towards women than the following decades, one-sixth of her guests were female.

Beyond the salonière role it seems, as with the singing Agathe Freifrau von Münch, to have exactly been the mixture of aristocratic origin and artistic professionalism that gave women in the 19th century the biggest chance to go down in the annals of a salon. We therefore know that at the later intellectual salon of Auguste von Littrow (1819–1890), an educated advocate of women's rights, the guest list not only included Franz Grillparzer, Friedrich Hebbel, Eduard von Bauernfeld, Ferdinand von Saar, Ernst von Feuchtersleben, Johannes Brahms, Rudolf von Alt and Anton von Fernkorn, but also the writers Marie von Ebner-Eschenbach, Betty Paoli and Ottilie von Goethe, as well as the Burgtheater star Charlotte Wolter.[7] Ebner-Eschenbach, who was born in 1830 at Zdislavice Castle near Kroměříž as Marie Dubský von Třebomyslice, as well as Betty Paoli, who worked as a companion of Princess Maria Anna Schwarzenberg and whose biological father was rumored to be Prince Nikolaus Esterházy, were accustomed to aristocratic contact. The same applied to Ottilie von Goethe, who could moreover boast of having a "prince of poets" as a father-in-law. In the end, the actress Charlotte Wolter, born in 1834 in Cologne as the daughter of a scrivener, was the only one of those named here who, through her theater work, had made it from an actual middle-class milieu not only onto the stage of a theater and a salon, but also onto one of the retrospective salon attendance lists.

Visibility in an Alternative Public Space: The Café

There is one other urban location that had a career similar to the salon in the 19th century, from which, however, considerably more visual documentation exists, also about the people who came together there: the coffeehouse. This is also regarded as a space of bourgeois emancipation and, like the salon, it had been described in Vienna as an important place for Jews and those influenced by Jews. Even before

Frau von Sowek
Bleistiftzeichnung
Frau von Sowek
pencil drawing
Slg. / Coll. JMW,
Inv. Nr.15438/c

Madame Sebottendorf
Bleistiftzeichnung
Madame Sebottendorf
pencil drawing
Slg. / Coll. JMW, Inv. Nr. 15438/i

Julie Dengelmann
Bleistiftzeichnung
Julie Dengelmann
pencil drawing
Slg. / Coll. JMW,
Inv. Nr. 15438/z

auch für Ottilie von Goethe, die dazu einen „Dichterfürsten" als Schwiegervater vorzuweisen hatte. Letztlich war die 1834 in Köln als Tochter eines Schreibers geborene Schauspielerin Charlotte Wolter die Einzige der hier Genannten, die es aus einem tatsächlich bürgerlichen Umfeld durch ihre Theaterarbeit nicht nur auf die Bühne eines Theaters und eines Salons, sondern auch auf eine der retrospektiven Salon-Anwesenheitslisten geschafft hatte.

Sichtbarkeit in einem alternativen öffentlichen Ort: das Café

Es gibt einen anderen urbanen Ort, der im 19. Jahrhundert eine ähnliche Karriere wie der Salon machte, von dem es aber erheblich mehr visuelle Dokumentation, auch über das dortige Zusammenkommen von Menschen, gibt: das Kaffeehaus. Auch dieses gilt als Ort der bürgerlichen Emanzipation, und wie der Salon ist es in Wien als wichtiger Ort für Juden und von Juden geprägt beschrieben worden. Noch bevor das literarische Kaffeehaus der Jahrhundertwende Berühmtheit erlangte, waren die vielen kleinen Kaffeehäuser, beispielsweise in der Wiener Leopoldstadt, erste Orientierungsorte für zuwandernde Neuankömmlinge gewesen. Sie dienten als Treffpunkte für Menschen, die Geschäfte machen wollten, aber kein Büro hatten. Auch als tatsächlicher Arbeitsplatz bot sich das Kaffeehaus im 19. Jahrhundert für Juden und auch Jüdinnen an: Sie konnten Kaffeehäuser führen, servieren oder auch mit Kaffee, Tee oder Kakao handeln.[8]

Stefan Zweigs *Welt von Gestern* ist, wie der Titel andeutet, ein sentimentales Werk, geschrieben nach der Vertreibung aus seinem gewohnten Umfeld zwischen Wien und Salzburg. Auch seine Zeilen über das Kaffeehaus sind von einer gewissen sozialen Romantik getragen. Hier scheinen die sozialen Schranken zu fehlen, und in gewisser Weise steht sogar das Konstrukt einer temporären klassenlosen Gesellschaft im Raum. Schließlich macht der Text aber doch klar, dass das Wiener Kaffeehaus vor allem für jene bürgerliche Welt Identität stiftete, in der Zweig aufwuchs: „Das Wiener Kaffeehaus stellt eine Institution besonderer Art dar, die mit keiner ähnlichen der Welt zu vergleichen ist. Es ist eigentlich eine Art demokratischer, jedem für eine billige Schale Kaffee zugänglicher Klub, wo jeder Gast für diesen kleinen Obolus stundenlang sitzen, diskutieren, schreiben, Karten spielen, seine Post empfangen und vor

the literary café of the fin de siècle gained fame, the many small coffeehouses, for instance in Vienna's second district of Leopoldstadt, had been the first points of orientation for immigrant newcomers. They served as the meeting places for people who wanted to do business, but did not have an office. The coffeehouse in the 19th century also presented itself as an actual workplace for Jewish women and men: They could run coffeehouses, serve or also deal in coffee, tea or cocoa.[8]

As the title suggests, Stefan Zweig's *Welt von Gestern* (*The World of Yesterday*) is a sentimental work written after the expulsion from his familiar surroundings between Vienna and Salzburg. His lines about the coffeehouse also carry a certain social romanticism. The social barriers seem to be missing here and, in a way, the construct of a temporary classless society even occupies the space. Ultimately, the text makes it clear after all that the Viennese coffeehouse forged an identity particularly for that bourgeois world Zweig grew up in: "... the Viennese coffeehouse is an institution with no equivalent anywhere else in the world. It is actually a sort of democratic club, open to everyone for the price of a cheap cup of coffee, where every guest can sit for hours with this little offering, to talk, write, play cards, receive post, and above all consume an unlimited number of newspapers and journals."[9]

We do not find out whether Zweig also included women among "every guest." Since he writes about his youth before 1900, it can be assumed for various reasons that perhaps the one or the other woman sat at the table with him, but only men discussed, wrote, played cards, received post or consumed newspapers. The following text could also originate from a description of the advantages of a visit at a salon:

"So we knew everything that was going on in the world at first hand, we heard about every book that came out, every theatrical performance wherever it took place, and we compared the reviews in all the newspapers. Perhaps nothing contributed so much to the intellectual mobility and international orientation of Austrians as the fact that they could inform themselves so extensively at the coffee house of all that was going on in the world, and at the same time could discuss it with a circle of friends. We sat there for hours every day, and nothing escaped us, for thanks to our collective interests, we pursued the *orbis pictus* of artistic events not with just one pair of eyes, but with twenty or so [...]."

In her introduction to the book *The Viennese Café and Fin-de-siècle Culture*, Charlotte Ashby states that between

allem eine unbegrenzte Zahl von Zeitungen und Zeitschriften konsumieren kann."9

Wir erfahren nicht, ob Zweig mit „jeder Gast" auch Frauen einschließt. Da er über seine Jugend vor 1900 schreibt, kann aus verschiedenen Gründen davon ausgegangen werden, dass vielleicht die eine oder andere Frau mit am Tisch saß, vor allem aber nur Männer diskutierten, schrieben, Karten spielten, Post empfingen und Zeitungen konsumierten. Der nun folgende Text könnte auch aus der Beschreibung der Vorzüge eines Besuchs im Salon stammen.

„So wussten wir alles, was in der Welt vorging, aus erster Hand, wir erfuhren von jedem Buch, das erschien, von jeder Aufführung und verglichen in allen Zeitungen die Kritiken; nichts hat so viel zur intellektuellen Beweglichkeit des Österreichers beigetragen, als dass er im Kaffeehaus sich über alle Vorgänge der Welt umfassend orientieren und sie zugleich im freundschaftlichen Kreise diskutieren konnte. Täglich saßen wir stundenlang, und nichts entging uns. Denn wir verfolgten dank der Kollektivität unserer Interessen den orbis pictus der künstlerischen Geschehnisse nicht mit zwei, sondern mit zwanzig und vierzig Augen [...]."

In ihrer Einführung zum Buch *The Viennese Café and Fin-de-siècle Culture* legt Charlotte Ashby dar, dass zwischen 1891 und 1902 zwar rund 24 Prozent aller Wiener Kaffeehäuser unter dem Namen von weiblichen Besitzerinnen gelistet waren, das Kaffeehaus aber in dieser Zeit immer noch als ein fast ausschließlicher männlicher Ort angesehen werden muss.[10] In Paris war es oft üblich, dass Paare Kaffeehäuser führten, wobei die Frauen oft den Part der Kassiererin und der Buchhalterin übernahmen, was ihnen die Übernahme der Geschäfte noch vor oder nach dem Tod des Mannes möglich machte. Während Salons quasi immer von Frauen geführt wurden und der Hausherr, der ja das Monopol auf die Einnahmen besaß, den Rahmen finanziell ermöglichte, waren im Kaffeehaus die Frauen als „Geschäftsführerinnen" zwar in der Minderzahl, aber aus heutiger Sicht mit fast einem Viertel doch überraschend stark vertreten. Einen weiblichen Ort machen allerdings auch diese Zahlen aus dem Kaffeehaus nicht.

Auch die sogenannte Sitzkassiererin, die in Wien spätestens seit dem Biedermeier als einzige weibliche Angestellte in der Öffentlichkeit des Kaffeehauses „auftrat", verwandelte dieses nicht in einen Ort für Frauen. Diverse zeitgenössische Illustrationen und Karikaturen bezeugen, dass sie möglichst attraktiv sein sollte, nicht zuletzt um

1891 and 1902, around 24 percent of all Viennese coffeehouses were listed under the names of female owners, but the coffeehouse at this time must have been considered as an almost exclusively male location.[10] In Paris it was quite common that couples operated coffeehouses, whereby the women often took over the part of cashiers and bookkeepers, which enabled them to take control of the businesses still before or after the death of the husband. While salons were effectively always run by women and the man of the house, who possessed the exclusive right to the proceeds, made the setting financially possible, the women in the coffeehouses admittedly were in the minority as "managing directresses," but from today's perspective were surprisingly strongly represented after all with nearly a quarter. These figures from the coffeehouse, however, also do not make it a female space.

The so-called "seated cashier," who "appeared" in Vienna at the latest by the Biedermeier period as the sole female employee in the public sphere of the coffeehouse, also did not transform it into a space for women. Various contemporary illustrations and caricatures confirm that she was to be as attractive as possible, not least to keep men coming back. As different as the roles of the seated cashier and the salonière were at the time, one being the employee behind the "protective barrier" of her counter, the other being the hostess in a good middle-class, respectively, upper class house, both occupied central positions in their respective space.

How can the presence of women in the coffeehouses of the concluding 19th and the beginning 20th centuries be reconstructed now? What do graphic illustrations, photographs, or personal records tell us? Alma Mahler-Werfel, née Schindler, who had gotten to know her first husband Gustav Mahler in 1901 at Berta Zuckerkandl's famous salon and was to later invite people to her own salon, led what, at the time of her youth, was a relatively free life between concert and gallery visits, as well as salons. She nonetheless did not seem to go to coffeehouses. She arranged to meet her women friends, as her diary revealed, at confectionery shops, for example at the Demel pastry shop.[11] As opposed to coffeehouses, the personnel at confectioneries frequently consisted of women, and attention was placed upon a certain clear arrangement of the space as well as an easy visibility from the outside. In turn, the coffeehouse was more endeavored towards seclusion from the outside world and a certain privacy through curtains. This "privatization" was enhanced by various compartments and "booths." Women

Vinzenz Katzler
Die Kassierin vom silbernen Kaffeehaus
1871
Kreidelithographie (koloriert)
Vinzenz Katzler
The Cashier of the Silver Coffeehouse
1871
chalk lithograph (colored)
Wien Museum, HMW 108977/1

Männer an diesen Ort zu binden. So verschieden die Rollen der Sitzkassiererin als Angestellte hinter ihrem „Thekenschutzwall" und der Salonière als Gastgeberin in einem gut- bzw. großbürgerlichen Haus in dieser Zeit waren, beide besetzten zentrale Positionen in ihrem jeweiligen Raum.

Wie kann nun die Präsenz von Frauen in den Kaffeehäusern des 19. und beginnenden 20. Jahrhunderts rekonstruiert werden? Was erzählen grafische Illustrationen, Fotografien oder persönliche Aufzeichnungen? Alma Mahler-Werfel, geborene Schindler, die ihren ersten Mann Gustav Mahler 1901 im berühmten Salon von Berta Zuckerkandl kennengelernt hatte und später in einen eigenen Salon einladen sollte, führte ein für ihre Jugendzeit relativ freies Leben zwischen Konzert- und Galeriebesuchen und eben Salons. In Kaffeehäuser schien sie trotzdem nicht zu gehen. Mit Freundinnen verabredete sie sich, wie ihr Tagebuch verrät, in Konditoreien, beispielsweise beim Zuckerbäcker Demel.[11] In Konditoreien rekrutierte sich das Personal im Gegensatz zu Kaffeehäusern vielfach aus Frauen, und es wurde auf eine gewisse Übersichtlichkeit des Raumes sowie auf eine Einsehbarkeit von draußen geachtet.

who allowed themselves to be shown here before the turn of the century seldom came from the same middle class as the male guests. For the reputation of women from the middle class—for many it was the most important capital and decided not least on their chances on the marriage market—being seen at a coffeehouse would not have been conducive.

For those women who spent time in unclearly arranged, smoke-filled rooms, by contrast, the border between mistress and prostitute was often difficult to make out. In the early 20th century as well, numerous men still held this view of women in coffeehouses, as Peter Altenberg's "Regeln für meinen Stammtisch" ("Rules for My Regulars' Table"), published in 1911, show: "Women at our table, who occasionally have to go 'somewhere,' have to loudly and distinctly demand 20 hellers from their spouse or lover, since at least *this procedure* pleasantly reminds us of the 'venal girls!'"[12]

"Cherchez la femme" is a figure of speech stemming from French criminology, which entered into sophisticated German conversational language in the 19th century and means as much as "look for the woman and then you will solve the case." The task to "cherchez la femme" could also

Andreas Geiger / Johann Christian Schoeller
Wiener Szene in einem Kaffeehaus
1838
Kupferstich (koloriert)
Andreas Geiger / Johann Christian Schoeller
Viennese Scene in a Coffeehouse
1838
copper engraving (colored)
Wien Museum, HMW 81651

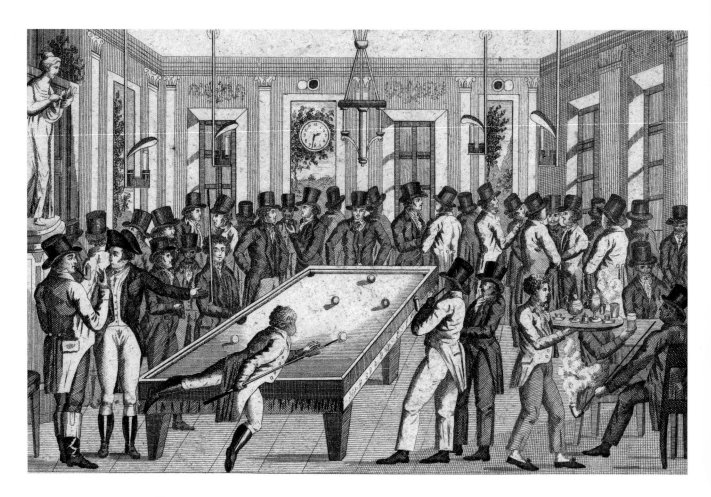

Hugelmanns Kaffeehaus 1820 Radierung
Hugelmann's Coffeehouse 1820 etching
Wien Museum, HMW 96647

Das Kaffeehaus war wiederum mehr auf Abgeschiedenheit von der Außenwelt und auf eine gewisse Privatsphäre durch Gardinen bemüht. Diese „Privatisierung" wurde im Innenraum durch verschiedene Abteilungen und „Booths" verstärkt. Frauen, die sich hier vor der Jahrhundertwende blicken ließen, stammten selten aus der gleichen bürgerlichen Schicht wie die männlichen Gäste. Für den Ruf von Frauen aus der bürgerlichen Mittelschicht – er war für viele das wichtigste Kapital und entschied nicht zuletzt über ihre Chancen am Heiratsmarkt – wäre ein Gesehenwerden im Kaffeehaus nicht zuträglich gewesen.

Bei jenen Frauen, die sich in den unübersichtlichen rauchgeschwängerten Räumen aufhielten, war hingegen die Grenze zwischen Liebhaberin und Prostituierter oft schwer auszumachen. Auch im frühen 20. Jahrhundert behielten noch zahlreiche Männer diese Sicht auf Frauen im Kaffeehaus bei, wie Peter Altenbergs 1911 publizierte „Regeln für meinen Stammtisch" zeigen: „Damen an unserem Tische, die zeitweilig ‚wohin' gehen müssen,

apply as a game instruction to determine the public presence of women in reproductions or graphic illustrations such as photographs of coffeehouse interiors. Three graphics from the collection of the Wien Museum from the years 1820, 1835 and 1861 help here as examples. All three show coffeehouses with billiard tables. The scene from 1820 of Hugelmann's Kaffeehaus, about which the German nationalist Ernst Moritz Arndt wrote that one finds "many Greeks and Rascians and foreigners that come from Hungary or want to go there" and that one "prefers this coffeehouse to all the others in the city," only shows men. There is also a New Year's greeting card from 1835 from Café Stierböck, which, like Hugelmann, stood at the Schlagbrücke Bridge on the Danube Canal, that is, at the beginning of Praterstrasse. Not only is a seated cashier to be discovered here, but also a woman accompanied by a man who, with his back to the billiard tables, is possibly leading her to a coffeehouse table. A small exterior view in the lower middle is also interesting. Women are not only to be seen on the street, but also together with men sitting

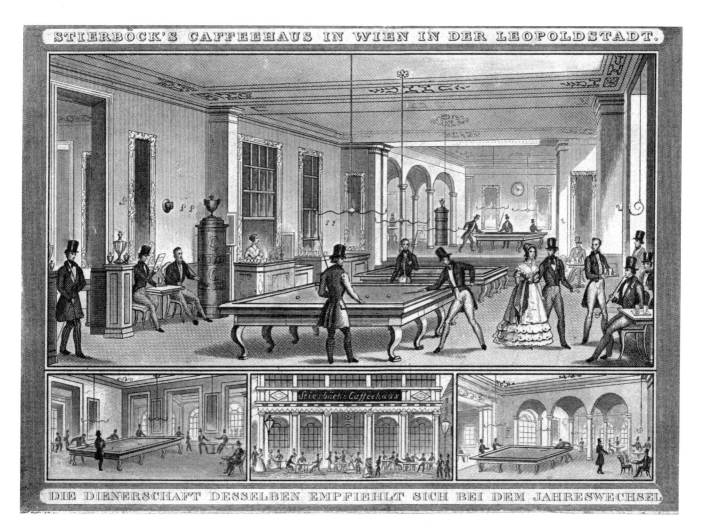

*Café Stierböck,
Neujahrskarte
um 1835
Radierung*
Café Stierböck,
New Year's card
ca. 1835
etching
Wien Museum,
HMW 15097

Praschs Kaffeehaus und Billardhalle in der Rechten Wienzeile 21, Wien IV
Prasch's Coffeehouse and Billiard Hall at Rechte Wienzeile 21, Vienna IV
Wien Museum, WM B15572/3

haben von ihrem Gatten oder Geliebten laut und vernehmlich 20 Heller zu verlangen, da wenigstens *dieser Vorgang* an die ‚käuflichen Mädchen' uns angenehm erinnert!"[12]

„Cherchez la femme" ist eine aus der französischen Kriminalogie stammende Redewendung, die im 19. Jahrhundert in die gehobene deutsche Konversationssprache eingegangen ist und so viel wie „Suchen Sie die Frau in der Handlung, dann werden Sie den Fall lösen" bedeutet. Der Auftrag „Cherchez la femme" könnte auch als eine Spielanleitung gelten, um die öffentliche Präsenz von Frauen auf Abbildungen, grafischen Illustrationen wie Fotografien von Kaffeehaus-Innenansichten zu bestimmen. Hier helfen drei Grafiken aus der Sammlung des Wien Museums aus den Jahren 1820, 1835 und um 1861 als Beispiel weiter. Alle drei zeigen Kaffeehäuser mit Billardtischen. Die Ansicht von 1820 aus Hugelmanns Kaffeehaus, über das der deutsche Nationalist Ernst Moritz Arndt schrieb, dass man hier „viele Griechen und Raizen und Fremde, die aus Ungarn kommen oder dahin wollen" findet und dass man „dieses Kaffeehaus allen selbst in der Stadt vorzieht", zeigt nur Männer.

Vom Jahreswechsel 1835 stammt ein Neujahrsgruß aus dem Café Stierböck, dass wie das Hugelmann an der Schlagbrücke am Donaukanal, also am Beginn der Praterstraße, stand. Hier ist nicht nur eine Sitzkassiererin zu at coffeehouse tables. This image corresponds to the observation that it was quite fashionable for women to sit on the terraces of large cafés catering to excursionists, which, like the large hall cafés, also offered a clear overview without compartments.

In the view into Café Prasch on the corner of Schikanedergasse and the Rechte Wienzeile, which probably originated around 1861, two women are already to be found in the interior next to a seated cashier besieged by men. At this time, this establishment prided itself in being Vienna's largest coffeehouse. On the left, a woman in the company of a man is just entering the room and is trying to get an overview. The other woman in the center, to the right of the middle, likewise chaperoned by a man, is addressed by a second man. Whether or not this doubled female presence concerns an ideal, whether the woman in conversation with two men was meant as a "sex sells" marketing strategy or the proprietor wanted to address women or couples as target groups, or whether, finally, the ratio of two women to about forty men correlated to the reality of such a coffeehouse back then is hard to read out. The only clear message that these pictures deliver: women remain an exception in Viennese coffeehouses up into the 1860s. And nothing about that was to change so quickly.

A series of photographs, probably at Café Eckl on Neubaugasse in Vienna's seventh district, taken perhaps

entdecken, sondern auch eine Frau in Begleitung eines Mannes, der sie mit dem Rücken zu den Billardtischen möglicherweise zu einem Kaffeehaustisch führt. Interessant auch die kleine Außenansicht in der Mitte unten. Hier sind Frauen nicht nur auf der Straße zu sehen, sondern auch zusammen mit Männern an Kaffeehaustischen sitzend. Dieses Bild entspricht der Beobachtung, dass es für Frauen durchaus schicklich war, auf den Terrassen der großen Ausflugscafés zu sitzen, die eben wie große Hallen-Cafés ohne Unterteilungen eine Übersichtlichkeit boten.

Bei der Sicht in das Café Prasch an der Ecke Schikanedergasse und Rechte Wienzeile, die wohl um das Jahr 1861 entstand, sind im Innenraum neben einer von Männern belagerten Sitzkassiererin bereits zwei Frauen zu finden. Zu dieser Zeit rühmte sich dieses Etablissement, das größte Kaffeehaus von Wien zu sein. Links betritt die eine Frau in Begleitung eines Mannes gerade den Raum und versucht sich einen Überblick zu verschaffen. Die andere wird im Zentrum, rechts der Mitte, ebenfalls in Begleitung eines Mannes, von einem zweiten Mann angesprochen. Ob es sich bei dieser doppelten weiblichen Präsenz um ein Wunschbild handelte, ob insbesondere mit der Frau im Gespräch mit zwei Männern eine Marketingstrategie à la „Sex sells" gemeint war oder der Betreiber damit Frauen oder Paare als Zielgruppen ansprechen wollte oder ob schließlich das Verhältnis zwei Frauen zu zirka vierzig Männern der Realität eines solchen Kaffeehauses in dieser Zeit entsprach, ist schwer herauszulesen. Die einzig klare Botschaft, die diese Bilder liefern: Frauen bleiben in den Wiener Kaffeehäusern bis in die 1860er-Jahre eine Ausnahme. Daran sollte sich auch so schnell nichts ändern.

Genau das zeigt eine Serie von Fotografien, wahrscheinlich im Café Eckl in der Wiener Neubaugasse, wohl nach 1900 entstanden. Von den zehn Fotos zeigt eines zwei Ehepaare, eines eine in die Jahre gekommene Sitzkassiererin. Auf vier Fotos sind ausschließlich Männer zu sehen, die an Tischen Karten spielen. Auf zwei weiteren Kartenspiel-Bildern ist mittendrin sogar eine Frau zu erkennen. Ein letztes Bild zeigt wiederum viele zeitungslesende Männer und eine Frau. Die genauere Betrachtung macht klar, dass es sich immer um dieselbe Frau handelt, die hier als Modell auf insgesamt drei Fotos erscheint. Während sie im letztgenannten Bild wie die meisten Männer zeitungslesend einer typischen Kaffeehaus-Tätigkeit nachgeht, nimmt sie am Kartenspiel nicht teil. Letzteres wäre für ein gehobenes Kaffeehaus unschicklich gewesen. Ihre

after 1900, show exactly that. Of the ten photos, one features two married couples, one an aging seated cashier. On four photos only men are to be seen, playing cards at tables. On two further card playing images, a woman is to be spotted in the thick of things. A final picture again shows many newspaper-reading men and one woman. A closer look makes it clear that it is always the same woman, appearing here as a model on three photos altogether. While in the last-mentioned image she, like most of the men reading newspapers, is going about a typical coffeehouse activity, she does not take part in the card game. For an upscale coffeehouse, the latter would have been unseemly. Her presence thereby seems just as moral as it is symbolic. She does not debase the moral integrity of the place, but much more elevates the establishment with her presence to a morally fortified and "unperilous" place.

Women occasionally went to the coffeehouse accompanied by men, and were thus present, but nonetheless did not "belong." That is the impression from an initial, non-representative analysis of a pool of Viennese coffeehouse scenes from the 19th and early 20th centuries.

Literary Coffeehouse and the "Progressive Salon"

It was to actually last into the interwar years until women sustainably conquered the public space of the coffeehouse. A reason for this was not least that a new generation in the 1890s, with modernity gaining full speed, renewed and cemented male dominance. At the same time, in a certain way as a result thereof, the salon and thus female hospitality lost meaning for this generation. The appearance of Court Opera Director Gustav Mahler at Berta Zuckerkandl's salon (see the contribution by Andrea Winklbauer, pp. 114–137), where he became acquainted with his future wife Alma Schindler, did not least become so famous because Mahler despised the conversation and the mingling in society, no matter how private it had been. For a man of modernity like him it was considered *bon ton* not to be a "salon lion" or a "salon composer" after all, just like it became important for others not to be referred to as a "salon journalist" or a "salon writer"—labels that, if nothing else, document the declining stocks of the salon towards the end of the monarchy. As a consequence thereof, the salon was disparagingly "feminized" [13] again in the

Präsenz wirkt dabei so moralisch wie symbolisch. Sie entwertet die sittliche Integrität des Ortes nicht, vielmehr zieht sie das Etablissement mit ihrer Präsenz zu einem moralisch gefestigten und „ungefährlichen" Ort hinauf.

Frauen gingen vereinzelt in Begleitung ins Kaffeehaus, waren also präsent, gehörten aber dennoch nicht „dazu". So der Eindruck aus einer ersten, nicht repräsentativen Analyse aus einem Bilderpool von Wiener Kaffeehausansichten aus dem 19. Jahrhundert und frühen 20. Jahrhundert.

Literarisches Kaffeehaus und „Reform-Salon"

Es sollte tatsächlich noch bis in die Zwischenkriegszeit dauern, bis Frauen die Öffentlichkeit des Kaffeehauses nachhaltig eroberten. Grund dafür war nicht zuletzt, dass eine neue Generation in den 1890er-Jahren mit der voll an Fahrt gewinnenden Moderne die männliche Dominanz erneuerte und zementierte. Gleichzeitig, in gewisser Weise damit einhergehend, verliert der Salon und damit die weibliche Gastgeberschaft für diese Generation an Bedeutung.

modern era, as it had also been attempted since the Romantic period particularly by men, who had by all means profited from the salon networks.

One person who wanted and was able to fully enjoy both worlds—that of the salon and that of the coffeehouse—was Hugo von Hofmannsthal. In 1892, the then-18-year-old discovered the network of the Gomperz, Wertheimstein, Todesco, Oppenheimer and Lieben families and thus the Viennese Jewish grand bourgeoisie who had settled around the Ringstrasse in sometimes huge mansions. Especially from the spring of 1893 to July 1894, he kept intensive contact with the Gomperz and Todesco families. And from November 1893 to August 1895 he worked on his never completed *Familienroman* (*Family Novel*), the sketches of which did not depict the Todesco family in reality, but indeed recognizably used them as a matrix.[14]

For him, the salon and coffeehouse—and that is illustrative for his generation and social class—were almost interchangeable locations:

"You know, just like I would tell you, come at such and such hour to Café Central, we'll have a chat there, I'm telling you to come to Todesco – it is really very nice."[15]

Leopold Andrian noted this sentence down in his diary in December 1893. It shows how much the young Hofmannsthal

Reinhold Völkel
Café Griensteidl,
Michaelerplatz
1896
Aquarell
Reinhold Völkel
Café Griensteidl on
Michaelerplatz
1896
watercolor
Wien Museum, HMW
62352

Wiener Kaffeehausszenen mit und ohne Frauen (wahrscheinlich handelt es sich um das Café Eckl in der Wiener Neubaugasse)
nach 1900
Viennese coffeehouse scenes with and without women (probably Café Eckl on Neubaugasse, Vienna VII)
after 1900
Wien Museum, WM 38.478/4, WM 38.478/5

Der Auftritt von Hofoperndirektor Gustav Mahler im Salon von Berta Zuckerkandl (siehe den Beitrag von Andrea Winklbauer, S. 114–137), bei dem dieser seine zukünftige Frau Alma Schindler kennenlernte, wurde nicht zuletzt deshalb so berühmt, weil Mahler die Konversation und das Bad in der Gesellschaft, und sei sie noch so privat, verachtete. Für einen Modernen wie ihn gehörte es zum guten Ton, eben kein „Salonlöwe", kein „Salonkomponist" zu sein, so wie es für andere wichtig wurde, nicht als „Salonjournalist" oder „Salonliterat" bezeichnet zu werden – Etikettierungen, die nicht zuletzt die sinkenden Aktien des Salons gegen Ende der Monarchie dokumentieren. Damit einhergehend wurde der Salon in der Moderne auf ein Neues abwertend „feminisiert"[13], wie das auch schon seit der Romantik insbesondere durch Männer versucht worden war, die von den Netzwerken der Salons durchaus profitiert hatten.

Einer, der beide Welten – jene des Salons und jene des Kaffeehauses – voll auskosten wollte und konnte, war Hugo von Hofmannsthal. 1892 entdeckte der damals Achtzehnjährige das Netz der Familien Gomperz, Wertheimstein, Todesco, Oppenheimer und Lieben und damit das Wiener jüdische Großbürgertum, das sich rund um die Ringstraße in teilweise riesigen Palais angesiedelt hatte. Insbesondere von Frühjahr 1893 bis Juli 1894 pflegte er intensive Kontakte zu den Familien Gomperz und Todesco. Und von November 1893 bis August 1895 arbeitet er an seinem nie vollendeten *Familienroman*, in dessen Skizzen er die Familie Todesco zwar nicht real abbildete, aber durchaus erkennbar als Matrix verwendete.[14]

Für ihn waren Salon und Kaffeehaus – und das ist für seine Generation und soziale Schicht erhellend – beinahe austauschbare Orte:

„Weißt Du, so wie ich Dir halt sagen würde, komm um die und die Stund ins Café Central, da plauschen wir, so sag ich halt komm zu Todesco – es ist wirklich sehr lieb."[15]

Diesen Satz notierte Leopold Andrian im Dezember 1893 in sein Tagebuch. Er zeigt, wie sehr sich der junge Hofmannsthal in beiden Welten zu Hause fühlte, und dokumentiert, dass das Kaffeehaus für die jungen Männer von Stand und Bildung zu einem neuen Salon geworden ist, ganz so, wie es später Stefan Zweig retrospektiv in seiner *Welt von Gestern* beschrieben hat: Man war unter sich und genoss doch, von der Welt durch die Medien, aber auch von den unteren Schichten „durchlüftet" zu werden.

Wie war es zu diesem neuen Hybrid, zum Salon im Kaffeehaus gekommen? Einen Hinweis liefert ein Brief des felt at home in both worlds, and documented that the coffeehouse had become a new salon for the young men of status and education, completely like the way Stefan Zweig later described it retrospectively in *The World of Yesterday*. People were among themselves and nevertheless enjoyed being "aerated" by the world through the media, but also by the lower classes.

How did it come to this new hybrid, to the salon in the coffeehouse? A letter of the 32-year-old Paris correspondent of the *Neue Freie Presse,* Theodor Herzl, provides a clue. In it he asks Arthur Schnitzler how the Viennese art and literature scene is faring. Schnitzler, two years his junior, replies in November 1892: "I should report about Viennese art? – Well, the literary movement expresses itself by singing satirical songs against naturalism at the Wiedner Theater or Carltheater ('brutal!' 'scandal!'), that there are no publishers, no new pieces, but on the other hand very many coffeehouses where all the writers who came up with nothing in the morning exchange their thoughts in the afternoon."[16] With this succinct Viennese understatement, Schnitzler implied that he was working with the critic Hermann Bahr and writers like Richard Beer-Hofmann, Felix Salten, Richard Specht, as well as the still much younger Hugo von Hofmannsthal on a new form of intensive, discursive literary reflection, but also literary production.[17] This loose coffeehouse troupe was to go down in history under the name *Jung-Wien* (*Young Vienna*). Schnitzler describes here nothing other than a new form of the salon—one that has migrated from the private realm into the coffeehouse. It flirted with its ostensible unproductiveness, entirely in line with the old salon, but already staged it as a "co-working space" in a modern, detached manner. What is missing, however, are the women who are not allowed to come along to this new working-literary salon. In this bourgeois framework they are denied the right to work, particularly to do public work, and therefore the right to public space. They thus remain out of place at the coffeehouse.

It is therefore little wonder that the successful salonières of the next generation, like Eugenie Schwarzwald and Yella Hertzka, in addition to their networking activities, focused above all on the education of young women (see Marcus Patka's contribution, pp. 138–161). In 1901, Schwarzwald founded the "Schwarzwald School," dedicated to progressive education, and Hertzka set up her horticultural school in 1912, both exclusively for girls. Especially during the interwar years, a high "female quota" is documented

32-jährigen Korrespondenten der *Neuen Freien Presse* in Paris, Theodor Herzl. Er fragt darin Arthur Schnitzler, wie es um die Wiener Kunst- und Literaturszene stehe. Der zwei Jahre jüngere Schnitzler antwortete im November 1892: „Von Wiener Kunst soll ich berichten? – Nun, die literarische Bewegung äußert sich darin, daß im Wiedner Theater oder Carltheater Couplets gegen den Naturalismus gesungen werden (‚brutal-!' ‚Skandal!'), daß es keine Verleger, keine neuen Stücke, dagegen sehr viele Kaffeehäuser gibt, in denen alle Literaten, denen Vormittags nichts eingefallen ist, Nachmittag ihre Gedanken austauschen."[16] Mit dieser lapidaren Untertreibung wienerischer Prägung deutete Schnitzler an, dass er mit dem Kritiker Hermann Bahr und Schriftstellern wie Richard Beer-Hofmann, Felix Salten, Richard Specht und eben dem noch um einiges jüngeren Hugo von Hofmannsthal an einer neuen Form der intensiv diskursiven Literaturreflexion, aber auch -produktion arbeitete.[17] Die lose Kaffeehaus-Truppe sollte unter dem Namen Jung-Wien in die Geschichte eingehen. Schnitzler beschreibt hier nichts anderes als eine neue Form des Salons. Eines Salons, der vom privaten Rahmen ins Kaffeehaus abgewandert ist. Der noch ganz im Sinn des alten Salons mit seiner vordergründigen Unproduktivität kokettiert, sich aber in einer modernen Abgeklärtheit bereits als „Coworking Space" inszeniert. Wer jedoch fehlt, sind die Frauen, die in diesen neuen Arbeits-Literatur-Salon nicht mitdürfen. Ihnen wird im bürgerlichen Rahmen das Recht auf Arbeit, insbesondere öffentliche Arbeit, nach wie vor verweigert und damit auch das Recht auf den öffentlichen Raum. Im Kaffeehaus sind sie damit nach wie vor fehl am Platz.

Es wundert daher wenig, dass die erfolgreichen Salonièren der nächsten Generation neben ihrer Vernetzungsarbeit vor allem auf Bildung von jungen Frauen setzten, so zum Beispiel Eugenie Schwarzwald und Yella Hertzka (siehe Marcus Patkas Beitrag, S. 138–161). Schwarzwald gründete 1901 ihre reformpädagogische „Schwarzwald-Schule", Hertzka 1912 ihre Gartenbauschule, beide exklusiv für Mädchen. Auch ist in ihren Salons, insbesondere in der Zwischenkriegszeit, eine hohe „Frauenquote" dokumentiert, wohl nicht nur weil Frauen ganz selbstverständlich zugegen waren, sondern weil sie sich vermehrt als Teil des öffentlichen Lebens hatten etablieren können, damit verstärkt wahrgenommen und in die „Berichterstattung" aufgenommen wurden. So gesehen sind diese „Reform-Salons" auch Antworten auf den Rückzug der Männer in die

in their salons, probably not only because women were very self-evidently in attendance, but also because they had increasingly been able to establish themselves as a part of public life, and were therefore more strongly perceived and mentioned in the "reporting." Viewed in this light, these "progressive salons" are also answers to the withdrawal of men into the coffeehouses. Yet the coffeehouse gender front was also beginning to crumble and the first signs were already there before the end of the monarchy.

The female conquest of the coffeehouse, and ultimately the barroom as well, can be traced by examining the still-existent American Bar, built by Adolf Loos in 1908 as the Kärntner Bar. Ingeniously constructed by Loos in the space of a few square meters in a way that the metropolitan flair of the city back then is still recognizable today, the American Bar was originally only accessible for men. "You sipped your drink like a blasé man of the world. [...] The discreet quiet of the bar afforded a change from the unrest that had begun to affect the coffeehouses."[18] Mary Costello placed this passage in her interpretation of the Loos Bar into the gender discourse, opining that men wanted to claim the American Bar, a new space in Europe, for themselves, since they saw their once exclusive domain of the coffeehouse already infiltrated by women.[19]

In her 1936 book *Loos privat* (*Adolf Loos: A Private Portrait*), Claire Loos cites a memory of Adolf Loos about the opening period of the bar, according to which the "men-only" commandment only held for a few weeks: "The indignation of womankind was big. The place was packed, daily, the bar overfull, but all women were turned away. Countesses, princesses showed up, begged, threatened, to no avail. They were not allowed inside. The curiosity grew from day to day. There was a great stir all over Vienna, generating a lot of publicity for the bar. Finally, after five weeks, the situation could no longer be maintained. The women forced their way in."[20]

In a certain sense, the end of the salon as a space of diverse emancipations coincided with women's conquest of the labor market and public life. As of the interwar period, women increasingly met in the male-dominated coffeehouse and other places. The salon idea was to gain in importance once again, particularly in exile as of 1938 (see the article by Sabine Bergler, pp. 162–187), as salons represented a piece of accessible home. Women played equal roles in these salons, readable by the fact that now there were also men who invited people to the salons. The

Kaffeehäuser. Doch auch die Kaffeehaus-Geschlechterfront begann zu bröckeln, erste Anzeichen gab es schon vor dem Ende der Monarchie.

Anhand einer Auseinandersetzung der noch heute existierenden American Bar, 1908 von Adolf Loos als Kärntner Bar gebaut, lässt sich die weibliche Eroberung des Kaffeehauses und letztlich auch des Barraums nachvollziehen. Die American Bar, von Loos genial auf nur wenigen Quadratmetern so gebaut, dass sie noch heute das Metropolenhafte der damaligen Stadt erkennen lässt, war anfangs nur für Männer zugänglich. „Man stellte seinen Drink wie ein routinierter Lebemann hin. […] Die diskrete Ruhe in dem Barraum war so verschieden von der neuerlich ausgebrochenen Unruhe im Kaffeehaus."[18] Mary Costello hat diese Passage in ihrer Interpretation der Loos Bar in den Gender-Diskurs gestellt und diese Passage so gedeutet, dass Männer den in Europa neuen Ort der American Bar für sich reklamieren wollten, da sie ihre einstige exklusive Domäne Kaffeehaus bereits durch Frauen unterwandert sahen.[19]

Claire Loos gibt in ihrem Buch *Loos privat* von 1936 eine Erinnerung von Adolf Loos an die Eröffnungszeit der Bar wieder, wonach das „Men only"-Gebot nur einige Wochen gehalten haben soll: „Die Empörung der Frauenwelt war groß. Täglich war's bummvoll, die Bar überfüllt, alle Frauen aber wurden abgewiesen. Gräfinnen, Fürstinnen fuhren vor, baten, drohten, es war umsonst. Sie durften nicht herein. Die Neugierde wuchs von Tag zu Tag. Das gab großes Aufsehen in ganz Wien und machte der Bar viel Reklame. Endlich, nach fünf Wochen, war die Situation nicht mehr zu halten. Die Frauen erzwangen sich den Zutritt."[20]

In gewisser Weise fiel das Ende des Salons als Ort diverser Emanzipationen mit der Eroberung des Arbeitsmarktes und der Öffentlichkeit durch Frauen zusammen. Auch trafen sich Frauen ab der Zwischenkriegszeit vermehrt in der Männerdomäne Kaffeehaus und an anderen Orten. Der Salongedanke sollte insbesondere im Exil ab 1938 noch einmal an Bedeutung gewinnen (vgl. den Artikel von Sabine Bergler, S. 162–187), Salons stellten hier ein Stück begehbare Heimat dar. Frauen spielten darin eine gleichberechtigte Rolle, was nicht zuletzt daran ablesbar ist, dass es nun auch Männer gab, die in Salons einluden. Die Bedeutung der Exil-Salons unterstreicht schließlich die Tatsache, dass die aus England zurückgekehrte Hilde Spiel den wohl wichtigsten österreichischen Salon der Nachkriegszeit gründete. Möglicherweise, um den Schock der

significance of the exile salon is ultimately underscored by the fact that Hilde Spiel, who had returned from England, founded the perhaps most important Austrian salon of the post-war era. Possibly to better cope with the shock of the new homeland after being exiled and to familiarize oneself with the new circumstances through conversation. Today, women and men are equally present in urban coffeehouses. Salons have lost importance, even if the salon idea is still brought into play and repeatedly attempted by private as well as public promoters. Due to the variety of other possibilities of appointment and networking, the salon has nonetheless lost its necessity.

1 Theodor GOMPERZ: „Das Frauenstimmrecht", in *Tagesboten aus Mähren und Schlesien*, 1 Jan. 1911, quoted in Karlheinz Rossbacher, *Literatur und Bürgertum. Fünf Wiener jüdische Familien von der liberalen Ära zum Fin de Siècle*, Vienna: Böhlau, 2003, p. 255.
2 ROSSBACHER 2003.
3 Karlheinz ROSSBACHER, „Salons und Salonièren der Ringstraßenzeit", in *Klimt und die Ringstraße*, exhibition catalogue, 3 July to 11 October, 2015, Belvedere, Vienna, Vienna: Belvedere, 2015, p. 63.
4 Report of the secret police from 26 Dec. 1814, Austrian State Archives. English translation in Danielle Spera and Werner Hanak-Lettner (eds.), *Jewish Museums Now and Then: From the Outside Looking In (Wiener Jahrbuch für Jüdische Geschichte, Kultur und Museumswesen 10/2013)*, Vienna, Innsbruck and Bolzano: StudienVerlag, 2014.
5 See the archive record: BayHStA, Gesandtschaft Paris 8655, 1849 https://www.archivportal-d.de/item/MPZFF65AANTTYUTF4VJQJIBHUC3Q7LQF.
6 Inventory number JMW 15438, purchase from the Pereira-Arnstein family, 2008.
7 Cf. ROSSBACHER 2015, p. 62 f.
8 Cf. Shachar PINSKER, "Between 'The House of Study' and the Coffeehouse: The Central European Café as a Site for Hebrew and Yiddish Modernism," in Charlotte Ashby, Tag Gronberg and Simon Shaw-Miller (eds.), *The Viennese Café and Fin-de-siècle Culture*, New York, Oxford: Berghahn Books, 2013, p. 79.
9 Stefan Zweig, *Die Welt von Gestern. Erinnerungen eines Europäers*, Frankfurt am Main: S. Fischer, 1986, p. 56. English translation by Anthea BELL, *The World of Yesterday: Memoirs of a European*, London: Pushkin Press, 2009.
10 Ashby, Gronberg, Shaw-Miller, p. 19. Ashby analyzed the *Kaufmännisches Adreßbuch für Industrie, Handel und Gewerbe der österreichisch-ungarischen Monarchie* (*Commercial Address Book for Industry, Commerce and Trade of the Austro-Hungarian Monarchy*), as well as *Adolph Lehmanns Allgemeiner Wohnungs-Anzeiger* (*Lehmann's General Address Register*).
11 Cf. Ashby, p. 19 f.
12 Peter ALTENBERG, „Regeln für meinen Stammtisch", in *Märchen des Lebens*, Berlin: Fischer, 1911.
13 Cf. Elke KRASNY, "The Salon Model: The Conversational Complex," in Victoria HORNE, Lara PERRY (eds.), *Feminism and Art History Now: Radical Critiques of Theory and Practice*, London/New York: I.B. Tauris & Co., 2017, p. 154.
14 ROSSBACHER 2003, p. 434.
15 Hugo von Hofmannsthal to Leopold Andrian, Diary of Leopold Andrian in *Hofmannsthal-Blätter: Veröffentlichungen der Hugo von Hofmannsthal-Gesellschaft*, Frankfurt am Main: Hofmannsthal Gesellschaft, 1987, 35/36, p. 5.
16 Arthur SCHNITZLER to Theodor Herzl, Vienna, November 12, 1892, quotation from: Arthur SCHNITZLER, Briefe 1875-1912, ed. by Therese Nickl/Heinrich Schnitzler, Frankfurt a. M. 1981, p. 142.
17 Cf. Werner Hanak-Lettner, „Wien um 1900. Juden unter Druck", *Basler Zeitung*, 22 Nov. 2010, pp. 39–41.

neuen Heimat nach dem Exil besser zu verkraften und sich im Gespräch mit den neuen Gegebenheiten vertraut zu machen. Heute sind Frauen sind Männer in urbanen Kaffeehäusern gleichermaßen präsent, Salons haben an Bedeutung verloren, auch wenn die Salonidee heute immer wieder von privaten wie auch öffentlichen Veranstaltern ins Spiel gebracht und bemüht wird. Auf Grund der mannigfaltigen anderen Möglichkeiten der Verabredung und der Vernetzung hat der Salon jedoch seine Notwendigkeit verloren.

1   Theodor GOMPERZ: „Das Frauenstimmrecht", in: *Tagesboten aus Mähren und Schlesien* am 1.1.1911, zitiert nach: Karlheinz ROSSBACHER, Literatur und Bürgertum. Fünf Wiener jüdische Familien von der liberalen Ära zum Fin de Siècle, Wien 2003, 255.
2   ROSSBACHER 2003.
3   Karlheinz ROSSBACHER, Salons und Salonièren der Ringstraßenzeit. In: Klimt und die Ringstraße, Katalog zur Ausstellung im Belvedere, Wien, 2015, 63.
4   Bericht der Geheimpolizei vom 26.12.1814, Österreichisches Staatsarchiv.
5   Siehe die Archivalie: BayHStA, Gesandtschaft Paris 8655, 1849 https://www.archivportal-d.de/item/MPZFF65AANTTYUTF4VJQJIBHUC3Q7LQF.
6   Inventarnummer JMW 15.438, Ankauf von der Familie Pereira-Arnstein, 2008.
7   Vgl. Karlheinz ROSSBACHER, 62f.
8   Vgl. Shachar PINSKER: Between „The House of Study" and the Coffeehouse: The Central European Café as a Site for Hebrew and Yiddish Modernism, in: Charlotte ASHBY, Tag GRONBERG and Simon SHAW-MILLER (Hg.): The Viennese Café and Fin-de-siècle Culture, New York, Oxford 2013, 79.
9   Stefan ZWEIG: Die Welt von Gestern. Erinnerungen eines Europäers, Frankfurt am Main 1986, 56.
10 ASHBY, GRONBERG, SHAW-MILLER, 19. Ashby wertete dabei sowohl das „Kaufmännische Adreßbuch für Industrie, Handel und Gewerbe der österreichisch-ungarischen Monarchie" als auch das Adressverzeichnis Lehmann aus.
11 Vgl. ASHBY, 19 f.
12 Peter ALTENBERG: Regeln für meinen Stammtisch, in: Märchen des Lebens, Berlin 1911.
13 Vgl. Elke KRASNY: The Salon Model: The Conversational Complex. In: Victoria HORNE, Lara PERRY (Hg.): Feminism and Art History Now: Radical Critiques of Theory and Practice, London/New York 2017, 154.
14 ROSSBACHER, 434.
15 Hugo von Hofmannsthal an Leopold Andrian, Tagebuch Leopold Andrian, in: Hofmannsthal-Blätter. Veröffentlichungen der Hugo von Hofmannsthal-Gesellschaft, Frankfurt a. M. 1987, 35/36, 5.
16 Arthur SCHNITZLER an Theodor Herzl, Wien am 12. November 1892, zitiert aus: ders., Briefe 1875-1912, hrsg. von Therese Nickl/Heinrich Schnitzler, Frankfurt a. M. 1981, 142.
17 Vgl. Werner HANAK-LETTNER: Wien um 1900. Juden unter Druck, Basler Zeitung. 22.11.2010, 39–41.
18 Oskar KOKOSCHKA: Mein Leben, München 1972, 78.
19 Mary COSTELLO: Adolf Loos' Kärntner Bar, in: The Viennese Café and Fin-de-siècle Culture, 140.
20 Claire LOOS: Adolf Loos privat, Wien 1936, 13.

18 Oskar Kokoschka, *Mein Leben*, Munich: Bruckman, 1972, p. 78. English translation quoted in Mary COSTELLO, "Adolf Loos' Kärntner Bar", in *The Viennese Café and Fin-de-siècle Culture*, p. 140
19 Mary Costello, "Adolf Loos' Kärntner Bar", in *The Viennese Café and Fin-de-siècle Culture*, p. 140.
20 Claire Loos, *Adolf Loos privat*, Vienna: Verlag der Johannes Presse, 1936, p. 13.

ASTRID PETERLE

Aufbruch, Liebe, Depression: Die Salonièren des 19. Jahrhunderts

Emergence, Love, Depression: The Salonières of the 19th Century

Zum nostalgischen Blick auf das Wien des 19. Jahrhunderts gehört heute neben der Huldigung der künstlerischen Leistungen und des intellektuellen Lebens auch die mit einer Prise Sehnsucht eingefärbte Erinnerung an die einst so florierende Salon-Kultur dieser Stadt. Ihre häufig jüdischen Gastgeberinnen werden retrospektiv als starke Frauen beschrieben, als Speerspitzen der Emanzipation, sowohl für ihr Geschlecht als auch für das sich assimilierende Judentum ihrer Zeit. Die Salonièren sind in die mitteleuropäische Geschichtsschreibung eingegangen und haben damit bereits eine Bedeutung zuerkannt bekommen, die vielen ihrer anonym in den Untiefen der Geschichte versunkenen Zeitgenossinnen für immer verwehrt bleiben wird. Diesen faszinierenden Akteurinnen jedoch eindimensional zu huldigen würde dem, wie sie ihr eigenes Leben wahrnahmen, nicht gerecht werden. Um die Ambivalenz ihres Daseins zu erfassen, muss dieses in seiner historischen und sozialen Bestimmtheit verortet werden. In Zusammenschau der Selbstzeugnisse der Salonièren und der Schilderungen ihrer Gäste lässt sich ihr Leben damit als ein Drahtseilakt beschreiben zwischen glanzvoller Anerkennung für ihre Errungenschaften und dem von ihnen erfahrenen Leiden am Ich, das vor allem ein Leiden an den starren Geschlechterkonventionen war.

Josephine von Wertheimsteins Lebensresümee passt wenig in das Bild vom vermeintlich erfüllten und glamourösen Leben einer der berühmtesten und einflussreichsten Salonièren im Wien des 19. Jahrhunderts: „Das Vegetations-Daseyn, das ich geführt habe, hätte eine Pflanze oder ein Seestern auch führen können."[1] Warum blickte eine Frau, die nahezu täglich von ihren Gästen mit Bewunderungsbezeugungen überhäuft wurde, derart nüchtern auf ihr Dasein zurück? Ihr Leben ist symptomatisch für die Lebensrealität großbürgerlicher Frauen ihrer Zeit im Allgemeinen und Salonièren im Speziellen. Aufbruch, Liebe, Depression fassen als Schlagworte treffend sowohl diese Epoche des Salonlebens im Wien als auch Josephine von Wertheimsteins individuellen Lebenslauf zusammen: Dem Aufbruch aus der Provinz in die Metropole und der Heirat – vielleicht nicht aus Liebe, aber zum Fortbestand ihres herkunftsbedingt gewohnten Wohlstands und Ansehens – folgte die Etablierung der eigenen gesellschaftlichen Anerkennung durch ihr Wirken als Gastgeberin. Die jahrzehntelange Bewunderung, wenn nicht sogar „Liebe" seitens ihrer Gäste gipfelte schließlich in Depressionen

Besides the homage to the artistic achievements and intellectual life, the nostalgic view of 19th century Vienna today also includes a memory of the city's once thriving salon culture, sprinkled with a pinch of yearning. Its often Jewish hostesses are retrospectively described as strong women, as spearheads of emancipation, both for their gender and for the assimilating Judaism of their era. The salonières have entered into the Central European historical narrative and have already been bestowed a significance that many of their anonymous contemporaries, sunken in the depths of history, will forever be denied. Paying homage to these fascinating women one-dimensionally, however, would not do justice to how they perceived their own lives. In order to comprehend the ambivalence of their existence, it must be located within its historical and social determinacy. When summing up the salonières' self-testimonies and the accounts of their guests, their lives can be described as a tightrope walk between the dazzling recognition for their achievements and the suffering that their selves experienced, which was above all a suffering from the rigid gender conventions.

Josephine von Wertheimstein's summary of her life does not fit well into the picture of the supposedly fulfilled and glamorous life of one of the most famous and influential salonières in Vienna of the 19th century: "The vegetative existence I led could have also been led by a plant or a starfish."[1] Why did a woman, who was lavished with admiration by her guests almost daily, look back so soberly upon her existence? Her life is symptomatic of the reality of life for upper middle-class women of her time in general and salonières in particular. Emergence, love, and depression, as keywords, not only aptly sum up this epoch of salon life in Vienna, but also Josephine von Wertheimstein's own vita: the emergence from the province into the metropolis and marriage — perhaps not out of love, but to maintain the wealth and standing she had been accustomed to on account of her background — was followed by the establishment of her own social recognition through her activity as a hostess. The decades of admiration, if not "love," on the part of her guests culminated in depression and the dissection of her own fate until it seemed hardly more valuable to her than the life of a sea creature.

What distinguished the life of a nineteenth-century salonière from that of her contemporaries? Were the salonières more privileged, more emancipated? Did they represent an interest in improving the social role of women

Josephine von Wertheimstein, aus dem Familienalbum der Familie Todesco Ende 19. Jahrhundert
Josephine von Wertheimstein, from the Todesco family album late 19th century
Slg. / Coll. JMW, Inv. Nr. 3369

und Sezierung des eigenen Schicksals, bis es ihr kaum noch mehr wert erschien als das Leben eines Meerestieres.

Was unterschied das Leben einer Salonière des 19. Jahrhunderts von dem ihrer Zeitgenossinnen? Waren die Salonièren privilegierter, emanzipierter? Vertraten sie ein Interesse, die gesellschaftliche Rolle der Frau im Allgemeinen zu verbessern? Erwies sich ihre doppelte Diskriminierung als Frauen und als Jüdinnen vielleicht sogar als Potenzial für ihr Wirken? Und warum verstanden sie selbst ihr Leben trotz allem häufig als gescheitert?

How to do Salon?

Die Salonièren in Wien öffneten ihre Häuser an einem bestimmten Tag bzw. Abend der Woche einem auserwählten Kreis von Bürgerinnen und Bürgern sowie Angehörigen des (niederen) Adels. Es herrschte eine Einladungspolitik, die meist ohne dezidierte bzw. schriftlich verfasste Einladungen

in general? Did their double discrimination as women and as Jewish women even prove to be potential for their actions? And why, despite everything, did they often consider their lives as failed?

How to Do Salon?

The salonières in Vienna opened their homes on a certain day or evening of the week to a select circle of the bourgeois and members of the (lower) nobility. An invitation policy that usually did without dedicated or written invitations prevailed. One knew on which day the salon took place and received admission, as well as who was expected and regarded as a so-called habitué of the house. The circle of those admitted fluctuated and expanded constantly — habitués introduced new guests while transients, upon recommendation, found an intellectual transit port in the salons.

Salonières could only carry out their activity because of their privileged social position. Through their husbands and/or families, they had the financial and architectural infrastructure, as well as domestic workers at their disposal to enable them to act as hostesses. Their further capital was an excess of time: With the growing bourgeoisie and as a distinction to the working class which emerged during industrialization, the role of the bourgeois woman, for whom a gainful employment outside the house was frowned upon, was pushed in the Biedermeier period. The women of the bourgeois families, also the Jewish ones of that time, were brought up to become housewives, mothers, and representatives of their families.

Numerous remarks made by members of the so-called second society – the upper bourgeoisie and the lower nobility – who met at the salons suggest that one was well aware of the advantaged position and the habitus that the cornerstones of life embodied "too much time and too much money." The statement by the young Russian noblewomen Marie Bashkirtseff, whose published diary not only became a cult book among the women of her day, but also emphatically inspired Hugo von Hofmannsthal, boils the reflection of her own status between privilege and despair down to its essence: "Workers in blue overalls are rushing in the pouring rain at five o'clock in the morning to their daily drudgery, and we, dressed in lace robes, are lamenting about our misery."[2] Reading the extant letters and poems of the salonières gives a good impression of the high degree of reflectivity and

auskam. Man wusste, an welchen Tag der Salon stattfand, und Eintritt erhielt, wer erwartet wurde und als ein sogenannter Habitué des Hauses galt. Der Kreis der Zugelassenen fluktuierte und erweiterte sich ständig – Habitués führten neue Gäste ein, Durchreisende fanden auf Empfehlung in den Salons einen intellektuellen Transithafen.

Die Salonièren konnten ihre Tätigkeit nur aufgrund ihrer privilegierten sozialen Stellung ausüben. Sie verfügten, durch ihre Ehemänner und/oder Familien, über die finanzielle und architektonische Infrastruktur sowie über Hausangestellte, die ihnen ein Wirken als Gastgeberinnen ermöglichten. Ihr weiteres Kapital war ein Übermaß an Zeit: Mit dem erstarkenden Bürgertum und als Distinktion gegenüber der in der Industrialisierung entstandenen Arbeiterklasse wurde im Biedermeier die Rolle der bürgerlichen Frau forciert, für die eine Erwerbstätigkeit außerhalb des Hauses als verpönt galt. Die Frauen der großbürgerlichen Familien, auch der jüdischen dieser Zeit, wurden zu Hausfrauen, Müttern und Repräsentantinnen ihrer Familien erzogen.

Zahlreiche Äußerungen von Angehörigen der sogenannten zweiten Gesellschaft – des gehobenen Bürgertums und niederen Adels –, die sich in den Salons traf, deuten darauf hin, dass man sich der privilegierten Stellung und des Habitus, der die Lebenseckpfeiler „zu viel Zeit und zu viel Geld" verkörperte, bewusst war. Die Aussage der jungen russischen Adeligen Marie Bashkirtseff, deren veröffentlichtes Tagebuch nicht nur zum Kultbuch unter Frauen ihrer Zeit wurde, sondern auch Hugo von Hofmannsthal nachdrücklich begeisterte, bringt die Reflexion der eigenen Stellung zwischen Privileg und Verzweiflung auf den Punkt: „Da eilen bei strömendem Regen um fünf Uhr früh Arbeiter in blauen Blusen zur täglichen Fron, müssen sich quälen, und wir greinen in Spitzengewändern über unser Elend."[2] Die Lektüre der erhaltenen Briefe und Gedichte der Salonièren geben einen guten Eindruck in den hohen Reflexionsgrad bzw. -drang, den sie, ebenso wie andere sozial gleichgestellte Akteurinnen und Akteure des 18. und 19. Jahrhunderts, bewiesen. Es könnte aus ihnen nahezu geschlossen werden, dass ein großer Teil ihres Alltags mit der Beschäftigung mit den eigenen Gefühlen sowie mit der Reflexion der emotionalen Beziehungen zu anderen zugebracht wurde. Im Vergleich zum Tête-à-Tête der Briefe wurde in den Salons strikt darauf geachtet, nicht allzu viel Intimität und „Seelen-Striptease" in die Konversation einfließen zu lassen. Im Salon gab es strenge ungeschriebene

urgency which they, as well as other socially equated actors of the 18th and 19th centuries, demonstrated. It could almost be deduced from them that a large part of their everyday lives was spent dealing with their own feelings, as well as reflecting on the emotional relationships with others. Compared to the tête-à-tête of the letters, strict attention was paid in the salons to not allowing too much intimacy and "soul stripteasing" to flow into the conversation. In the salon there were strict unwritten rules of closeness and distance between the female and male protagonists.

Retrospectively, the salons present themselves as ephemeral gatherings somewhere between public privacy and the private sphere. From where we stand today, it is nearly impossible to reconstruct what actually happened, what was spoken and who was a guest at most of the salons. Beyond artistic performances, it is only possible to rudimentarily describe the exact course of events in terms of provisions, what a salon looked like, so to speak, "backstage." Only scattered testimonies of "important" personalities, mostly men, exist in letters and diary entries, as well as several accounts of those evenings, mostly for charitable purposes, where the salons were "made public" by being mentioned in

Gustave Ricard
Franziska von
Wertheimstein
1857
Gustave Ricard
Franziska von
Wertheimstein
1857
Slg. / Coll. Dr. Otmar
Rychlik, Niederösterreich / Lower Austria
Foto / Photo:
Sebastian Gansrigler

Regeln der Nähe und Distanz zwischen den einzelnen Protagonistinnen und Protagonisten.

Retrospektiv präsentieren die Salons sich als ephemere Zusammenkünfte zwischen öffentlicher Privatheit und privater Öffentlichkeit. Aus heutiger Sicht ist kaum rekonstruierbar, was in den meisten Salons tatsächlich passierte, was gesprochen wurde und wer zu Gast war. Nur rudimentär lässt sich jenseits von künstlerischen Darbietungen der genaue Ablauf beschreiben, wie es um Verpflegung stand, wie ein Salon sozusagen „backstage" aussah. Erhalten sind nur vereinzelte Zeugnisse „bedeutender" Persönlichkeiten, meist Männer, in Briefen und Tagebucheinträgen sowie einige Schilderungen von jenen Abenden, meist zum Zwecke der Wohltätigkeit, an denen die Salons durch Erwähnung in Zeitungen „öffentlich" wurden. Es haben sich kaum Berichte der Salonièren selbst über ihre Tätigkeit erhalten, sie sind somit als Gastgeberinnen fast verstummt.

Aus einer heutigen Perspektive kann der Salon als performativer Ort beschrieben werden. Performative Akte bringen das hervor, was sie bezeichnen.[3] Die Salons wurden als solche erst durch das Zusammenwirken verschiedener Akteurinnen und Akteure, durch das Mittel der Konversation

Schaukelstuhl aus dem Palais Lieben-Auspitz 1920er-Jahre
Rocking chair from Palais Lieben-Auspitz 1920s
Slg. / Coll. JMW, Inv. Nr. 28110

newspapers. Few reports from the salonières themselves about their work have remained, so they almost fall silent as hostesses.

From a contemporary perspective, the salon can be described as a performative place. Performative acts bring forth what they denote.[3] As such, salons were initially spawned through the interaction of various actors, through the means of conversation, and through the creation of a specific social space that oscillated between the public and the private. The protagonists of the salons behaved according to specific social norms, which, on the one hand, oriented to social conventions and did not exceed them; on the other hand, they also established a civil societal "counter-space" in the salons that did not stand beyond the hegemony, but momentarily questioned it. The challenging of social norms or the testing of alternative schemes in the salons referred less to the ratio of the binary gender constructions, but much more to the political discourse and the propagation of aesthetic innovations.

Through the medium of conversation, the salon generated civil societal discourse, politics and art. Conversation is what first activated the salon as a social space – polemically formulated, it would have otherwise been little more than a living room. The salonière played a double role thereby: she was the hostess and one "conversing." She "curated" the conversation, so to say, by providing the material and immaterial infrastructure, but actively participated in it, too.[4] Hannah Arendt described Rahel Varnhagen's salon around the year 1800 in Berlin as a counter-space: "One thing is clear: for a brief time everyone who counted in society had turned their backs on the social rigors and conventions, had taken flight from them. The Jewish salons in Berlin provided a social area outside of society […]."[5] Through the art of conversation, a policy or, better said, a utopia of a horizontal, non-hierarchical society was conceivable in the salons in Berlin and Vienna.[6] Everyone involved was to be equally able to participate in the conversation; ego stagings were undesirable. And yet this social utopia must be put into perspective by looking exactly at who could actually participate in this salon society and whether all those involved were indeed endowed with the same potency within this structure.

Hannah Arendt put the salon society in a nutshell: "The salons were the meeting places of those who had learned to represent themselves through conversation."[7] By whom was this conversational salon society formed in nineteenth-

und durch die Schaffung eines spezifischen sozialen Raumes, der zwischen Öffentlichkeit und Privatem changierte, hervorgebracht. Die Akteurinnen und Akteure der Salons verhielten sich nach spezifischen sozialen Normen, die sich einerseits an den gesellschaftlichen Konventionen orientierten und diese auch nicht überschritten, andererseits schufen sie in den Salons aber auch einen zivilgesellschaftlichen „Gegenraum", der sich nicht außerhalb der Hegemonie stellte, diese aber momenthaft in Frage stellte. Die Infragestellung der gesellschaftlichen Normen bzw. das Austesten alternativer Entwürfe bezog sich in den Salons weniger bis gar nicht auf das Verhältnis der binären Geschlechterkonstruktionen, sondern vielmehr auf den politischen Diskurs und die Propagierung ästhetischer Innovationen.

Der Salon brachte durch das Medium der Konversation zivilgesellschaftlichen Diskurs, Politik und Kunst hervor. Erst die Konversation aktivierte den Salon als sozialen Raum – polemisch formuliert wäre er ansonsten nicht viel mehr als ein Wohnzimmer. Die Salonière besetzte dabei eine doppelte Rolle: Sie war Gastgeberin und „Konversierende". Sie kuratierte sozusagen durch die Bereitstellung der materiellen und immateriellen Infrastruktur die Konversation, nahm an dieser aber auch selbst aktiv teil.[4] Hannah Arendt beschrieb Rahel Vanhagens Salon rund um das Jahr 1800 in Berlin als Gegenort: „Eines ist klar: für eine kurze Zeit hat sich alles, was in der Gesellschaft Rang und Namen hatte, den gesellschaftlichen Ordnungen und Konventionen entzogen, war ihnen entlaufen. Der jüdische Salon in Berlin war der soziale Raum außerhalb der Gesellschaft [...]."[5] Durch die Kunst der Konversation wurde in den Berliner und Wiener Salons eine Politik oder besser gesagt eine Utopie einer horizontalen, unhierarchischen Gesellschaft denkbar.[6] Alle Beteiligten sollten gleichberechtigt an der Konversation teilnehmen können, Ich-Inszenierungen waren unerwünscht. Und doch muss diese gesellschaftliche Utopie relativiert werden, indem genau betrachtet wird, wer an dieser Salongesellschaft eigentlich Anteil haben konnte und ob innerhalb dieses Gefüges tatsächlich alle Beteiligten mit gleicher Wirkmächtigkeit ausgestattet waren.

Hannah Arendt brachte die Salongesellschaft auf den Punkt: „Im Salon treffen sich die, welche gelernt haben, im Gespräch darzustellen, was sie sind."[7] Durch wen wurde diese konversierende Salongesellschaft im Wien des 19. Jahrhunderts gebildet? Emilie Exner, geborene von

century Vienna? Emilie Exner, née von Winiwarter, published a memorial book under the pseudonym Felicie Ewart to the two salonières Franziska and Josephine von Wertheimstein after Franziska von Wertheimstein's death in 1907. Felicie Ewart gives insights into the salon life that flourished in the 1880s under Josephine's auspices: "A larger society met regularly every Sunday, but the one or the other almost daily, as it happened by accident or whim, because everyone came and left whenever he wished."[8] Members of the extended family provided just as many artistic contributions as famous artists. Ewart describes the course of a salon evening as follows: "At a big soirée, while the world was busy with hypnosis, catalepsy and similar problems, Ernst von Fleischl demonstrated the most striking experiments, the euthanized chicken, the upside-down crabs, speaking in a manner so far removed from all learned pedantry. Then the poet Countess Wickenburg-Almasy approached the piano; accompanied by J. Hellmesberger, the primus of the long-famous quartet, she sang the beautiful love song by Pergolesi: 'Tre giorni son che Nina'; and Caroline v. Gomperz followed with her gem, Rubinstein's Russian song: 'Yellow streams at my feet the mighty river.'"[9] As in most 19th century salons, mainly men were among the guests and only they were considered worth mentioning: "The established friends Bauernfeld, Dessauer, Unger, the lawyer Dr. Lederer and Professor Dr. Meynert were joined by the Lieben Brothers, Ernst von Fleischl, Franz Brentano, Adolf Exner, Ferdinand von Saar, Ernst von Plener, Adolf Wilbrandt, Anton Bettelheim, the architect Boskowitz, and everyone, in turn, brought friends with them."[10] The writer Ferdinand von Saar not only belonged to the society in Villa Wertheimstein as a regular guest, but also to the one in Salon Todesco. He remembers an evening in the same: "The new ministers Beust, Schmerling, then Halm, Dingelstedt, Laube, Lewinsky, Gabillon including wife, a good deal of higher military men, bureaucrats, many financial bigwigs were present and I, with my threadbare, eleven-year-old tailcoat, felt peculiar enough between the bemedaled gentlemen. The magnificent hall, the richly adorned women, the sounds of the music, all of this set me into a rapture that was both pleasant and solemn at the same time [...] But from those people who open their shimmering stately apartments one gets the oppressive feeling that one is actually nothing to them after all – and can also be nothing."[11] Even if the salons allegedly broke up the hierarchies between people of different social backgrounds, this quote by Ferdinand von Saar suggests that as an artist he

Eduard von Bauernfeld, aus Felicie Ewart Zwei Frauenbildnisse
1907
Eduard von Bauernfeld, from Felicie Ewart, Zwei Frauenbildnisse
1907
Slg. / Coll. JMW, Inv. Nr. 7

Winiwarter, veröffentlichte unter dem Pseudonym Felicie Ewart nach Franziska von Wertheimsteins Tod 1907 ein Erinnerungsbuch an die beiden Salonièren Franziska und Josephine von Wertheimstein. Felicie Ewart gibt Einblicke in das Salonleben, das um 1880 unter der Rigide Josephines florierte: „Regelmäßig jeden Sonntag fand sich eine größere Gesellschaft zusammen, aber fast täglich der eine oder der andere, wie es der Zufall oder Laune mit sich brachte, denn jeder kam und ging, wann er wollte."[8] Mitglieder aus dem erweiterten Familienverband gaben ebenso künstlerische Einlagen wie berühmte Künstlerinnen und Künstler. Den Ablauf eines Salonabends schildert Ewart wie folgt: „Bei einer großen Soirée, als sich die Welt gerade mit Hypnose, Katalepsie und ähnlichen Problemen beschäftigte, demonstrierte Ernst v. Fleischl die schlagendsten Experimente, das eingeschläferte Huhn, die auf dem Kopf stehenden Krebse, und sprach dazu in seiner von aller gelehrten Pedanterie so himmelweit entfernten Weise. Dann trat die Dichterin Gräfin Wickenburg-Almasy ans Klavier; begleitet von J. Hellmesberger, dem Primus des altberühmten Quartettes, sang sie das schöne Liebeslied von Pergolese: ‚Tre giorni son che Nina'; und Karoline v. Gomperz folgte mit ihrem Prachtstück, Rubinsteins russischem Lied: ‚Gelb rollt mir zu Füßen der brausende Kur'."[9]

did not feel that he belonged or that belonging to the circle of the inviters appeared out of reach.

Not all contemporaries were well-disposed to the salons – whereby anti-Semitic tendencies in relation to the "Jewish" salons are not primarily meant here, but rather a criticism of the pomposity and the salons' lack of political impact and intellectuality in general. This critical point of view amassed particularly around the changing times of the fin de siècle. The literary critic Robert Hirschfeld described the upper middle-class salon as follows: "[...] There was a noble, baronized sense of coziness, women swimming in education, musically sensitive scholars, well-groomed representatives of the people, artists of the beautiful form; art and science were served on the tea tray, social issues also easily tackled with the silver sugar tongs; but the society of fine speech did not reach beyond a delicately organized ego-ness ennobled by intellect and tact."[12] Karlheinz Rossbacher, who published numerous sources on salon life in his 2003 study of the family association of five prominent Jewish families of the Ringstrasse era, holds the view that in Austria there was "no declared political salon [...] neither after 1848, in the period of neo-absolutism, nor even before 1848, in Metternich's surveillance state."[13]

The retrospective view to the salons fluctuates between the idea of an alternative space for political discourse and the doubt about a political efficacy. In fact, the salonières did not take up the cause of any political campaigns, but in their homes they created the possibility of political exchange between statesmen, the grande bourgeoisie, entrepreneurs, and sometimes even decidedly militantly-oriented players. Fanny von Arnstein and her husband Nathan, for instance, supported the Tyrolean freedom fighters associated with Andreas Hofer. Josef Speckbacher, one of the freedom fighters, visited Arnstein's salon several times and received large sums of money from Nathan von Arnstein.[14] During the Congress of Vienna, Fanny von Arnstein considered "all Berliners and Prussians as compatriots," according to a report by a confidential informant to the police station, at noon and in the evening.[15]

Fanny von Arnstein's contribution to the emancipation and social recognition of Jews in Vienna was already honored by her contemporaries. August von Varnhagen, the husband of the Berlin salonière Rahel von Varnhagen, who also occasionally criticized Fanny von Arnstein, stated that "the free, respected position, removed from the constraint of prejudice, which the adherents of the Mosaic faith have

Wie in den meisten Salons des 19. Jahrhunderts befanden sich vor allem Männer unter den Gästen bzw. galten nur sie erwähnenswert: „Zu den eingesessenen Freunden Bauernfeld, Dessauer, Unger, der Advokat Dr. Lederer, Professor Doktor Meynert kamen hinzu die Brüder Lieben, Ernst von Fleischl, Franz Brentano, Adolf Exner, Ferdinand von Saar, Ernst von Plener, Adolf Wilbrandt, Anton Bettelheeim, der Architekt Boskowitz, und jeder brachte wieder Freunde mit."[10] Der Schriftsteller Ferdinand von Saar gehörte nicht nur in der Villa Wertheimstein zu einem fixen Gast der Gesellschaft, sondern auch im Salon Todesco. Er erinnert sich an einen Abend im selbigen: „Die neuen Minister Beust, Schmerling, dann Halm, Dingelstedt, Laube, Lewinsky, Gabillon samt Frau, eine Menge höherer Militärs, Bürokraten, viele Finanzgrößen waren anwesend und ich kam mir mit meinem fadenscheinigen, elfjährigen Frack sonderbar genug zwischen den ordenbeladenen Herren vor. Der prachtvolle Saal, die reichgeschmückten Frauen, die Klänge der Musik, dies alles versetzte mich in einen Taumel, der angenehm und weihevoll zugleich war […] Aber von den enjoyed and now enjoy in Vienna was quite undeniably won only with and through the influence and activity of Frau von Arnstein."[16]

The salons of the 19th century were a "cosmopolis" in a tense political period, oriented without hierarchy and beyond nation-state affiliation. One opened its doors to travelers and gladly went on trips, to visit relatives, for health reasons or simply for amusement. Fanny von Arnstein's biographer Hilde Spiel cites a letter from an unknown Bavarian who was a guest at Arnstein's: "Towards every stranger she is almost equally civil, and knows how to create a pleasant relationship with him immediately. Her elegant house is open to any traveler recommended to her. From midday about twelve until well after midnight one here meets the most select company, to whom one has daily access, without special invitation. In order to do the honors at her own house without interruption, she never or seldom goes out, probably no small sacrifice, whose weight the visitor cannot acknowledge with sufficient gratitude. One comes without great ceremony and goes without taking formal leave; all

Salon im Palais Todesco um 1880
Salon in Palais Todesco ca. 1880
Slg. / Coll. JMW, Inv. Nr. 4048/5

Leuten, die einem ihre schimmernden Prunkgemächer öffnen, scheidet das drückende Gefühl, dass man ihnen eigentlich doch nichts ist – und auch nichts sein kann."[11]

Auch wenn in den Salons vorgeblich die Hierarchien zwischen den Personen verschiedener sozialer Herkunft aufgelöst wurden, lässt dieses Zitat Ferdinand von Saars darauf schließen, dass er sich als Künstler schlussendlich nicht als zugehörig empfand bzw. die Zugehörigkeit zum Kreis der Einladenden unerreichbar erschien.

Nicht alle Zeitgenossen waren den Salons wohlgesinnt – wobei hier nicht primär antisemitische Tendenzen in Bezug auf die „jüdischen" Salons gemeint sind, sondern eine Kritik an Blasiertheit, fehlender politischer Wirkkraft und Intellektualität von Salons im Allgemeinen. Diese kritische Sichtweise häufte sich vor allem rund um die Aufbruchszeit des Fin de Siècle. Der Literaturkritiker Robert Hirschfeld beschrieb den großbürgerlichen Salon wie folgt: „[…] da gab es eine edle baronisierte Gemüthlichkeit, Frauen, die in Bildung schwammen, musikalisch empfindende Gelehrte, wohlgepflegte Volksvertreter, Künstler der schönen Form; Kunst und Wissenschaft wurden auf dem Theebrett serviert, auch soziale Fragen leicht mit der silbernen Zuckerzange angegriffen; aber über ein zart organisirtes, durch Geist und Takt geadeltes Ich-thum kam die Gesellschaft der schönen Rede nicht hinaus."[12] Karlheinz Rossbacher, der 2003 in seiner Studie über den Familienverband fünf prominenter jüdischer Familien der Ringstraßen-Ära zahlreiche Quellen über das Salonleben veröffentlichte, vertritt die Ansicht, dass es in Österreich „einen deklariert politischen Salon […] weder nach 1848, in der Periode des Neo-Absolutismus, noch vor 1848, im Überwachungsstaat Metternichs, gegeben" habe.[13]

Der retrospektive Blick auf die Salons schwankt zwischen der Idee eines alternativen politischen Diskursraumes und dem Zweifel an einer politischen Wirkmächtigkeit. Die Salonièren hefteten sich tatsächlich keine politischen Kampagnen auf ihre Fahnen, aber in ihren Häusern kreierten sie die Möglichkeit eines politischen Austausches zwischen Staatsmännern, Großbürgern, Unternehmern und mitunter auch dezidiert kämpferisch orientierten Akteuren. Fanny von Arnstein und ihr Mann Nathan unterstützten etwa die Tiroler Freiheitskämpfer rund um Andreas Hofer. Josef Speckbacher, einer der Freiheitskämpfer, war mehrmals in Arnsteins Salon zu Gast und lukrierte hohe Summen bei Nathan von Arnstein.[14] Während des Wiener

the tiresome etiquette of the higher circles is banned; the spirit, freed from the restraining fetters of propriety, breathes more freely here. For these reasons, too, the conversation never languishes or becomes trivial, but is at all times lively and interesting, and generously spiced with Attic salt."[17]

Sometimes this informality was linked to boredom. Adalbert Stifter, himself a guest at several famous salons of his day, including the one run by Fanny von Arnstein's daughter Henriette Pereira, admits in his *Vienna Salon Scenes* from 1843: "I confess, at that time I was also bitterly bored, because I had no idea that people, who saw everything, experienced everything, enjoyed everything, conversed differently than others, and because I did not know that they smoothly and calmly do the extraordinary in good as well as evil […]."[18] August von Varnhagen ascribed to women, and thus to the salonières, the art of "making even boredom entertaining."[19]

This entertaining boredom was the breeding ground for the conversational salon society and was described by Stifter elsewhere as a liberating experience, as a salon of "idleness," whereby Stifter is probably referring concretely to Henriette Pereira's drawing room here: "This salon distinguishes itself from other literary and artistic ones in that its law is to have no law; one is definitely not tormented by literature; there are no hours and days of readings, music recitals or critiques, the salon is to rather be nothing but a place where on certain days you are sure to find someone who can attract you. What and whereof you will talk about on this day, whether everyone is speaking with one other, whether they are forming departments or even dialogues, whether singing, laughing, disputing or even saying nothing – all of this is not determined in advance – it should just be quite arbitrary freedom of society."[20]

The Salon as a Stage: "Miss Franzi, do you know any material for me?" [21]

The salonières created stages in their homes for conversations ranging from "freedom of society" to entertaining boredom. They established close ties with important artists of their time – although in the 19th century the preference for the avant-garde remained rather limited in favor of a classical appreciation. "Miss Franzi, do you know any material for me?" was the favorite question of the writer and Salon Wertheimstein habitué, Ferdinand von Saar, to Franziska

Die Familie Todesco-Lieben in der Hinterbrühl um 1880
The Todesco-Lieben family in Hinterbrühl ca. 1880
Slg. / Coll. JMW, Inv. Nr. 4047

Kongresses hielt Fanny von Arnstein für „alle Berliner und Preußen als Landsleute", so ein Bericht eines Konfidenten an die Polizeihofstelle, mittags und abends Tafel.[15]

Fanny von Arnsteins Beitrag zur Emanzipation und gesellschaftlichen Anerkennung der Juden in Wien wurde bereits von ihren Zeitgenossen gewürdigt. August von Varnhagen, der Ehemann der Berliner Salonière Rahel von Varnhagen, der sich mitunter auch kritisch über Fanny von Arnstein äußerte, konstatierte, dass „die frei geachtete, dem Zwang der Vorurteile enthobene Stellung, deren später und jetzt die mosaischen Glaubensgenossen in Wien sich erfreuen, ganz unleugbar erst mit und durch das Wirken und Walten der Frau von Arnstein gewonnen" wurde.[16]

Die Salons des 19. Jahrhunderts waren ein „Kosmopolis" in angespannter politischer Zeit, unhierarchisch und jenseits von nationalstaatlicher Zugehörigkeit orientiert. Man öffnete seine Türen Reisenden und ging selbst gerne auf Reisen, aus verwandtschaftlichen Gründen, gesundheitlichen oder einfach nur zum Amüsement. Fanny von Arnsteins Biografin Hilde Spiel zitiert aus einem Brief eines unbekannten Bayern, der bei Arnsteins zu Gast war: „Gegen

von Wertheimstein.[22] The salon was to serve the artists as a space of inspiration and a stage; creative processes were initiated in communication with the hostesses.

How did the hostesses design this stage? What do we know today about the aesthetic features of the conversational space known as the salon? Little has been passed down to us about the furniture and the decoration of the salons. Only a few painterly or graphic testimonies of the salon rooms have been preserved from the pre-photography era. Most of what we presently know comes from visitors' accounts in letters and reports. One of the few exceptions of a preserved ensemble is the furnishing of the Villa Wertheimstein salon, which offers a unique insight into 19th century salon comfort.[23] It conformed to the aesthetic criteria of the post-Biedermeier period, as Jacob Falke wrote in his 1871 book *Die Kunst im Hause* (*Art in the House*). In Vienna the book was regarded as a popular guide for the interior fitting of the upper-class household. Falke paid particular attention to the design of the salon, which was considered the most representative room of a family, was to reflect its spirit and, like the whole household, had to be subordinate to the credo

jeden Fremden ist sie fast gleich artig und weiß ihn augenblicklich in ein angenehmes Verhältnis zu versetzen. Ihr elegantes Haus ist jedem ihr empfohlenen Reisenden offen. Von des Mittags um 12 Uhr bis spät nach Mitternacht trifft man hier die ausgesuchteste Gesellschaft an, zu der man, ohne besondere Einladung, täglich den Zutritt hat. Um unausgesetzt die Honneurs ihres Hauses machen zu können, geht sie nie oder selten aus, wahrscheinlich kein geringes Opfer, dessen Gewicht der Fremde nicht dankbar genug anerkennen kann. Man kommt ohne große Ceremonie und geht ohne sich zu beurlauben; verbannt ist jede lästige Etikette der höhern Zirkel; der Geist, entfesselt von Zwange der Convenienz, athmet hier freier. Aus diesen Gründen ist dann auch die Conversation nie schmachtend, triviell, sondern jederzeit belebt und interessant und reichlich gewürzt mit attischem Salze."[17] Diese Ungezwungenheit wurde mitunter auch mit Langeweile in Verbindung gebracht. Adalbert Stifter, selbst Gast in einigen berühmten Salons seiner Zeit wie jenem von Fanny von Arnsteins Tochter Henriette Pereira, bekennt in seinen *Wiener Salonszenen* aus dem Jahr 1843: „Ich gestehe, ich hatte damals auch bittere Langeweile, weil ich nicht ahnete, dass Menschen, die alles gesehen, alles erlebt, alles genossen haben, anders konversieren als andere, und weil ich nicht wusste, dass sie das Außerordentliche im Guten wie Bösen glatt und gelassen tun [...]"[18] August von Varnhagen schrieb Frauen und somit auch den Salonièren die Kunst zu, „die Langeweile noch unterhaltsam zu machen".[19]

Diese unterhaltsame Langeweile war der Nährboden für die konversierende Salongesellschaft und wurde von Stifter an anderer Stelle als befreiende Erfahrung geschildert, als Salon des „Nichtstuns", wobei sich Stifter hier konkret wahrscheinlich auf den Salon Henriette Pereiras bezieht: „Es unterscheidet sich dieser Salon von anderen literarischen und künstlerischen dadurch, dass es bei ihm Gesetz ist, kein Gesetz zu haben; man wird da durchaus nicht mit Literatur gequält; es sind keine Stunden und Tage, wo vorgelesen, vormusiziert, vorrezensiert wird, sondern der Salon soll eben gar nichts sein als ein Ort, wo man an gewissen Tagen sicher ist, dass man jemanden findet, der einen anziehen kann. Was und wovon man an diesem Tag reden wird, ob alle miteinander reden oder ob sich Abteilungen, ja sogar Zwiegespräche bilden, ob etwas gesungen, gelacht, disputiert oder gar geschwiegen wird – all das ist im voraus ganz und gar nicht bestimmt – es soll eben ganz beliebige Gesellschaftsfreiheit sein."[20]

of the harmony of color and form. "The furniture [...] must be so disposed about the room as to offer attractive conversational centres, and care must be taken that one side of the apartment does not look crowded, while the other remains bare. Over these matters the artist has no control, and the arrangement must be left solely and entirely to the lady of the house. She must add the finishing touch, she must give scope to her own taste, and must show that she is not only intellectually, but also aesthetically and artistically the ruling spirit of her drawing-room."[24]

Since the main purpose of the salon furnishing was the promotion of non-hierarchical conversation, the seating had to be arrangeable across the room and in even groups. The special character of the drawing-room, according to Falke, lies in dispersion: "[...] people are scattered about in groups; the furniture is disposed on the same principle; and the light diffused throughout the room. Modern custom, moreover, permits the company to move about at will, making a series of pictures whose groups dissolve and reform incessantly. And this very liberty of movement constitutes one of the peculiarities and charms of our social life."[25] Falke opposed the color white, which radiated coldness and stood too much for the age of Rococo, of absolutism, and thus also brought the aristocracy to mind. Moreover, he also bespeaks a *horror vacui*: "Empty tables, bare walls, unfilled spaces, are nowhere so out of place as in the drawing-room, where a cool temperature heightens by opposition the warmth of the host's reception, and where conversation, as it touches upon an innumerable variety of subjects, everywhere seeks external incitement."[26]

Nevertheless, the interior of the salons was not to promote too strong affects; harmony and gentleness, rather than heated debate, were considered virtues. Adalbert Stifter explains this salon ideal in his *Viennese Salon Scenes* in the following way: "Only then does it happen that the most exotic views are represented here, without ever causing disturbance and disharmony, since only reasons fight with reasons, but never people with people."[27] Felicie Ewart described the salon of the Villa Wertheimstein as completely following the ideal of salon society: "According to today's concepts of style, it had none; but, on the other hand, an atmosphere of artistically transfigured comfort. [...] Old-fashioned, comfortable yellow silk furniture stood around, apparently grouped randomly, every form of association, the tête-à-tête, as well as the conversation in a larger circle, fitting in casually, and beautiful flowers everywhere, at every time of the year."[28]

Der Salon als Bühne: „Fräulein Franzi, wissen Sie mir keinen Stoff?"²¹

Die Salonièren schufen in ihren Häusern Bühnen für Konversationen zwischen „Gesellschaftsfreiheit" und unterhaltsamer Langeweile. Sie knüpften dabei enge Bande mit bedeutenden Künstlern ihrer Zeit – wobei sich im 19. Jahrhundert die Vorliebe für die Avantgarde eher zugunsten eines klassischen Verständnisses in Grenzen hielt. „Fräulein Franzi, wissen Sie mir keinen Stoff?" war die Lieblingsfrage des Schriftstellers und Habitués des Salons Wertheimstein, Ferdinand von Saar, an Franziska von Wertheimstein.²² Der Salon sollte den Künstlern als Inspirationsraum und Bühne dienen; kreative Prozesse setzten sich im Austausch mit den Gastgeberinnen in Gang.

Wie gestalteten die Gastgeberinnen diese Bühne? Was wissen wir heute über die ästhetische Ausstattung des Konversationsraumes Salon? Über das Mobiliar und die Dekoration der Salons ist uns wenig überliefert. Aus der Zeit vor der Fotografie sind nur wenige malerische oder grafische Zeugnisse der Salonräume erhalten, das meiste, was wir heute wissen, stammt aus Schilderungen der Besucherinnen und Besucher in Briefen und Berichten. Eine der wenigen Ausnahmen eines erhaltenen Gesamtensembles ist die Einrichtung des Salons der Villa Wertheimstein, der einen einzigartigen Einblick in die Salongemütlichkeit des 19. Jahrhunderts eröffnet.²³ Er gehorchte den ästhetischen Kriterien der Nachbiedermeierzeit, wie sie Jacob Falke in seinem Buch *Die Kunst im Hause* aus dem Jahr 1871 niederschrieb. Das Buch galt in Wien als ein beliebter Ratgeber für die Inneneinrichtung des gehobenen Haushalts. Besondere Beachtung schenkte Falke der Gestaltung des Salons, der als der repräsentativste Raum einer Familie galt, ihren Geist widerspiegeln sollte und, wie der ganze Haushalt, sich dem Credo der Harmonie von Farbe und Form unterzuordnen hatte. „Die Möbel [...] seien so über den Raum hin verteilt, dass sich Sammelpunkte zum Gespräch bilden, dass aber auch nicht die eine Seite des Zimmers leer, die andere überfüllt erscheine. Hier hört alle Einwirkung des Künstlers auf und die Sache steht einzig und allein bei der Herrin des Salons. Hier ist die Schlussarbeit; hier muss sie ihren eigenen Geschmack walten lassen und zeigen, dass sie nicht bloß geistig, dass sie auch ästhetisch, mit künstlerischem Tacte den Salon beherrsche."²⁴

Ferdinand von Saar, aus Felicie Ewart Zwei Frauenbildnisse *1907*
Ferdinand von Saar, from Felicie Ewart, Zwei Frauenbildnisse *1907*
Slg. / Coll. JMW, Inv. Nr. 7

With the salon rooms they designed, the salonières not only crafted a framework for conversation and artistic enjoyment. The salon was also a "stage space," an expression of its own artistic interest, since passive art consumption was not the ideal to aspire towards. Salonières occasionally lived out their early encouraged artistic talent in the salons. They themselves, as well as family members, performed regularly with musical contributions. Fanny von Arnstein, who promoted Wolfgang Amadeus Mozart, and her daughter Henriette Pereira were highly esteemed pianists in Vienna.²⁹ In the Wertheimstein, Todesco, Gomperz and Auspitz-Lieben families, great emphasis was placed on artistic education. The children grew up with art, and the habitués of the salons were, at the same time, the art educators of the families. Especially for the daughters this had a significance that was not to be underestimated during an era when they were denied public higher education – the ban on women studying at universities was gradually lifted, for instance, as of 1897 at the faculties of the University of Vienna.

The salon of Josephine von Wertheimstein and later her daughter Franziska influenced three writers who characterized

Salon in der Wohnung der Familie Gomperz in Brünn vor 1850
Salon in the Gomperz family apartment in Brno before 1850
Slg. / Coll. JMW, Inv. Nr. 4046

Da als Hauptzweck der Saloneinrichtung die Beförderung der unhierarchischen Konversation galt, mussten die Sitzgelegenheiten über den Raum arrangierbar und in gleichmäßigen Gruppen aufstellbar sein. Der Charakter des Salons liege im Zerstreuten, so Falke: „[…] die Gesellschaft in Gruppen zerstreut, die Möbel desgleichen, das Licht über den Raum hin an verschiedene Stellen verteilt. Dazu bringt es die moderne Sitte mit sich, dass sich die Gesellschaft in Freiheit hin und her bewegt, die Bilder wechseln, die Gruppen sich auflösen und wieder anders zusammentreten, und gerade in dieser Freiheit und Beweglichkeit liegt eine Eigenthümlichkeit, ein Reiz unseres gesellschaftlichen Lebens."[25] Falke opponierte gegen die Farbe Weiß, die Kälte ausstrahlte und zu sehr für das Zeitalter des Rokokos, des Absolutismus stand und damit auch an den Adel erinnerte. Weiters lässt er auch einen Horror vacui erkennen: „Leere Tische, nackte Wände, kahle Flächen sind nirgends so unerträglich wie im Salon, wo die Kälte des Raumes der Wärme des Empfangs widerstreitet, wo das Gespräch, tausend Dinge berührend, überall nach äußerer Anregung

salon life and likewise stood in close friendly exchange with the salonières: Eduard von Bauernfeld, Ferdinand von Saar and Hugo von Hofmannsthal. The house-and-court portraitist of the Wertheimstein, Gomperz and Todesco families, the Munich-based painter Franz von Lenbach, was also close friends with the two salonières. So it may not be surprising that the literary and pictorial activity within the family Wertheimstein and Todesco received special attention: Josephine von Wertheimstein wrote poetry and a novella fragment. Franziska von Wertheimstein painted, drew, sang, and wrote, but hardly a single work from her hand has survived. Anne von Lieben, née Todesco, painted and wrote a lyrical diary; her daughter Henriette modeled, and Henriette's daughter, in turn, was the successful painter Marie-Louise von Motesiczky, who lived in exile in England.[30]

Franz Grillparzer was fairly respected in salon society and a courted guest. Basically regarded as a reserved person, he not only honored his hosts, but also acknowledged their achievements in promoting an artistic space for development. On the occasion of a dinner party at Henriette von

sucht."²⁶ Dennoch sollte das Interieur der Salons keine zu starken Affekte befördern, Harmonie und Sanftheit galten als Tugenden, nicht die hitzige Debatte. Adalbert Stifter beschrieb dieses Salon-Ideal in seinen *Wiener Salonszenen* wie folgt: „Nur so geschieht es, dass sich die fremdartigsten Ansichten hier vertreten finden, ohne dass je Störung und Disharmonie entstände, weil nur Gründe mit Gründen, nie aber Menschen mit Menschen kämpfen."²⁷ Felicie Ewart schilderte den Salon der Villa Wertheimstein als ganz dem Ideal der Salongesellschaft folgend: „Styl nach den heutigen Begriffen hatte er keinen, hingegen eine Stimmung künstlerisch verklärten Behagens. [...] Altmodische, bequeme gelbe Seidenmöbel standen anscheinend zufällig gruppiert herum, jeder Form des Verkehrs, dem tête-à-tête, wie dem Gespräch im größeren Kreis sich zwanglos anpassend, und überall herrliche Blumen, zu jeder Jahreszeit."²⁸

Mit den von ihnen gestalteten Salonräumen schufen die Salonièren nicht nur einen Rahmen für Konversation und Kunst. Der Salon war auch „Bühnenraum", Ausdruck eines eigenen künstlerischen Interesses, denn passiver Kunstkonsum war nicht das angestrebte Ideal. Im Salon lebten die Salonièren mitunter ihr von früh an gefördertes künstlerisches Talent aus. Sie traten ebenso wie Familienmitglieder regelmäßig selbst mit musikalischen Einlagen

Pereira's home, he wrote several verses in her album: "As a protectress of the artist community / you mildly teach language your woe, / you reconcile the otherwise eternal enemies: / The muses and the tea."³¹ Earlier he wrote what may generally hold true for all salonières: "You are not like other people, / You do not only tolerate the cattle today, / You otherwise care for them late and early, / Therefore, mistress, full of gratitude / They look to up you and low / their grateful, heartfelt, "moo!" / To you in prose and verses."³²

The sisters Josephine von Wertheimstein and Sophie von Todesco showed their admiration for Franz Grillparzer by setting up a foundation. Sophie von Todesco gave birth to the idea in 1870 that the famous painter Moritz von Schwind should paint illustrations to Grillparzer's works to mark the writer's 80th birthday. Since Schwind fell ill and nothing became of the pictures, the plan was to collect money for a foundation from wealthy Viennese women in order to be able to award a dramatist prize.³³ Josephine's appeal was aimed at "[...] women who are not used to stepping out of the quiet circle of their domesticity" to allow them to contribute to a great work.³⁴ In addition to Josephine von Wertheimstein and Sophie von Todesco, the foundation ladies included Christine Hebbel, Iduna Laube, Mathilde Lippitt, Gabriele von Neuwall, and Countess von Wickenburg-Almásy.³⁵

Moritz Nähr
Salon in der Villa Wertheimstein
Ende 19. Jahrhundert
Moritz Nähr
Salon in the Villa Wertheimstein
late 19th century
Slg. / Coll. Otmar Rychlik, Niederösterreich / Lower Austria

Josephine und Franziska von Wertheimstein mit Franz von Lenbach, aus Felicie Ewart Zwei Frauenbildnisse 1907
Josephine and Franziska von Wertheimstein with Franz von Lenbach, from Felicie Ewart, Zwei Frauenbildnisse 1907
Slg. / Coll. JMW, Inv. Nr. 7

auf. Fanny von Arnstein, die Wolfgang Amadeus Mozart förderte, und ihre Tochter Henriette Pereira waren in Wien hoch geschätzte Pianistinnen.[29] In den Familien Wertheimstein, Todesco, Gomperz und Auspitz-Lieben wurde auf die künstlerische Erziehung großer Wert gelegt. Die Kinder wuchsen mit Kunst auf, und die Habitués der Salons waren gleichzeitig die Kunsterzieher der Familien. Besonders für die Töchter war dies von nicht zu unterschätzender Bedeutung in einer Zeit, in der ihnen öffentliche höhere Bildung verwehrt blieb – das Verbot für Frauen, an Universitäten zu studieren, wurde etwa an den Fakultäten der Universität Wien erst ab 1897 nach und nach aufgehoben.

Den Salon von Josephine von Wertheimstein und später ihrer Tochter Franziska beeinflussten drei Schriftsteller, die sowohl das Salonleben prägten als auch in engem freundschaftlichen Austausch mit den Salonièren standen: Eduard von Bauernfeld, Ferdinand von Saar und Hugo von Hofmannsthal. Ebenfalls freundschaftlich eng verbunden mit den beiden Salonièren war der Haus-und-Hof-Porträtist der Familien Wertheimstein, Gomperz und Todesco, der Münchner Maler Franz von Lenbach.

So mag es nicht verwundern, dass der literarischen und malerischen Betätigung im Familienverband Wertheimstein und Todesco besonderes Augenmerk geschenkt

Besides orientating to the work of contemporary writers, the families had a clear preference for classical German literature with Friedrich Schiller and Johann Wolfgang von Goethe. Growing up in the immediate vicinity of the old and new Burgtheater building, the children of the Auspitz-Lieben family performed the complete drama *Iphigenia in Tauris* by Goethe in 1887.[36] Performances of "tableaux vivants" ("living pictures"), that is, the reenactment of historical pictures with family members, proved especially popular in the salons. In April 1868, for instance, an evening with "tableaux vivants" took place at the Palais Todesco. Tickets for the event were sold with great success and the proceeds went to the Jewish Orphans' Fund.[37]

"The Dot over the i": The Salon Wertheimstein and Its Hostesses between Drooling and Self-Dissection

Josephine von Wertheimstein was born in 1820 into the wealthy and eminent Gomperz family in Brno. In 1843 she entered into an arranged marriage with Leopold von Wertheimstein, who was the authorized representative of the Rothschild bank in Vienna. Her sister Sophie wed the Viennese entrepreneur Eduard von Todesco in 1845. As wives of extremely well-situated men, the Gomperz sisters became two of the most important Viennese salonières of their time.

Shortly after her marriage in 1843, Josephine von Wertheimstein invited people to her salon at Singerstrasse 7 for the first time and also took over representational duties for the Rothschild bank. She soon garnered high recognition in the Viennese salon society. Alexander Baumann wrote to her in an 1854 letter to Graz: "We are all lacking something when you are not there, the dot over the i – the focal point around which all the faithful flock, the impetus for all comfortable converse and matters related to friendship. For even if every one of them has such a private roost, the talent of bringing everyone together, of being equally kind to all, and making them feel at home, must exclusively be attributed to you after all, beautiful woman, and sister Sophie [...]."[38]

A number of the male guests of the salon at the so-called "Deutschordenshaus" ("Teutonic Order House") on Singerstrasse revered Josephine von Wertheimstein like knights or minnesingers. A Romanian spa doctor yearned for Josephine von Wertheimstein, the "queen" who was surrounded in

wurde: Josephine von Wertheimstein schrieb Gedichte und ein Novellenfragment. Franziska von Wertheimstein malte, zeichnete, sang und schrieb, jedoch hat sich kaum ein Werk aus ihrer Hand erhalten.

Anna von Lieben, geborene Todesco, malte und schrieb ein lyrisches Tagebuch, ihre Tochter Henriette modellierte, und deren Tochter wiederum war die im englischen Exil erfolgreiche Malerin Marie-Louise von Motesiczky.[30]

Franz Grillparzer wurde in der Salongesellschaft besonders hoch angesehen und war ein hofierter Gast, der grundsätzlich eher als zurückgezogener Mensch galt, seinen Gastgeberinnen aber nicht nur Anerkennung entgegenbrachte, sondern auch ihre Leistung für die Beförderung eines künstlerischen Entfaltungsraumes würdigte. Henriette von Pereira schrieb er anlässlich einer Abendgesellschaft in ihrem Hause ins Stammbuch: „Als Schutzfrau der Künstlergemeinde / lehrst Sprache du mild ihrem Weh, / Versöhnst die sonst ewigen Feinde: / Die Musen und den Tee."[31] Schon früher schrieb er, was für Salonièren allgemein gelten kann: „Du bist nicht wie andre Leute, / Duldest nicht das Vieh nur heute, / Pflegst es sonst auch spat und fruh, / Darum, Herrin, dankerfüllet / Sieht es zu dir auf und brüllet / Sein erkenntlich, innig ‚Muh!' / Dir in Pros und Versen zu."[32]

Die Schwestern Josephine von Wertheimstein und Sophie von Todesco zeigten ihre Bewunderung für Franz Grillparzer durch die Gründung einer Stiftung. Sophie von Todesco gebar 1870 die Idee, dass der berühmte Maler

Franziska von Wertheimstein, Selbstporträt Fotografie einer Zeichnung um 1900
Franziska von Wertheimstein, self-portrait photograph of a drawing ca. 1900
Slg. / Coll. Otmar Rychlik, Niederösterreich / Lower Austria

Familie Lieben um 1875
Lieben family ca. 1875
Slg. / Coll. JMW, Inv. Nr. 10

Lebende Bilder im Palais Todesco, 28. Februar und 2. März 1893
Living pictures in Palais Todesco, February 28 and March 2, 1893
Privatbesitz Familie Spießberger, Neukirchen bei Altmünster
Private property of the Spießberger family, Neukirchen bei Altmünster
Foto / Photo: Sebastian Gansrigler

Moritz von Schwind anlässlich Grillparzers 80. Geburtstag Illustrationen zu dessen Werken malen solle. Da Schwind erkrankte und nichts aus den Bildern wurde, entstand der Plan, bei wohlhabenden Wiener Frauen Geld für eine Stiftung zu sammeln, um damit einen Dramatikerpreis ausloben zu können.[33] Josephines Aufruf galt „[...]Frauen, die nicht so gewohnt seien, aus dem stillen Kreis ihrer Häuslichkeit herauszutreten", um sie zu einem großen Werk beitragen zu lassen.[34] Den Stiftungsdamen gehörten neben Josephine von Wertheimstein und Sophie von Todesco Christine Hebbel, Iduna Laube, Mathilde Lippitt, Gabriele von Neuwall und Gräfin von Wickenburg-Almásy an.[35]

Neben der Hinwendung zum Werk zeitgenössischer Schriftsteller war in den Familien eine klare Präferenz der klassisch-deutschen Literatur mit Friedrich Schiller und Johann Wolfgang von Goethe zu erkennen. Die Kinder der Familie Auspitz-Lieben, in unmittelbarer Nähe zum alten und neuen Burgtheater-Gebäude aufwachsend, führten

Vienna by dozens of drooling knights.[39] The Bohemian Jewish poet Moritz Hartmann paid homage to Josephine von Wertheimstein, whom he hopelessly loved, in a poem as a type of Madonna.[40]

In 1870, Leopold von Wertheimstein bought the villa in Döbling. It was important for the hostess to create an informal atmosphere of coziness and harmony. She intermingled the numerous guests – the majority of them men – with respect to their professional background, social status and whether they were Jewish-assimilated or Christian. At the Wertheimstein salon the discourse did not primarily revolve around the urgent political, social or aesthetic issues of the day, and the hostess showed no affinity whatsoever for discussing women's rights. Josephine von Wertheimstein's salon can best be summarized under the term "salon conviviality." After her death in 1894, her psychologically extremely unstable daughter Franziska led the salon for several years in a restricted form.

1887 das gesamte Drama *Iphigenie auf Tauris* von Goethe auf.[36] Besonderer Beliebtheit in den Salons erfreute sich die Aufführung „lebender Bilder", das heißt, die Nachstellung von Historienbildern mit Familienmitgliedern. So fand zum Beispiel im April 1868 im Palais Todesco ein Abend mit „Tableaux vivants" statt, für den äußerst erfolgreich Eintrittskarten verkauft wurden, deren Erlös dem Israelitischen Waisenfonds zugutekam.[37]

„Das Dipfl auf's I": Der Salon Wertheimstein und seine Gastgeberinnen zwischen Anschmachtung und Selbstsezierung

Josephine von Wertheimstein wurde 1820 in die wohlhabende und angesehene Familie Gomperz in Brünn geboren. 1843 ging sie eine arrangierte Ehe mit Leopold von Wertheimstein ein, der in Wien Prokurist des Bankhauses Rothschild war. Ihre Schwester Sophie heiratet 1845 den Wiener Unternehmer Eduard von Todesco. Als Ehefrauen äußerst gut situierter Männer wurden die beiden Schwestern Gomperz zu den bedeutendsten Wiener Salonièren ihrer Zeit.

Josephine von Wertheimstein lud kurz nach ihrer Heirat 1843 erstmals in ihren Salon in der Singerstraße 7 und übernahm damit auch Repräsentationsaufgaben für das Bankhaus Rothschild. Schon bald erlangte sie große Anerkennung in der Wiener Salongesellschaft. Alexander Baumann schrieb in einem Brief 1854 nach Graz an sie: „Es fehlt uns allen etwas, wenn Sie nicht da sind, das Dipfl auf's I – der Brennpunkt, um den sich alle Getreuen scharen, der Impuls zu allem gemüthlichen Verkehr u. Freundes-Zusammenhang. Denn wenn auch jeder einzelne so einen Privat-Schluf hat, das Talent, Alle zusammenzubringen, gegen Alle gleich liebenswürdig zu sein und ihnen die Existenz heimisch zu machen, muss doch Ihnen, schöne Frau, u. Schwester Sophie ausschließlich zugeschrieben werden […]."[38]

Einige der männlichen Gäste des Salons im sogenannten „Deutschordenshaus" in der Singerstraße verehrten Josephine von Wertheimstein ähnlich Rittern oder Minnesängern. Ein Badearzt aus Rumänien sehnte sich nach Josephine von Wertheimstein, der „Königin", die in Wien von Dutzenden von hinschmachtenden Rittern umgeben werde.[39] Der böhmische jüdische Dichter Moritz Hartmann huldigte Josephine von Wertheimstein, die er aussichtslos liebte, in einem Gedicht als einer Art Madonna.[40]

Charity played a less prominent role for Josephine von Wertheimstein and her salon compared to her very committed sister Sophie von Todesco, who regularly used her salon for charitable purposes, founded a Jewish children's home, initiated an interdenominational charitable foundation for people needing health treatment, and organized free meals for the poor.[41] In her memoirs, Felicie Ewart, herself a moderate, but a committed fighter for women's rights nonetheless as the chairperson of the Vienna Women's Employment Association, stressed the Wertheimstein women's aversion to the so-called question of women's rights, but also to charitable engagement: "There was understanding for everything at the Wertheimstein, except for one thing – the modern women's movement. […] And yet it would be unfair to seek this negative attitude in a narrow-minded view of the woman's position. They were both lifted so high above their sisters through the fortune of fate that the arduous journey over stones and through thorn bushes, which perhaps also led to the goal, did not seem worthy of the sacrifice. […] Just as little could they reconcile themselves with modern charitable endeavors. […] Coming into contact with sickness and misery alone was a psychological and physical pain for them."[42] Felicie Ewart promptly puts her own statement

Gustave Ricard Josephine von Wertheimstein 1857
Gustave Ricard Josephine von Wertheimstein 1857
Slg. / Coll. Otmar Rychlik, Niederösterreich / Lower Austria
Foto / Photo: Sebastian Gansrigler

Franziska von Wertheimstein, aus dem Familienalbum der Familie Todesco Ende 19. Jahrhundert
Franziska von Wertheimstein, from the Todesco family album late 19th century
Slg. / Coll. JMW, Inv. Nr. 13369

about the mother and daughter into perspective in the same passage, pointing out that Josephine von Wertheimstein was the second president of Zillingdorf Children's Shelter and also opened her home once a week to "her poor."[43]

Josephine occasionally received her guests in the bedroom. Felicie Ewart noted: "Josephine's bedroom, where she received her guests a hundred times, and in which she dwelled if not just out of sickness, but out of her own laxness, was one of the most beautiful rooms in the house. She got up very late every day and often stayed in bed until the evening, without being disturbed in her social habits."[44]

Following the death of her son Carl in 1866, Josephine von Wertheimstein fell into a severe depression, which, coupled with physical pain and knee problems, led her to live a more reclusive life. After overcoming her depression, Josephine used her own writing as a kind of self-healing. She never published, however, and only wrote in the years 1870 and 1871. In an 1870 letter to her friend Dr. Joseph Weissel, she reflects on her bout with depression: "[…] I had lost the inner eye to recognize these cerebral photographs of my own existence again. My own ego had become foreign to me. All the pictures were covered with black cloths – I could not even make out the rough outlines. But now, thank God, there

1870 kaufte Leopold von Wertheimstein die Villa in Döbling. Der Gastgeberin war es wichtig, eine ungezwungene Atmosphäre der Gemütlichkeit und Harmonie zu kreieren. Sie durchmischte die Gästeschar – in der Vielzahl Männer – hinsichtlich ihrer beruflichen Herkunft, sozialen Stellung sowie zwischen jüdisch-assimiliert und christlich. Im Salon Wertheimstein ging es nicht primär um einen Diskurs drängender politischer, sozialer oder ästhetischer Fragen der Zeit, und die Gastgeberin zeigte keinerlei Affinität zu einer Diskussion der Frauenfrage. Der Salon Josephine von Wertheimsteins kann wohl am besten unter dem Begriff Salongeselligkeit zusammengefasst werden. Nach ihrem Tod 1894 führte ihre psychisch äußerst labile Tochter Franziska den Salon noch einige Jahre in eingeschränkter Form weiter.

Wohltätigkeit stand bei Josephine von Wertheimstein und ihrem Salon eher im Hintergrund im Vergleich zu ihrer dahingehend sehr engagierten Schwester Sophie von Todesco, die ihren Salon regelmäßig für Wohltätigkeits-

Sophie von Todesco, aus dem Familienalbum der Familie Todesco Ende 19. Jahrhundert
Sophie von Todesco, from the Todesco family album late 19th century
Slg. / Coll. JMW, Inv. Nr. 13369

zwecke einsetzte, eine israelitische Kinderbewahranstalt gründete, eine interkonfessionelle Stiftung für Kurbedürftige initiierte und Ausspeisungen organisierte.⁴¹

Felicie Ewart, selbst eine gemäßigte, aber als Vorsitzende des Wiener Frauenerwerbsvereins doch engagierte Kämpferin für die Frauenrechte, betonte in ihrem Erinnerungsbuch die Abneigung der beiden Wertheimstein-Frauen gegenüber der sogenannten Frauenfrage, aber auch gegenüber wohltätigem Engagement: „Für alles hatte man im Hause Wertheimstein Verständnis, nur für eines nicht, für die moderne Frauenbewegung. [...] Und doch wäre es ungerecht, diese ablehnende Haltung in einer engherzigen Auffassung von der Stellung der Frau überhaupt zu suchen. Sie waren nur Beide durch die Gunst des Schicksals so hoch über ihre Schwestern empor gehoben, dass ihnen der mühsame Weg über Steine und Dornengestrüpp, der vielleicht auch zum Ziele führte, nicht des Opfers wert erschien. [...] Ebensowenig konnten sie sich mit den modernen Wohltätigkeitsbestrebungen befreunden. [...] Schon die Berührung mit Krankheit und Elend war ihnen ein psychischer und physischer Schmerz."⁴² Felicie Ewart relativiert ihre eigene Aussage über Mutter und Tochter aber an gleicher Stelle umgehend, indem sie betont, dass Josephine von Wertheimstein zweite Präsidentin des Zillingdorfer Kinderasyls war und einmal wöchentlich „ihren Armen" auch ihr Zuhause öffnete.⁴³

Josephine empfing ihre Gäste mitunter im Schlafzimmer. Felicie Ewart vermerkte dazu: „Josephinens Schlafzimmer, in dem sie hundert Mal ihre Gäste empfangen hat, wenn nicht gerade Krankheit, sondern eine ihr eigene Lässigkeit sie darin verweilen ließ, war mit einer der schönsten Räume des Hauses. Sie stand täglich sehr spät auf und blieb oftmals bis zum Abend im Bett, ohne dadurch in ihren geselligen Gewohnheiten gestört zu werden."⁴⁴

Nach dem Tod ihres Sohnes Carl im Jahr 1866 verfiel Josephine von Wertheimstein in eine schwere Depression, die sie, gepaart mit physischen Schmerzen und Knieproblemen, einige Zeit ein zurückgezogeneres Leben führen ließ.

Josephine nutzte das eigene Schreiben nach Überwindung ihrer Depression als eine Art Selbstheilung. Sie publizierte aber nie und schrieb ausschließlich in den Jahren 1870 und 1871. Im Jahr 1870 reflektiert sie in einem Brief an ihren Freund Dr. Joseph Weissel ihre Depression: „[...] ich hatte das innere Auge verloren, um diese Gehirn-Photographien meinen eigenen Daseyns wieder zu erkennen.

is light again; the bright ray of human feeling relieves and warms the past and future once more [...]."⁴⁵

Her daughter Franziska von Wertheimstein did not find this bright ray. Throughout her life, she underwent a type of self-dissection as an expression of breaking apart from inner and outer restraints, as descriptions by family members, female and male friends, as well as a few extant, self-written poems attest to. Salon life as a marriage market is also evident in her person. Throughout the years, there were numerous suitors, all of whom were spurned, until Franziska von Wertheimstein got engaged to the chemist Adolf Lieben in 1868.⁴⁶ On account of Franziska von Wertheimstein's various health problems, the wedding was postponed so long until the engagement was finally dissolved. A so-called "Gstanzl," a verse poem written by Franziska von Wertheimstein

Gustave Ricard
Carl von Wertheimstein
1857
Gustave Ricard
Carl von Wertheimstein
1857
Slg. / Coll. Otmar Rychlik, Niederösterreich / Lower Austria
Foto / Photo: Sebastian Gansrigler

Unb., Franziska, Josephine und Carl von Wertheimstein vor 1866
N/K, Franziska, Josephine and Carl von Wertheimstein before 1866
Slg. / Coll. Otmar Rychlik, Niederösterreich / Lower Austria

Mein eigenes Ich war mir fremd geworden. Alle die Bilder waren mit schwarzen Tüchern verhängt – ich gewahrte nicht einmal die groben Umrisse. Jetzt aber ist es Gottlob wieder licht; der helle Strahl des menschlichen Empfindens erleichtert und erwärmt wieder Vergangenheit und Zukünftiges […]."⁴⁵

Ihrer Tochter Franziska von Wertheimstein fand diesen hellen Strahl des Lebens nicht. Sie unterzog sich zeitlebens einer Art Selbstsezierung als Ausdruck eines Zerbrechens an inneren und äußeren Zwängen, wie Schilderungen von Familienmitgliedern, Freundinnen und Freunden sowie einige wenige erhaltene Gedichte aus eigener Hand bezeugen. An ihrer Person wird das Salonleben auch als Heiratsmarkt ersichtlich. Über die Jahre gab es zahlreiche Bewerber, die alle zurückgewiesen wurden, bis Franziska von Wertheimstein

remains. It can be read as a self-reflection amid the longing for love and the rejection which characterized her life: "[…] Nothing will get better with me / That's why the boys left."⁴⁷ Over the years, her depressive phases of seclusion became longer and more pronounced. In the list of characters of his unfinished novel, *Roman eines inneren Lebens*, whose figure ensemble is based on real persons of the prominent upper-middle-class Jewish families of his time, Hugo von Hofmannsthal refers to Franziska von Wertheimstein as a "non-viable, white wall."⁴⁸ His characterization is symptomatic of the rigid gender world of the 19th century. Those who could not or did not want to be able to exist in the intended roles were regarded as ill, as unable to live, as failed existences. For women of the (grande) bourgeoisie, this frequently meant the diagnosis of hysteria, which, with misogynic

sich 1868 mit dem Chemiker Adolf Lieben verlobte.[46] Die Hochzeit wurde so lange aufgrund verschiedener gesundheitlicher Leiden Franziska von Wertheimsteins aufgeschoben, bis die Verlobung schließlich aufgelöst wurde. Von Franziska von Wertheimstein ist ein sogenanntes Schnaderhüpfl oder G'stanzl erhalten, das als Selbstreflexion zwischen Liebessehnsucht und Zurückweisung, die ihr Leben prägten, gelesen werden kann: „[…] Aus mir wird nix bessers, Drum gangan die Buabn."[47] Im Laufe der Jahre wurden ihre depressiven Phasen der Zurückgezogenheit länger und stärker ausgeprägt. Hugo von Hofmannsthal hat im Personenverzeichnis für sein unvollendetes Werk *Roman des inneren Lebens*, dessen Figurenensemble sich an realen Personen der prominenten großbürgerlichen jüdischen Familien seiner Zeit orientiert, Franziska von Wertheimstein als „lebensunfähig, weiße Wand" bezeichnet.[48]

Seine Charakterisierung ist symptomatisch für die starre Geschlechterwelt des 19. Jahrhunderts. Wer nicht in den vorgesehenen Rollen existieren wollte oder konnte, wurde als krank, als lebensunfähig, als gescheiterte Existenz angesehen. Für Frauen des (Groß)bürgertums bedeutete dies häufig die Diagnose Hysterie, die ihnen mit misogynen Formulierungen einen Stempel der Hoffnungslosigkeit und des Versagens aufdrückte. Franziska von Wertheimstein reiste 1884 nach Paris, um sich von Jean-Martin Charcot, dem Lehrer Sigmund Freuds und einflussreichsten Neurologen des 19. Jahrhunderts, behandeln zu lassen – erfolglos.[49]

„Ich lasse das Leben auf mich regnen …"[50] Die Salonièren – Emanzipierende, aber keine Feministinnen

Vor dem gegenwärtigen Hintergrund jahrzehntelanger und vielfältigster feministischer Bemühungen in Theorie und Praxis können die Salonièren des 19. Jahrhunderts nicht als Feministinnen nach einem gegenwärtigen Verständnis bezeichnet werden. Die Frauen der Familie Wertheimstein zum Beispiel waren alles andere als Vorkämpferinnen für die „Frauenfrage" und das Frauenwahlrecht. Wenn sie vielleicht auch keine Vertreterinnen der Emanzipation waren, dürfen ihre emanzipatorischen Leistungen dennoch nicht geschmälert werden. Als Gastgeberinnen, Konversierende bzw. vielmehr als Vermittelnde zwischen wichtigen Persönlichkeiten ihrer Zeit, verschiedenen Feldern wie Politik und Kunst und über nationale Grenzen hinaus schufen sie

formulations, gave them a stamp of hopelessness and failure. Franziska von Wertheimstein traveled to Paris in 1884 to be treated by Jean-Martin Charcot, the teacher of Sigmund Freud and the most influential neurologist of the 19th century – unsuccessfully.[49]

"I am letting life rain upon me …"[50] The Salonières – Emancipators, but Not Feminists

Against the current backdrop of decades of the most diverse theoretical and practical feminist endeavors, nineteenth-century salonières cannot be described as feminists in a current understanding of the word. The women of the Wertheimstein family, for instance, were anything but pioneers for the "women's question" and women's suffrage. Even if they perhaps were not representatives of emancipation, their emancipatory achievements should not be diminished. As hosts, conversers, or rather mediators between important personalities of their era, various fields such as politics and the arts, and beyond national borders, they created a never-before-seen, sustainable empowerment space in their salons for themselves and all those involved. In this

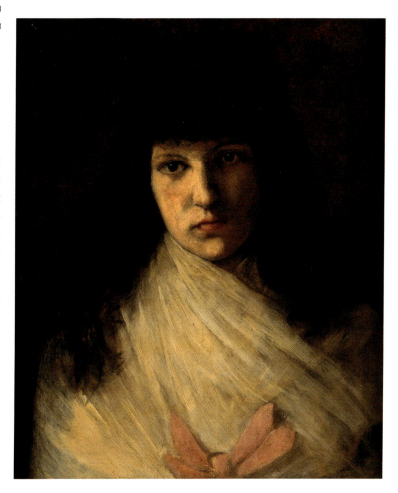

Franz von Lenbach Franziska von Wertheimstein ca. 1880–1900
Franz von Lenbach Franziska von Wertheimstein ca. 1880–1900
Slg. / Coll. JMW, Inv. Nr. 12900

in ihren Salons einen zuvor nicht dagewesenen, nachhaltigen Ermächtigungsraum für sich und alle Beteiligten. In diesem Sinne können sie, wenn nicht als Emanzipierte im heutigen Sinne, so doch als Emanzipierende ihrer Zeit betrachtet werden.

Die Salonièren, ihr Selbstverständnis und ihre Wahrnehmung von außen, ihre Tätigkeiten und deren Rezeption, müssen gänzlich im Kontext der vorherrschenden Geschlechterkonstruktionen ihrer Zeit betrachtet werden. Jacob Falke widmete in seinem bereits erwähnten Buch über Innengestaltung ein Kapitel dem „Beruf der Frauen zur Beförderung des Schönen". Dieses Kapitel ist nicht nur symptomatisch für die allgemeine Wahrnehmung der bürgerlichen Frau im 19. Jahrhundert, sondern im Besonderen auch für die Rolle und Erwartungen an eine Salonière. Die große Kunst sei, so Falke, historisch betrachtet nicht von Frauen geschaffen worden, dies liege nicht in ihrer Natur, aber ihr Talent liege in der Verschönerung des Heimes, „das ihr angemessene Feld des Kleinen und Reizenden, des Zarten und Liebenswürdigen, des Feinen und Anmuthigen".[51] Der Platz der Frau sei im Haus, so Falke, und ihre Aufgabe als „Herrin des Hauses, darin sie waltet und schaltet als Herrscherin" sei es, dem erwerbstätigen Ehemann einen entspannten Feierabend zu bieten: „ [...] und wenn er heimkehrt, arbeitsmüde und der Erholung bedürftig, so verlangt ihn nach ruhigem Genuss, ihn erfreut die Stätte, die er sein nennt, und die ihm die Frau behaglich und anmuthig bereitet und mit reizenden Gegenständen verschönert hat."[52]

Was Jacob Falke hier für das Eheleben beschreibt, kann im größeren Rahmen auch auf die Erwartungen an eine Salonière des 19. Jahrhunderts umgelegt werden. Sie sollte ihren Gästen einen erfreulichen, angenehmen, unaufgeregten und dennoch anregenden Abend ermöglichen. Als Dank für das Gelingen solcher Freizeitgestaltung wurden die Salonièren von ihren Gästen häufig als anmutig, liebenswürdig und aufopfernd beschrieben. Die Salonièren wurden als Frauen erzogen, die eine individuelle Einzigartigkeit entwickeln sollten, ohne aber die gesellschaftlichen Normen, die ihrem Geschlecht und ihrer sozialen Stellung eingeschrieben waren, zu überschreiten. Von ihnen wurden eine breite Bildung und künstlerisches Talent erwartet, ohne dass sie aber, wie alle anderen Frauen ihrer Zeit, Bildungseinrichtungen oder Kunstakademien besuchen konnten. Die Salonièren waren in Familien aufgewachsen, die ihre Töchter privat unterrichten ließen, doch nicht zum Zwecke einer Erwerbstätigkeit der Frauen, sondern um sie auf ihre Rollen

sense, if not considered as emancipated women in the modern sense, they can nonetheless be regarded as emancipators of their time.

The salonières, their self-understanding and their perception from outside, their activities and their reception, must be considered entirely in the context of the prevailing gender constructions of their epoch. Jacob Falke, in his aforementioned book on interior design, dedicated a chapter to the "Occupation of Women for the Promotion of the Beautiful." This chapter is not only symptomatic of the general perception of the bourgeois woman in the 19th century, but also, in particular, the role of and expectations of a salonière. According to Falke, great art was not created by women historically, since this was not in their nature, but their talent lay in the beautification of the home: "[...] she has preferred the minute and charming, the delicate and amiable, the tender and graceful."[51] The woman's place is in the house, says Falke, and her job as "mistress of the house in which she rules, and which she orders like a queen" is to offer the toiling husband a relaxing evening: "When he returns home tired with work and in need of recreation, he longs for quiet enjoyment, and takes pleasure in the home which his wife has made comfortable and attractive, and has beautified with works of art."[52]

What Jacob Falke describes here for married life can also be applied on a larger scale to the expectations on a salonière of the 19th century. She was to make a happy, pleasant, relaxed, yet stimulating evening possible for her guests. In gratitude for the success of such leisure activities, the salonières were often depicted by their guests as graceful, amiable and self-sacrificing. The salonières were educated as women who should develop an individual uniqueness without, however, exceeding the social norms inscribed in their gender and social standing. They were expected to have a broad education and artistic talent, but they could not, like all other women of their day, attend educational institutions or art academies. The salonières had grown up in families who had their daughters privately instructed, not for the purpose of women's employment, but to prepare them for their roles as wives, hostesses and representatives of their families. As salonières they lobbied for their men; they promoted their professional success by establishing and maintaining important social contacts. The role of the woman was not doubted here – neither by the men who, by demonstrating their admiration for these women, were constantly producing the rigid norms, nor by the women

als Ehefrauen, Gastgeberinnen und Repräsentantinnen ihrer Familien vorzubereiten. Als Salonièren betreiben sie Lobbyismus für ihre Männer; sie beförderten deren beruflichen Erfolg durch das Knüpfen und Pflegen wichtiger gesellschaftlicher Kontakte. Die Rolle der Frau wurde dabei nicht angezweifelt – weder von den Männern, die durch die Bezeugung ihrer Bewunderung dieser Frauen die Festschreibung der starren Normen kontinuierlich hervorbrachten, noch von den Akteurinnen selbst. Sigmund Freud, der einige Frauen aus den Familien der Ringstraßen-Salons zu seinen ersten Patientinnen zählen konnte, schrieb ganz im patriarchalen Geiste seiner Zeit: „Die Stellung der Frau wird keine andere sein können, als sie ist, in jungen Jahren ein angebetetes Weibchen, und in reiferen Jahren ein geliebtes Weib."[53] Auch in ihrer Rolle als Salonièren waren die Frauen ein „geliebtes Weib", und nicht selten finden sich Bemerkungen, die sie im Vergleich zu ihren Ehemännern als die Herausragenden beschreiben. So dichtete etwa Eduard von Bauernfeld auf Sophie von Todescos Ehemann Eduard: „Wo viel Licht ist, ist viel Schatten. / Jede Frau hat ihren Gatten."[54] Diese „Liebe" wurde ihnen aber nur so lange erwiesen, wie sie in den von ihnen erwarteten Rollen agierten und keine Transgressionen wie etwa durch Heiratsverweigerung oder psychische Erkrankungen eintraten.

Die Salonièren selbst verstanden ihre Tätigkeit vielfach als Selbstaufgabe, als Aufopferung für die Sache und für die anderen. Von Fanny von Arnstein ist folgende Aussage ganz in diesem Sinne überliefert: „Ich war trotz meinen Launen und eigen meiner Art, eine liebevolle gute Mutter, eine gute Hausfrau, gute Schwester und gute Freundinn – was ich gutes zu thun unterlassen, stand gewiß nicht in meiner Macht, dies darf ich, ohne mich zu schmeicheln, wohl sagen, immer war mir die Freude Anderer näher als die Meinige."[55]

Selbstbewusst und engagiert, starr verankert in den Geschlechterrollen ihrer Zeit, wissenshungrig und doch vor allem Ehemann, Haus und Familie zugewandt – die Salonièren des 19. Jahrhunderts waren sowohl Ausnahmeerscheinungen als auch „konventionelle" Bürgersfrauen ihrer Zeit. Mit ihrer Tätigkeit als Gastgeberinnen schufen sie einen Ermächtigungsraum, der den meisten Frauen ihrer Zeit nicht offenstand. Auch wenn sie diesen nicht für den Kampf um die Emanzipation der Frauen nutzten, so setzten sie mit jeder ihrer Handlungen dennoch emanzipatorische Akte. Elke Krasny hebt in ihrem Essay „The Salon Model: The Conversational Complex" die politische Wirkkraft der

themselves. Sigmund Freud, who could count several women from the families of the Ringstrasse salons among his first patients, wrote totally in the patriarchal spirit of his day: "[...] the position of woman cannot be other than what it is: to be an adored sweetheart in youth, and a beloved wife in maturity."[53] In their roles as salonières, women were also "beloved wives," and quite often remarks are found describing them as outstanding in comparison to their husbands. Eduard von Bauernfeld, for example, wrote about Sophie von Todesco's husband Eduard: "Where there is much light, there is plenty of shade. / Every woman has her husband."[54] This "love," however, was shown to them only as long as they acted in their expected roles and no transgressions, such as marriage refusal or mental illnesses, occurred.

In many cases, the salonières themselves saw their activity as a self-abandonment, as a sacrifice for the cause and for the others. Fanny von Arnstein's following statement about herself is conveyed along these lines: "I was, despite my moods, and in my own fashion, a loving and good mother, a good housewife, a good sister, and good friend – what good deeds I failed to do were certainly not in my power, this I must say without flattering myself, the happiness of others was always closer to my heart than my own."[55]

Self-confident and committed, rigidly anchored in the gender roles of their era, hungry for knowledge and yet turned above all towards husband, house and family – the salonières of the 19th century were both exceptional and "conventional" bourgeois women of their day. With their activity as hostesses, they created an empowerment space that was not open to most women of their time. Even if they did not use this for the struggle for women's liberation, they nevertheless set emancipatory acts with each of their deeds. In her essay "The Salon Model: The Conversational Complex," Elke Krasny underscores the political power of the salonières – which was ultimately also decisive for the demise of salon culture.[56] The utopia produced in the salons as non-hierarchical places and places sustained by minority groups such as women and Jews was too dangerous for patriarchal hegemony and therefore could not become a political reality.[57] The salon culture, Krasny maintains, posed a danger to the modernist project with its individualistic, independent and masculine subject. The salon was a place where a different society and art could be imagined. In Krasny's opinion, it was those very men of the Romantic period who energetically profited from the salons, who eventually gave rise to the discourse of the salon as a feminized and devalued space.[58]

Salonièren hervor – die schlussendlich auch ausschlaggebend für den Untergang der Salonkultur war.[56] Die Utopie, die in den Salons als unhierarchischen Orten und Orten, die von minorisierten Gruppen wie Frauen sowie Juden und Jüdinnen getragen wurden, hervorgebracht wurde, war für die patriarchale Hegemonie zu gefährlich und durfte daher keine politische Realität werden.[57] Die Salon-Kultur, so Krasny, war eine Gefahr für das Projekt der Moderne mit seinem individualistischen, unabhängigen und maskulinen Subjekt. Der Salon war ein Ort, in dem eine andere Gesellschaft und andere Kunst denkbar wurden. Nach Ansicht Krasnys waren es ebenjene Männer der Romantik, die von den Salons energetisch profitiert haben, die schließlich den Diskurs des Salons als eines feminisierten und entwerteten Raums hervorbrachten.[58]

Eine zeitgenössische feministische Perspektive auf die Salons des 19. Jahrhunderts und ihre Gastgeberinnen darf nicht in das Fahrwasser dieser von Elke Krasny geschilderten patriarchalen Entwertung der Salonièren, wie sie ab dem Ende des 19. Jahrhunderts im Diskurs über Salons forciert wurde, gelangen. Die Tätigkeit und Leistung der Salonièren retrospektiv wertzuschätzen heißt, sie in ihrer Zeit mit den herrschenden Normen zu verorten, ihren sozialen Raum zu reflektieren und sie mit allen vermeintlichen Widersprüchlichkeiten und Ambivalenzen wahrzunehmen. Es heißt, die Salonièren als aktive Akteurinnen, als Schaffende wahrzunehmen, nicht als passive Verstärkerinnen einer patriarchalen Struktur, wie prägend diese auch immer war.

1. Zitiert nach Karlheinz ROSSBACHER. Literatur und Bürgertum. Fünf Wiener jüdische Familien von der liberalen Ära zum Fin de Siècle. Wien 2003, 141.
2. Zitiert nach ROSSBACHER 2003, 14.
3. Vgl. z. B. Erika FISCHER-LICHTE: Performativität. Eine Einführung. Bielefeld 2012.
4. Elke KRASNY: The Salon Model: The Conversational Complex. In: Victoria Horne, Lara Perry (Hg.): Feminism and Art History Now: Radical Critiques of Theory and Practice, London/New York 2017, 150f.
5. Hannah ARENDT: Rahel Varnhagen. Lebensgeschichte einer deutschen Jüdin aus der Romantik. München/Berlin/Zürich 2016 (erstmals 1959), 71.
6. KRASNY, 152.
7. ARENDT, 52.
8. Felicie EWART: Zwei Frauen-Bildnisse zur Erinnerung. Wien 1907, 68.
9. EWART, 69.
10. Rudolf HOLZER: Villa Wertheimstein. Haus der Genien und Dämonen. Wien 1960, 79.
11. HOLZER, 125 f.
12. Zitiert nach ROSSBACHER 2003, 99 f.
13. ROSSBACHER 2003, 100.
14. Hilde SPIEL: Fanny von Arnstein oder Die Emanzipation. Ein Frauenleben an der Zeitenwende 1758–1818. Frankfurt/Main 1962, 335 f.
15. SPIEL, 424.

A contemporary feminist perspective on the salons of the 19th century and their hostesses must not enter the waters of this patriarchal devaluation of salonières described by Elke Krasny as it was expedited in the discourse on salons from the end of the 19th century. Retrospectively appreciating the work and performance of the salonières means to locate them in their era with the prevailing norms, to reflect their social space, and to perceive them with all supposed contradictions and ambivalences. This means perceiving the salonières as active protagonists, as creators, not as passive reinforcers of a patriarchal structure, however formative it was.

1. Quoted in Karlheinz ROSSBACHER, Literatur und Bürgertum. Fünf Wiener jüdische Familien von der liberalen Ära zum Fin de Siècle. Vienna: Böhlau, 2003, p. 141.
2. Quoted in ROSSBACHER 2003, p. 14.
3. Cf., e.g., Erika FISCHER-LICHTE Performativität. Eine Einführung. Bielefeld: transcript Verlag, 2012.
4. Elke KRASNY, "The Salon Model: The Conversational Complex," in Victoria Horne, Lara Perry (eds.) Feminism and Art History Now: Radical Critiques of Theory and Practice, London/New York: I.B. Tauris, 2017, p 150 f.
5. Hannah ARENDT, Rahel Varnhagen: The Life of a Jewish Woman, trans. Richard and Clara Wilson, San Diego, New York and London: Harcourt Brace Jovanovich Publishers, 1974, p. 55.
6. KRASNY, p. 152.
7. ARENDT, Rahel Varnhagen: The Life of a Jewish Woman, p. 38.
8. Felicie EWART, Zwei Frauen-Bildnisse zur Erinnerung, Vienna: Private Edition, 1907, p. 68.
9. EWART, p. 69.
10. Rudolf HOLZER, Villa Wertheimstein. Haus der Genien und Dämonen, Vienna: Bergland Verlag, 1960, p. 79.
11. HOLZER, p. 125 f.
12. Quoted in ROSSBACHER 2003, p. 99 f.
13. ROSSBACHER 2003, p. 100.
14. Hilde SPIEL, Fanny von Arnstein: Daughter of the Enlightenment, trans. Christine Shuttleworth, New York: New Vessel Press, 2013, n. p. Available at https://books.google.at/books?id=qyEMCAAAQBAJ.
15. Ibid., n.p.
16. Ibid., n.p.
17. Ibid., n.p.
18. Adalbert STIFTER, „Wiener Salonszenen", Gesammelte Werke in vierzehn Bänden. Herausgegeben von Konrad Steffen, Basel und Stuttgart: Birkhäuser, 1969, p. 230.
19. ARENDT, p. 33.
20. STIFTER, p. 235.
21. Quoted in EWART, p. 72.
22. Ibid.
23. The last inhabitants of the villa, Josephine and Franziska von Wertheimstein, decided to donate their property to the public. After Franziska's death in 1907, the park was made accessible and a public library was set up on the ground floor of the building. The Döbling District Museum, which is still located there today, opened in 1964.
24. Jacob von FALKE, Art in the House: Historical, Critical, and Aesthetical Studies on the Decoration and Furnishing of the Dwelling, trans. Charles Callahan Perkins, Boston: L. Prang and Company, 1879, Kindle edition. Available at: https://archive.org/details/artinhousehisto00perkgoog.

16 Ebenda, 469.
17 Ebenda, 265 f.
18 Adalbert STIFTER: Wiener Salonszenen, in: derselbe: Gesammelte Werke in vierzehn Bänden. Herausgegeben von Konrad Steffen. Basel und Stuttgart 1969, 230.
19 ARENDT, 48.
20 STIFTER, 235.
21 Zitiert nach EWART, 72.
22 Ebenda.
23 Die letzten Bewohnerinnen der Villa, Josephine und Franziska von Wertheimstein, entschlossen sich zu einer Schenkung an die Öffentlichkeit. Nach Franziskas Tod 1907 wurde der Park zugänglich gemacht und eine öffentliche Bibliothek im Erdgeschoß des Gebäudes eingerichtet, 1964 eröffnete das bis heute dort ansässige Bezirksmuseums Döbling.
24 Jacob FALKE: Die Kunst im Hause. Geschichtliche und kritisch-ästhetische Studien über die Decoration und Ausstattung der Wohnung. Wien 1873 (2. Auflage), 302.
25 FALKE, 300.
26 Ebenda, 301.
27 STIFTER, 235.
28 EWART, 16 ff.
29 SPIEL, 331.
30 ROSSBACHER 2003, 323.
31 Ebenda, 339.
32 Ebenda, 339.
33 Ebenda, 340.
34 Ebenda, 340 f.
35 EWART, 66.
36 ROSSBACHER 2003, 356.
37 Gabriele KOHLBAUER-FRITZ: Familiengeschichten. Die Ringstraßenpalais und ihre Bewohner, in: dieselbe (Hg.): Ringstraße. Ein jüdischer Boulevard. Katalog zur Ausstellung im Jüdischen Museum Wien 2015, 38.
38 zitiert nach Robert A. KANN (Hg.): Briefe an, von und um Josephine von Wertheimstein. Ausgewählt und erläutert von Heinrich Gomperz. Wien 1981, 125.
39 ROSSBACHER 2003, 152.
40 Ebenda.
41 Ebenda, 122.
42 EWART, 78.
43 Ebenda.
44 Ebenda, 18.
45 Zitiert nach ROSSBACHER 2003, 416.
46 Ebenda, 216.
47 Zitiert nach ROSSBACHER 2003, 428.
48 Ebenda, 374.
49 ROSSBACHER 2003, 437.
50 Tagebucheintrag Rahel Varnhagens vom 11.03.1810, zitiert nach ARENDT, 259.
51 FALKE, 344.
52 Ebenda, 348.
53 Zitiert nach ROSSBACHER 2003, 41.
54 Zitiert nach Karlheinz ROSSBACHER: Salons und Salonièren der Ringstraßenzeit. In: Agnes HUSSLEIN-ARCO, Alexander KLEE (Hg.): Klimt und die Ringstraße. Katalog zur Ausstellung im Belvedere Wien. Wien 2015, 74.
55 SPIEL, 303.
56 KRASNY 2017.
57 Ebenda, 154 f.
58 Ebenda 154.

25 FALKE, *Art in the House: Historical, Critical, and Aesthetical Studies on the Decoration and Furnishing of the Dwelling*, Kindle edition.
26 Ibid.
27 STIFTER, p. 235.
28 EWART, p. 16 ff.
29 SPIEL, n.p.
30 ROSSBACHER 2003, 323.
31 Ibid., 339.
32 Ibid.
33 Ibid., p. 340.
34 Ibid., p. 340 f.
35 EWART, p. 66.
36 ROSSBACHER 2003, p. 356.
37 Gabriele KOHLBAUER-FRITZ, „Familiengeschichten. Die Ringstraßenpalais und ihre Bewohner", in idem. (ed.): *Ringstraße. Ein jüdischer Boulevard*, exhibition catalogue, 25 March to 18 October, 2015, Jewish Museum Vienna, Vienna: Amalthea, 2015, p. 38.
38 Quoted in Robert A. KANN (ed.), *Briefe an, von und um Josephine von Wertheimstein. Ausgewählt und erläutert von Heinrich Gomperz*, Vienna: Österreichische Akademie der Wissenschaften, 1981, p. 125.
39 ROSSBACHER 2003, p. 152.
40 Ibid.
41 Ibid., p. 122.
42 EWART, p. 78.
43 Ibid.
44 Ibid., p. 18.
45 Quoted in ROSSBACHER 2003, p. 416.
46 Ibid., p. 216.
47 Quoted in ROSSBACHER 2003, p. 428.
48 Ibid., p. 374.
49 ROSSBACHER 2003, p. 437.
50 Rahel Varnhagen's unpublished diary entry dated March 11, 1810, quoted in ARENDT, p. xvi.
51 FALKE, n.p.
52 Ibid.
53 Quoted in ROSSBACHER 2003, p. 41.
54 Quoted in Karlheinz ROSSBACHER, „Salons und Salonièren der Ringstraßenzeit", in Agnes HUSSLEIN-ARCO, Alexander KLEE (eds.), *Klimt und die Ringstraße*, exhibition catalogue, 3 July to 11 October, 2015, Belvedere, Vienna, Vienna: Belvedere, 2015, p. 74.
55 SPIEL, n.p.
56 KRASNY 2017.
57 Ibid., 154 f.
58 Ibid., 154.

Salon Wertheimstein im Bezirksmuseum Döbling, 2018

Wertheimstein salon in Döbling District Museum, 2018

Fotos / Photos: © Nafez Rerhuf

ANDREA WINKLBAUER

*Der Ort des Salons:
Berta Zuckerkandl*

*The Location of the Salon:
Berta Zuckerkandl*

Der Salon der Journalistin, Übersetzerin und Geheimdiplomatin Berta Zuckerkandl gilt als einer der bedeutendsten seiner Zeit.[1] Ihre Salonaktivitäten dauerten von etwa 1888 bis zu ihrer Flucht vor der rassistischen Verfolgung durch die Nationalsozialisten 1938 und fielen damit auch in eine Zeit des Niedergangs und Ausklangs dieser traditionsreichen Institution. Nicht zuletzt deshalb wurde und wird die „Hofrätin"[2] als außerordentliche Salonière betrachtet. Schon die Zeitzeugen Franz Theodor Csokor und Milan Dubrović, ehemalige Habitués, beschreiben ihren Salon als den führenden Wiens:

„Dank seines Ansehens als kulturelles Machtzentrum ebenso wie als versöhnungsfördernder Treffpunkt gegnerischer Politiker rangierte ganz obenan der Salon Berta Zuckerkandls [...]. [...] Das weltweit gespannte Netz ihres Freundeskreises und die intime, gelockerte Gesprächsatmosphäre hoben den Salon der ‚österreichischen Madame Récamier' über andere umschwärmte ‚Gesellschafts'-Zentren weit hinaus",[3] resümierte Dubrović retrospektiv, und Csokor schrieb 1933, nachdem er die Vorzüge des konkurrenzierenden Salons der mit der Zuckerkandl befreundeten Alma Mahler geschildert hatte:

„Literarisch radikaler ist schon der Salon der ‚Hofrätin', der Bertha Zuckerkandl [...]. Hier hört man Marcel Dunant orakeln, der um die Führung Frankreichs in Zentraleuropa besorgt scheint, hier taucht umschwärmt Fritz von Unruh auf und das Faß Theodor Däubler und vor allem und immer wieder unser köstlicher Egon Friedell! Gott gebe, daß das hier so bleibt, in beiden Häusern – denn hier ist noch Europa!"[4]

Zuckerkandl verstand es rund fünfzig Jahre lang, ihren hohen Standard zu halten. Die Liste ihrer Habitués und Gäste liest sich wie ein Who's who aus Kunst, Literatur, Musik, Theater, Wissenschaft und Politik ihrer Zeit, unter ihnen zahlreiche der namhaftesten Protagonisten der Wiener Moderne wie Hermann Bahr, Otto Wagner, Gustav Klimt, Josef Hoffmann, Arthur Schnitzler, Gustav Mahler, Oskar Kokoschka, Peter Altenberg und Hugo von Hofmannsthal, aber auch immer wieder ausländische Gäste wie die Schriftstellerin Colette und der Schriftsteller Heinrich Mann oder der französische Mathematiker und Politiker Paul Painlevé. „In ihr manifestiert sich fast idealtypisch die hochintellektuelle Salondame, die wie ein Schwamm politische und künstlerische Anregungen aufnimmt und weitergibt [...]", attestiert ihr etwa die Historikerin Isabella Ackerl.[5] Die besonderen Fähigkeiten der Hofrätin als

The salon of the journalist, translator and secret diplomat Berta Zuckerkandl is considered one of the most important of its time.[1] Her salon activities lasted from about 1888 until her escape from the racist persecution by the National Socialists in 1938, and thus fell into a period of the decline and end of this traditional institution. Not least because of this, the "Hofrätin"[2] was and is regarded as an extraordinary salonière. Even the contemporary witnesses and former habitués Franz Theodor Csokor and Milan Dubrović describe her salon as Vienna's leading one:

"Thanks to its reputation as a center of cultural power, as well as a reconciliation-promoting meeting place for opposing politicians, Berta Zuckerkandl's salon [...] ranked at the top of the list. [...] The world-wide network of her circle of friends and the intimate, relaxed atmosphere of conversation raised the salon of the 'Austrian Madame Récamier' far beyond other idolized 'social' centers,"[3]

Dubrović summed up retrospectively. After he had described the merits of the competing salon of Zuckerkandl's friend Alma Mahler, Csokor wrote in 1933:

Berta Zuckerkandl im Reformkleid 1908 Foto: Madame d'Ora

Berta Zuckerkandl in reform dress 1908 Photo: Madame d'Ora

ÖNB 203.424 D

Aus dem Porzellanservice mit Porträts der Familie Szeps: Zuckerdose mit Porträt von Amalia Szeps, Mokkatasse mit Porträt von Tochter Berta, Mokkakanne mit Porträt von Moriz Szeps um 1868
From the porcelain service with portraits of the Szeps family: Sugar bowl with portrait of Amalia Szeps, mocha cup with portrait of daughter Berta, mocha pot with portrait of Moriz Szeps ca. 1868
Wien Museum, HMW 303.164

Salonière evozierte auch die deutsche Schriftstellerin Helene von Nostitz, die während des Ersten Weltkriegs ihr Gast war:

„Wie soll ich die so reizvoll bewegliche Atmosphäre des Salons von Berta Zuckerkandl beschreiben […]. Sie hatte nichts mit den verträumten, etwas zerstaubten Palais zu tun, die auf die Gasse ernst herniederschauen. Sie war ganz Farbe und Grazie, neu, das Neue stark empfindend. […] Wie eine exotische Blume wirkte sie in ihrem feinfarbigen Interieur von Hoffmann. Ihr rotes Haar glühte über buntgestickten Stoffen und Batiks, und ihre dunkelbraunen Augen funkelten von innerem Feuer. Meist fand man sie auf ihrem langen Diwan sitzend, umgeben von jungen Malern, Dichtern und Musikern, die sich immer wohl bei ihr fühlten, weil eine lösende, schwingende Luft dort wehte. Etwas Freies, Unwirkliches, nie Beschwerendes umgab sie wohltuend."[6]

Und noch eine Erinnerung an die bereits Dreiundsiebzigjährige bei einem Besuch bei Max Reinhardt im Salzburger Schloss Leopoldskron bringt Licht in das Geheimnis der langen Dauer und der ungebrochenen Bedeutung des Salons der Berta Zuckerkandl – und verrät zudem etwas vom liebevoll-neckischen Umgangston ihres Kreises:

"The salon of the 'Hofrätin', of Bertha Zuckerkandl […] is even more literarily radical. Here Marcel Dunant, who seems worried about the leadership of France in Central Europe, can be heard oraculating; here idolized Fritz von Unruh shows up and the barrel of a man Theodor Däubler and, above all, our delightful Egon Friedell! God grant that this remains so, in both houses – for here is still Europe!"[4]

Zuckerkandl was able to maintain her high standard for around fifty years. The list of her habitués and guests reads like a who's who of art, literature, music, theater, science and politics of the day, among them many of the most notable protagonists of Viennese modernism such as Hermann Bahr, Otto Wagner, Gustav Klimt, Josef Hoffmann, Arthur Schnitzler, Gustav Mahler, Oskar Kokoschka, Peter Altenberg and Hugo von Hofmannsthal, but also foreign guests such as the writer Colette and the author Heinrich Mann or the French mathematician and politician Paul Painlevé. "Manifested within her in an almost ideal-typical manner is the highly intellectual salon lady, who receives and passes on political and artistic suggestions like a sponge […]," as the historian Isabella Ackerl attests.[5] The special skills of the 'Hofrätin' as a salonière also evoked the

„Gegen zehn Uhr abends schwirrte die Bertha Z. herein, unser aller geliebte ‚Hofrätin' (ihr Schwager George[s] Clemenceau hat sie ‚liebenswerte Irre' getauft). Frisch vom Bahnhof kam sie, wo sie, nach zwanzigstündiger Fahrt aus Paris zwischen sechs Personen in ein Abteil dritter Klasse gepreßt, eingetrudelt, und nachdem sie sich im ‚Österreichischen Hof' in Dress geworfen, nach Leopoldskron angesaust war. Den Wachkordon um das wegen befürchteter Böllerattentate zernierte Schloß wußte sie rasch von ihrer Harmlosigkeit zu überzeugen, und nun flatterte sie noch bis zwei Uhr morgens durch den Saal, als Jüngste von uns allen, genau wie der selige Pallenberg einmal von ihr sagte: ‚Da scharwenzelt sie herum, weißes Kleid, fußfreies Rockerl — und der ganze Fratz ist noch keine siebzig Jahre alt.'"[7]

Es waren ihre bis ins fortgeschrittene Alter ungebrochene Neugier auf die Gegenwart und der Wunsch, darin präsent zu sein, die ihre bleibende Relevanz ausmachten.

Die Vorgeschichte dieser Salonière lag in der Familie. Berta Zuckerkandl wurde 1864 als zweitältestes der fünf Kinder des einflussreichen, liberalen Journalisten und Zeitungsverlegers Moriz Szeps und seiner Frau Amalia, née Schlesinger, in Wien geboren.[8] Die familiäre Umgebung war liebevoll, die materiellen Umstände begütert, das gesellschaftliche Umfeld zunehmend großbürgerlich. Erhaltene Fotos und Objekte wie das um 1868/69 hergestellte Kaffeeservice mit den Fotos der Familienmitglieder (noch ohne die Jüngste) sowie die Lebenserinnerungen von Berta und ihrem Cousin Moriz Schlesinger lassen die angenehme, von Geselligkeit und kleinen Späßen geprägte Atmosphäre im Hause Szeps erahnen.[9] 1878 bezog die Familie ein eigens für sie errichtetes Palais in der Liechtensteinstraße 51.[10] Die neue Umgebung, in der fortan ihr Leben sowie zahlreiche Feste, Soireen, Konzerte und sogar Theateraufführungen auf einer eigens im Tanzsaal aufstellbaren Hausbühne stattfanden, beschreibt Berta in einem ihrer autobiografischen Texte, basierend auf einem Tagebucheintrag der Vierzehnjährigen:

„Parterre und erster Stock umgeben von einem Garten, der bergauf geht. Im Parterre sind die Schlafzimmer von Vater und Mama und auch meine Brüder haben jeder ein extra Schlafzimmer, dann ist noch eins für Sophie und mich da und sogar eines für Ella (die Jüngste), aber sie schläft natürlich mit ihrer Gouvernante. Im ersten Stock sind die Empfangsräume. Eine wunderbare Treppe aus Marmor führt hinauf."[11]

German writer Helene von Nostitz, who was a guest during the First World War:

"How should I describe the charmingly moving atmosphere of Berta Zuckerkandl's salon [...]. It had nothing to do with the dreamy, somewhat dusty Palais looking down earnestly onto the alley. She was all color and grace, new, strongly feeling the new. [...] She looked like an exotic flower in her fine-colored interior by Hoffmann. Her red hair glowed with colorfully embroidered fabrics and batiks, and her dark brown eyes sparkled with inner fire. Most of the time she was found sitting on her long divan, surrounded by young painters, poets, and musicians, who always felt comfortable with her, because a releasing, vibrant air was wafting there. Something free, unreal, never burdening, pleasantly surrounded her."[6]

And another memory of the already seventy-three-year-old during a visit to Max Reinhardt at Leopoldskron Castle in Salzburg brings light into the mystery of the long duration and the unbroken importance of Berta Zuckerkandl's

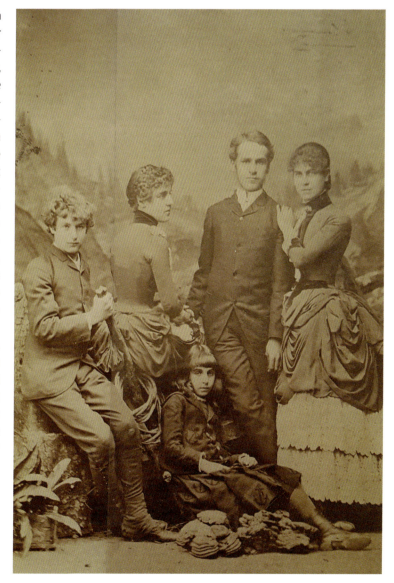

Die fünf Szeps-Kinder Julius, Sophie, Ella, Leo und Berta (v.l.n.r.) vor 1885
The five Szeps children Julius, Sophie, Ella, Leo and Berta (from l. to r.) before 1885
ÖNB 424/L27 Lit

*Emil Zuckerkandl
um 1885*
Emil Zuckerkandl
ca. 1885
ÖNB 424-L186 Lit.

Die Töchter erhielten anspruchsvollen Privatunterricht von Spezialisten ihres Fachs wie dem Kunsthistoriker Albert Ilg, der nachhaltigen Einfluss auf Bertas Kunstverständnis haben sollte. Bertas Mutter, Amalia Szeps, führte im neuen Haus einen Salon – in der Erinnerung ihrer Tochter einen der beliebtesten Wiens –, besucht von „Staatsmänner[n], Parlamentarier[n] und Finanzgrößen ebenso [...] wie Dichter[n], Schauspieler[n], Aristokraten, Weltdamen und einfache[n] Frauen".[12] Unter den Damen war z. B. Katharina Schratt, noch bevor ihre private Beziehung mit Kaiser Franz Joseph begann.[13] Der Salon ihrer Mutter bildete die weibliche Hemisphäre der Welt, in der Berta aufwuchs.

Moriz Szeps verlegte seit 1867 das *Neue Wiener Tagblatt*, die führende liberale Tageszeitung Österreichs. Er war von den frühen 1880er-Jahren bis zu dessen Freitod 1889 mit Kronprinz Rudolf befreundet und veröffentlichte dessen politische Artikel ohne Nennung ihres Autors. Die Texte wurden in aller Heimlichkeit vom Kammerdiener des Kronprinzen gebracht und, nachdem Szeps sie abgeschrieben hatte, damit niemand die Handschrift erkennen konnte, auf demselben Wege wieder retourniert. Dem Personal wurde vorgemacht, der Kammerdiener sei ein Masseur, aber Berta war eingeweiht und entwickelte sich

salon—and also reveals something of the affectionately playful tone of her circle:

"Towards ten o'clock in the evening, Bertha Z., our beloved 'Hofrätin,' (her brother-in-law, George[s] Clemenceau, baptized her as the 'lovable lunatic') whirred in. She arrived fresh from the train station, where, after a twenty-hour journey from Paris, pressed into a third-class compartment between six persons, and after she had gotten dressed up at the 'Österreichischer Hof' hotel, dashed to Leopoldskron. She knew how to quickly convince the cordon of guards surrounding the castle because of a feared canon attack of her harmlessness, and now she fluttered through the hall until two o'clock in the morning, just as the late Pallenberg once said of her: 'She flatters her way around there, white dress, walking skirt – and the complete rascal is not even seventy years old.'"[7]

Well into an advanced age, it was her unbroken curiosity about the present-day and the desire to be present in it which accounted for her lasting relevance.

The background of this salonière lay in the family. Berta Zuckerkandl was born in Vienna in 1864 as the second oldest of the five children of the influential, liberal journalist and newspaper publisher Moriz Szeps and his wife Amalia, née Schlesinger.[8] The family environment was affectionate, the material circumstances considerable, the social environment increasingly grande bourgeois. Preserved photos and objects such as the coffee service made around 1868/69 with the photos of the family members (still without the youngest) and the memoirs of Berta and her cousin Moriz Schlesinger hint at the pleasant atmosphere marked by conviviality and practical jokes at the Szeps home.[9] In 1878, the family moved into a mansion specially built for them at Liechtensteinstrasse 51.[10] In one of her autobiographical texts, based on a diary entry of the fourteen-year-old, Berta describes the new environment in which her life and many festivals, soirees, concerts and even theatrical performances (on an arrangeable house stage in the dance hall) took place:

"Parterre and first floor surrounded by a garden that goes uphill. On the ground floor are the bedrooms of father and mama, and my brothers each have an extra bedroom, too, then there's one more for Sophie and me and even one for Ella (the youngest), but of course she's sleeping with her governess. On the first floor are the reception rooms. A wonderful marble staircase leads upstairs."[11]

The daughters received formidable private instruction from specialists in their field, such as the art historian Albert

mit ihren gerade einmal sechzehn Jahren bald zur rechten Hand ihres Vaters.¹⁴ Szeps und Rudolf waren davon überzeugt, dass Österreich von einem Bündnis mit Bismarcks Deutschland Abstand nehmen und stattdessen mit dem liberalen, republikanischen Frankreich zusammenarbeiten sollte.¹⁵ Szeps hatte bereits Kontakte zu führenden französischen und englischen Politikern geknüpft. Die junge Berta machte durch ihren Vater etwa die Bekanntschaft von Benjamin Disraeli, dem britischen Premierminister. Eine lebenslange, aber später aufgrund grundlegender politischer Differenzen schwer belastete Freundschaft entstand zwischen ihr und Georges Clemenceau, dem nachmaligen französischen Ministerpräsidenten. Dieser Freundschaft verdankte sie auch eine gute Kenntnis der französischen Avantgarde, während z. B. die Kunst des Impressionismus in Österreich noch praktisch unbekannt war.¹⁶ Ein weiterer Grund zu häufigen Frankreichbesuchen war die 1886 geschlossene Ehe von Bertas älterer Schwester Sophie mit Paul, dem jüngeren Bruder Georges Clemenceaus, in deren Salon Berta bedeutende Künstler kennenlernte, darunter Eugène Carrière und Auguste Rodin.¹⁷ Im ersten Teil ihrer Autobiografie¹⁸ gibt sie anhand von Korrespondenzen und Gesprächsprotokollen aus dem Nachlass ihres Vaters intensive Einblicke in dessen engagierte politische Tätigkeit, durch die sie selbst zutiefst beeinflusst wurde, sowohl in Hinsicht auf die liberale, pazifistische, proeuropäische Ausrichtung als auch durch die Art des Engagements auf höchster Ebene hinter den Kulissen. Zu einer Zeit, in der bürgerliche Frauen sonst zum Stillsitzen und Funktionieren im Rahmen ihrer Rollenzuschreibungen erzogen wurden, gab Moriz Szeps seiner Tochter sowohl die Anleitung als auch die uneingeschränkte Ermächtigung zu eigenem Handeln.¹⁹

Berta Zuckerkandl sollte im Lauf ihres Lebens vollen Nutzen aus dem Vorbild beider Elternteile ziehen. 1886 heiratete sie den damals schon aufstrebenden und später bedeutenden Anatomen Dr. Emil Zuckerkandl.²⁰ Nach einem von ihr als eine Art Exil empfundenen Aufenthalt in Graz²¹, wo Emil Zuckerkandl eine ordentliche Universitätsprofessur innehatte, kehrte das junge Paar 1888 nach Wien zurück, nachdem Emil die Leitung des Wiener Anatomischen Instituts übertragen worden war. Im ersten Band ihrer Lebenserinnerungen folgt die Beschreibung, wie Berta ein Haus für sie beide in damaligen Vorort Döbling fand, recht knapp auf die Mitteilung der Rückübersiedlung von Graz nach Wien, sodass bisherige Leser davon ausgingen, die

Ilg, who was to have a lasting influence on Berta's understanding of art. Berta's mother, Amalia Szeps, ran a salon in the new house—as her daughter recalls, one of Vienna's most beloved—visited by "statesmen, parliamentarians [...] and financial figures as well as [...] poets, actors [...], aristocrats, ladies of the world and simple women."¹² Among the ladies was, e.g., Katharina Schratt, before her private relationship with Emperor Franz Joseph began.¹³ Her mother's salon formed the female hemisphere of the world in which Berta grew up.

Since 1867, Moriz Szeps had been publishing the *Neues Wiener Tagblatt*, the leading liberal daily newspaper in Austria. He was a friend of Crown Prince Rudolf from the early 1880s until Rudolf's suicide in 1889, and published his political articles without naming their author. The texts were brought in secret by the valet of the crown prince and, after Szeps had transcribed them so that no one could recognize the manuscript, returned in the same way. The staff were told that the valet was a masseur, but Berta was privy to the secret and soon became her father's right hand at the age of sixteen.¹⁴ Szeps and Rudolf were convinced that Austria should refrain from establishing an alliance with Bismarck's Germany and instead work together with liberal, republican France.¹⁵ Szeps had already made contacts with leading French and English politicians. Through her father, young Berta made the acquaintance of Benjamin Disraeli,

Gustav Klimt
1911
Foto / Photo:
Moritz Nähr
Imagno

Berta Zuckerkandls
Mutter Amalia Szeps
um 1910
Berta Zuckerkandl's
mother Amalia Szeps
ca. 1910
ÖNB 424-L181 Lit

Amalia Szeps Perlenbeutel
um 1910
Amalia Szeps Beaded bag
ca. 1910
MAK Inv. Nr. WI 1095
Foto / Photo: © MAK / Kristina Wissik

Berta Zuckerkandl am
Stand der Wiener Werkstätte
1907
Berta Zuckerkandl at the Wiener
Werkstätte stand
1907
MAK Inv. Nr. KI 13744-12
Foto / Photo: © MAK

Zuckerkandls hätten die Döblinger Villa bereits 1888 bezogen. Laut Lehmanns Wohnungs-Anzeiger bewohnten sie jedoch rund 15 Jahre lang ein Appartement zunächst in der Günthergasse 1, einem sehr kunstaffinen Zinshaus nahe der Votivkirche, bzw. ab zirka 1897 in der Alserbachstraße 20, beide im neunten Bezirk, und übersiedelten erst 1903 in das Haus in der Döblinger Nusswaldgasse 22, was Zuckerkandl in keinem ihrer beiden Memoirenbände erwähnt.[22] An allen diesen Wohnadressen fand auch ihr Salon statt. In den frühen Jahren gehörten zum Kreis um die Zuckerkandls vielfach Mediziner wie Julius Wagner-Jauregg und Richard von Krafft-Ebing und bald auch Naturwissenschaftler wie der Geologe Eduard Suess und der Physiker und Philosoph Ernst Mach.[23] Der Schauspielstar Alexander Girardi, der Komponist Johann Strauß (Sohn) und der Pianist Alfred Grünfeld waren alte Freunde aus dem Salon ihrer Mutter. Auch der „Erwecker"[24] der ästhetischen Moderne in Österreich, Hermann Bahr, und Mitglieder des literarischen Kreises Jung-Wien frequentierten Bertas Salon.

1894 begann Berta Zuckerkandl ihre erfolgreiche Karriere als Kunstkritikerin und Kulturjournalistin.[25] Ihr Bruder Julius wurde ihr Vorgesetzter in der Redaktion der *Wiener Allgemeinen Zeitung*, für deren Feuilleton sie von 1898 bis 1922 Kunstkritiken und andere Besprechungen schrieb.[26] Sie arbeitete aber auch für die Zeitschriften *Die Zeit*, *Ver Sacrum*, *Deutsche Kunst und Dekoration* und *Dekorative Kunst*. Am 30. Juli 1895 kam ihr einziges Kind, ihr Sohn Fritz, zur Welt.[27] Wegen ihrer die Moderne verteidigenden Kunstkritiken wurden diejenigen Künstler auf sie aufmerksam, die später (1897) die Wiener Secession gründeten. Bald zählten auch Carl Moll, Gustav Klimt, Otto Wagner, Kolo Moser, Josef Hoffmann und andere zu ihrem Kreis, wobei Gustav Klimt eine Zeitlang die klassische Salonrolle des maßgeblichen männlichen Stars zugefallen sein dürfte. Beide Tätigkeitsfelder Berta Zuckerkandls als Journalistin und Salonière verschmolzen zu einer Aufgabe: der Propaganda für die Kunst der Moderne, beispielhaft vertreten durch Gustav Klimt und seine Mitstreiter.[28] Vielfach wurde das wohlwollend rezipiert, nur Karl Kraus war wirklich ihr Feind.[29]

Tatsächlich bewirkte sie viel mit ihrer Mischung aus publizistischer Offensive und subtiler zwischenmenschlicher Beziehungsarbeit. Ihr Kollege, der ebenfalls bedeutende Kunstkritiker Ludwig Hevesi, überlieferte, die Gründung der Wiener Secession habe im Salon der Zuckerkandl stattgefunden.[30] Sie selbst lässt die Gründungsszene zwar in

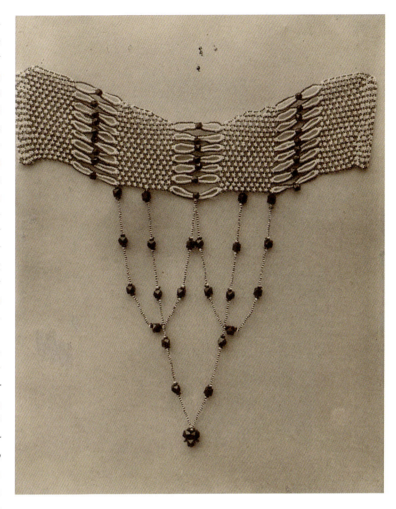

Amalia Szeps Perlen-Collier um 1911 Fotografie
Amalia Szeps Pearl necklace ca. 1911 photograph
MAK Inv. Nr. KI 7836-31

the British Prime Minister. A lifelong friendship developed between her and Georges Clemenceau, the future French Prime Minister, which later became heavily burdened by fundamental political differences. She also owed this friendship to a good knowledge of the French avant-garde, while, for instance, the art of impressionism was still virtually unknown in Austria.[16] One further reason for frequent visits to France was the marriage of Berta's older sister Sophie with Paul, the younger brother of Georges Clemenceau, in 1886. Berta met important artists, including Eugène Carrière and Auguste Rodin, at his salon.[17] In the first part of her autobiography,[18] she uses correspondence and interview protocols from her father's estate to provide intensive insights into his dedicated political activity, which had profoundly influenced her, both in terms of liberal, pacifist, pro-European leanings, and the nature of high-level engagement behind the scenes. At a time when bourgeois

ihrer Anwesenheit, aber beim Heurigen spielen.³¹ Auch die Gründung der Wiener Werkstätte wird in Zusammenhang mit dem Zuckerkandl-Salon gebracht. Beide Institutionen propagierte und verteidigte sie publizistisch. 1901 lernten einander Alma Schindler und Gustav Mahler im Salon der Zuckerkandl kennen – und heirateten kurz darauf. Auf Zuckerkandls Vermittlung hin schuf Josef Hoffmann für den Industriellen Viktor Zuckerkandl, ihren Schwager, eines seiner Hauptwerke: das Sanatorium Purkersdorf. Zudem ließen sich ihre Schwägerinnen Paula und Amalie Zuckerkandl von Gustav Klimt porträtieren und erwies sich Viktor Zuckerkandl als Käufer weiterer Klimt-Bilder.³² Und später waren es zwei ihrer Habitués, Hugo von Hoffmannsthal und Max Reinhardt, die die Salzburger Festspiele konzipierten – und Berta Zuckerkandl um ihre Unterstützung baten. Ein weiteres Ergebnis der Tätigkeiten von Berta Zuckerkandl war, dass sich ihre 1902 verwitwete Mutter Amalia Szeps im Alter von 64 Jahren noch erfolgreich dem Kunstgewerbe zuwandte und eine vielbeachtete und u. a. von der Wiener Werkstätte imitierte Technik des Häkelns mit Glasperlen erfand, die sie sich angeblich sogar patentieren ließ.³³ Ihre Colliers, Täschchen und Lampenschirme wurden international ausgestellt und auch das Wiener Museum für Angewandte Kunst besitzt einige ihrer Objekte.

Eine weitere Agenda kam nach dem Tod von Moriz Szeps zu Berta Zuckerkandl zurück: Wurde 1906 noch ihr jüngerer Bruder Julius gebeten, in einer wichtigen geheimdiplomatischen Angelegenheit zwischen Österreich und Frankreich zu vermitteln,³⁴ so war es 1917 Berta Zuckerkandl, die auf eigene Faust versuchte einen Separatfrieden Österreichs mit Frankreich zu vermitteln. Erfolgreicher war sie 1922, als sie mit ihren guten französischen Kontakten und sehr viel Hartnäckigkeit dazu beitrug, dass Österreich in seiner verzweifelten Lage die rettende Völkerbundanleihe erhielt. Darüber hinaus engagierte sie sich sowohl hinter den Kulissen als auch publizistisch in Form von Interviews internationaler Politiker für Themen, die sie für wichtig hielt. Dem Beispiel ihres Vaters folgend, versuchte sie z. B. der schon in der Zwischenkriegszeit lauten Anschlusspropaganda mit der Betonung der Lebensfähigkeit Österreichs als eigener Staat zu kontern und engagierte sich auch später noch, selbst im Exil, solange sie es konnte.³⁵ Berta Zuckerkandl pflegte, auch mithilfe ihrer Schwester, die Kontakte ihres Vaters, die zu ihren geworden waren, sorgfältig weiter, knüpfte neue und band diese in ihr Salonièren-Netzwerk ein, in dem hohe Beamte, Diplomaten und Spitzen-

women were otherwise educated to sit still and function within the scope of the roles ascribed to them, Moriz Szeps gave his daughter guidance, as well as unrestricted empowerment to act independently.[19]

Berta Zuckerkandl was to take full advantage of the example of both parents in the course of her life. In 1886, she married the up-and-coming and later important anatomist Dr. Emil Zuckerkandl.[20] After a stay that felt like a sort of exile for her in Graz,[21] where Emil Zuckerkandl held a full university professorship, the young couple returned to Vienna in 1888, following Emil's conferral as head of the Vienna Anatomical Institute. In the first volume of her memoirs, Berta describes how she found a home for them in Döbling, at that time a suburb, very close to the announcement of the relocation from Graz to Vienna. Readers thus assumed that the Zuckerkandls had already moved to the Döbling villa in 1888. According to Lehmann's Wohnungs-Anzeiger, however, they lived for about 15 years in an apartment, first at Günthergasse 1, an apartment building with a very strong affinity to art near the Votive Church, then from about 1897 at Alserbachstrasse 20, both in the Ninth District. In 1903, they moved into the house at Nusswaldgasse 22 in Döbling; Zuckerkandl, however, does not mention any of these relocations in her two memoir volumes.[22] Her salon also took place at all these addresses. Physicians such as Julius Wagner-Jauregg and Richard von Krafft-Ebing, and soon also scientists such as the geologist Eduard Suess and the physicist and philosopher Ernst Mach belonged to the Zuckerkandls' circle in the early years.[23] The star actor Alexander Girardi, the composer Johann Strauss (son) and the pianist Alfred Grünfeld were old friends from her mother's salon. The "awakener"[24] of aesthetic modernism in Austria, Hermann Bahr, and members of the literary circle of Young Vienna also frequented Berta's salon.

In 1894, Berta Zuckerkandl began her successful career as an art critic and cultural journalist.[25] Her brother Julius became her supervisor at the editorial office of the *Wiener Allgemeine Zeitung*, for whose feature pages she wrote art critiques and other reviews from 1898 to 1922.[26] She also worked for the magazines *Die Zeit, Ver Sacrum, Deutsche Kunst und Dekoration* and *Dekorative Kunst*. On July 30, 1895, her only child, her son Fritz, was born.[27] Because of her art criticisms defending modernism, the artists who later (1897) founded the Vienna Secession became aware of her. Carl Moll, Gustav Klimt, Otto Wagner, Kolo Moser, Josef Hoffmann and others soon joined her circle. For a time

politiker sowohl in Wien als auch in Paris in die der österreichisch-französischen Freundschaft förderlichen Geselligkeiten einbezogen wurden.

Verschiedene Fotos überliefern die Interieurs sowie Details der Außenansicht der 1903 von den Zuckerkandls bezogenen biedermeierlichen Villa in der Nusswaldgasse 22. Ein im Nachlass erhaltenes Album bildet großzügige Wohn- und Repräsentationsräume ab, darunter eine Bibliothek oder ein Arbeitszimmer, die vorwiegend mit dunklen historistischen Möbeln eingerichtet sind.[36] Einige der Fotos zeigen ein hell gestaltetes Esszimmer und eine Art Salon mit Polstermöbeln mit Wiener-Werkstätte-Bezugsstoff, die durch einen breiten Durchgang verbunden sind, in dessen Seiten Vitrinen mit Durchblick eingebaut wurden, darin ausgestellt Teile der Sammlung von Emil Zuckerkandl. Sechs weitere, 1904 in einer Zeitschrift publizierte Fotos präsentieren einen Damensalon im Hause Zuckerkandl.[37] Sie zeigen Biedermeiermöbel in einem an den Jugendstil angelehnten Raumkonzept – inklusive einer quergestreiften Tapete, die als ein in den geometrischen Jugendstil transponiertes biedermeierliches Gestaltungselement betrachtet werden kann.[38] Der im Text neben den Fotos angesprochene Diskurs spiegelte im Umfeld der Wiener Secession verhandelte Themen und Thesen wider, die auch Berta Zuckerkandl in ihren Kritiken vertrat. Darin ging es einerseits um die Bewertung von alter ebenso wie moderner Kunst nach dem ausschließlichen Kriterium der Qualität sowie um die Bedeutung der angewandten Kunst für das damals viel diskutierte Projekt des Gesamtkunstwerks. Darüber hinaus wurde die Schlichtheit des Biedermeier um 1900 als formschön empfunden. Man könnte demgemäß die von ihr beauftragte Gestaltung ein „Diskursinterieur" nennen. Offenbar wurde zumindest ein Raum der Villa um oder nach 1910 von Josef Hoffmann noch einmal umgestaltet, wie ein Foto des Albums im Literaturarchiv nahelegt: Zu sehen sind dort bereits die wesentlichen Elemente des späteren Salons in Zuckerkandls letzter Wohnung wie die Sitzbank und zwei Fauteuils mit gemustertem Bezugsstoff (Entwurf: Karl Klaus, 1910), der hier auch als Vorhang dient, sowie der von Josef Hoffmann 1904 entworfene Spannteppich. Die japanischen Farbholzschnitte sind dieselben wie im Display der späteren Gestaltung.[39]

Nach dem Tod ihres Ehemannes im Mai 1910 und ihrer Mutter im Oktober 1912 übersiedelte Berta Zuckerkandl mit ihrem Sohn Fritz im Sommer 1916 in eine im vierten Stock

Gustav Klimt enjoyed the classic salon role of the authoritative male star. Both of Berta Zuckerkandl's fields of activity as a journalist and salonière melded into one purpose: to make propaganda for the art of the modern age, exemplified by Gustav Klimt and his fellow campaigners.[28] In most cases, this was received favorably; her only real enemy was Karl Kraus.[29]

In fact, she did a great deal with her mix of journalistic offensive and subtle interpersonal relationship work. Her colleague Ludwig Hevesi, who also was a major art critic, reported that the founding of the Vienna Secession had taken place at the Zuckerkandl salon.[30] She herself lets the founding scene indeed play in her presence, but at a wine tavern.[31] The establishment of the Wiener Werkstätte is also linked to the Zuckerkandl salon. These two institutions were propagated and defended by her publicly. In 1901, Alma Schindler and Gustav Mahler became acquainted with each other at the Zuckerkandl salon—and got married soon afterwards. At Zuckerkandl's mediation, Josef Hoffmann created one of his major works for her brother-in-law, the industrialist Viktor Zuckerkandl: the Purkersdorf Sanatorium. In addition, her sisters-in-law Paula and Amalie Zuckerkandl were portrayed by Gustav Klimt, and Viktor Zuckerkandl turned out to be the buyer of other Klimt paintings.[32] Later it was two of her habitués, Hugo von Hofmannsthal and Max Reinhardt, who conceived the Salzburg Festival—and asked Berta Zuckerkandl for her support. Another result of Berta Zuckerkandl's activities was that her mother, Amalia Szeps, widowed in 1902, was still successfully devoting herself to the arts and crafts at the age of 64. She received considerable attention for inventing a technique of crocheting with glass beads that was imitated by the Wiener Werkstätte, among others, and which she allegedly even had patented.[33] Her necklaces, purses and lampshades were exhibited internationally, and the Vienna Museum of Applied Arts also owns some of her objects.

After the death of Moriz Szeps, Berta Zuckerkandl took over another agenda again. Her younger brother Julius had been asked in 1906 to mediate between Austria and France in an important secret diplomatic affair.[34] In 1917, Berta Zuckerkandl worked on her own trying to mediate Austria's separate peace with France. She was more successful in 1922, when, with her good French contacts and a great deal of tenacity, she helped Austria, in its desperate situation, to receive the saving League of Nations loan. Beyond that, she was involved behind the scenes as well journalistically in the

Biedermeiervilla in der Nusswaldgasse 22 in Wien XIX, in der die Zuckerkandls von 1903 bis 1916 wohnten
Biedermeier villa at Nusswaldgasse 22 in Vienna XIX, where the Zuckerkandls lived from 1903 to 1916
ÖNB 424 / S95 Lit.

*Damensalon von Berta Zuckerkandl mit Biedermeiermöbeln
in der Nusswaldgasse 22, um 1904*
Ladies' salon of Berta Zuckerkandl with Biedermeier furniture
at Nusswaldgasse 22, ca. 1904
Aus / From: Hohe Warte 1 (1904)

gelegene, von Josef Hoffmann für sie neu gestaltete Vierzimmerwohnung im Palais Lieben-Auspitz in der Oppolzergasse 6, neben dem Burgtheater. Dort lud sie wieder in ihren Salon und hat dabei bis zu zweihundert Gäste empfangen.[40] Mehrere Fotos zeigen das Bibliothekszimmer, das Esszimmer sowie eines das Schlafzimmer, in dem Gobelins für intime Wohnlichkeit sorgten und wo sie gerne im Bett arbeitete.[41] Der vierte und letzte Raum wurde von ihrem Sohn, dessen Frau Gertrude und deren beider 1922 geborenem Sohn Emile bewohnt, bevor die junge Familie 1929 in eine Villa auf dem Gelände des Sanatoriums in Purkersdorf zog. Bibliothek und Esszimmer waren in Schwarz und Weiß gehalten, deren Strenge aber durch Farbtupfer wie die „Chinasammlung" ihres Mannes[42] sowie durch das helle Grün im schwarzen Teppich, das bunte Blumenmuster des hellen Sofabezugs und die zart floral-ornamentale, vom Architekten Artur Berger 1911–1913 für die Wiener Werkstätte entworfene Esszimmertapete „Mekka" gemildert wurde.[43]

„Im Bibliothekszimmer steht ein überdimensionaler Diwan, der leicht zehn Personen Platz bietet. Diese Diwanecke ist ein Hauptbestandteil meines geselligen Lebens. Seit vielen Jahren treffe ich hier mit Freunden zusammen, erwarte meinen Sohn, die Schwiegertochter und den Enkel, […] Auf meinem Diwan wird Österreich lebendig", schrieb sie über das wichtigste Möbel ihres Salons.[44]

Ihr „Jour" fand sonntags statt.[45] Die Bewirtung soll frugal gewesen sein und aus Tee oder Kaffee und belegten Brötchen bestanden haben.[46] Zu den Habitués und Gästen ihres Salons in der Oppolzergasse zählten Hugo von Hofmannsthal, Hermann Bahr, Peter Altenberg, Richard Beer-Hofmann, Oskar Kokoschka, Franz Werfel, Egon Friedell, Max Reinhardt, Arthur Schnitzler, Gustav Klimt, Alma Mahler-Werfel, Franz Theodor Csokor, Lina Loos, Alexander Girardi, Alexander Moissi, Tilla Durieux, Jakob Wassermann, Stefan Zweig, Felix Salten, Fritz von Unruh sowie Beamte aus den Ministerien und ausländische Journalisten, Schriftsteller und Diplomaten. Sogar der Bundeskanzler Prälat Ignaz Seipel und der Sozialist Julius Tandler ließen sich bei der Zuckerkandl sehen. Interessanterweise werden Frauen als Gäste in ihrem Salon kaum erwähnt, und wenn, dann erfährt man eher aus den Erinnerungen von Habitués wie Arthur Schnitzler von deren Anwesenheit.[47] Kritische Töne zu dieser Salongesellschaft hörte man von Zuckerkandls Nichte Hermine Zuckerkandl, verheiratete Müller-Hofmann:

form of interviews with international politicians on issues she considered important. Following the example of her father, she tried, for instance, to counter the Anschluss propaganda, which was already loud in the interwar period, by emphasizing the viability of Austria as a separate state and also committed herself later, even in exile, as long as she could.[35] With the help of her sister, Berta Zuckerkandl carefully maintained her father's contacts that had become her own, made new ones and integrated them into her salonière network, which included senior officials, diplomats and top politicians both in Vienna and in Paris who were involved in the societies promoting Austro-French friendship.

Various photos convey the interiors as well as details of the exterior view of the Biedermeier villa at Nusswaldgasse 22 that the Zuckerkandls moved into in 1903. An album preserved in the estate depicts spacious living and representative rooms, including a library or a study, mainly furnished with dark historicist furniture.[36] Several photos show a brightly decorated dining room and a kind of salon with upholstered furniture featuring Wiener Werkstätte cover fabric, which are connected by a wide passage, in the sides of which showcases were built, exhibiting objects from Emil Zuckerkandl's collection. Six other pictures, published in 1904 in a magazine, present a women's salon in the Zuckerkandl home.[37] They show Biedermeier furniture in a spatial concept based on the Art Nouveau style—including horizontally striped wallpaper that can be considered as a Biedermeier design element transposed into the geometric *Jugendstil*.[38] The discourse mentioned in the text alongside the photos reflected topics and theses that were negotiated in the context of the Viennese Secession and that Berta Zuckerkandl also advocated in her critiques. On the one hand, it was about the evaluation of old as well as modern art according to the exclusive criterion of quality, as well as the importance of applied art for the much-discussed project of the Gesamtkunstwerk. In addition, the simplicity of Biedermeier was perceived around 1900 as elegantly proportioned. One could hence call the design commissioned by her a "discourse interior." At least one room of the villa was apparently redesigned by Josef Hoffmann around or after 1910, as a photograph of the album in the literature archive suggests: The essential elements of the later salon in Zuckerkandl's last apartment can already be seen, such as the bench and two armchairs with patterned upholstery fabric (design: Karl Klaus, 1910), which also serves as a curtain here, as well as the fitted carpet

*Gertrude Zuckerkandl, Bertas Schwiegertochter, auf dem Diwan im Bibliothekszimmer in der Oppolzergasse 6
um 1932
Gertrude Zuckerkandl, Berta's daughter-in-law, on the sofa in the library room at Oppolzergasse 6
ca. 1932
ÖNB 424 / L208 Lit.*

*Karl Klaus
Wiener Werkstätte
1910
Stoffmuster
Backhausen
Karl Klaus
Wiener Werkstätte
1910
Fabric samples
Backhausen Archiv*

„Wir sind zum Beispiel nicht so gerne in den Salon meiner Tante Bertha gegangen. [...] es ist eine tiefe Verlogenheit hinter dem Ganzen gewesen. Es ist unecht gewesen. Gesellschaftlicher Ehrgeiz und Schaumschlägerei [...]. Es war mir unbehaglich, wenn der Stefan Zweig dort bei der Bertha war, nein, ich mochte das nicht. Es war ein Sich-zur-Schau-Stellen, und mein Mann hat das schon überhaupt gar nicht wollen. [...] Sie [Berta Zuckerkandl, Anm. d. Verf.] war wirklich eine sehr verbindungschaffende Persönlichkeit, und – sie war wirklich ein guter Mensch. [...] Der Hofmannsthal hat sie jahrelang gemieden [...]. Und dann hat er [...] sie kennengelernt. Und dann hat er sie so gerne gehabt, weil er g'spürt hat das Echte an ihr."[48]

Das Ende kam über Nacht: Noch glaubten manche an den positiven Ausgang des von Kurt Schuschnigg angesetzten Plebiszits für ein eigenständiges Österreich, als die Ereignisse auch Berta Zuckerkandl zum Handeln zwangen. Mithilfe ihres Schwagers Paul Clemenceau gelangen ihr und ihrem Enkel Emile die Ausreise nach Paris. Ihr Sohn Fritz lebte schon dort, ihre Schwiegertochter Gertrude kam später nach. 1940 floh sie weiter nach Algier. Erst nach dem Ende des Zweiten Weltkriegs konnte sie, bereits schwer krank, nach Paris zurückkehren. Das von ihr noch mehr als Paris geliebte Wien hat sie nie wiedergesehen.

designed by Josef Hoffmann in 1904. The Japanese color woodcuts are the same as in the display of the later design.[39]

After the death of her husband in May 1910 and her mother in October 1912, Berta Zuckerkandl moved with her son Fritz in the summer of 1916 to a four-room apartment newly designed for her by Josef Hoffmann in Palais Lieben-Auspitz at Oppolzergasse 6, next to the Burgtheater. There she invited people to her salon again and received up to two hundred guests.[40] Several photos show the library room, the dining room and one the bedrooms, in which Gobelin tapestries made for intimate comfort and where she liked to work in bed.[41] The fourth and last room was occupied by her son, his wife Gertrude, and their son Emile, born in 1922, before the young family moved into a villa on the grounds of the Purkersdorf Sanatorium in 1929. The library and dining room were kept in black and white; their austerity was tempered by splashes of color like her husband's "China Collection,"[42] the bright green of the black carpet, the colorful floral pattern of the bright sofa cover, and the delicate, floral-ornamental dining room wallpaper "Mekka" designed for the Wiener Werkstätte by architect Artur Berger 1911–1913.[43]

"An oversized divan that easily seats ten people stands in the library room. This divan corner is a main part of my social life. For many years I've met here with friends, awaited my son, daughter-in-law and grandson, [...] Austria comes alive on my divan," she wrote about the most important piece of furniture in her salon.[44]

Her "Jour" took place on Sundays.[45] The service is said to have been frugal, consisting of tea or coffee and sandwiches.[46]

Bibliothekszimmer Berta Zuckerkandls in der 1916 bezogenen, von Josef Hoffmann gestalteten Wohnung in der Oppolzergasse 6
Berta Zuckerkandl's library room in the apartment designed by Josef Hoffmann at Oppolzergasse 6, which she moved into in 1916
© bel etage, Wolfgang Bauer, Wien / Vienna

Josef Hoffmann, Wiener Werkstätte
Teppichmuster, Entwurf
1904
Josef Hoffmann, Wiener Werkstätte
Carpet pattern, design
1904
Backhausen Archiv

Artur Berger, Wiener Werkstätte
Tapete Mekka
1911-13
Artur Berger, Wiener Werkstätte
Mekka Wallpaper
1911–13
MAK Inv. Nr. WWTAMB-2-10 / 4
Foto / Photo: © MAK / Georg Mayer

Esszimmer Berta Zuckerkandls in der 1916 bezogenen, von Josef Hoffmann gestalteten Wohnung in der Oppolzergasse 6
Berta Zuckerkandl's dining room in the apartment designed by Josef Hoffmann at Oppolzergasse 6, which she moved into in 1916
© bel etage, Wolfgang Bauer, Wien / Vienna

Schlafzimmer Berta Zuckerkandls in der 1916 bezogenen, von Josef Hoffmann gestalteten Wohnung in der Oppolzergasse 6
Berta Zuckerkandl's bedroom in the apartment designed by Josef Hoffmann at Oppolzergasse 6, which she moved into in 1916
Aus: SEKLER, 376, WVZ 196
From SEKLER, p. 376, works catalog 196

Die Vermutung liegt nahe, dass eine Salonière nach so langer Zeit gewissermaßen eins geworden sein muss mit ihrem Salon, dass sich dieser immer und überall dort befand, wo sie sich aufhielt. Es deutet einiges darauf hin, denn auch im Exil in Paris und Algier führte sie ihren Salon fort. Es ist der treffenden Feststellung von Emily D. Bilski und Emily Braun zuzustimmen: „Berta Zuckerkandl, the Austrian patriot, carried her role as salonière with her into exile, as Jews have ever transported their culture in their wanderings."[49] Der Ort ihres Salons lag längst in ihr selbst.

The habitués and guests of her salon on Oppolzergasse included Hugo von Hofmannsthal, Hermann Bahr, Peter Altenberg, Richard Beer-Hofmann, Oskar Kokoschka, Franz Werfel, Egon Friedell, Max Reinhardt, Arthur Schnitzler, Gustav Klimt, Alma Mahler-Werfel, Franz Theodor Csokor, Lina Loos, Alexander Girardi, Alexander Moissi, Tilla Durieux, Jakob Wassermann, Stefan Zweig, Felix Salten, Fritz von Unruh, civil servants from the ministries, and foreign journalists, writers and diplomats. Even the Chancellor Prelate Ignaz Seipel and the socialist Julius Tandler were seen at Zuckerkandl's salon. Interestingly, women are rarely mentioned as guests in her salon, and if so, one learns rather from the memories of habitués like Arthur Schnitzler of their presence.[47] Critical tones about this salon society were heard from Zuckerkandl's niece Hermine Zuckerkandl, née Müller-Hofmann:

"We did not enjoy going to my aunt Bertha's salon, for instance. [...] there was a deep phoniness about the whole thing. It was artificial. Social ambition and boasting [...]. I felt uncomfortable when Stefan Zweig was there with Bertha; no, I did not like that. It was a showing-off, and my husband did not want that at all. [...] She [Berta Zuckerkandl, author's note] was really a very connection-creating personality, and—she was really a good person. [...] Hofmannsthal avoided her for years [...]. And then he [...] got to know her. And then he loved her so much because he felt what was real about her."[48]

The end came overnight: Some still believed in the positive outcome of Kurt Schuschnigg's plebiscite for an independent Austria, as the events also forced Berta Zuckerkandl to act. With the help of her brother-in-law Paul Clemenceau, she and her grandson Emile made their way to Paris. Her son Fritz already lived there, her daughter-in-law Gertrude later followed. In 1940 she fled further to Algiers. Already seriously ill, she was first able to return to Paris after the end of the Second World War. She never saw Vienna, which she still loved more than Paris, again.

The assumption suggests that a salonière, after such a long time, has to in a sense become one with her salon, and that this was located at all times and wherever she stayed. There are some indications for this, since she continued her salon in exile in Paris and Algiers. The apt statement by Emily D. Bilski and Emily Braun is to be agreed with: "Berta Zuckerkandl, the Austrian patriot, carried her role as salonière with her into exile, as Jews have ever transported their culture in their wanderings."[49] The location of her salon had already long lain within her.

Fritz Schwarz-Waldegg
Porträt Max Reinhardt mit Figurinen zu Die Grüne Flöte
Salzburger Festspiele 1925
Zeichnung
Fritz Schwarz-Waldegg
Portrait of Max Reinhardt with figurines for The Green Flute
Salzburg Festival 1925
Drawing
Slg. / Coll. JMW, Inv. Nr. 25312

1 Siehe z. B. Petra WILHELMY-DOLLINGER: Der Berliner Salon im 19. Jahrhundert (1780–1914), Berlin 1989, 461; Olaf HERLING: Berta Zuckerkandl (1864–1945) oder die Kunst weiblicher Diplomatie, in: Frauke SEVERIT (Hg.): Das alles war ich. Politikerinnen, Künstlerinnen, Exzentrikerinnen der Wiener Moderne, Wien [u. a.] Böhlau 1998, 53–74, hier 70; Gesa von ESSEN: „Hier ist noch Europa!" – Berta Zuckerkandls Wiener Salon, in: Europa – ein Salon? Beiträge zur Internationalität des literarischen Salons, Göttingen 1999, 190. Heinz GERSTINGER: Altwiener literarische Salons. Wiener Salonkultur vom Rokoko bis zur Neoromantik (1777–1907), Salzburg 2002, 176; Helga PEHAM: Die Salonièren und die Salons in Wien. 200 Jahre Geschichte einer besonderen Institution, Graz 2013, 190. In etlichen anderen Überblickswerken über die Salonkultur wird der Salon der Zuckerkandl insbesondere dadurch hervorgehoben, dass er als einer von wenigen oder gar als einziger Wiener Salon um 1900 genannt wird.
2 Im Zusammenhang mit seiner Bestellung zum Dekan der medizinischen Fakultät 1890 wurde Emil Zuckerkandl auch zum Hofrat ernannt. Die „Ernennung" seiner Ehefrau zur „Hofrätin" erfolgte, wie in Wien üblich, „auf dem Standesamt".
3 Milan DUBROVIĆ: Veruntreute Geschichte. Die Wiener Salons und Literaturcafés, Frankfurt am Main 1985, 171, 173.
4 Franz Theodor CSOKOR: Zeuge einer Zeit. Briefe aus dem Exil 1933–1950, München/Wien, 1964, 44–45. Beide beziehen sich auf die Situation in den 1930er-Jahren.
5 Isabella ACKERL: Wiener Salonkultur um die Jahrhundertwende, in: Jürgen NAUTZ (Hg.): Die Wiener Jahrhundertwende. Einflüsse – Umwelt – Wirkungen, Wien u. a. 1993, 694–709, hier 699–700.
6 Helene von NOSTITZ: Aus dem alten Europa. Menschen und Städte, Reinbek bei Hamburg 1964, 88.
7 F. T. Csokor an Lina Loos, 5. August 1937, in: CSOKOR, 147–149, hier 148. Scharwenzeln ist Wienerisch für „schmeichelnd umwerben", kann aber auch für eine Art charmante Präsenz oder beflissenes Herumgehen verwendet werden. Berta Zuckerkandl schreibt über ihre Erlebnisse während dieses Aufenthalts in: Berta ZUCKERKANDL: Österreich intim. Erinnerungen 1892–1942, hrsg. v. Reinhard Federmann, Frankfurt am Main u. a. 1970, 208–210.
8 Ihre Geschwister hießen Sophie (1862–1937), Leo[n] (1865–1903), Julius (1867–1924) und das früh verstorbene Nesthäkchen Eleonore, genannt Ella (1869–1885). Die ursprüngliche Schreibweise ihres Namens war Bertha. Sie selbst schrieb ihn aber ohne h. Der Nachname Szeps wurde wohl wie „Scheps" ausgesprochen, verballhornt vielleicht sogar wie „Schöps", siehe Moriz SCHLESINGER: Das verlorene Paradies. Ein improvisiertes Leben in Wien um 1900, Wien 1993, 114. Auch die Unterschrift „Moriz Scheps" im Trauungsbuch der Israelitische Cultusgemeinde in Wien (1861, Nr. 187) anlässlich seiner Hochzeit am 23. Juni 1981 im Leopoldstädter Tempel deutet auf diese Aussprache hin, siehe Nathalie BEER: Das Leben und Wirken des Journalisten Moriz Szeps (1834–1902). Ein Beitrag zur Geschichte des Wiener Judentums im 19. Jahrhundert, Master-Arbeit, Universität Wien, 2013, 26, Anm. 82.
9 Berta ZUCKERKANDL: Ich erlebte fünfzig Jahre Weltgeschichte, Stockholm 1939; ZUCKERKANDL 1970; SCHLESINGER.
10 Der Architekt war Ludwig Tischler (1840–1906), ein Protagonist der Wiener Ringstraßenzeit. Das Palais ist seit 1928 Sitz der schwedischen Botschaft.
11 Siehe ZUCKERKANDL 1939, 13. Die Familie Szeps bewohnte das Palais von 1878 bis 1889 und übersiedelte aufgrund einer verschlechterten finanziellen Situation in das Palais Damian in die Lange Gasse 53, 1080 Wien. 1895 musste Szeps auch dieses Domizil aufgrund von Finanzproblemen aufgeben. Siehe BEER, 130.
12 ZUCKERKANDL 1970, 100.
13 ZUCKERKANDL 1970, 109; SCHLESINGER, 21.
14 ZUCKERKANDL 1939, 37.
15 ZUCKERKANDL 1939; Bertas jüngerer Bruder Julius gab später die Briefe Kronprinz Rudolfs an ihren Vater in Buchform heraus, siehe Julius SZEPS

1 Cf. Petra WILHELMY-DOLLINGER, *Der Berliner Salon im 19. Jahrhundert (1780–1914)*, Berlin: Walter de Gruyter, 1989, p. 461; Olaf HERLING, „Berta Zuckerkandl (1864–1945) oder die Kunst weiblicher Diplomatie", in Frauke SEVERIT (ed.), *Das alles war ich. Politikerinnen, Künstlerinnen, Exzentrikerinnen der Wiener Moderne*, Vienna: Böhlau 1998, pp. 53–74, here p. 70; Gesa von ESSEN, „„Hier ist noch Europa!'" – Berta Zuckerkandls Wiener Salon", in Roberto SIMANOWSKI, Horst TURK and Thomas Schmidt (eds.), *Europa – ein Salon? Beiträge zur Internationalität des literarischen Salons*, Göttingen: Wallstein Verlag, 1999, p. 190. Heinz GERSTINGER, *Altwiener literarische Salons. Wiener Salonkultur vom Rokoko bis zur Neoromantik (1777–1907)*, Salzburg: Avesa, 2002, p. 176; Helga PEHAM, *Die Salonièren und die Salons in Wien. 200 Jahre Geschichte einer besonderen Institution*, Graz: Styria Premium, 2013, pp. 190. Berta Zuckerkandl's salon is particularly emphasized in a number of other reviews of salon culture in that it is mentioned as one of the few or even the only Viennese salon around 1900.
2 In connection with his appointment as dean of the medical faculty in 1890, Emil Zuckerkandl was also nominated as privy councilor. The "appointment" of his wife as "a female privy councilor" took place, as usual in Vienna, "at the registry office."
3 Milan DUBROVIĆ, *Veruntreute Geschichte. Die Wiener Salons und Literaturcafés*, Vienna/Frankfurt am Main/Hamburg: Zsolnay, 1985, pp. 171 and 173.
4 Franz Theodor CSOKOR, *Zeuge einer Zeit. Briefe aus dem Exil 1933–1950*, Munich/Vienna: Langen Müller, 1964, pp. 44–45. Both refer to the situation in the 1930s.
5 Isabella ACKERL, „Wiener Salonkultur um die Jahrhundertwende", in Jürgen NAUTZ (ed.), *Die Wiener Jahrhundertwende. Einflüsse – Umwelt – Wirkungen*, Vienna: Böhlau, 1993, pp. 694–709, here pp. 699–700.
6 Helene von NOSTITZ, *Aus dem alten Europa. Menschen und Städte*, Reinbek bei Hamburg: Rowohlt, 1964, p. 88.
7 F. T. Csokor to Lina Loos, 5 August 1937, in CSOKOR, pp. 147–149, here p. 148. "Scharwenzeln" is Viennese for "wooing in a flattering way," but can also be used for a kind of charming presence or assiduous circulating. Berta Zuckerkandl writes about her experiences during this stay in Berta ZUCKERKANDL, *Österreich intim. Erinnerungen 1892–1942. Herausgegeben von Reinhard Federmann*, Frankfurt am Main: Propyläen Verlag, 1970, pp. 208–210.
8 Her siblings were Sophie (1862–1937), Leo[n] (1865–1903), Julius (1867–1924) and the early-deceased baby of the family Eleonore, called Ella (1869–1885). The original spelling of her name was Bertha. She herself wrote it without h. The surname Szeps was probably pronounced like "Scheps," perhaps even corrupted like "Schöps," see Moriz SCHLESINGER, *Das verlorene Paradies. Ein improvisiertes Leben in Wien um 1900*, Vienna: Picus, 1993, p. 114. The signature "Moriz Scheps" in the wedding book of the Jewish Community in Vienna (1861, No. 187) on the occasion of his wedding on June 23, 1861 at the Leopoldstadt Temple also points to this pronunciation, see Nathalie BEER, *Das Leben und Wirken des Journalisten Moriz Szeps (1834–1902). Ein Beitrag zur Geschichte des Wiener Judentums im 19. Jahrhundert*, Master Thesis, University of Vienna, 2013, p. 26, footnote 82.
9 Berta ZUCKERKANDL, *Ich erlebte fünfzig Jahre Weltgeschichte*, Stockholm: Bermann-Fischer, 1939 (incidentally, there is a contemporary English edition: Berta ZUCKERKANDL, *My Life and History*, trans. John Sommerfield, London: Cassell and Company Ltd., 1938); ZUCKERKANDL 1970; SCHLESINGER.
10 The architect was Ludwig Tischler (1840–1906), a protagonist of the Vienna Ringstrasse era. The Palais has been the seat of the Swedish Embassy since 1928.
11 See ZUCKERKANDL 1939, p. 13. The Szeps family lived in the mansion from 1878 to 1889 and relocated to Palais Damian at Lange Gasse 53, 1080 Vienna, due to a worsening financial situation. In 1895 Szeps had to give up this domicile due to financial problems. See BEER, p. 130.
12 ZUCKERKANDL 1970, p. 100.
13 ZUCKERKANDL 1970, p. 109; SCHLESINGER, p. 21.
14 ZUCKERKANDL 1939, p. 37.

15 ZUCKERKANDL 1939; Berta's younger brother Julius later published Crown Prince Rudolf's letters to her father in book form, see Julius SZEPS (ed.), *Politische Briefe an einen Freund. 1882–1889*, Vienna: Rikola Verlag 1922. With Rudolf's suicide on January 30, 1889, the hope of the Liberals for a change of course in Austrian foreign policy ended.
16 Clemenceau made regular museum visits with Berta in Vienna and in Paris. See ZUCKERKANDL 1939, pp. 170–174.
17 ZUCKERKANDL 1939, pp. 174 and 181.
18 ZUCKERKANDL 1939.
19 The question remains as to why, as an adult, she was not fully engaged in politics, but mainly in art and culture. Did she remain captured in a role ascription of her time? Olaf Herling suspects that the suicide of Crown Prince Rudolf was a trigger for it. See HERLING, pp. 53–74, here p. 61.
20 This wedding took place according to the Jewish rite, not (anymore) like that of her parents in the synagogue, but at the explicit request of the bride in the winter garden of Palais Szeps (see ZUCKERKANDL 1939, pp. 126–127).
21 ZUCKERKANDL 1939, pp. 127–128 and p. 135 ("I am happy because Sophie's wedding now calls me to Vienna.").
22 See Franz EDER and Ruth PLEYER, „Berta Zuckerkandls Salon – Adressen und Gäste. Versuch einer Verortung", in Bernhard FETZ (ed.), *Berg, Wittgenstein, Zuckerkandl. Zentralfiguren der Wiener Moderne, Profile, 20. Jg.*, 2018, Vol. 25, pp. 212–233, here pp. 217–227; ZUCKERKANDL 1939; ZUCKERKANDL 1970. Emil Zuckerkandl's certificate of registration, which is stored at the Vienna Municipal and Provincial Archives and includes his wife Berta and son Fritz, names June 24, 1903 as the registration date at Nusswaldgasse 22. According to the contract of April 28, 1903, Emil Zuckerkandl and his brother-in-law Julius Szeps purchased the house in equal parts with land "measuring about 1,000 □ fathoms, including garden facilities, a bowling alley, three small garden sheds and other accessories" (Vienna Municipal and Provincial Archives, District Court Döbling, A10 – Land Register Documents: 808/1903). It is likely that the Zuckerkandls had rented the house years before the purchase, because Berta mentions that one of their most frequent visitors, Johann Strauss, Jr., jokingly maintained that he only came to visit her because of the large nut trees in her garden (ZUCKERKANDL 1939, p. 164). Strauss died in 1899. Berta Zuckerkandl possibly found the house, which she claimed to have dreamt of and its address "Nusswald-Strasse" before discovering it in the course of the 1890s, since the lane did not receive this name until 1894 (ZUCKERKANDL 1939, p. 163, as well as Felix CZEIKE, *Historisches Lexikon Wien in 5 Bänden, Bd. 4*, Vienna: Kremayr und Scheriau, 1995, p. 427). However, it would also be conceivable that she describes the timing correctly and really found the house shortly after her return from Graz in 1888 and rented it. In any case, the field name Nusswald was already briefly used in 1828 as the name of this part of the oldest street in Unterdöbling (CZEIKE). If so, she must have shared the house with its owner at that time, the financially successful philatelist and stamp dealer Sigmund Friedl (1851–1914), who not only lived there until 1903, but also ran a private philatelic museum there from ca. 1888–1899 (*Adolph LEHMANN's allgemeiner Wohnungs-Anzeiger nebst Handels- u. Gewerbe-Adressbuch für d. k.k. Reichshaupt- u. Residenzstadt Wien u. Umgebung*, Vienna: Alfred Hölder, among others, 1859–1922). Up until the house purchase, it would have only been a second home for Berta Zuckerkandl anyway. It may also be conceivable that she only rented the house during the warm time of the year, when Friedl stayed at his summer villa in Burgau on Lake Attersee. Moreover, in contrast to the apartments of the Zuckerkandls and the Szeps, there was a telephone at Nusswaldgasse 22 as of 1890. She writes that she was addicted to it, see LEHMANN as well as ZUCKERKANDL 1970, on her "telephone diary" during her exile. The earliest telephone calls dated in her diary are from 1892.
23 On the subjects of science and education in Berta and Emil Zuckerkandl's circle, see Markus OPPENAUER, *Der Salon Zuckerkandl im Kontext von Wissenschaft, Politik und Öffentlichkeit. Populärwissenschaftliche Aspekte der Wiener Salonkultur um 1900*, Weitra: Bibliothek der Provinz, 2012.

im Kontext von Wissenschaft, Politik und Öffentlichkeit. Populärwissenschaftliche Aspekte der Wiener Salonkultur um 1900, Weitra 2012.
24 ZUCKERKANDL 1970, 11–13.
25 Zur Tätigkeit als Journalistin und Kunstkritikerin siehe Renate REDL: Berta Zuckerkandl und die Wiener Gesellschaft. Ein Beitrag zur österreichischen Kunst- und Gesellschaftskritik, Dissertation, Universität Wien, 1978; Stefanie OBERMEIR: Die journalistischen Anfänge von Berta Zuckerkandl. Eine Untersuchung ihrer Kunstkritiken von 1894 bis 1902, Diplomarbeit, Universität Wien 2005; Andrea WINKLBAUER: Wien muss der Kunst erobert werden. Berta Zuckerkandl als Kunstkritikerin um 1990, in: Gabriele KOHLBAUER-FRITZ, Wiebke KROHN (Hg.): Beste aller Frauen. Weibliche Dimensionen im Judentum, Kat. zur Ausst. vom 16. Mai bis 18. November 2007, Jüdisches Museum Wien, Wien 2007, 121–126.
26 Julius Szeps (Wien, 5. November 1867 bis 24. Oktober 1924, Wien) arbeitete nach dem Ende seines Studiums in verschiedenen Positionen für den Elbemühl-Verlag, der u. a. die Wiener Allgemeine Zeitung produzierte, und war von 1. November 1899 bis 27. Februar 1909 deren Chefredakteur. Es ist anzunehmen, dass es ihr sonst nicht möglich gewesen wäre, als Frau in die begehrte und prominente Position eines Feuilletonisten zu gelangen. Zu Julius Szeps siehe BEER, 143–148.
27 Fritz wurde vor seinem Schuleintritt evangelisch getauft, siehe: Lucian O. MEYSELS: In meinem Salon ist Österreich. Berta Zuckerkandl und ihre Zeit, Wien u. a. 31985, 71.
28 Einen wichtigen publizistischen Erfolg erzielte sie 1905 mit ihrem Engagement für Gustav Klimt, indem sie durch die Veröffentlichung eines Interviews mit dem Künstler seinen jahrelangen Streit mit dem Unterrichtsministerium um die Fakultätsbilder zu seinen Gunsten beendete.
29 Kraus schrieb in der *Fackel* öfter abfällig über Zuckerkandl. „Aber daß der Inbegriff aller Lebensfreude das Bewußtsein sei, die Herren Kolo Moser und Hoffmann zu Zeitgenossen zu haben, wird uns neuestens mit einer Zudringlichkeit demonstriert, gegen die nur Grobheit hilft", soll hier *pars pro toto* stehen. Siehe *Die Fackel* 236 (1907), 1.
30 Ludwig HEVESI: Zum Geleit, in: Berta ZUCKERKANDL: Zeitkunst, Wien 1908.
31 ZUCKERKANDL 1970, 31–37.
32 Über Enteignung und Fragen der Restitution des Sanatoriums sowie der Klimt-Gemälde aus dem Besitz von Mitgliedern der Familie Zuckerkandl siehe Sophie LILLIE: Was einmal war. Handbuch der enteigneten Kunstsammlungen Wiens, Wien 2003, 1366–1373; sowie Ruth PLEYER: Was blieb, war kaum „das nackte Leben". Gustav Klimts „Bildnis der Amalie Zuckerkandl"", in: Verena PAWLOWSKY, Harald WENDELIN (Hg.): Enteignete Kunst. Raub und Rückgabe. Österreich von 1938 bis heute, Bd. 3, Wien 2006, 122–141; und Ruth PLEYER: Berta Zuckerkandl und die Kunst ihrer Zeit. Leben und Nachleben, in: Theresia KLUGSBERGER, Ruth PLEYER (Hg.): Berta Zuckerkandl – Flucht! Von Bourges nach Algier im Sommer 1940, Wien 2013, 75–124.
33 Amalia Szeps, geb. Schlesinger (Wien, 1. August 1838 bis 11. Oktober 1912, ebenda); siehe ZUCKERKANDL 1970, 100–101; BEER, 27; Wiener Bilder, 20. Oktober 1912, 10. Das Österreichische Patentamt hat laut freundlicher Mitteilung von Herrn Wilhelm Korinek keine Unterlagen zu einem Patent von Amalia Szeps (E-Mail vom 20. Februar 2018).
34 Berta Zuckerkandl erwähnt den Vorfall, verliert aber kein Wort über Julius' Rolle darin, siehe ZUCKERKANDL 1939, 189–196.
35 ZUCKERKANDL 1939; ZUCKERKANDL 1970; REDL; MEYSELS.
36 Literaturarchiv der Österreichischen Nationalbibliothek, ÖNB 424/S95 Lit. Eine weitere Außenaufnahme ist abgebildet in ZUCKERKANDL 1970, neben 161.
37 Diese Fotos illustrieren den Artikel: Josef August LUX, Alte Möbel im modernen Raum. Ein Salon der Frau Hofrat B. Z. größtenteils mit alten Möbeln, ungefähr aus der Zeit um 1800; eingerichtet von Architekt Franz Messner, in: *Hohe Warte*. Halbmonatsschrift zur Pflege der künstlerischen Bildung und der städtischen Kultur 1 (1904–5), 2–3.

24 ZUCKERKANDL 1970, pp. 11–13.
25 On her work as a journalist and art critic, see Renate REDL, *Berta Zuckerkandl und die Wiener Gesellschaft. Ein Beitrag zur österreichischen Kunst- und Gesellschaftskritik*, Dissertation, University of Vienna, 1978; Stefanie OBERMEIR, *Die journalistischen Anfänge von Berta Zuckerkandl. Eine Untersuchung ihrer Kunstkritiken von 1894 bis 1902*, Master Thesis, University of Vienna 2005; Andrea WINKLBAUER, „Wien muss der Kunst erobert werden. Berta Zuckerkandl als Kunstkritikerin um 1990", in Gabriele KOHLBAUER-FRITZ, Wiebke KROHN (eds.) *Beste aller Frauen. Weibliche Dimensionen im Judentum*, exhibition catalog, 16 May to 18 November, 2007, Jewish Museum Vienna, Vienna: Jüdisches Museum Wien, 2007, pp. 121–126.
26 After completing his studies, Julius Szeps (Vienna, November 5, 1867 to October 24, 1924, Vienna) worked in various positions for the Elbemühl-Verlag, which published the *Wiener Allgemeine Zeitung* among others, and served as its editor-in-chief from November 1, 1899 to February 27, 1909. It can be assumed that she would have otherwise not been able to attain the coveted and prominent position of feature writer as a woman. On Julius Szeps, see BEER, pp. 143–148.
27 Fritz was baptized as a Protestant before starting school; see Lucian O. MEYSELS, *In meinem Salon ist Österreich. Berta Zuckerkandl und ihre Zeit*, Vienna: Herold Verlag, 1985, p. 71.
28 She achieved an important journalistic success in 1905 with her commitment to Gustav Klimt by ending his yearlong dispute with the Ministry of Education about the faculty pictures in his favor by publishing an interview with the artist.
29 Karl Kraus often wrote in a derogatory manner about Zuckerkandl in *Die Fackel*. "But the fact that the epitome of all joie de vivre is the consciousness of having Messrs. Kolo Moser and Hoffmann as contemporaries has recently been demonstrated to us with an intrusiveness against which only rudeness helps," shall stand here *pars pro toto*. See *Die Fackel* No. 236 (1907), p. 1.
30 Ludwig HEVESI, „Zum Geleit", in Berta ZUCKERKANDL, *Zeitkunst*, Vienna: Hugo Heller, 1908.
31 ZUCKERKANDL 1970, pp. 31–37.
32 On expropriation and questions concerning the restitution of the Sanatorium as well as the Klimt paintings owned by members of the Zuckerkandl family, see Sophie LILLIE, *Was einmal war. Handbuch der enteigneten Kunstsammlungen Wiens*, Vienna: Czernin Verlag, 2003, pp. 1366–1373; as well as Ruth PLEYER, „Was blieb, war kaum ‚das nackte Leben'. Gustav Klimts ‚Bildnis der Amalie Zuckerkandl'", in Verena PAWLOWSKY, Harald WENDELIN (eds.), *Enteignete Kunst. Raub und Rückgabe. Österreich von 1938 bis heute, Bd. 3*, Vienna: Mandelbaum, 2006, pp. 122–141; and Ruth PLEYER, „Berta Zuckerkandl und die Kunst ihrer Zeit. Leben und Nachleben", in Theresia KLUGSBERGER, Ruth PLEYER (eds.), *Berta Zuckerkandl – Flucht! Von Bourges nach Algier im Sommer 1940*, Vienna: Czernin Verlag, 2013, pp. 75–124.
33 Amalia Szeps, née Schlesinger (Vienna, August 1, 1838 to October 11, 1912, Vienna); see ZUCKERKANDL 1970, pp. 100–101; BEER, 27; *Wiener Bilder*, 20 Oct. 1912, p. 10. According to a friendly message from Mr. Wilhelm Korinek, the Austrian Patent Office has no documents concerning a patent by Amalia Szeps (e-mail message of February 20, 2018).
34 Berta Zuckerkandl mentions the incident, but does not say anything about Julius's role in it, see ZUCKERKANDL 1939, pp. 189–196.
35 ZUCKERKANDL 1939; ZUCKERKANDL 1970; REDL; MEYSELS.
36 Literature Archive of the Austrian National Library, ÖNB 424/S95 Lit. Another outdoor shot is reproduced in ZUCKERKANDL 1970, beside p. 161.
37 These photos illustrate the article by Josef August LUX, „Alte Möbel im modernen Raum. Ein Salon der Frau Hofrat B. Z. größtenteils mit alten Möbeln, ungefähr aus der Zeit um 1800; eingerichtet von Architekt Franz Messner", in *Hohe Warte. Halbmonatsschrift zur Pflege der künstlerischen Bildung und der städtischen Kultur* 1 (1904–5), pp. 2–3.
38 After Emil Zuckerkandl's death in 1910 and in the course of Berta's move from the suburban villa to a city apartment near the Burgtheater in 1916, she had

38 Nach dem Tod Emil Zuckerkandls 1910 und im Zuge der Übersiedlung Bertas aus der Vorstadtvilla in eine City-Wohnung beim Burgtheater 1916 ließ sie die Biedermeiermöbel, die Keramiken und vieles mehr im Dorotheum versteigern. Siehe den Auktionskatalog Nachlass Hofrat Professor Emil Zuckerkandl. Auserlesene Sammlung von Altwiener Porzellan (Standuhren, bunte Figuren, großes Tafel- und Kaffeeservice, Toilettegarnitur mit Tisch, Schalen, Schüsseln, Platten, Aufsätze). Alt-Meißen-, Herend-, Hannong-Fayencen. Biedermeiereinrichtung. Aquarelle von R. Alt. Miniaturen österreichischer, französischer und englischer Meister. Empireschmuck. Silberservice. Textilien. Alte orientalische Teppiche. Hervorragende Alt-China- und Japan-Sammlung zumeist aus dem ehemaligen Besitze des Freiherrn Mundy Keramiken (Tempellaterne, Figuren, grolle Schüsseln, Vasen, Schalen), Arbeiten in Bronze, Cloisonné, Lack, Speckstein. Textilien, Waffen, 263. Kunstauktion, Dorotheum, 4.–6. Juni 1916, Wien 1916.

39 Die Ausführung beider Textilien erfolgte durch die Firma Backhausen für die Wiener Werkstätte.

40 Siehe die Tagebücher Arthur Schnitzlers, eines treuen Habitués über viele Jahre, z. B. Arthur SCHNITZLER: Tagebuch 1920–1922, Wien 1993, 289. Das Haus in der Nusswaldgasse wurde mit Kaufvertrag vom 20. August 1915 an Sonja Knips verkauft, die es abreißen und auf dem Grundstück nach Plänen von Josef Hoffmann ein neues Wohnhaus errichten ließ. Siehe Bezirksgericht Döbling, Grundbuch Unterdöbling, Band 2, 969–973, hier 970; Eduard F. SEKLER: Josef Hoffmann. Das architektonische Werk. Monographie und Werkverzeichnis, Salzburg/Wien 21986, 176–180, 400–403, WVZ 265.

41 Herbstkatalog der Galerie Bel Etage, Wien 2011, 56–59; SEKLER, 376, WV 196; Fotografie der Gertrude Zuckerkandl auf B. Z.s Diwan, um 1932, Literaturarchiv der Österreichischen Nationalbibliothek, Wien, ÖNB 424/L208 Lit.; Berta Zuckerkandl beschreibt die Räume in ZUCKERKANDL 1970, 185–186.

42 ZUCKERKANDL 1970, 186.

43 Zu Hoffmanns Gestaltung siehe SEKLER, 376, WV 196. Sekler schreibt, dass die Tapete im Esszimmer an eine Gartenlaube erinnern sollte (ebenda).

44 ZUCKERKANDL 1970, 186.

45 Siehe das Interview mit Emil Zuckerkandls Nichte Hermine MÜLLER-HOFMANN – Vergänglichkeit, ich bin dafür, in: Hubert GAISBAUER, Heinz JANISCH (Hg.): Menschenbilder, Wien 1992, 178–189, hier 184. Hermine Müller-Hofmann (1902–2000) war das jüngste der drei Kinder von Emil Zuckerkandls Bruder Dr. Otto Zuckerkandl (1861–1921) und dessen Frau Amalie, geb. Schlesinger (1869–1942), einer Cousine Bertas.

46 MEYSELS, 216.

47 In ihrem zweiten Memoirenband Österreich intim widmet sie neben vielen Männern nur Katharina Schratt und Alma Mahler-Werfel je ein eigenes Kapitel. (ZUCKERKANDL 1970); siehe zur Frage der Sichtbarkeit von Frauen im Salon auch den Beitrag Cherchez la femme von Werner Hanak, 50–69.

48 MÜLLER-HOFMANN, 184.

49 Emily D. BILSKI, Emily BRAUN: Jewish women and their salons: The power of conversation [published in conjunction with the exhibition The Power of Conversation: Jewish Women and Their Salons ... The Jewish Museum, New York, March 4, - July 10, 2005; McMullen Museum of Art, Boston College, August 22 - December 4, 2005], New Haven, Conn. [u.a.] 2005, 145.

the Biedermeier furniture, ceramics and much more auctioned at the Dorotheum auction house. See the auction catalog of the estate of Privy Councilor Professor Emil Zuckerkandl. Selected collection of Old Viennese porcelain (grandfather clocks, colorful figures, large table and coffee service, toilet set with table, basins, bowls, plates, tops). Old Meissen, Herend, Hannong faiences. Biedermeier furnishings. Watercolors by R. Alt. Miniatures of Austrian, French and English masters. Empire jewelry. Silver service. Textiles. Old oriental carpets. Outstanding Ancient China and Japan collection, mostly ceramics from the former property of Baron Mundy (temple lantern, figures, large bowls, vases, bowls), work in bronze, cloisonné, lacquer, soapstone. Textiles, weapons, 263rd art auction, Dorotheum, June 4–6, 1916, Vienna 1916.

39 Both textiles were produced by the Backhausen company for the Wiener Werkstätte.

40 See the diaries of Arthur Schnitzler, a loyal habitué for many years, e.g., Arthur SCHNITZLER Tagebuch 1920–1922, Vienna: Verlag der Österreichischen Akademie der Wissenschaften, 1993, p. 289. The house on Nusswaldgasse was sold on August 20, 1915 to Sonja Knips, who had it demolished and a new one built on the property according to plans by Josef Hoffmann. See District Court Döbling, Land Register Documents Unterdöbling, Volume 2, pp. 969–973, here p. 970. Eduard F. SEKLER, Josef Hoffmann. Das architektonische Werk. Monographie und Werkverzeichnis, Salzburg/Vienna: Residenz Verlag, 1986., pp. 176–180 and pp. 400–403, works catalog 265.

41 Fall catalog of Galerie Bel Etage, Vienna 2011, pp. 56–59; SEKLER, p. 376, works catalog 196; photograph of Gertrude Zuckerkandl on Berta Zuckerkandl's divan, ca. 1932, Literature Archive of the Austrian National Library, Vienna, ÖNB 424/L208 Lit.; Berta Zuckerkandl describes the rooms in ZUCKERKANDL 1970, pp. 185–186.

42 ZUCKERKANDL 1970, p. 186.

43 On Hoffmann's design, see SEKLER, p. 376, works catalog 196. Sekler writes that the wallpaper in the dining room was to remind one of a gazebo (ibid.).

44 ZUCKERKANDL 1970, p. 186.

45 See the interview with Emil Zuckerkandl's niece Hermine MÜLLER-HOFMANN – „Vergänglichkeit, ich bin dafür", in Hubert GAISBAUER, Heinz JANISCH (eds.), Menschenbilder, Vienna: Verlag Austria Press, 1992, pp. 178–189, here p. 184. Hermine Müller-Hofmann (1902–2000) was the youngest of the three children of Emil Zuckerkandl's brother Dr. Otto Zuckerkandl (1861–1921) and his wife Amalie, née Schlesinger (1869–1942), a cousin of Berta.

46 MEYSELS, p. 216.

47 In her second volume of memoirs, Österreich intim, in addition to the many men, she devotes a separate chapter only to Katharina Schratt and Alma Mahler-Werfel respectively (ZUCKERKANDL 1970); on the question of the visibility of women in the salon, see the article Cherchez la femme by Werner Hanak, pp. 50–69.

48 MÜLLER-HOFMANN, p. 184.

49 Emily D. BILSKI, Emily BRAUN, Jewish Women and Their Salons: The Power of Conversation [published in conjunction with the exhibition The Power of Conversation: Jewish Women and Their Salons, The Jewish Museum, New York, 4 March to 10 July, 2005; McMullen Museum of Art, Boston College, 22 August to 4 December, 2005], New Haven, CT and London: Yale University Press, 2005, p. 145.

MARCUS G. PATKA

*Rote Salons im Grünen
Pädagogik, Pazifismus und
Lebensreform in
gelebter Geselligkeit*

*Red Salons in the Green
Progressive Education,
Pacifism and "Life Reform"
in Lived Conviviality*

In den Salons von Eugenie Schwarzwald, Yella Hertzka und Helene Scheu-Riesz fanden sich nicht nur die maßgeblichen Vertreter der künstlerischen Moderne ein, sondern auch jene des gesellschaftspolitischen Fortschritts. Diese Salons wurden vor dem Ersten Weltkrieg gegründet. Pädagogik, Pazifismus und unterschiedliche Spielarten der Lebensreform wie ein gesundes Dasein in der Natur waren ihr gemeinsames Anliegen, womit sie quasi einen Vorläufer der Ökologie-Bewegung darstellten. Um dem neuen Lebensgefühl auch die entsprechende äußere Form zu geben, beschäftigten die Salonièren die damaligen Stararchitekten Josef Hoffmann und Adolf Loos, die in einem starken Konkurrenzverhältnis zueinander standen. Während die zeitgenössische Musik um Gustav Mahler und Arnold Schönberg in den großen Konzertsälen konstant ignoriert wurde, brachte sie es in diesen Salons zur Meisterschaft. Nach Lisa Fischer ist Kreativität von Frauen nach den Gesetzen des kapitalistischen Marktes nicht so leicht quantifizierbar, als Schöpferinnen von Kunstwerken wurden Frauen vielfach behindert, weshalb sie die Rollen der Vernetzerin, Mäzenin und kritischen Mitarbeiterin einnahmen: „Der Salon war eine weibliche Form der Gegenöffentlichkeit, wo Frauen die Szenarien schufen, die für ein kreatives Milieu Voraussetzungen sind. Hier kreierten sie emotionale Bezugsrahmen, die die Basis für weitere Entwicklungen legten und die keine Dokumentation erhielten. Diese kunstvollen Aktivitäten verschwanden in Personen, in Meinungen, in Aufträgen, sie blieben für die Nachwelt unsichtbar, obwohl sie für die Umwelt unentbehrlich waren."[1]

Als Nukleus der fortschrittlichen Salons dieser Epoche fungierten Vereinigungen wie der 1893 gegründete Allgemeine Österreichische Frauenverein, dieser umfasste bis 1919 unter seiner Präsidentin Auguste Fickert an die 300 Mitglieder. Ebenso wichtig war ab 1900 der Wiener Frauenklub (später Neuer Frauenklub), dessen erste Räumlichkeiten sich im Trattnerhof befanden und von Adolf Loos gestaltet waren. Hier vernetzte sich eine weibliche geistige Elite, auch wenn sie zwischen bürgerlichem Repräsentationsanspruch und feministischem Aufbegehren changierte.[2]

Not only did the leading representatives of artistic modernity appear in the salons of Eugenie Schwarzwald, Yella Hertzka and Helene Scheu-Riesz, but also those of socio-political progress. They were all founded before the First World War. Progressive education, pacifism and different varieties of the Lebensreform ("life reform") movement, such as a healthy existence in nature, were their common concern, making them effectively a precursor to the ecology movement. In order to also give the new sense of life the appropriate external form, the salonières employed the star architects of the day, Josef Hoffmann and Adolf Loos, who

Luftkleid / Reformkleid Reproduktion nach Emilie Flöge 1909
Air dress / reform dress reproduction based on Emilie Flöge 1909
Wien Museum, Inv. Nr. M 15326

Eugenie Schwarzwald: Reformpädagogik an der frischen Luft

Erziehung von jungen Frauen zu Selbstbewusstsein und einem Leben in selbstbestimmter Freiheit, das könnte man als das Lebensmotto von Eugenie „Genia" Schwarzwald bezeichnen. Sie stammte aus Polupanowka bei Tarnopol in Galizien. In Czernowitz besuchte sie die Lehrerinnenschule, danach studierte sie als eine der ersten Frauen Germanistik in Zürich, was ihr den Spitznamen „Frau Doktor" einbrachte, mit dem sie mitunter sogar Briefe unterschrieb. An ihrem Aufstieg beteiligt war zweifellos auch ihr Mann Hermann. Pointiert beschrieb Elias Canetti das Paar: „Viel besser als die legendäre, überaus redselige Pädagogin, die einen das erstemal schon beim Empfang an ihren Bauch drückte und einen so herzlich empfing, als sei man von Säuglingsjahren an ihr Schüler gewesen, als sei man durch kein Geheimnis von ihr getrennt und habe sich unzählige Male schon das

Eugenie Schwarzwald am Grundlsee 1928
Eugenie Schwarzwald at Lake Grundlsee 1928
WStLA C 12495/015

stood in a strong competitive relationship to each other. While contemporary music by Gustav Mahler and Arnold Schönberg was constantly being ignored at the grand concert halls, they brought it to mastery in these salons. According to the laws of the capitalist market, the creativity of women is not so easily quantifiable; as creators of artworks, women were frequently impeded, which is why they took on the roles of networkers, patrons and critical assistants, as Lisa Fischer writes: "The salon was a female form of a counter-public sphere, where women developed the scenarios that are prerequisites for a creative milieu. Here they constructed emotional reference frames that laid the foundation for further development and received no documentation. These artful activities disappeared in persons, in opinions, in commissions; they remained invisible for posterity, although they were indispensible for the environment."[1]

Associations such as the Allgemeiner Österreichischer Frauenverein (General Austrian Women's Society), founded in 1893, acted as a nucleus of the progressive salons of this era. Under its president Auguste Fickert, the organization included about 300 members up to 1919. Just as important from 1900 onwards was the Wiener Frauenklub (later Neuer Frauenklub) (Viennese Women's Club, later New Women's Club), whose first premises, designed by Adolf Loos, was located in the Trattnerhof. A female intellectual elite networked here, even if they oscillated between bourgeois representational claim and feministic rebellion.[2]

Eugenie Schwarzwald: Progressive Education Out in the Fresh Air

Educating young women to become self-confident and live in a life of self-determined freedom could be considered as Eugenie "Genia" Schwarzwald's life motto. She came from Polupanowka near Tarnopol in Galicia. After attending the teacher's training school in Czernowitz (Chernivtsi), she was one of the first women to study German literature in Zurich, earning her the nickname of "Frau Doktor," which she sometimes even signed letters with. Her husband Hermann was undoubtedly involved in her rise as well. Elias Canetti pointedly described the couple: "The legendary educator was an enormous talker; the first time she saw me she pressed me to her bosom as if I had been her pupil from infancy and had poured my heart out to her innumerable times. But despite her overflowing friendliness, I preferred the taciturn

Herz bei ihr ausgeschüttet – viel besser als sie, all ihrer menschenfreundlichen Intimität zum Trotz, gefiel mir der schweigsame Dr. Schwarzwald, ein kleiner, etwas verkrüppelter Mann, der sich an einem Stock fortbewegte und dann grimmig in eine Ecke setzte, von wo er das endlose Gerede der Besucher und das endlosere der Frau Doktor über sich ergehen ließ. Von seinem Kopf, den man aus einem Kokoschka-Porträt wohl kennt, lässt sich nichts Besseres sagen, als dass er aussah wie eine Wurzel, eine Bezeichnung, die von Broch stammte."[3] Geheiratet hatten sie 1900 in Czernowitz. Hermann Schwarzwalds historische Bedeutung streicht Friedrich Scheu heraus: „Im Jahr 1922, in der Zeit der ‚Genfer Sanierung' Österreichs durch den Völkerbund, war Hermann Schwarzwald Sektionschef im Finanzministerium, und einer der mächtigsten Männer. (Man sprach von den ‚drei Sektionschefs', die angeblich Österreich wirklich beherrschten: Richard Schüller im Außenministerium, Robert Hecht im Heeresministerium, Hermann Schwarzwald im Finanzministerium."[4]

Ein weit liebevolleres Porträt erhielt Eugenie Schwarzwald von Jakob Wassermann: „Man gewahrt eine Frau von untersetzter Statur, starkhalsig, starknackig, starkblickend, kurzhaarig, dunkel von Prägung, straff von Muskeln, entschlossen in der Bewegung, mit einer Stimme, die etwas vom Schmettern der Trompete hat, mit Gesten, in denen die eine Ungeduld die andere unterdrückt und aufzehrt, mit einem Körper, den eine Überfülle von Blut speist und in schier beängstigender Lebendigkeit erhält; ja: Vollblut, dies gibt sich auf den ersten Blick kund. Reinste, edelste Rasse."[5] Vieles deutet darauf hin, dass Eugenie Schwarzwald ihre jüdischen Wurzeln völlig abgelegt hatte, ja geradezu verleugnete, was einen spöttischen Gast wie Peter Hammerschlag zu einem eigenen Gedicht inspirierte: „Deine Ahnen hockten talmudbüffelnd/ Vor Galiziens Bordell-Tavernen./ Deine Seele reckt sich sehnsuchtsschnüffelnd/ Gansschmalzghettomüd nach Adelsfernen."[6] Wahre Popularität offenbart sich wohl erst, wenn man im Kabarett verulkt wird. Auch Alfred Polgar und Egon Friedell leisteten dazu ihren Beitrag. In seinen *Letzten Tagen der Menschheit* soll Karl Kraus das Ehepaar Schwarzwald als Vorbild für die Figuren des Hofrats Schwarz-Gelber und seiner Frau genommen haben. Doch sie alle bewunderten ihre philanthropische Urgewalt: Im Ersten Weltkrieg gründete Schwarzwald mit Spendengeldern Suppenküchen in Wien, bald auch in Berlin. Nach dem Krieg listete ihr Briefkopf etliche Institutionen unter der Sammelbezeichnung

*Carry Hauser
Porträt von Eugenie Schwarzwald
1923
Carry Hauser portrait of Eugenie Schwarzwald
1923
Slg. / Coll. Dr. Thomas Lachs*

Dr. Schwarzwald, a small, slightly crippled man, who hobbled in on a cane and then sat morosely in a corner, where he submitted to the visitors' interminable, and the Frau Doktor's even more interminable, chatter. Nothing better can be said about his head, which one is probably familiar with from a Kokoschka portrait, than that it looked like a root, a description originating from Broch."[3] They got married in Czernowitz in 1900. Friedrich Scheu stresses Hermann Schwarzwald's historical significance: "In 1922, during the time of Austria's 'Geneva Reconstruction' by the League of Nations, Hermann Schwarzwald was a department head at the Finance Ministry and one of the most powerful men. (One spoke of the 'three department heads," who supposedly really ruled Austria: Richard Schüller at the Foreign Ministry, Robert Hecht at the Ministry of Armed Forces, Hermann Schwarzwald at the Finance Ministry."[4]

Eugenie Schwarzwald mit Schülerinnen, u.a. Emmy Wellesz
Eugenie Schwarzwald with pupils, incl. Emmy Wellesz
WStLA K 9, A 1/29

„Schwarzwald'sches Wohlfahrtswerk" auf, darunter Gemeinschaftsküchen, Erholungsheime für Erwachsene, Kinderheime, Feriensiedlungen für Kinder, eine Altersgemeinschaft, ein Lehrmädchenheim oder auch mehrere Bekleidungsaktionen. Dazu Jakob Wassermann: „Mit jedem muss sie in seiner Sprache reden, den Argumenten eines jeden zuvorkommen, seine kleinen Eitelkeiten ausfindig machen und schonen, sich mit seinen Interessen vergleichen, seinen vermeintlichen Ideen auseinandersetzen und ihm seine Vorbehalte abdingen. Sie muss Briefe schreiben, Ansprachen halten, telefonieren, bitten, betteln, zürnen, lachen, weinen, danken; sie muss Beschuldigungen widerlegen, Zweifler umstimmen, Nörgler aufheitern, Ehrgeizige beschäftigen, Ängstliche beschwichtigen, Habgierige befriedigen, Heißsporne vertrösten, Machthabern schmeicheln, Vordringliche zurückweisen, Gelangweilte ermuntern."[7]

1901 erwarb Eugenie Schwarzwald in Wien ein Mädchenlyzeum, das sie konsequent in eine von den Prinzipien der Reformpädagogik geprägte Stätte der Freude umwandelte,

Eugenie Schwarzwald received a much more affectionate portrait by Jakob Wassermann: "One catches sight of a woman of stocky stature, strong-throated, strong-necked, strong-glancing, short-haired, dark of character, taut of muscles, determined in movement, with a voice that has something of the blaring of trumpets, with gestures in which one impatience suppresses and consumes the other, with a body that feeds from a profusion of blood and sustains in a nearly frightening liveliness; yes: full blood, this makes itself known at first glance. The purest, most refined race."[5] Much points to the fact that Eugenie Schwarzwald had completely cast off her Jewish roots, indeed virtually renounced them, which inspired a scornful guest like Peter Hammerschlag to pen an own poem: "Your ancestors crouched, cramming the Talmud/ In front of Galicia's bordello taverns./ Your soul stretches out, yearningly sniffing/ Duck lard ghetto tired, for noble distances."[6]

True popularity perhaps first becomes apparent when one is spoofed in a cabaret. Alfred Polgar and Egon Friedell

die den Namen „Schwarzwald-Schule" erhielt. Bald gehörte es nicht nur im jüdischen Bildungsbürgertum zum guten Ton, seine Töchter dort ausbilden zu lassen. Sie war gewissermaßen die Vorreiterin der Otto Glöckel zugeschriebenen Schulreform, etlicher ihrer Lehrerinnen und Lehrer wurden später von der Stadt Wien abgeworben. Zu den Absolventinnen zählten Helene Weigel-Brecht, Alice Herdan-Zuckmayer, Elisabeth Neumann-Viertel, Hilde Spiel und viele andere.[8] Maltschi Buchthal-Serkin erinnerte sich an ein ganz besonderes Erlebnis ihrer Schulzeit: „Nie werde ich den Tag vergessen, an dem sie uns alle in die Aula rufen ließ. Ihre Rede war kurz: Kinder, Ihr könnt alle nach Hause gehen. In Russland ist Revolution."[9] Wurde bei Salonveranstaltungen früherer Jahrzehnte gezielte Heiratspolitik betrieben, so gab es nun einen Geheimtipp, wo man den intelligentesten Mädchen von Wien in ebenso geistvoller wie unkonventioneller Atmosphäre begegnen konnte. Dies war die Villa im grünen Hinterhof der Josefstädter Straße 68 nahe dem Theater in der Josefstadt. 1909 wurde sie bezogen, die neue Inneneinrichtung gestaltete Adolf Loos, der darüber in einem Sonderdruck berichtete: „Kamin aus Polcevere mit Donatelloabgüssen. Weißer Lack und Kirschholz, grüner Spritzwurf. An Stelle des großen Fensters ursprünglich 2 gewöhnliche Fenster. Das Zimmer war durch den großen Fensterpfeiler ganz finster, da Loggia vorgebaut."[10] Loos gestaltete auch die Innenräume der Schwarzwald-Schule in der Herrengasse mit einem großen Veranstaltungssaal und als besonderer Attraktion einem begehbaren Flachdach. Auch Hermann Schwarzwald engagierte Loos, um die Räumlichkeiten der von ihm zeitweise geleiteten Anglo-American Bank neu zu adaptieren.

Streng genommen betrieb Eugenie Schwarzwald keinen Salon, sondern ein „offenes Haus", in dem reges Kommen und Gehen herrschte. Aufgrund der Nähe zum Theater in der Josefstadt und dem Deutschen Volkstheater kamen nicht nur deren Besucher, sondern auch Schauspieler vor und nach der Vorführung auf einen Sprung vorbei. Elsie Altmann-Loos erinnerte sich: „Ich habe niemals in meinem ganzen Leben so gastfreundliche Menschen, wie es die Schwarzwalds waren, getroffen. Ihre Freigebigkeit kannte keine Grenzen. Niemand verließ hungrig ihr Haus, und wer kein Dach über dem Kopf hatte, konnte bei ihnen auf dem Sofa schlafen, ohne Angst zu haben, lästig zu fallen. Gastfreundschaft ist ein ganz besonderes Talent, die wenigsten Menschen haben es. Aber die Schwarzwalds waren Meister auf diesem Gebiet."[11] Manche Gäste blieben auch länger.

also made their contributions towards that. In his *The Last Days of Mankind*, Karl Kraus took the Schwarzwalds as role models for the figures of Privy Counselor Schwarz-Gelber and his wife. Yet all of them admired the elemental force of their philanthropy: During the First World War, Eugenie Schwarzwald set up soup kitchens in Vienna, then soon in Berlin, with donations. After the war, her stationery listed a number of institutions under the collective name "Schwarzwald'sches Wohlfahrtswerk" (Schwarzwald Welfare Association), including community kitchens, rest homes for adults, children's homes, holiday camps for children, a community for the elderly, a home for young female apprentices, as well as several clothing drives. Jakob Wassermann adds: "She must speak with each person in their language, anticipate the arguments of every person, identify and look after his small vanities, compare with his interests, examine his purported ideas and cede to his reservations. She must write letters, hold speeches, make phone calls, plead, beg, rage, laugh, cry, thank; she must refute allegations, convince doubters, cheer up naggers, keep the

*Oskar Kokoschka
Porträt von
Hermann
Schwarzwald
Öl auf Leinwand
1911
Oskar Kokoschka
Portrait of
Hermann
Schwarzwald
oil on canvas
1911
Staatsgalerie Stuttgart*

Hans Deichmann und Eugenie Schwarzwald am Grundlsee
Hans Deichmann and Eugenie Schwarzwald at Lake Grundlsee
WStLA C 12495/100

Die dänische Kinderbuchautorin Karin Michaëlis gehörte zu den engsten Freundinnen und wurde gleich einquartiert: „Ich lebte in ihrem Haus; nicht als Gast, sondern als eine Art Inventarstück, ein freundlicher Lehnstuhl oder ein weicher Fußschemel. Ich saß und schrieb, den ganzen Vormittag war es still, still bis zum Augenblick, wo Genia hereinbrauste, beide Arme voller Blumen und einen Schweif junger und jüngster Jugend hinter sich: wirbelnde Freude, reinste Güte."[12] Ein weiterer „Untermieter" war der charismatische Jung-Sozialist Karl Frank. Auch der junge Oskar Kokoschka bekam in Zeiten andauernder Not ein Bett zum Schlafen. Seine Dankbarkeit bewies er mit drei Ölporträts des Hausherrn, die Salondame wurde hingegen nicht porträtiert. In Maria „Mieze" Schneider fand Eugenie Schwarzwald eine Ersatztochter, sie erhielt eine Ausbildung zur Kosmetikerin und richtete sich ihren Salon im Erdgeschoß des Hauses Schwarzwald ein, sodass die weiblichen Gäste sich dort auch rasch auffrischen lassen konnten. Zu den engsten Freunden gehörte Robert Musil, den sie von

ambitious busy, reassure the anxious, satisfy the avaricious, console hotheads, flatter holders of power, fend off the pushy, enliven the bored."[7]

In 1901, Eugenie Schwarzwald acquired a girl's secondary school in Vienna, which she consequently transformed into a place of joy influenced by the principles of progressive education, calling it the "Schwarzwald Schule." Soon it became *de rigueur*, not only in the Jewish educated middle-class, to let their daughters be educated there. She was, to a certain extent, the pioneer of the school reform ascribed to Otto Glöckel; quite a number of her female and male teachers were lured away by the City of Vienna. Helene Weigel-Brecht, Alice Herdan-Zuckmayer, Elisabeth Neumann-Viertel, Hilde Spiel and many others counted among the graduates.[8] Maltschi Buchthal-Serkin recalled a very special experience during her schooldays: "I'll never forget the day when she called us all into the auditorium. Her announcement was brief: Children, you can all go home. There's a revolution in Russia."[9] While marriage politics were deliberately conducted at salon events of previous decades, now there was an insiders' tip where one could meet the most intelligent girls in Vienna in an equally intellectually stimulating as well as unconventional atmosphere. This was the villa in the green back courtyard at Josefstädter Straße 68, near the Theater in der Josefstadt. She moved into it in 1909; the new interior furnishing was designed by Adolf Loos, who reported in a special print: "Fireplace made of polcevere marble with Donatello replicas. White lacquer and cherry wood, green rough plaster. At the position of the large window there were originally two ordinary windows. The room

Maria „Mieze" Schneider am Grundlsee, 1929
Maria "Mieze" Schneider at Lake Grundlsee, 1929
WStLA C 12495/094

Anfang an förderte. Etliche Germanisten sehen in der Figur der Diotima aus dessen Monumentalsatire *Der Mann ohne Eigenschaften* ein Abbild von Eugenie Schwarzwald: „Diotimas Gesellschaften waren berühmt dafür, daß man dort an großen Tagen auf Menschen stieß, mit denen man kein Wort wechseln konnte, weil sie in irgendeinem Fach zu bekannt waren, um mit ihnen über die letzten Neuigkeiten zu sprechen, während man den Namen des Wissensgebietes, in dem ihr Weltruhm lag, in vielen Fällen noch nicht gehört hatte."[13] Zu Eugenie Schwarzwalds Besuchern gehörten auch Hugo Breitner, Hermann Broch, Hugo Heller, Hans Kelsen, Karl Kraus, Georg Lukács, Rosa Mayreder, Rainer Maria Rilke, Berthold Viertel und mit Grete Wiesenthal und Alma Mahler-Werfel auch andere Salonièren. Zu Hermann Schwarzwalds Gästen gehörten mit Othmar Spann der geistige Architekt des „Ständestaats" und mit Gottfried Kunwald Ignaz Seipels jüdischer Mastermind in ökonomischen Angelegenheiten. Ein Nachteil der unzähligen Gäste war allerdings, dass sie sich Bücher aus der Bibliothek ausliehen, manchmal, auch ohne explizit zu fragen. Daraufhin wurde Eugenie Schwarzwalds Text *Wo sind meine Bücher?* in einem Privatdruck mit einer Auflage von 100 Stück erstellt und unter den Freunden verteilt: „Achtlos nehmen sie es weg, sorglos geben sie es weiter. Sie empfinden geistige Werte nicht als Lebensnotwendigkeit. Bei ihrem Mangel an Phantasie können sie nicht begreifen, wie sehr sie den Bücherfreund berauben."[14]

Größte Verdienste erwarb sich Eugenie Schwarzwald um Arnold Schönberg. Dieser wurde 1904 auf Empfehlung Alexander von Zemlinskys an der Schule als Lehrer für Komposition verpflichtet. Dort unterrichtete bereits die Journalistin Elsa Bienenfeld Musikgeschichte, die sein Werk popularisieren wollte. In den Räumen der Schwarzwald-Schule gründete Schönberg 1918 auch den Verein für musikalische Privataufführung. Auch dem Komponisten Joseph Matthias Hauer half Schwarzwald aus einer finanziellen Misere, was peinliche Auftritte zur Folge gehabt haben soll, da Hauer, ihrer ansichtig, auf die Knie fiel und „Göttin, Heilige!" ausrief, und das sogar auf offener Straße.[15]

Den unstillbaren Drang nach Sonne und frischer Luft nach der endlosen Finsternis des Winters dürfte Eugenie Schwarzwald bei ihren Reisen durch Skandinavien kennengelernt haben, wo der Frühling traditionell mit Gesängen und Kreistänzen auf der Wiese begrüßt wird. Um 1910 geriet Peter Altenberg zum Rhapsoden des Semmering-Gebiets. Mondäne Hotels vermittelten Lebensqualität im

*Ella Iranyi
Porträt von
Rosa Mayreder
Zeichnung
um 1905
Ella Iranyi
Portrait of
Rosa Mayreder
drawing
ca. 1905
Slg. / Coll. JMW,
Inv. Nr. 26347*

was quite dark due to the large window piers, since a loggia was built in front of it."[10] Loos also designed the interior spaces of the Schwarzwald School on Herrengasse with a large event hall and, as a special attraction, an accessible flat roof. Hermann Schwarzwald engaged Loos as well to readapt the premises of the Anglo-American Bank, which he led for a time.

Strictly speaking, Eugenie Schwarzwald did not operate a salon, but rather an "open house" in which an active coming and going prevailed. Due to the vicinity to the Theater in der Josefstadt and the Deutsches Volkstheater, not only their visitors, but also actors dropped by before and after the performance. Elsie Altmann-Loos remembered: "I have never met such hospitable people as the Schwarzwalds in my whole life. Their generosity knew no boundaries. Nobody left their house hungry and whoever did not have a roof over their head could sleep on the sofa at their house without having to fear becoming a nuisance. Hospitality is a very special talent that the fewest people possess. But the

Grünen und zugleich den letzten Abglanz einer untergehenden Welt. Bald entdeckten auch Loos und Kokoschka den Semmering für sich. Eugenie Schwarzwald mietete sich gleich mit ihrer Schule hier ein, zuerst in den Harthof, dann in Küb. Loos wurde mit dem Bau eines monumentalen Schulgebäudes in luftiger Höhe beauftragt, der Erste Weltkrieg beendete jedoch diesen visionären Plan.¹⁶ Im Sommer 1921 fand sich das Haus Seeblick am Grundlsee im steirischen Salzkammergut als neues „Erholungsheim". Hiermit sollte ein Gegenpol zu den versnobten Hotels und ein neuer Tourismuszweig geschaffen werden. Zahlende Gäste konnten hier die Fortsetzung des Salons miterleben, wobei die üblichen Gesetze der Hierarchie aufgehoben wurden, wie sich Dickie Deichmann erinnerte: „Bald verstand ich auch, dass es keine Hierarchie gab: ein Kind zählte so viel wie ein französischer Minister."¹⁷ Es brauchte keinen Anlass, um abends Feste zu feiern, gemeinsam spielte man Theater, hinzu kamen Kostümfeste, Kabaretteinlagen, Charaden, Tanz, Grammophon, Vorträge, Diskussionen und im äußersten Notfall Monologe à la Eugenie Schwarzwald. Der später weltberühmte Virtuose Rudi Serkin setzte sich bei jeder Gelegenheit ans Klavier. Zudem gründete er mit dem gleichaltrigen Karl Popper eine Wasserpfeifen-Kapelle, zu deren Hit der *Radetzkymarsch* geriet. Alkohol war absolut verpönt. Auch wurden die Gäste gebeten, auf übertrieben elegante Bekleidung zu verzichten. Die Mädchen flochten sich Zöpfe oder trugen die Haare offen, bekleidet waren sie mit einem „Lufthemd", einem einfachen Kittel mit Gurt, die Buben trugen Badehosen. Als Rudi Serkin einmal von Schwarzwald aufgefordert wurde, sich für bestimmte Gäste besser zu kleiden, trat er mit Badehose und Krawatte auf.¹⁸ Egon Friedell äußerte sich wie immer satirisch: „Das Heim ist mit modernstem Komfort ausgestattet. Es befindet sich hier ein erstklassiges Dominospiel. Ebenso bietet das Warten im Tennisplatz eine beliebte Belustigung. Besonders aber die prachtvollen Aborte, erbaut von Grazer, dem Sacher des Klosetts, im Jahre 1926, sind eine vielbesuchte Sehenswürdigkeit."¹⁹ Zu den illustren Gästen zählten Autoren wie Franz Theodor Csokor, Alfred Döblin, Arno Holz, Julian Huxley, Sinclair Lewis, Manès Sperber, Dorothy Thompson oder auch Musiker wie Wilhelm Furtwängler oder Greta Kraus-Dentay. Von den Salzburger Festspielen kommend, schauten Max Reinhardt, Lotte Leonard oder auch Ida Roland mit ihrem Mann Richard Coudenhove-Kalergi vorbei. Sigmund Freud mietete eine Villa in unmittelbarer Nähe, dort verbrachten Siegfried Bernfeld, Liesel

Schwarzwalds were masters in this field."¹¹ Many guests also stayed longer. The Danish children's book author Karin Michaëlis belonged to the closest friends and was put up straightaway: "I lived in their house, not as a guest, but as a type of inventory piece, a friendly armchair or a soft footstool. I sat and wrote; it was quiet the whole morning, quiet until the moment when Genia roared in, both arms full of flowers and a tail of young and younger youth behind her: swirling joy, purest goodness."¹² A further "lodger" was the charismatic Young Socialist Karl Frank. In times of constant need, the young Oskar Kokoschka also got a bed to sleep in. He showed his gratitude with three oil portraits of the man of the house; the salon lady, in contrast, was not portrayed. Eugenie Schwarzwald found an ersatz daughter in Maria "Mieze" Schneider. She received training as a beautician and set up her beauty salon on the ground floor of the Schwarzwald house so that the female guests could also quickly be freshened up there.

Robert Musil, who they promoted from the start, was one of their closest friends. Quite a few Germanists see a likeness of Eugenie Schwarzwald in the figure of Diotima from the monumental satire *The Man Without Qualities*: "These gatherings were celebrated for the fact that on her 'great days' one ran into people one could not exchange a single word with because they were too well known in some special field or other for small talk, while in many cases one had never even heard the name of the area of knowledge they gained world fame in."¹³ Among Eugenie Schwarzwald's visitors were also Hugo Breitner, Hermann Broch, Hugo Heller, Hans Kelsen, Karl Kraus, Georg Lukács, Rosa Mayreder, Rainer Maria Rilke, Berthold Viertel and, with Grete Wiesenthal and Alma Mahler-Werfel, other salonières as well. Hermann Schwarzwald's guests included Othmar Spann, the intellectual architect of the Austrian "corporative state," and Gottfried Kunwald, who was Ignaz Seipel's Jewish mastermind in economic matters. One disadvantage of the numerous guests was, however, the fact that they borrowed books from the library, sometimes without explicitly asking. As a result, Eugenie Schwarzwald's text *Wo sind meine Bücher?* (*Where Are My Books?*) was printed privately with an edition of 100 copies and distributed among the friends: "Thoughtlessly they take it away, carelessly they pass it on. They do not perceive intellectual values as vital necessities. In their lack of fantasy they cannot comprehend how much they rob the booklover."¹⁴

Eugenie Schwarzwald rendered great service to Arnold Schönberg, who was engaged at the school as the teacher

Neumann sowie Wilhelm und Annie Reich ihre Sommerferien. Als Verwalterin des Hauses Seeblick fungierte ab 1926 Marie Stiasny, die zuvor auch an der Schwarzwald-Schule beschäftigt war. Bald schon lebte sie im Schwarzwald-Haushalt, war sie doch auch die innigste Vertraute des Hausherrn. Zu den engsten Freunden aus der späten Zeit gehörten Hans Deichmann und Helmuth James Moltke. Beide erwiesen sich dessen mehr als nur würdig: Deichmann beendete sein Jurastudium, weil er diesen Beruf im NS-Staat nicht gewissenhaft ausüben konnte. Nach einem Aufenthalt im Vernichtungslager Auschwitz-Birkenau im Zuge einer Dienstreise entschloss er sich zum Widerstand und beteiligte sich ab 1943 in Italien an Sabotageaktionen. Seine jüngere Schwester Freya war mit Helmuth Graf James von Moltke verheiratet, dem Begründer der Widerstandsgruppe Kreisauer Kreis. Lange Zeit fungierte er auch als Eugenie Schwarzwalds Anwalt in Berlin. Ab 1939 war er dem Abwehramt der Wehrmacht unter Admiral Canaris zugeteilt, von wo aus er dem britischen Foreign Office Informationen zuspielte. Er wurde 1944 verhaftet und am 23. Jänner 1945 hingerichtet. Eugenie Schwarzwald erlebte den „Anschluss" 1938 von Dänemark aus und kehrte nicht mehr nach Österreich zurück, sondern reiste nach Zürich. Marie Stiasny und „Mieze" Schneider gelang es mit äußerster Not, Hermann Schwarzwald auch dorthin zu retten. Um ihn auszulösen, musste das Haus „Seeblick" umgehend verkauft werden. Da die Gestapo sich für die internationalen Kontakte der Schwarzwalds interessierte, wurde das komplette Privatarchiv mit allen Korrespondenzen im Kamin verbrannt. Beide waren schon schwer krank, Hermann verstarb im August 1939, Eugenie ein Jahr danach. Ein Teil der Möbel konnte nach Zürich gerettet werden, einige Nussholzsessel davon zieren heute die „Loos-Stube" im Hotel Widder.

Yella Hertzka: Moderne Musik in der Gartenbauschule

Hedwig Heyl gründete 1890 in Berlin-Charlottenburg die erste Gartenbauschule für Mädchen und Frauen.[20] Für unverheiratete Frauen waren damals nur die freien Berufe und bestenfalls eine Anstellung als Lehrkraft vorgesehen, womit sich im Gartenbau ein buchstäblich neues Feld auftat, das zudem die unmittelbaren Lebensbedürfnisse stillte. In Wien waren es vor allem Jüdinnen aus dem

for composition upon Alexander von Zemlinsky's recommendation in 1904. The journalist Elsa Bienenfeld, who already taught music history there, wanted to popularize his work. In 1918, Schönberg also founded the Verein für musikalische Privataufführungen (Society for Private Musical Performances) in the spaces of the Schwarzwald School. Schwarzwald also helped the composer Joseph Matthias Hauer out of financial misery, which was to have embarrassing performances as a consequence, since Hauer, catching sight of her, fell on his knees and called out "goddess, saint," and in the open street at that.[15]

Most likely, Eugenie Schwarzwald got to know the insatiable urge for sun and fresh air after the endless darkness of winter during her trips through Scandinavia, where spring was traditionally welcomed with songs and circle dances on the meadow. Around 1910, Peter Altenberg got into rhapsodizing about the Semmering region; classy hotels conveyed a quality of life surrounded by nature and at the same time the last reflection of a sinking world. Soon Loos and Kokoschka also discovered Semmering for themselves. Eugenie Schwarzwald took up lodgings right way with her school, first in Harthof, then in Küb. Loos was commissioned with the construction of a monumental school building at an airy height, but the First World War ended this visionary plan.[16] In the summer of 1921, the Villa "Seeblick" at Lake Grundlsee in the Styrian Salzkammergut region served as a new "rest home." An antithesis to the snobby hotels and a new tourism branch were to be created herewith. Paying guests could experience the continuation of the salon here, whereby the usual laws of hierarchy were abolished, as Dickie Deichmann recalled: "Soon I also understood that there was no hierarchy: a child counted as much as a French minister."[17] No occasion was needed to celebrate parties in the evenings; one played theater together, there were also costume parties, cabaret sketches, charades, dance, a gramophone, lectures, discussions, and, in an extreme emergency, monologs à la Eugenie Schwarzwald. The later world famous virtuoso Rudi Serkin sat down at the piano at every opportunity. Moreover, along with the same-aged Karl Popper he founded a water pipe band, whose hit became the *Radetzkymarsch*. Alcohol was absolutely frowned upon. The guests were also asked to forego excessively elegant attire. The girls made braids in their hair or wore their hair open; they were dressed in a "Lufthemd" ("air shirt"), a simple smock with a belt; the boys wore swimming trunks. When Rudi Serkin was once requested by Schwarzwald to dress

Plakat der U-E für Ernst Kreneks skandalisierte Jazz-Oper „Johnny spielt auf"
Universal-Edition poster for Ernst Krenek's scandalized jazz opera "Johnny Plays"
Wienbibliothek im Rathaus, Sign. P-43790

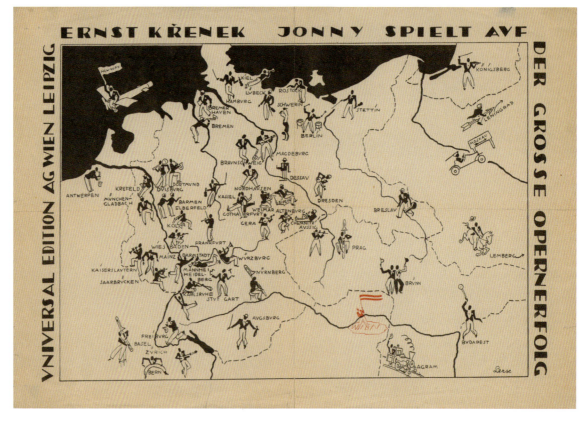

Nobelbezirks Döbling, die in die Männerdomäne der Gärtnerei einbrachen – an der Spitze dieser Bewegung stand Yella Hertzka. Die gebürtige Wienerin heiratete 1897 im Stadttempel den Verleger Emil Hertzka, der die Universal-Edition leitete, in der die komponierende Elite Europas ihre verlegerische Heimat finden sollte, darunter Ernst Krenek mit seiner Jazz-Oper *Jonny spielt auf*. Dies machte ihn sogar postum bei den Nazis verhasst. Yella Hertzka wiederum entwickelte sich nach Bertha von Suttner zu Österreichs bedeutendster Pazifistin; indem sie als wesentliche Kraft hinter der österreichischen Sektion der Internationalen Frauenliga für Frieden und Freiheit (IFFF) fungierte, 1921 holte sie deren Weltkongress nach Wien.[21]

Bereits 1912 hatte Yella Hertzka die entsprechenden Vorarbeiten geleistet, um Josef Hoffmann zu beauftragen,[22] die Villenkolonie am Kaasgraben zu errichten, seine zweite „Künstlerkolonie" nach jener auf der nahegelegenen Hohen Warte. Das Projekt kann als Pionierleistung bezeichnet werden, weil es an der aus England kommenden Gartenstadt-Bewegung und der Arts-and-Crafts-Architektur orientiert war, es besteht aus acht jeweils paarweise

himself better for certain guests, he appeared with swimming trunks and a tie.[18] As usual, Egon Friedell expressed himself satirically: "The home is equipped with the most modern comfort. A first-class domino game is found here. Waiting at the tennis court likewise provides a beloved amusement. However, especially the magnificent toilets, built by Grazer, the Sacher of water closets, in the year 1926, are a much-visited sight."[19] Among the illustrious guests were authors like Franz Theodor Csokor, Alfred Döblin, Arno Holz, Julian Huxley, Sinclair Lewis, Manès Sperber and Dorothy Thompson, as well as musicians such as Wilhelm Furtwängler or Greta Kraus-Dentay. Coming from the Salzburg Festival, Max Reinhardt, Lotte Leonard or Ida Roland and her husband Richard Coudenhove-Kalergi stopped by. Sigmund Freud rented a villa in the immediate vicinity; Siegfried Bernfeld, Liesel Neumann, as well as Wilhelm and Annie Reich, spent their summer holidays there. From 1926 on, Marie Stiasny, who was also previously employed at the Schwarzwald School, acted as the manager of Villa "Seeblick." Soon she lived in the Schwarzwald household, since she was also the dearest confidant of the host.

gekoppelten Einfamilienhäusern. Das Ehepaar Hertzka bezog die Villa Kaasgraben 19, ihre Nachbarn waren Egon Wellesz, der Dichter Robert Michel, der Generalsekretär des Konzerthauses Hugo Botstiber und die hochrangigen Beamten Adolf Drucker, Hans Küpper und Adolf Vetter.[23] Integraler Teil des geräumigen Salons war eine Hausorgel.[24] Im geräumigen Garten errichtete Yella Hertzka ebenfalls 1912 ihre Gartenbauschule für Mädchen.[25] Diese wurde in den 1930er-Jahren insbesondere von jungen Zionistinnen genutzt, um sich auf das Leben in Palästina vorzubereiten. Inmitten blühender Obstbäume und frisch bestellter Beete fanden am Kaasgraben zahlreiche Gartenfeste statt, bei denen sich die internationale Musikelite ihr Stelldichein gab. Bedauerlicherweise finden sich bislang keinerlei Erlebnisberichte. Der engste Freundeskreis kann anhand des Gründungsaufrufs der Emil Hertzka-Gedächtnisstiftung identifiziert werden, die nach seinem Tod 1932

Some of the closest confidants from the later days included Hans Deichmann and Helmuth James Moltke. Both of them proved to be more than just worthy: Deichmann ended his law studies because he could not conscientiously practice this profession in Nazi Germany. After a stay at the Auschwitz death camp in the course of an official trip, he decided to join the resistance movement and took part in sabotage actions in Italy from 1943 on. His younger sister Freya was married to Helmuth James Graf von Moltke, the founder of the resistance group Kreisau Circle. For a long time he acted as Eugenie Schwarzwald's lawyer in Berlin. As of 1939 he was assigned to the Abwehr military intelligence service of the German Army under Admiral Canaris, where he passed on information to the British Foreign Office. He was arrested in 1944 and executed on January 23, 1945. Eugenie Schwarzwald experienced the "Anschluss" in 1938 from Denmark and did not return to Austria, but traveled to Zurich. Marie Stiasny and "Mieze" Schneider just barely managed to help Hermann Schwarzwald escape to there. In order to secure his release, Villa "Seeblick" had to be immediately sold. Since the Gestapo was interested in the international contacts of the Schwarzwalds, the complete private archive with all the correspondence was burned in the fireplace. Both of the Schwarzwalds were already critically ill; Hermann died in August 1939, Eugenie the following year. A part of the furniture could be saved and sent to Zurich; several of the walnut chairs adorn the "Loos Stube" in Hotel Widder today.

Yella Hertzka und Maria Hofer hoch zu Ross
Yella Hertzka and Maria Hofer on horseback
Stadtarchiv Kitzbühel

Yella Hertzka
1921
ÖStA

DIE BÜHNE

Von Fred Heller

Tausendschön

ken, widerstandskräftigen Bäumchen heran. Samen sprießt zu Blumen auf, die wie Kinder die treue Pflege entgelten, prächtiger, flammender sich entfalten, je mehr Mühe man an ihr Gedeihen wendet. Es gibt keine segensreichere Arbeit als die der Gärtnerin, die Frucht reift unter ihren Händen, sie erntet, was sie sät und hegt, in vielfacher Fülle, und Bäume und Sträucher

Photos Willinger

Es klingt wie irgend ein empfindsames Gedicht aus der Zeit der Schäferspiele, spricht man von einer jungen Dame, die sich inmitten farbig glühender Rosenbeete zu einem Strauch niederbeugt, der Vergleich der Rosenwangen mit dem zart überhauchten Blütenblättern liegt nahe, ein galantes Wortspiel drängt sich auf — und doch ist dies ein Alltagsbild von heute, ist eine Augenblicksphase aus der Schulstunde der Gartenbauschule für Mädchen und Frauen. Eine kluge, weitblickende Frau hat sie vor einem Jahrzehnt gegründet, als man wohl schon lange vor die letzten Häuser der Großstadt die Villen mit ihren Gärten rückte, jeden freien Platz mit öffentlichen Anlagen schmückte, aber doch am allerwenigsten daran dachte, Frauen und Mädchen einen neuen Beruf zu schaffen. Frau Yella Hertzka dachte daran, damals vor zwölf Jahren, als erste Frau in Österreich, und heute schicken die besten Familien ihre Töchter in die blühende Welt der Blumen, in das keimende, sprossende, reifende Wunderreich der Obst-, Gemüse- und Baumschulanlagen, der Gewächshäuser und Frühbeete, die der Liebe und dem Fleiß sorgsamer Menschenhände so reichlich Dank und Freude und Früchte bringen.

Wie weiblich ist doch dieser Beruf. Zarte Setzlinge wachsen unter den Augen der behutsamen Pflegerin zu üppig geblätterten Pflanzen, zu schlan-

Nebenstehend: Formobstspalier

Aufzucht der Zimperlichen

12

eingerichtet wurde. Deren Gründungskommitee bestand aus Guido Adler, Alban Berg, Julius Bittner, Max Brand, Wilhelm Kienzl, Ernst Krenek, Alma Mahler-Werfel, Joseph Marx, Franz Schreker, Egon Wellesz, Jaromír Weinberger und Anton Webern. Aus geschäftsführender Sekretär fungierte Gustav Scheu. Yella Hertzka übernahm den Aufsichtsratsvorsitz der Universal-Edition und war an der Geschäftsführung beteiligt, die Gartenfeste dürften nicht zuletzt aufgrund der ökonomischen Krise immer weniger Glanz versprüht haben. Um der Einsamkeit in ihrer Villa zu entkommen, zog die Komponistin Maria Hofer bei ihr ein.[26] Ab 1934 beherbergte sie dort auch den mittellosen Dichter Theodor Kramer und seine Frau.[27] Die Zusammenarbeit der Wiener Reform-Salonièren zeigte sich auch darin, dass Yella Hertzka 1932 die Sommerschule der Internationalen Frauenliga für Frieden und Freiheit in Eugenie Schwarzwalds Haus „Seeblick" organisierte.[28] Die Universal-Edition wurde 1938 „arisiert", Maria Hofer arrangierte für Yella Hertzka eine Scheinehe, wodurch sie die tschechoslowakische Staatsbürgerschaft erhielt und sich nach London retten konnte. Nach ihrer Rückkehr wurde sie Anfang 1947 zur öffentlichen Verwalterin der Universal-Edition eingesetzt und behielt dieses Amt bis zu ihrem Tode im November 1948. Als späte Geste gibt es seit 2015 in Wien einen Yella-Hertzka-Park in der Seestadt Aspern, die naturnahes Wohnen im Großsiedlungsmaßstab in die Realität umsetzt.

Helene Scheu-Riesz und ihr Gästebuch aus der Loos-Villa

Naturnähe hatte schließlich schon Adolf Loos propagiert, so schrieb sein Bewunderer Karl Marilaun: „Die Schrebergärtner Wiens haben im Jahre 1920 für eine Milliarde Nahrungsmittel gewonnen. […] Es gibt Hunderttausende in Wien, Millionen in Österreich, die sich zur Gärtnerarbeit in ihren Mußestunden drängen, deren Arbeitslust und Arbeitskraft nicht ausgenutzt wird."[29] Das Ehepaar Gustav Scheu und Helene Scheu-Riesz beauftragte 1912 Adolf Loos mit dem Bau einer Villa in der Larochegasse 3 im Nobelbezirk Hietzing. Helene Riesz war die Tochter jüdischer Weinhändler aus Olmütz, in Wien konvertierte sie unbekannten Datums zum evangelischen Glauben.[30] 1904 heiratete sie den Juristen Gustav Scheu und damit gewissermaßen in eine Dynastie sozialdemokratischen Parteiadels ein. Gustav Scheu fungierte von 1919 bis 1923 als Gemeinderat, 1919 sogar kurzzeitig als Stadtrat und erwarb sich

Yella Hertzka: Modern Music at the Horticultural School

In 1890, Hedwig Heyl founded the first horticultural school for girls and women in Berlin-Charlottenburg.[20] For unmarried women back then, only the liberal professions and, in the best case, a position as a teacher, were envisaged. A literally new field thus opened up in horticulture, which additionally satisfied the immediate basic life needs. In Vienna it was particularly Jewish ladies from the posh district of Döbling who broke into the male domain of gardening—Yella Hertzka headed this movement. The Vienna native married the publisher Emil Hertzka in 1897 at the Stadttempel. Hertzka ran Universal-Edition, in which Europe's composing elite were to find their publishing home, including Ernst Krenek with his jazz opera *Jonny spielt auf*. This fact made the Nazis even hate Hertzka posthumously. Yella Hertzka, in turn, developed into Austria's most significant pacifist after Bertha von Suttner. By serving as the driving force behind the Austrian branch of the Interationale Frauenliga für Frieden und Freiheit (IFFF) (International Women's League for Peace and Freedom [IWLPF]), she brought their 1921 world congress to Vienna.[21]

In 1912, Yella Hertzka had already done the preliminary work to commission Josef Hoffmann with the erection of the "colony" of villas on Kaasgraben,[22] his second "artists' colony" after the one at the nearby Hohe Warte. The project can be described as a pioneering feat, because it was oriented to the garden city moment and the arts and crafts architecture coming from England; it consists of eight semi-detached, single-family houses. The Hertzka family moved into the villa at Kaasgraben 19; their neighbors were Egon Wellesz, the poet Robert Michel, the Secretary General of the Vienna Konzerthaus Hugo Botstiber, and the high-ranking public officials Adolf Drucker, Hans Küpper and Adolf Vetter.[23] An integral part of the roomy salon was a house organ.[24] In the spacious garden Yella Hertzka likewise erected her horticulture school for girls in 1912.[25] This was used particularly by young female Zionists in the 1930s in order to prepare for the agricultural life in Palestine. In the midst of blooming fruit trees and freshly prepared beds, numerous garden parties took place on Kaasgraben, where the international music elite rubbed shoulders. Regrettably, no reports of the events have been found up to today. The closest circle of friends can be identified based on the call to set up the Emil Hertzka Memorial Foundation, which was

Helene Scheu
1924
Helene Scheu
1924
Slg. / Coll. Gotschy

Verdienste als Mitbegründer der Zentralstelle für Wohnungsreform und als juristischer Berater von Siedlungsgenossenschaften. Zudem unterhielt er eine Anwaltspraxis im Heinrichshof gegenüber der Staatsoper. Gustavs Vater Josef Scheu hatte als Sänger von Arbeiterliedern für Aufsehen gesorgt, und sein Onkel Andreas fungierte als Politiker und Herausgeber der Wochenschrift *Volkswille*, Gustavs Bruder Robert Scheu war Redakteur der *Arbeiterzeitung* und Mitarbeiter der *Fackel* und des *Simplicissimus*. Helene Scheu-Riesz war in der Frauenbewegung und mit ihrer engen Freundin Yella Hertzka im Pazifismus aktiv, ihr ureigenes Betätigungsfeld fand sie in der Bekämpfung der „schwarzen Pädagogik". Sie wollte die besten Kinderbücher der Weltliteratur publizieren. So gab sie etliche Hefte von *Konegens Bücherei* heraus, 1923 gründete sie den Sesam-Verlag, in dem sie die *Kleine Sesam-Bücherei* publizierte. Die Illustrationen dazu stammten von Absolventinnen und Absolventen der „Jugendklasse" von Franz Čižek. Selbstverständlich waren alle diese Bücher vollzählig in der Bibliothek der Schwarzwald-Schule zu finden.

Helene Scheu-Riesz hatte gute Kontakte in die USA, durch die Organisation der Quäker fand sie finanzielle established after his death in 1932. The founding committee consisted of Guido Adler, Alban Berg, Julius Bittner, Max Brand, Wilhelm Kienzl, Ernst Krenek, Alma Mahler-Werfel, Joseph Marx, Franz Schreker, Egon Wellesz, Jaromír Weinberger and Anton Webern. Gustav Scheu acted as executive secretary. Yella Hertzka took over as board chairperson of Universal-Edition and became involved in management. Not least because of the economic crisis, the garden parties probably radiated less and less brilliance. In order to escape the loneliness in her villa, she had the composer Maria Hofer move in with her.[26] As of 1934 she also housed the destitute poet Theodor Kramer and his wife.[27] The collaboration of the Viennese progressive salonières also became apparent in the fact that Yella Hertzka organized the summer school of the International Women's League for Peace and Freedom in Eugenie Schwarzwald's Villa "Seeblick."[28] Universal-Edition was "Aryanized" in 1938; Maria Hofer arranged a marriage of convenience for Yella Hertzka, whereby she was granted Czechoslovakian citizenship and was able to escape to London. After her return she was appointed as the public custodian of Universal-Edition at the beginning of 1947, which was ended by her death in November 1948. As a late gesture, a Yella Hertzka Park has existed since 2015 in Seestadt Aspern, where nearly natural living is being put into reality at a large scale housing estat

Helene Scheu-Riesz and Her Guestbook from the Loos Villa

Adolf Loos had already ultimately propagated closeness to nature, prompting his admirer Karl Marilaun to write: "Vienna's allotment gardeners have earned a billion for food in the year 1920. [...] There are hundreds of thousands in Vienna, millions in Austria, who thrust themselves into garden work in their idle hours, whose will to work and manpower is not being exploited."[29] The married couple Gustav Scheu and Helene Scheu-Riesz assigned Loos with the construction of a villa on Larochegasse 3 in the swanky district of Hietzing. Helene Riesz was the daughter of a Jewish wine merchant from Olomouc; in Vienna she converted to the Protestant faith at an unknown date.[30] In 1904 she married the lawyer Gustav Scheu and, thus, to a certain degree, into a dynasty of Social Democratic party nobles. Gustav Scheu served as a councilman from 1919 to 1923 and even briefly as a city councilor in 1919 and earned merits as a co-founder

*Familie Scheu, v.l.n.r. Gustav und Helene Scheu, Frau Stevenson und ihr Neffe, Herta und Friedrich Scheu
Scheu family (from left to right Gustav and Helene Scheu, Mrs. Stevenson and her nephew, Herta and Friedrich Scheu)*
Slg. / Coll. Gotschy

Unterstützung. Als deren Kongress 1920 in Wien tagte, wurde die komplette Runde in das Haus Scheu geladen, einem Terrassenbau mit vier Etagen, darunter ein belichtetes Keller- sowie das Haupt- und ein Schlafgeschoß mit vorgelagerter Terrasse und einer Einliegerwohnung. „Im Hauptgeschoß zeigt sich eine Differenzierung des bürgerlichen Lebensstils durch unterschiedliche Funktionsbereiche: das Gartenzimmer mit angrenzender Terrasse, die englische Halle mit Treppenaufgang, das Musik- und Arbeitszimmer, die Bibliothek mit Inglenook und offenem Kamin und das Speisezimmer."[31] Die Inneneinrichtung besteht aus dunkel mattiertem Eichenholz, im Obergeschoß finden sich weiß gestrichene Weichholzverkleidungen und Spannteppiche. Loos schenkte den Scheus ein Gästebuch, das heute im Wien Museum aufbewahrt wird, es reicht von 1913 bis 1963 und dokumentiert damit auch das Exil und die Nachkriegszeit. In seiner Einleitung erinnert Loos an den künstlerischen Leidensweg Beethovens und schließt mit den Worten: „Und das komische Gesicht, hinter dem die Gassenbuben spottend herliefen, wurde dem Volke zum geistigen Antlitz. Es ist der Geist, der sich den Körper baut."
Am 9. Februar 1916 war Oskar Kokoschka erstmals zu Gast, sein Eintrag lautet: „Der Meister des Mannes mit Kneifer u. Glatze/ schreibt eine ungefüge Tatze;/ drum bat er den Mann mit Glatze u. Kneifer/ daß er ihm leih seinen Reimeeifer./

of the Central Association for Housing Reform and as a legal advisor for cooperative housing settlements. In addition, he operated a law practice in good middle-class Heinrichshof opposite the State Opera House. Gustav's father Josef Scheu caused a stir as a singer of workers' songs and his uncle Andreas served as a politician and publisher of the weekly journal *Volkswille*. Gustav's brother Robert Scheu was editor of the *Arbeiterzeitung* and contributor to *Die Fackel* and *Simplicissimus*. Helene Scheu-Riesz was active in the women's movement and, with her close friend Yella Hertzka, in pacifism. She found her very own field of activity in combating "poisonous pedagogy." She wanted to edit the best children's book of world literature and thus published numerous editions of the *Konegens Bücherei*. In 1923 she founded the Sesam-Verlag publishing house, where she published the *Kleine Sesam-Bücherei* book series. The illustrations for them originated from the graduates of Franz Čižek's "Juvenile Art Class." As a matter of course, all of these books were completely gathered at the library of the Schwarzwald School.

Helene Scheu-Riesz had good contacts to the USA and found financial support through the Quakers. When their congress was held in Vienna in 1920, the entire group was invited to the Scheu house. This is a terrace building and consists of four stories; underneath is a naturally-lit cellar as well as

Innenaufnahme von Wohnzimmer und Musiksalon der Villa Scheu
Interior photo of the living room and music salon of Villa Scheu
Albertina, ALA2532

Außenansicht der von Adolf Loos erbauten Villa Scheu
Exterior view of Villa Scheu built by Adolf Loos
Albertina, ALA3230

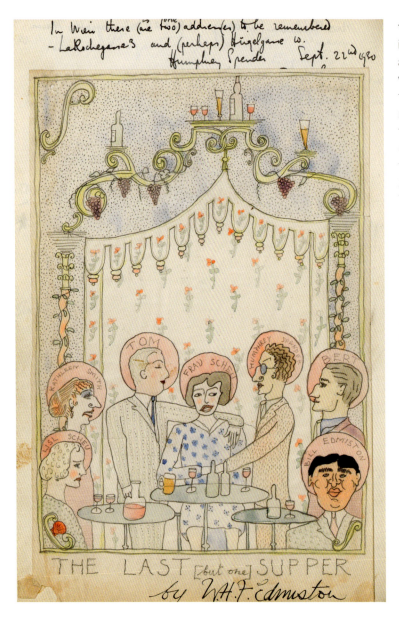

Gästebuch Salon Scheu von 1913 bis 1963, zur Hauseinweihung geschenkt von Adolf Loos
Salon Scheu guest book from 1913 to 1963, presented by Adolf Loos as a housewarming gift
Wien Museum, Inv. Nr. 206.671

Diesem konnte es leichtlich glücken,/ denn beide finden an Gleichem Entzücken./ Beide lieben den Adolf Loos,/ finden famos und tadellos,/ was er erfindet und was er erschafft,/ und was entspringt seiner Denkerkraft./ Zur Bekräftigung u. Erhärtigung/ folgt des Malers eigne Fertigung." Eugenie Schwarzwald schreibt zu Pfingsten 1916 über einen bösen Traum – die Bürgermeisterin von Wien habe sie bei einem Vortrag über Antikriegsbücher scharf zurechtgewiesen –, sie erwachte im Hause Scheu, dem sie konzedierte: „Gute Gesinnung, treue Freundschaft, ehrliche Liebe, Gugelhupf, Behagen, Loos'sche Möbel, eine rechte Großmutter, ein eng-

the main floor, and a sleeping story with a terrace situated in the front and a granny flat. "On the main floor a differentiation of the middle-class lifestyle reveals itself through various functional areas: the garden room with the adjacent terrace, the English hall with staircase, the music and work room, the library with an inglenook and open fireplace, and the dining room." [31] The interior decoration consists of dark matted oak wood; white-varnished, soft wood paneling and fitted carpets are found on the upper floor. Loos gave the Scheus a guest book as a present, which is preserved at the Wien Museum. It stretches from 1913 to 1963 and thus documents the exile and the postwar era. In his introduction, Loos remembers Beethoven's artistic life of suffering and concludes with the words: "And the strange face which the street urchins tauntingly ran behind became the people's spiritual countenance. It is the spirit that builds the body." On February 9, 1916, Oskar Kokoschka was a guest here for the first time; his entry goes: "The master of the man with a pince-nez and bald head/ writes a clumsy pandy;/ therefore he asks the man with a bald head and pince-nez/ to lend him his rhyming zeal./ This could easily succeed,/ since both find delight in the same./ Both love Adolf Loos,/ consider as splendid and impeccable,/ what he invents and what he creates, / and what arises from his strength of mind./ For affirmation and substantiation/ follows the painter's own fabrication." Eugenie Schwarzwald writes at Whitsun 1916 about a bad dream—the woman mayor of Vienna harshly rebukes her at a lecture about anti-war books. She awakens in the Scheu house, to whom she concedes; "Good disposition, faithful friendship, honest love, gugelhupf cake, contentment, Loosian furniture, a righteous grandmother, an English girl as we imagine English girls to be, an aunt who would adopt everyone, an amiable housefather, a graceful (and intellectually graceful) housewife, good neighbors, witty conversation. The dream displaced all of that. All mankind, who so oppressively dreams, wishes such a bright and cheerful awakening. Genia." Julius Deutsch's entry of July 3, 1921 is also noteworthy: "In the house of the pacifist – I am an enemy.../ The culture of the house makes the enemy into a friend." The pacifist writer Rudolf Jeremias Kreutz wrote on August 2, 1924: "Swimming in the current: An easy game / but it brings itself, not you, to the goal." On the visit of the French diseuse Yvette Guilbert even newspaper articles appeared, which were pasted into the book. [32] The Scheu house was very internationally oriented, as proven by the many guests from the USA, as well as entries in Arabic, Chinese, Greek and other languages.

lisches Mädchen, wie wir die Engländerinnen sahen, eine Tante, die jeder adoptieren tät, ein liebenswürdiger Hausvater, eine anmutige (auch geistig anmutige) Hausfrau, gute Nachbarn, geistreiche Unterhaltung. Alles das hat den Traum verdrängt. Aller Menschheit, die drückend träumt, wünscht ein so lichtes und frohes Erwachen Genia." Beachtenswert auch Julius Deutsch, der am 3. Juli 1921 zu Gast war: „Im Haus der Pazifistin – bin ich ein Feind.../ Die Kultur des Hauses macht den Feind zum Freund." Der pazifistische Schriftsteller Rudolf Jeremias Kreutz schrieb am 2. August 1924: „Im Strome schwimmen: Leichtes Spiel/ doch bringt er sich, nicht dich ans Ziel." Zum Besuch der französischen Sängerin Yvette Guilbert erschienen sogar Zeitungsartikel, die ins Buch eingeklebt wurden.[32] Das Haus Scheu war sehr international ausgerichtet, dies belegen viele Gäste aus den USA, mitunter finden sich auch Einträge in Arabisch, Chinesisch, Griechisch und anderen Sprachen.

Gustav Scheus Tod 1935 bedeutete eine Zäsur. Die gemeinsame Tochter war bereits 1932 in die USA ausgewandert, Helene Scheu-Riesz folgte ihr 1937 und entkam somit rechtzeitig dem NS-Regime. Ihr Sohn Friedrich flüchtete 1938 nach England, er kehrte 1954 nach Wien in die Larochegasse zurück, und bald folgte ihm auch seine Mutter, die zwar noch bis 1970 lebte, während ihr Salon schon lange vor ihr entschlafen war.

Alma Mahler-Werfel: Das international herzeigbare Gesicht der Kanzlerdiktatur

Zweifellos gab es noch zahlreiche andere Salons im Wien der Zwischenkriegszeit. Zu den bedeutendsten gehörte der französisch orientierte von Berta Zuckerkandl, dem in dieser Publikation ein eigener Beitrag gewidmet ist. Die Schriftstellerin Gina Kaus veranstaltete während und nach dem Ersten Weltkrieg zahlreiche Künstlerabende, für die Franz Blei die Kontakte zur Literaturszene herstellte. Von 1924 bis 1933 residierte sie im mondäneren Berlin, doch danach lebte ihr Wiener Salon in der Augustinerstraße 8 im zu Kriegsende ausgebombten Philipphof auf, der quasi als Fortsetzung des Literatencafés Herrenhof fungierte. Hier trafen sich Robert Musil, Alfred Polgar, Fritz von Herzmanovsky-Orlando und als jüngere Mitglieder Robert Neumann, Milan Dubrovic und Friedrich Torberg.[33] So gut wie nicht dokumentiert ist der Salon der Individual-

Gustav Scheu's death in 1935 meant a caesura. Their daughter had already emigrated to the USA in 1932. Helene Scheu-Riesz followed in 1937 and thus escaped the Nazi regime just in time. Her son Friedrich fled to England in 1938. He returned to Vienna and to Larochegasse in 1954, and was soon followed by his mother, who lived until 1970, while her salon had already passed away long before her.

Alma Mahler-Werfel: The Internationally Presentable Face of the "Corporative State"

Undoubtedly there were still numerous other salons in Vienna of the interwar period. Among the most important was the French-oriented one of Berta Zuckerkandl, to whom a separate article is devoted in this publication. During and after World War I, the writer Gina Kaus held countless artist evenings, which Franz Blei established the contacts to the literary scene for. From 1924 to 1933 she resided in the more fashionable Berlin, but subsequently revived her Viennese salon at Augustinerstrasse 8, effectively as a continuation of the Herrenhof literary café in Philipphof, which was bombed out at the end of the war. Robert Musil, Alfred Polgar, and Fritz von Herzmanovsky-Orlando met here, as did younger members like Robert Neumann, Milan Dubrovic and Friedrich Torberg.[33] The salon of the individual psychologist Sofie Lazarsfeld, where Friedrich Adler, Alfred Adler or Otto Felix Kanitz, the head of the Schönbrunn Erziehungsschule, consorted, remains practically undocumented.

Of great importance for the end phase of the interwar years were also non-Jewish salonières like Grete Wiesenthal at Modenapark 6.[34] In this context, we must especially go into Alma Mahler-Werfel. Today she is still legendary as the "muse of art" and *femme fatale*. Her biography around husbands like Gustav Mahler, Walter Gropius and Franz Werfel, as well as the affair with Oskar Kokoschka have, so to say, gone down in Austrian cultural history—just like her repeatedly expressed propensity towards anti-Semitism. Her activity as a salonière first began after Mahler's death in 1911 in her apartment at Elisabethstrasse 22 behind Opernring and during the summer in her house in Breitenstein am Semmering. As long as the bequeathed fortune lasted, a two-story palazzo in Venice near the Basilica of Santa Maria Gloriosa dei Frari also belonged to her social

psychologin Sofie Lazarsfeld, in dem Friedrich Adler, Alfred Adler oder mit Otto Felix Kanitz auch der Leiter der Schönbrunner Erziehungsschule verkehrten.

Von großer Bedeutung für die Endphase der Zwischenkriegszeit waren auch nichtjüdische Salonièren wie Grete Wiesenthal am Modenapark 6.[34] In diesem Kontext muss speziell auf Alma Mahler-Werfel eingegangen werden. Bis heute ist sie legendär als „Muse der Kunst" und *femme fatale*, ihre Biografie um Ehemänner wie Gustav Mahler, Walter Gropius und Franz Werfel sowie die Affäre mit Oskar Kokoschka ist sozusagen in die österreichische Kulturgeschichte eingegangen – ebenso ihr immer wieder geäußerter Hang zum Antisemitismus. Ihre Tätigkeit als Salonière begann erst nach dem Tod Mahlers 1911 in ihrer Wohnung in der Elisabethstraße 22 hinter dem Opernring und während des Sommers in ihrem Haus in Breitenstein am Semmering. Solange das hinterlassene Vermögen ausreichte, gehörte auch ein zweistöckiger Palazzo in Venedig nahe der Frarikirche zu ihrem gesellschaftlichen Imperium. Zu ihrem Umfeld gehörten die Komponisten Franz Schreker, Hans Pfitzner, Alban Berg und Arnold Schönberg und Künstler wie Gustav Klimt und Kolo Moser. Der exzentrische Biologe Paul Kammerer entbrannte wie viele andere Männer in heftiger Liebe zur Gastgeberin. Diese bemühte sich um Literaten wie Hugo von Hofmannsthal und Arthur Schnitzler. Ein ironischer Geist wie Robert Musil war dort weniger gern gesehen. Schließlich war es Franz Blei, der sich verstärkt um Besucher aus der Welt der *belles lettres* kümmerte. Letztendlich hatte alles aber den Charakter einer Inszenierung: „Insgesamt war Almas Geselligkeit in erster Linie cognitiv akzentuiert. Die Menschen, die bei ihr zusammenkamen, verfolgten keine erklärten gemeinsamen Ziele, sondern suchten vor allem das Gespräch über künstlerische Themen."[35] Dies verstärkte sich, nachdem der Salon in den Nobelbezirk Döbling übersiedelt war. 1931 bezogen Alma Mahler-Werfel und Franz Werfel die Villa Carl Molls auf der Hohen Warte – sie stammte von Josef Hoffmann und umfasste an die 28 Zimmer. Im Erdgeschoß wurden ein großes, in Dunkelrot gehaltenes Musikzimmer und eine Bibliothek eingerichtet, im Speisezimmer dominierten zeitgenössische Maler, der Dichterfürst regierte im Obergeschoß. Hier herrschte „das Auswahlprinzip der Prominenz und des Popularitätsgrades, durchmischt mit Adel und katholischer Geistlichkeit und den jeweiligen bevorzugten Lieblingen der Hausfrau".[36] Auch Minister und Staatssekretäre gaben sich die Klinke in die Hand. Zu den Künstlern gehörten Egon Wellesz und

empire. Her cultural surroundings included the composers Franz Schreker, Hans Pfitzner, Alban Berg and Arnold Schönberg, and artists such as Gustav Klimt and Kolo Moser. Like many other men, the eccentric biologist Paul Kammerer fell ardently in love with the hostess. She sought literary figures like Hugo von Hofmannsthal and Arthur Schnitzler. An ironic spirit like Robert Musil was less welcome there. Finally it was Franz Blei who increasingly concerned himself with visitors from the world of *belles lettres*.

Everything, however, ultimately had the character of a staging: "All in all, Alma's conviviality was first and foremost cognitively accentuated. The people who came together at her place pursued no declared common goals, but above all sought conversation about artistic topics."[35] This reinforced itself after the salon relocated to the posh district of Döbling. In 1931, Alma Mahler-Werfel and Franz Werfel moved into Carl Moll's villa on the Hohe Warte—it originated from Josef Hoffmann and comprised about 28 rooms. On the ground floor a large music room, kept in dark red, and a library were furnished; contemporary painters dominated the dining room; the prominent author ruled on the upper floor. Here "the selection principle of prominence and the degree of popularity prevailed, mixed with nobility and Catholic clergy and the respective preferred darlings of the housewife."[36] There was also an endless coming and going of government ministers and state secretaries. Among the artists were Egon Wellesz and Joseph Marx, the conductor Fritz Stiedry (who began his career as Gustav Mahler's assistant at the Vienna Hofoper), the fagottist and, as of 1932, Philharmoniker chairman Hugo Burghauser, the music critics Heinrich von Kralik and Erwin Mittag, the cultural philosopher Rudolf Kassner (he was banned from writing in 1938 because he was married to a Jewish woman), and the theater scholar Josef Gregor. People from the world of literature such as Carl Zuckmayr, Franz Theodor Csokor, Ödön von Horváth as well as Werfel's friend and publisher Pauk Zsolnay met regularly here. At a later, difficult hour, Federal Chancellor Kurt Schuschnigg had Werfel recite his poems to him.[37]

At the urging of his wife, who noticeably behaved in an anti-Semitic manner, Franz Werfel left the Jewish Community of Vienna before their wedding in 1929; he rejoined afterwards, however, without her knowledge. Alma Mahler-Werfel's salon was propagandistically valuable for the "corporative state," since Werfel was indeed a Jew, but he

Joseph Marx, der Dirigent Fritz Stiedry (der seine Karriere als Gustav Mahlers Assistent an der Wiener Hofoper begann), der Fagottist und ab 1932 Philharmoniker-Vorstand Hugo Burghauser, die Musikkritiker Heinrich von Kralik und Erwin Mittag, der Kulturphilosoph Rudolf Kassner (er erhielt 1938 „Schreibverbot", weil er mit einer Jüdin verheiratet war) und der Theaterwissenschaftler Joseph Gregor. Aus der Welt der Literatur fanden sich hier regelmäßig Carl Zuckmayer, Franz Theodor Csokor, Ödön von Horváth sowie Werfels Freund und Verleger Paul Zsolnay ein. Bundeskanzler Kurt Schuschnigg ließ sich zu später, schwerer Stunde von Werfel dessen Gedichte vorlesen.[37]

postulated a supremacy of Catholicism in many of his writings. In order to honor a vow after his successful flight, he wrote the hagiographical novel *Bernadette* in Californian exile in 1943, which developed into a bestseller. After his death in 1945, Alma Mahler-Werfel's charisma remained unbroken and she continued to gather people around her. Friedrich Torberg was one of her later admirers. There were other salon ladies who kept up this tradition in exile, although at the cost of great privations and in a foreign environment. The salon became a nostalgic piece of a lost home.

Alma Mahler-Werfel mit Arnold Schönberg in Amsterdam
1920
Alma Mahler-Werfel with Arnold Schönberg in Amsterdam
1920
ASC, PH8742

Franz Werfel war auf Drängen seiner sich zusehends antisemitisch gebärdenden Frau vor ihrer Hochzeit 1929 aus der IKG ausgetreten, danach aber ohne ihr Wissen wieder eingetreten. Für die Kanzlerdiktatur war Alma Mahler-Werfels Salon propagandistisch wertvoll, denn Werfel war zwar Jude, aber in vielen seiner Schriften postulierte er ein Supremat des Katholizismus. Um nach seiner gelungenen Flucht einGelübde einzulösen, verfasste er 1943 im kalifornischen Exil den hagiografischen Roman *Bernadette*, der sich zu einem Bestseller entwickelte. Auch nach seinem Tod 1945 blieb Alma Mahler-Werfels Charisma ungebrochen, und sie scharte weiterhin Menschen um sich. Zu ihren späten Bewunderern gehörte Friedrich Torberg. Im Exil fanden sich andere Salondamen, die diese Tradition fortsetzten, wenn auch unter großen Entbehrungen und in einer fremden Umwelt. Der Salon wurde zu einem nostalgischen Stück verlorener Heimat.

1 Lisa FISCHER: Die Kunst des Lebens oder die Meisterin sozialer Kreativität. Eugenie Schwarzwalds flüchtige Kreationen, in: Robert STREIBEL (Hrsg.): Eugenie Schwarzwald und ihr Kreis. Wien 1996, 23.
2 Corinna OESCH: Yella Hertzka (1873–1948). Vernetzungen und Handlungsräume in der österreichischen und internationalen Frauenbewegung. Innsbruck, Wien, Bozen 2014, 64–66.
3 Elias CANETTI: Das Augenspiel. Lebensgeschichte 1931–1937. München u. a. 1985, 202–203.
4 Friedrich SCHEU: Ein Band der Freundschaft. Schwarzwald-Kreis und Entstehung der Vereinigung Sozialistischer Mittelschüler. Wien, Köln, Graz 1985, 37.
5 Jakob WASSERMANN: Eugenie Schwarzwald, in: Neue Freie Presse, 21.6.1925, 1.
6 Peter HAMMERSCHLAG: Porträt einer Jugendbildnerin, in: ders.: Der Mond schlug grad halb acht (hg. von Friedrich Torberg). Wien 1972, 151.
7 WASSERMANN 1925, 3.
8 Hilde SPIEL: Die hellen und die finsteren Zeiten. Erinnerungen 1911–1946. München 1989, 53–59.
9 Maltschi Buchthal-Serkin an Hans Deichmann, 22.1.1986, zit. nach DEICHMANN 1988, 102.
10 Adolf LOOS: Wohnungsänderungen. Wien o.J., 13.
11 Elsie ALTMANN-LOOS: Mein Leben mit Adolf Loos. Wien 1968, 89.
12 Karin Michaëlis über Eugenie Schwarzwalds Jugend, zit. nach: Hans DEICHMANN: Leben mit provisorischer Genehmigung. Leben, Werk und Exil von Dr. Eugenie Schwarzwald (1872–1940). Berlin u. a. 1988, 15.
13 Robert MUSIL: Der Mann ohne Eigenschaften. Berlin 1930, 155. Siehe dazu: Arno RUSSEGGER: „Der Zeus von Tarnopolis". Eugenie Schwarzwald und die Mädchenbildung um 1900, in: STREIBEL 1996, 29–40. Horst TURK: Diotimas Salon, in: Horst TURK, Thomas SCHMIDT, Roberto SIMANOWSKI (Hrsg.): Europa – ein Salon? Beiträge zur Internationalität des Salons. Göttingen 1999, 282–304.
14 Eugenie SCHWARZWALD: Die Heimkehr des verlorenen Buches. Wien o. J., 12.
15 Egon WELLESZ: Egon und Emmy Wellesz, Egon Wellesz Leben und Werk (hg. von Franz Endler). Wien 1981, 98.
16 Alice HERDAN-ZUCKMAYER: Genies sind im Lehrplan nicht vorgesehen. Frankfurt am Main 1979, 121–129. Eugenie SCHWARZWALD: Die Semmeringschule, in: Die Bühne 315/1926, 26.

1 Lisa FISCHER, „Die Kunst des Lebens oder die Meisterin sozialer Kreativität. Eugenie Schwarzwalds flüchtige Kreationen", in Robert STREIBEL (ed.), *Eugenie Schwarzwald und ihr Kreis*, Vienna: Picus, 1996, p. 23.
2 Corinna OESCH, *Yella Hertzka (1873–1948). Vernetzungen und Handlungsräume in der österreichischen und internationalen Frauenbewegung*, Innsbruck/Vienna/Bolzano: Studienverlag, 2014, pp. 64–66.
3 Elias CANETTI, *Das Augenspiel. Lebensgeschichte 1931–1937*, Munich/Frankfurt/Berlin: Fischer, 1985, pp. 202–203.
4 Friedrich SCHEU, *Ein Band der Freundschaft. Schwarzwald-Kreis und Entstehung der Vereinigung Sozialistischer Mittelschüler*, Vienna/Cologne/Graz: Böhlau, 1985, p. 37.
5 Jakob WASSERMANN, „Eugenie Schwarzwald", *Neue Freie Presse*, 21 June 1925, p. 1.
6 Peter HAMMERSCHLAG, „Porträt einer Jugendbildnerin", *Der Mond schlug grad halb acht* (edited by Friedrich Torberg), Vienna: Paul Zsolnay Verlag, 1972, p. 151.
7 WASSERMANN, 1925, p. 3.
8 Hilde SPIEL, *Die hellen und die finsteren Zeiten. Erinnerungen 1911–1946*, Munich: Paul List, 1989, pp. 53–59.
9 Maltschi Buchthal-Serkin to Hans Deichmann, 22 Jan.1986, cited according to DEICHMANN, 1988, p. 102.
10 Adolf LOOS, *Wohnungsänderungen*, Vienna, n.d., p. 13.
11 Elsie ALTMANN-LOOS, *Mein Leben mit Adolf Loos*, Vienna: Amalthea, 1968, p. 89.
12 Karin Michaëlis about Eugenie Schwarzwald's youth, cited according to Hans DEICHMANN, *Leben mit provisorischer Genehmigung. Leben, Werk und Exil von Dr. Eugenie Schwarzwald (1872–1940)*, Berlin: Guthmann-Peterson, 1988, p. 15.
13 Robert MUSIL, *Der Mann ohne Eigenschaften*, Berlin: Rowohlt, 1930, p. 155. See also Arno RUSSEGGER, „Der Zeus von Tarnopolis'. Eugenie Schwarzwald und die Mädchenbildung um 1900", in STREIBEL, 1996, pp. 29–40. Horst TURK, „Diotimas Salon", in Horst TURK, Thomas SCHMIDT, Roberto SIMANOWSKI (eds.), *Europa – ein Salon? Beiträge zur Internationalität des Salons*, Göttingen: Wallstein Verlag, 1999, pp. 282–304.
14 Eugenie SCHWARZWALD, *Die Heimkehr des verlorenen Buches*. Vienna, n.d., p. 12.
15 Egon and Emmy WELLESZ, *Egon Wellesz Leben und Werk; Herausgegeben von Franz Endler*, Vienna: Paul Zsolnay Verlag, 1981, 98.
16 Alice HERDAN-ZUCKMAYER, *Genies sind im Lehrplan nicht vorgesehen*, Frankfurt am Main: Fischer, 1979, pp. 121–129. Eugenie SCHWARZWALD, „Die Semmeringschule", *Die Bühne* 315/1926, p. 26.
17 Dickie DEICHMANN (VLIELANDER-HEIN), in *Fraudoktor* (1978) [typescript in WSLA], pp. 32–33.
18 Deborah HOLMES, *Langeweile ist Gift. Das Leben der Eugenie Schwarzwald*, St. Pölten/Vienna: Residenz Verlag, 2012, p. 282.
19 Egon Friedell to Walther Schneider, Grundlsee in summer 1926, cited according to DEICHMANN, 1988, p. 181.
20 Erika KARNER, *Zwischen Gartenbau und Gartenkunst: Gärtner und Gartengestalter in Wien 1918–1945. Die Standesgeschichte im Wechsel der politischen Systeme*, Vienna, (Dissertation), 2010, p. 200. Ulrike KRIPPNER, *Wiener Gartenarchitektinnen zwischen Staudenbeet und Zeichentisch. Garten- und Landschaftsarchitektur des frühen 20. Jahrhunderts in Österreich*, Vienna, (Dissertation), 2015, pp. 105–108.
21 OESCH, 2014, pp. 100–148. Marcus G. PATKA, *Freimaurerei und Sozialreform. Der Kampf für Menschenrechte, Pazifismus und Zivilgesellschaft in Österreich 1869–1938*, Vienna: Löcker, pp. 175–177.
22 „Eine Villenkolonie von Prof. Josef Hoffmann in Wien", *Der Architekt* 19/1912, p. 1.
23 Eduard F. SEKLER, *Josef Hoffmann. Das architektonische Werk. Monographie und Werkverzeichnis*, Salzburg/Vienna: Residenz Verlag, 1982, pp. 134, 140–142, 349–354.
24 Corinna OESCH, *Maria Hofer. Frauenzusammenhänge und Musik*, Strasshof/Vienna: 4/4 Verlag, 2010, p. 63.
25 H. H., „Die erste Gartenbauschule für Frauen in Oesterreich", *Der Bund* 10/1912, pp. 10–12. See also Yella HERTZKA, „Die Frau und der Gartenbau", *Die moderne*

17 Dickie DEICHMANN (VLIELANDER-HEIN), in: Fraudoktor (1978) [Typoskript im WSLA], 32–33.
18 Deborah HOLMES: Langeweile ist Gift. Das Leben der Eugenie Schwarzwald. St. Pölten u. a. 2012, 282.
19 Egon Friedell an Walther Schneider, Grundlsee im Sommer 1926, zit. nach: DEICHMANN 1988, 181.
20 Erika KARNER: Zwischen Gartenbau und Gartenkunst: Gärtner und Gartengestalter in Wien 1918–1945. Die Standesgeschichte im Wechsel der politischen Systeme. Wien (Dissertation) 2010, 200. Ulrike KRIPPNER: Wiener Gartenarchitektinnen zwischen Staudenbeet und Zeichentisch. Garten- und Landschaftsarchitektur des frühen 20. Jahrhunderts in Österreich. Wien (Dissertation) 2015, 105–108.
21 OESCH 2014, 100–148. Marcus G. PATKA: Freimaurerei und Sozialreform. Der Kampf für Menschenrechte, Pazifismus und Zivilgesellschaft in Österreich 1869–1938, 175–177.
22 Eine Villenkolonie von Prof. Josef Hoffmann in Wien, in: Der Architekt 19/1912, 1.
23 Eduard F. SEKLER: Josef Hoffmann. Das architektonische Werk. Monographie und Werkverzeichnis. Salzburg, Wien 1982, 134, 140–142, 349–354.
24 Corinna OESCH: Maria Hofer. Frauenzusammenhänge und Musik. Strasshof, Wien 2010, 63.
25 H. H.: Die erste Gartenbauschule für Frauen in Oesterreich, in: Der Bund 10/1912, 10–12. Siehe auch Yella HERTZKA: Die Frau und der Gartenbau, in: Die moderne Frau 2/1926, 4–5. Fred HELLER: Fräulein Gärtnerin, in: Die Bühne 87/1926, 12–13,
26 Corinna OESCH: Maria Hofer (1894–1977). „Wenn die mittendrin im Improvisieren war, die Augen haben gebrannt", in: Horst SCHREIBER (Hrsg.): Frauen in Tirol. Pionierinnen in Politik, Wirtschaft, Literatur, Musik, Kunst und Wissenschaft. Innsbruck u. a. 2003, 146–155.
27 OESCH 2014, 159.
28 Internationale vierzehntägige Sommerschule, in: Der Morgen, 4.7.1932, 15.
29 Karl MARILAUN: Adolf Loos. Wien, Leipzig 1922 29–30.
30 Susanne BLUMESBERGER (Hrsg.): Helene Scheu-Riesz (1880–1970). Eine Frau zwischen den Welten. Wien 2005.
31 August SARNITZ: Adolf Loos (1870–1933). Architekt, Kulturkritiker, Dandy. Köln 2003, 53.
32 E. T.: In einem Wiener literarischen Salon, in: Neues Wiener Journal, 26.2.1924, 4.
33 Milan DUBROVIC: Veruntreute Geschichte. Die Wiener Salons und Literaturcafés. Wien, Hamburg 1984, 169–192. Helga PEHAM: Die Salonièren und die Salons in Wien. 200 Jahre Geschichte einer besonderen Institution. Wien u. a. 2013, 271.
34 Ebenda, 272–279.
35 Michaela ZLAMAL: Die Wiener Salonkultur in der ersten Hälfte des 20. Jahrhunderts. Wien (Diplomarbeit) 1994, 71.
36 DUBROVIC 1984, 75.
37 Ebenda, 75–76.

Frau 2/1926, pp. 4–5. Fred HELLER, „Fräulein Gärtnerin", *Die Bühne* 87/1926, pp. 12–13.
26 Corinna OESCH, „Maria Hofer (1894–1977). ‚Wenn die mittendrin im Improvisieren war, die Augen haben gebrannt'", in Horst SCHREIBER (ed.), *Frauen in Tirol. Pionierinnen in Politik, Wirtschaft, Literatur, Musik, Kunst und Wissenschaft*, Innsbruck/Vienna/Bolzano: Studienverlag, 2003, pp. 146–155.
27 OESCH, 2014, p. 159.
28 „Internationale vierzehntägige Sommerschule", *Der Morgen*, 4 June 1932, p. 15.
29 Karl MARILAUN, *Adolf Loos*, Vienna and Leipzig: Wiener Literarische Anstalt, 1922, pp. 29–30.
30 Susanne BLUMESBERGER (ed.), *Helene Scheu-Riesz (1880–1970). Eine Frau zwischen den Welten*, Vienna: Praesens Verlag, 2005.
31 August SARNITZ, *Adolf Loos (1870–1933). Architekt, Kulturkritiker, Dandy*, Cologne: Taschen Verlag, 2003, p. 53.
32 E. T., „In einem Wiener literarischen Salon", *Neues Wiener Journal*, 26 Feb. 1924, p. 4.
33 Milan DUBROVIC, *Veruntreute Geschichte. Die Wiener Salons und Literaturcafés*, Vienna/Hamburg: Paul Zsolnay Verlag, 1984, pp. 169–192. Helga PEHAM, *Die Salonièren und die Salons in Wien. 200 Jahre Geschichte einer besonderen Institution*, Vienna/Graz: Styria Premium, 2013, p. 271.
34 Ibid., pp. 272–279.
35 Michaela ZLAMAL, *Die Wiener Salonkultur in der ersten Hälfte des 20. Jahrhunderts*. Vienna (Master's Thesis), 1994, p. 71.
36 DUBROVIC, 1984, p. 75.
37 Ibid., pp. 75–76.

SABINE BERGLER

*„Früher pflegte man sich Gäste einzuladen, wenn man Lust und Geld hatte. Heute ladet man sie ein, wenn Vollmond ist."
Über Exilsalons und Emigrantenzirkel*

*"In former days, one used to invite guests when one had the whim and the money. Today one invites them when the moon is full."
On Exile Salons and Emigrant Circles*

„Auf meinem Diwan wird Österreich lebendig",[2] schrieb Berta Zuckerkandl in ihren Memoiren sichtlich stolz auf die bedeutenden Politiker, Künstler und Industriellen, die bei ihr ein und aus gingen. Die große Salonière musste 1938 aus ihrer Heimat flüchten. Ihre Wohnung in der Oppolzergasse wurde sofort „arisiert". In Paris knüpfte Zuckerkandl so gut wie möglich an ihre Wiener Daseinsform an. Im 16. Arrondissement in der Rue des Belles-Feuilles 22 fand sie eine Wohnung und machte sie zum Treffpunkt der deutsch-österreichischen Emigration, literarisch betätigte sie sich im Verfassen ihrer Memoiren. 1940 musste Zuckerkandl eine zweite Flucht antreten, nach einer wochenlangen Odyssee fand die 76-Jährige in Algier eine sichere Bleibe. Als sich dies zu einem wichtigen Zentrum der Alliierten entwickelte, verkehrten trotz der schwierigen wirtschaftlichen Lage wieder zahlreiche Gäste in der Zuckerkandl'schen Wohnung im Vorort El Biar. Darunter befanden sich viele alte Bekannte, so der österreichische Schriftsteller Hans Habe oder André Gide, der nunmehr ein Berater von Charles de Gaulle war. Bis zu ihrem Tod im September 1945 machte sich Zuckerkandl Gedanken über ihr untergegangenes Österreich.[3]

Wie für Berta Zuckerkandl wurde auch für viele andere Paris nur zu einer Durchgangsstation. Vor allem die österreichischen Exilanten waren 1938 bereits mit einer deutlich restriktiveren Einwanderungspolitik konfrontiert als jene, die ab 1933 aus Deutschland geflüchtet waren.[4] Dennoch war Paris auch 1938 für viele der erste Ort der Rettung.[5] Die vertriebenen Größen des österreichischen und deutschen Kulturlebens sammelten sich vor allem in den Pariser Kaffeehäusern, im Speziellen in jenen am Montparnasse. Spätestens mit dem Jahr 1940 wurde Paris als Metropole der österreichischen Flüchtlinge von New York und London abgelöst.[6] Bei weitem keine Metropolen, aber ganz besondere Zufluchtsorte entstanden in Südfrankreich, so die Emigrantenkolonie Sanary-sur-Mer, wohin auch der österreichische Schriftsteller Robert Neumann aufbrach, als er in der Schweiz vom „Anschluss" erfahren hatte.

„Wie war das also damals, in Sanary?"[7]

„Wir saßen nahe beieinander, damals, 1938, hier in diesem Fischerort [...]. Thomas Mann, Aldous Huxley waren damals, als B. und ich kamen, schon von hier weitergezogen,

"On my divan, Austria comes alive,"[2] Berta Zuckerkandl wrote in her memoirs, visibly proud of the important politicians, artists and industrialists who went in and out of her house. The grand salonière had to flee from her homeland in 1938. Her apartment on Oppolzergasse was immediately "Aryanized." In Paris, Zuckerkandl made as good a connection as possible to her Viennese way of life. She found an apartment in the 16th arrondissement, at Rue des Belles-Feuilles 22, and made it the meeting place of German-Austrian emigration. Literarily, she began with the writing of her memoirs. Zuckerkandl had to make a second escape in 1940. After an odyssey lasting for weeks, the 76-year-old found a safe haven in Algiers. As the city developed into an important center for the Allies, numerous guests returned to the Zuckerkandl apartment in the suburb of El Biar, despite the difficult economic situation. Among them were many old acquaintances, such as the Austrian writer Hans Habe or André Gide, who now served as a consultant to Charles de Gaulle. Zuckerkandl worried about her lost Austria until her death in September 1945.[3]

Like for Berta Zuckerkandl, Paris was only a transit station for many others as well. Austrian exiles were particularly confronted with a much more restrictive immigration policy in 1938 than those who had fled Germany in 1933.[4] Nevertheless, Paris was also the first place of salvation for many in 1938.[5] The expelled luminaries of Austrian and German cultural life gathered mainly in the Parisian cafés, especially the ones on Montparnasse. By 1940 at the latest, Paris was replaced by New York and London as the metropolis of Austrian refugees.[6] Far from being major cities, very special refuges originated in southern France, such as the emigrant colony of Sanary-sur-Mer, where the Austrian writer Robert Neumann also headed to when he had found out about the "Anschluss" while in Switzerland.

"So how was it back then, in Sanary?"[7]

"We sat close to each other, back in 1938, here in this fishing village [...]. Thomas Mann and Aldous Huxley had already moved on from here when B. and I arrived, but besides Feuchtwanger, whom we expected to meet here, Franz Werfel was also here, Arnold Zweig at times, too, and always Friedrich Wolf, who got stuck here on the way from Moscow after the Spanish Civil War. Not to mention Ludwig Marcuse.

Marta Feuchtwanger mit Gästen auf dem Patio ihrer Villa Valmer in Sanary-sur-Mer
Marta Feuchtwanger with guests on the patio of her Villa Valmer in Sanary-sur-Mer
University of Southern California

aber außer Feuchtwanger, den wir ja hier zu treffen erwarteten, war auch Franz Werfel hier, mitunter auch Arnold Zweig, und stets Friedrich Wolf, der da auf dem Weg von Moskau nach dem Spanischen Bürgerkrieg hängengeblieben war. Auch Ludwig Marcuse. Und eben B. und ich – entronnen der österreichischen Volksabstimmung und wieder einmal der Gestapo und (doch wußte man das ja erst später) dem Massengrab",[8] erinnert sich Neumann in seinen autobiografischen Aufzeichnungen. Sanary-sur-Mer war bereits seit 1933 zu einem Zentrum des deutschsprachigen Exils geworden. Geistiger Mittelpunkt war die Villa Valmer von Lion und Marta Feuchtwanger, während bei Thomas Mann etwas steife Leseabende stattfanden.[9] Dieser schrieb 1944 rückblickend in einen Brief an Lion Feuchtwanger: „Ich glaube, Sie waren der erste, der sich in der Emigration ein mehr als würdiges, ein glänzendes Heim zu schaffen wusste, in Sanary sur mer, wo wir zusammen die ersten Monate nach unserer Entlassung als deutsche Schriftsteller verbrachten. Ich hätte gern den Goebbels durch Ihre Räume geführt und ihm die Aussicht gezeigt, damit er sich gifte."[10]

And precisely B. and I – having escaped the Austrian annexation referendum and once again the Gestapo and the mass grave (but we only found out about it later),"[8] Neumann recalls in his autobiographical notes. Sanary-sur-Mer had already been a center of German-speaking exile since 1933. The intellectual epicenter was Lion and Marta Feuchtwanger's Villa Valmer, while Thomas Mann held some stiff reading evenings.[9] He wrote retrospectively in a 1944 letter to Lion Feuchtwanger: "I believe you were the first of the emigrants to find a beautiful home that was more than worthy of you, in Sanary-sur-Mer. It was there that we spent the first few months after our dismissal as German writers. I would have liked to have taken Goebbels on tour through the rooms and shown him the view. He would have choked on his own bile."[10]

A "Kind of Salon" in Great Britain

Robert Neumann did not stay long in the south of France, ending up in British exile that same year. Hilde Spiel recounted the meetings he organized there: "At the apartment of Stefan Zweig, who had temporarily rented his beautiful

Eine „Art von Salon" in Großbritannien

Robert Neumann blieb nicht lange in Südfrankreich, noch im selben Jahr fand er sich im britischen Exil ein. Hilde Spiel berichtete von den Treffen, die er dort organisierte: „In der Wohnung Stefan Zweigs, der die schönen Räume in der Hallam Street samt seiner Sekretärin und späteren Frau Lotte zeitweilig an Robert Neumann vermietet hat, finden Zusammenkünfte statt, wie sie heute undenkbar erscheinen: Dichter lesen einander aus ihren entstehenden Manuskripten vor und hören stundenlang und respektvoll zu, um dann den anderen das eigene Geschriebene zuzumuten. Was bis zum Ausbruch des Krieges üblich war, aber nach dessen Ende nur noch als Gruppenstrategie betrieben und allmählich von einzelnen und erträglichen Lesereisen abgelöst werden soll, setzt sich hier in der Emigration noch ein Weilchen fort."[11] Andernorts beschreibt sie es als „eine hübsche Verlegung eines Wiener Kaffeehauses (oder Salons in dem Fall) in das Londoner Milieu".[12] Robert Neumann versank aber nicht in den „nostalgischen [...] vorwiegend vergangenheitsbezogenen Treffen der Emigranten"[13], wie Hilde Spiel es retrospektiv etwas abschätzig schilderte. Er gründete gemeinsam mit Franz Werfel den österreichischen Exil-P.E.N.-Club, verteilte auch an Gelegenheitsschriftsteller Mitgliedskarten, die sie als Ausweise benutzten, und half darüber hinaus bei der Erlangung von Visa oder brachte Autoren mit Übersetzern und Verlegern in Verbindung.[14]

Hilde Spiel berichtete auch von Zusammenkünften bei Paul Frischauer: „Mit seiner lustigen slawischen Frau Mariza führt er, in einer Souterrainwohnung zwar, aber dicht am südlichen Ende der Kensington Gardens, eine Art von Salon."[15] Dort versammelten sich Arthur Koestler, Robert Neumann, Berthold Viertel und die Baronin Moura Budberg, frühere Gefährtin Maxim Gorkis und damalige Freundin von H. G. Wells.[16]

Einen der schillerndsten, traditionellsten und beständigsten Salons in London führte die aus Wien emigrierte Lilly Sigall. Sie versammelte bis in die 1990er-Jahre Stars der Film- und Musikwelt wie Ava Gardner, Shura Cherkassky und Mikhail Baryshnikov um sich. Sigall wurde in Ungarn als Tochter eines Leutnants der k. u. k. Armee geboren, wuchs im Wien der Zwischenkriegszeit auf und führte mit ihrer Familie ein großbürgerliches Leben. 1936 heiratete sie in Wien Max Sigall. Das Brautpaar unternahm seine Hochzeitsreise nach Südafrika und beschloss, nach London

rooms in Hallam Street to Robert Neumann — complete with Zweig's own secretary, Lotte, later his wife — there were gatherings which today would be quite unthinkable; for hours on end, writers read aloud to each other from their works in progress, and listened respectfully while others read. This practice was usual up to the outbreak of war, but was kept up after the war only among small groups, and gradually replaced by individual reading tours, which were easier to endure."[11] Elsewhere, she describes it as "a nice relocation of a Viennese coffee house (or salon in the case) to the London milieu."[12] Robert Neumann, however, did not sink into the "nostalgic meetings of exiles, who even at their most cheerful moments were predominantly concerned with the past,"[13] as Hilde Spiel depicted it, looking back somewhat disparagingly. Together with Franz Werfel he founded the Austrian PEN Club in Exile, distributed membership cards to occasional writers who used them as ID cards, and helped to obtain visas or to bring authors into contact with translators and publishers.[14]

Hilde Spiel also reported about meetings with Paul Frischauer: "He and his jolly Slavic wife Mariza had a kind of salon in their apartment, a basement, but close to the south end of Kensington Gardens."[15] Arthur Koestler, Robert Neumann, Berthold Viertel and the Baroness Moura Budberg, the former mistress of Maxim Gorky and the companion of H.G. Wells at that time, came together there.[16]

One of the most dazzling, traditional and long-lasting salons in London was run by Lilly Sigall, who had emigrated from Vienna. Up into the 1990s, she gathered stars of the

Arthur Fleischmann
Maske Lilly Sigall
Keramik, glasiert
1937
Arthur Fleischmann
Mask of Lilly Sigall
ceramic, glazed
1937
Arthur-Fleischmann-Museum, Bratislava

zu emigrieren. Für Lilly Sigall waren die Gesellschaften, die sie während des Zweiten Weltkrieges gab, ein Weg der Verdrängung. Sie versuchte den Gedanken an die Grausamkeiten, denen auch ihre Familie ausgesetzt war, zu entkommen: „I danced every night, darlink [sic!], until three." Dennoch lebte sie nicht in einer abgehobenen Traumwelt, sie diente bei der Feuerwache und nähte Uniformen für die Armee, in der ihr Mann kämpfte. In der fast zwanzigköpfigen Familie von Lilly Sigall gab es nur vier Überlebende.[17] Auf besagter Hochzeitsreise 1937 nach Südafrika lernte das Paar den Künstler Arthur Fleischmann kennen, der nach Lilly Sigalls Antlitz eine Keramikmaske schuf.[18]

Marie-Louise von Motesiczky führte ein deutlich zurückgezogeneres Emigrantendasein in Großbritannien. Sie stammte aus einer großbürgerlichen Familie und hatte die Wiener Salonkultur bereits als junges Mädchen kennengelernt. Die Malerin flüchtete mit ihrer Mutter nach Groß-

film and music world like Ava Gardner, Shura Cherkassky and Mikhail Baryshnikov around her. Born in Hungary as the daughter of an Austro-Hungarian Army lieutenant, Sigall grew up in the Vienna of the interwar period and led a grande bourgeois life with her family. In 1936, she married Max Sigall in Vienna. The bridal couple travelled to South Africa on their honeymoon and decided to emigrate to London. For Lilly Sigall, the soirées she gave during the Second World War were a way of repression. She tried to escape the thoughts of the cruelty her family was exposed to: "I danced every night, darlink [sic!], until three." Yet she did not live in a remote dream world, serving as a fire warden and sewing uniforms for the army her husband was fighting in. Of Lilly Sigall's nearly twenty-member family, only four survived.[17] On their honeymoon in South Africa in 1937, the couple met the artist Arthur Fleischmann, who created a ceramic mask modeled on Lilly Sigall's face.[18]

Marie-Louise von Motesiczky led a much more withdrawn emigrant existence in Britain. She came from a middle-class family and had already got to know the Viennese salon culture as a young girl. The painter fled to the UK with her mother and settled in 1940 in Amersham, where the house of Anglican pastor Gordon Milburn and his wife Mary became a refuge for emigrants from the continent. A testimony of a visit by Bettina Ehrlich-Bauer is a pastel she painted showing Marie-Louise von Motesiczky. Ehrlich-Bauer wrote to her husband about this encounter: "Since free nature has failed me […], I borrowed Marie-Louise -; God knows a beautiful model! Spent 2 days with her and sweated out a pastel; but I want to do one more thing. She has gorgeous colors like a Velasquez princess and little blue shades around her eyes like a baby. We get along very well and you get delicious food at her place!"[19] One year later, the Motesiczkys bought their own house nearby. Oskar Kokoschka and other refugee artists were also frequently to be encountered there.[20] In the London borough of Hampstead, where the Motesiczkys settled in 1960, the visitors also found themselves between old Viennese furniture again, wined and dined with Austrian cuisine and Apfelstrudel.[21]

Bettina Ehrlich-Bauer
Porträt Marie-Louise von Motesiczky
Pastell, signiert „Bettina Bauer 1940"
1940
Bettina Ehrlich-Bauer
Portrait of Marie-Louise von Motesiczky,
pastel, signed "Bettina Bauer 1940"
1940
Belvedere, Wien / Vienna
Nachlass / estate Mag. Bernd Kreuter
Foto / Photo: Johannes Stoll

britannien und ließ sich 1940 in Amersham nieder. Die Unterkunft bei dem anglikanischen Pfarrer Gordon Milburn und seiner Frau Mary wurde zu einer Zufluchtsstelle für Emigranten vom Kontinent. Zeugnis von einem Besuch Bettina Ehrlich-Bauers gibt ein von ihr gefertigtes Pastell, das Marie-Louise von Motesiczky zeigt. An ihren Ehemann schrieb Ehrlich-Bauer über diese Begegnung: „Da die freie Natur mir versagt ist […], habe ich mir die Marie-Louise ausgeborgt -; weiß Gott ein schönes Modell! Habe 2 Tage bei ihr verbracht und ein Pastell heraus geschwitzt; will aber noch eines machen. Sie hat herrliche Farben wie eine Velasquez-Prinzessin u. blaue Schatterln bei den Augen wie ein Säugling. Wir vertragen uns sehr gut und man kriegt bei ihr herrliches Essen!"[19] Ein Jahr später erwarben die Motesiczkys ein eigenes Haus ganz in der Nähe. Dort waren auch Oskar Kokoschka und andere geflüchtete Künstler häufig anzutreffen.[20] Auch im Londoner Stadtteil Hampstead, wo sich die Motesiczkys 1960 niederließen, fanden sich die Besucher zwischen alten Wiener Möbeln und mit österreichischer Küche und Apfelstrudel bewirtet wieder.[21]

Der Salon als Zufluchtsort der deutschen Sprache in Palästina

„Bevor ich einen anderen Beruf erlerne, lerne ich lieber Hebräisch!"[22] Mit diesen optimistischen Worten ging Stella Kadmon daran, ein hebräisches Theater in Tel Aviv zu gründen. Sie wandte sich an den Bürgermeister Jisra'el Rokach: „Herr Bürgermeister, ich komme zu Ihnen mit einer Bitte. Ich bin Immigrantin, noch kaum ein halbes Jahr in Palästina. Ich bin so glücklich hier zu sein, aber ich würde gern dasselbe machen, das ich in Wien gemacht habe, nämlich ein Cabaret gründen, gegen Hitler, gegen Faschismus und Antisemitismus. Ich will für das Schöne im Leben kämpfen. Geben Sie mir die Möglichkeit, dies hier zu tun."[23] Kadmon bekam sie, doch bereits nach fünf Vorstellungen hatte sie keine Besucher mehr, „denn kein Mensch konnte im Jahre 1940 Hebräisch"[24]. Die deutschsprachigen Flüchtlinge fanden sich in Palästina in einer bizarren und tragischen Situation wieder. Ihre Sprache wurde als Sprache der Mörder abgelehnt, denen sie gerade noch entronnen waren. Des Hebräischen noch nicht mächtig, befanden sie sich in einer nur schwer bewältigbaren Lage. Kadmon fand eine Lösung, ihrer Theaterleidenschaft auch im Exil Ausdruck

The Salon as a Refuge of the German Language in Palestine

"Before I learn another profession, I'd rather learn Hebrew!"[22] With these optimistic words, Stella Kadmon set about founding a Hebrew theater in Tel Aviv. She turned to the mayor Jisra'el Rokach: "Mr. Mayor, I come to you with a request. I'm an immigrant, barely half a year in Palestine. I am so happy to be here, but I would like to do the same thing that I did in Vienna, namely to establish a cabaret, against Hitler, against fascism and anti-Semitism. I want to fight for the beautiful in life. Give me the opportunity to do this here."[23] Kadmon received this chance, but after five performances she had no more visitors, "because no one could speak Hebrew in 1940."[24] The German-speaking refugees found themselves in a bizarre and tragic situation in Palestine. Their language was rejected as that of the murderers they had just escaped from. Not having mastered Hebrew yet, they were in a situation that was difficult to manage. Kadmon found a solution to express her theatrical passion even in exile: She invited people to the roof garden of her apartment at Bialik Street 23 in Tel Aviv. She organized "reading evenings in the Swiss language"[25], because nobody could forbid her from speaking German on private premises. Retrospectively, Stella Kadmon referred to these gatherings as "chanson evenings by moonlight."[26] Since the population was required to minimize outdoor light in wartime, Kadmon invited people once a month during the full moon. She established the "Circle of Friends of the Arts," which hosted readings of plays by German-speaking authors on Saturdays. Stella Kadmon was part of the "Free Austrian Movement," and meetings of this organization sometimes took place on her roof garden.[27] The "Circle for Advanced Culture" in Tel Aviv also sought refuge at Kadmon's. Consisting largely of German exiles, the society was set up as a small circle in 1941 on the initiative of the Berlin-born journalist Ernst Kuttner. When there were attacks on the ever-better attended public events in the German language, they had to confine themselves to private locations again.[28] Stella Kadmon's roof garden became an important meeting place of Tel Aviv's German-speaking cultural scene.[29]

Another refuge for the German language is reported by the Austro-Israeli journalist Alice Schwarz-Gardos. The literary salon of Nadja Taussig in Tel Aviv was established by her husband Ernst, a brother-in-law of Max Brod, in 1941 "in the dark time. That was when people publically rejected

Stella Kadmons Dachgarten in Tel Aviv, Bialikstraße 23
Stella Kadmon's roof garden in Tel Aviv, Bialik Street 23
Theatermuseum, KHM-Museumsverband

zu verschaffen: Sie lud auf den Dachgarten ihrer Wohnung in der Bialikstraße 23 in Tel Aviv ein. Dort veranstaltete sie „Leseabende in Schweizer Sprache"[25], aufgrund der privaten Räumlichkeiten konnte ihr niemand die deutsche Sprache verbieten. Retrospektiv bezeichnete Stella Kadmon diese Zusammenkünfte als „Chanson-Abende bei Mondbeleuchtung"[26]. Da die Bevölkerung zu Kriegszeiten zur Verdunkelung angehalten war, lud Kadmon einmal im Monat bei Vollmond ein. Sie gründete den „Kreis der Kulturfreunde", der an Samstagen inszenierte Lesungen von Theaterstücken deutschsprachiger Autoren veranstaltete. Stella Kadmon war Teil des „Free Austrian Movement", und Zusammenkünfte dieser Vereinigung fanden manchmal auf ihrem Dachgarten statt.[27] Auch der „Kreis für fortschrittliche Kultur" in Tel Aviv suchte bei Kadmon Zuflucht. Die Gesellschaft bestand großteils aus deutschen Exilanten und war 1941 auf die Initiative des Berliner Journalisten Ernst Kuttner als kleiner Zirkel gegründet worden. Als es Anschläge auf die immer besser besuchten öffentlichen Veranstaltungen in deutscher Sprache gab, mussten sie sich wieder auf private Räumlichkeiten beschränken.[28] Der

German-language events."[30] Schwarz-Gardos described the uniqueness of this institution: "There are few groups or 'associations' whose mere list of lecturers and topics represents a piece of intellectual and cultural history, and deserves to be fully published. The fact that this is the case with Nadja Taussig's salon proves the correctness of the name chosen at the beginning as a unique institution."[31] The salon offered refuge, but also a "stage and rostrum" to all those who, while not denying the necessity of Hebrew, were however dependent on the perfect command of the language as writers.[32] A quotation from Max Brod expresses the tragedy of German-speaking émigrés in Palestine: "I loved Schalom Asch, but I lived Wedekind."[33] Max Brod regularly gave lectures in this salon, including on "Jewish Theater in Palestine." The Viennese poet Martha Hofmann presented her works, Felix Weltsch spoke "about humor and the lack of it." The program was by no means limited to literary topics; the landlord himself held a talk on the topic of stamps. Preserved in memory for posterity is an extraordinary production, a "public tribunal against the Central European Aliyah and the language question in Eretz Israel," in which Sammy Gronemann served

Dachgarten Stella Kadmons wurde zu einem wichtigen Treffpunkt der deutschsprachigen Kulturszene Tel Avivs.[29]

Über einen weiteren Zufluchtsort für die deutsche Sprache berichtet die austro-israelische Journalistin Alice Schwarz-Gardos. Der literarische Salon von Nadja Taussig in Tel Aviv wurde von ihrem Mann Ernst, einem Schwager Max Brods, 1941 „in dunkler Zeit [gegründet]. Das war damals, als man in der Öffentlichkeit deutschsprachige Veranstaltungen ablehnte."[30] Schwarz-Gardos beschrieb die Einzigartigkeit dieser Institution: „Es gibt wenige Gruppen oder ‚Vereinigungen', deren blosse Liste von Vortragenden und Vortragsthemen ein Stück Geistes- und Kulturgeschichte darstellt und verdiente, zur Gänze veröffentlicht zu werden. Daß dies bei Nadja Taussigs ‚Salon' der Fall ist, beweist die Richtigkeit der eingangs gewählten Bezeichnung als ‚einzigartige Institution'."[31] Der Salon bot all jenen Zuflucht, aber auch „Bühne und Tribüne", die zwar die Notwendigkeit des Hebräischen nicht abstritten, als Schriftsteller aber auf die perfekte Beherrschung der Sprache angewiesen waren.[32] Ein Zitat Max Brods bringt die Tragik der deutschsprachigen Emigranten in Palästina zum Ausdruck: „Ich liebte Schalom Asch, aber ich lebte Wedekind."[33] Max Brod hielt regelmäßige Vorträge in diesem Salon, unter anderem über „Jüdisches Theater in Palästina". Die Wiener Lyrikerin Martha Hofmann trug ihre Werke vor, Felix Weltsch sprach „über Humor und Humorlosigkeit". Das Programm beschränkte sich keineswegs auf literarische Themen, der Hausherr selbst beschäftigte sich in einem Vortrag mit Briefmarken. Der Nachwelt in Erinnerung geblieben ist eine außergewöhnliche Inszenierung, ein „öffentliches Gericht gegen die mitteleuropäische Alijah und die Sprachenfrage in Erez Israel", bei dem Sammy Gronemann als Gerichtsvorsitzender diente und Kläger (David Tscherdok) und Verteidiger (D. Schloßberg) anhörte. Häufiger Gast war Schalom Ben-Chorin, der über die Bibel wie über Joseph Roth referierte. Max Brod und Leo Perutz lasen aus ihren neuen, aber während des Krieges nicht veröffentlichbaren Werken. Das mittlerweile in die Literaturgeschichte eingegangene Werk *Nachts unter der steinernen Brücke* fand in Palästina einzig in diesem Salon eine Zuhörerschaft, Max Brod berichtete: „Ich hörte Perutz selber Teile dieses ergreifenden Buches still und ohne die geringste In-Szene-Setzung vorlesen – in einem der ständigen intimen ‚Kulturabende', die meine Schwägerin Nadja Taussig seit 25 Jahren bis heute in ihrem Heim in Tel Aviv veranstaltet. Es kam mir manchmal vor, besonders solange

as presiding judge and listened to the plaintiff (David Tscherdok) and the defense attorney (D. Schlossberg). A frequent guest was Schalom Ben-Chorin, who spoke about the Bible as about Joseph Roth. Max Brod and Leo Perutz read from their new works, which could not be published during the war. Perutz's historical novel, *By Night Under the Stone Bridge*, which has meanwhile gone down in literary history, only found an audience in Palestine at this salon. Max Brod recalled: "I heard Perutz himself read parts of this moving book, quietly and without the slightest attempt at drawing attention to himself – at one of the constantly intimate 'cultural evenings' that my sister-in-law Nadja Taussig has held for 25 years and up to today at her home in Tel Aviv. Sometimes I had the impression, especially as long as Felix Weltsch still lectured there, as if the last rays of literary Prague were flickering in Tel Aviv. The sun of Prague was setting on the Mediterranean Sea."[34] From the late 1950s up into the 1990s, this German-speaking salon hosted guests from home and abroad.[35]

Felix Weltsch and Schalom Ben-Chorin were also presenters at Else Lasker-Schüler's Kraal.[36] The Berlin-born poetess was already seventy years old when she moved from her Swiss exile to Jerusalem in 1939. It only operated in a very small, exclusive circle. In the fall of 1941, she wanted to raise it to a more formal level and asked Martin Buber for help: "I would like to have the ○, I have drawn from four dear people, [at the edge] Werner Kraft, Andreas Meyer, Sam Wassermann and myself [/] that you, Adon Professor, open it for some valuable people? By telling us about – as you like, Balchem or Lurja or Simon Ben Jochay or yourself, Adon. In my spacious room [at the edge] space for about 30 people in the room, whom we invite. [/] we want to invite dear poets and poet doctors and painter poets. [...] However, we cannot donate anything to the narrator for his narration because we have only the bare necessities."[37] The Kraal offered the only opportunity in Jerusalem for German-speaking authors to read aloud to an invited audience.[38] With the opening of her circle, Lasker-Schüler had to move to larger premises; her favorite place was the German synagogue "Emet we Emuna," and she assured: "I only speak very fine things in the house of worship."[39] Besides purely literary evenings, there were such devoted to historical, philosophical and religious topics.[40] She kept the exclusive right to the guest list: "I invite people in the Kraal, who 'I' would like to hear first. So I agree. After all, I do not have a literary inn and I do not pour anything out here, especially for myself."[41] Overall, Lasker-Schüler organized

Einladung von Else Lasker-Schüler zu einem Vortrag von Ernst Simon über den Propheten Jeremias
Jerusalem, 11. April 1943
Invitation of Else Lasker-Schüler to a lecture by Ernst Simon on the prophet Jeremiah
Jerusalem, April 11, 1943
National Library of Israel

Einladung von Else Lasker-Schüler zu einem Vortrag von Alexander Bein über Theodor Herzl
6. September 1942
Invitation of Else Lasker-Schüler to a lecture by Alexander Bein on Theodor Herzl
September 6, 1942
National Library of Israel

Else Lasker-Schüler
Die verscheuchte Dichterin
1935–1942
Zeichnung
Else Lasker-Schüler
The Scared Poet
1935–1942
Drawing
National Library of Israel

auch noch Felix Weltsch dort vortrug, als lebten letzte Ausstrahlungen des literarischen Prag in Tel Aviv auf. Die Sonne Prags geht im Mittelländischen Meer unter."³⁴ Bis in die 1990er-Jahre bestand dieser deutschsprachige Salon für Gäste aus dem In- und Ausland.³⁵

Felix Weltsch und Schalom Ben-Chorin waren auch Vortragende in Else Lasker-Schülers Kraal.³⁶ Die Berliner Dichterin war bereits siebzig Jahre alt, als sie 1939 aus ihrem Schweizer Exil nach Jerusalem übersiedelte. Sie verkehrte nur in einem sehr kleinen, exklusiven Kreis. Im Herbst 1941 wollte sie diesen auf eine offiziellere Stufe heben und bat Martin Buber um Hilfe: „Ich möchte so gerne den ○, den ich gezogen von vier lieben Menschen, [am Rand] Werner Kraft, Andreas Meyer, Sam Wassermann und ich [/] daß Sie, Adon Professor, ihn für einige wertvolle Menschen eröffnen? Indem Sie uns etwa – wie Sie wollen, von Balchem erzählen oder von Lurja oder von Simon Ben Jochay oder von Sich Selbst, Adon. In meinem weiten Zimmerraum [am Rand] Platz für etwa 30 Menschen im Zimmer, die wir einladen. [/] wollen wir liebe Dichter und Dichterdoktoren und Malerdichter einladen. [...] Nur können wir dem Erzähler nichts für sein Erzählen spenden denn wir haben nur das Nötige."³⁷ Der Kraal bot in Jerusalem die einzige Möglichkeit für deutschsprachige Autoren, Texte vor einem geladenen Publikum vorzutragen.³⁸ Mit der Öffnung ihres Kreises musste Lasker-Schüler auf größere Räumlichkeiten ausweichen, ihr liebster Ort war die deutsche Synagoge „Emet we Emuna", und sie versicherte: „Ich spreche auch nur ganz feine Dinge im Gotteshaus."³⁹ Neben rein literarischen Abenden gab es solche, die historischen, philosophischen und religiösen Themen gewidmet waren.⁴⁰ Über die Gästeliste behielt sie sich das Exklusivrecht: „Ich lade im Kraal Menschen ein, die ‚ich' zunächst hören möchte. So bin ich einig. Ich habe ja keine literarische Wirtschaft und schenke auch hier nicht aus, vor allem mich nicht."⁴¹ Insgesamt organisierte Lasker-Schüler 18 Kraal-Abende. Die handschriftlichen Einladungen trug sie meist selbst aus, nur die weit entfernten Adressen überließ sie der Post.⁴² In ihren letzten Lebensjahren verfasste sie das Schauspiel *IchundIch*. In diesem Stück im Stück verarbeitete sie auf avantgardistische Weise den Mephisto-Stoff und die Geschehnisse im nationalsozialistischen Deutschland. Im Stück tritt sie selbst als Schriftstellerin auf und wohnt der Probe eines ihrer Stücke in einem Jerusalemer Freilichttheater bei. Mephisto und Faust spielen Schach, während die Hausdame Mephistos mit Goebbels flirtet, im

18 Kraal evenings. Most of the handwritten invitations she delivered herself, leaving only the distant addresses to the post office.⁴² In her last years, she wrote the play *IchundIch* (*IandI*). In this piece she processed the Mephisto theme and the events in National Socialist Germany in an avant-garde manner. She appears in the play as a writer herself and attends the rehearsal of one of her dramas at a Jerusalem open-air theater. Mephisto and Faust play chess, while Mephisto's housekeeper flirts with Goebbels and the marching Nazi troops sink into lava masses in the background. Historical events of recent years are whirled about in a spectacle-like fashion; Herschel Grynszpan,⁴³ whose head is shaved, begs for Satan's mercy; the burning Reichstag is projected between a ballet of "dancing male and female devils."⁴⁴ At the end of the performance, the exhausted poetess pauses on the way home in the garden of Beith Ticho. There she meets a scarecrow, also a highly educated refugee, who embodies the intellectual emigration of German-speaking Jews.⁴⁵

Else Lasker-Schüler herself was a frequent guest at the Ticho house. Abraham Ticho had studied medicine in Prague and Vienna, and was an ophthalmologist at the Rudolf

Anna Ticho
Selbstporträt
Rötel auf Papier
1925
Anna Ticho
Self Portrait
Red chalk on paper
1925
Anna Ticho
© The Israel Museum, Jerusalem
Foto / Photo ©
The Israel Museum, Jerusalem by Elie Posner

Dr. Abraham Ticho in seinem Garten in Jerusalem
Dr. Abraham Ticho in his garden in Jerusalem
Ticho House Archive
© The Israel Museum, Jerusalem

Anna Ticho Porträtskizze Dr. Abraham Ticho Kohle auf Papier 1948
Anna Ticho Portrait Sketch of Dr. Abraham Ticho Coal on paper 1948
Anna Ticho
© The Israel Museum, Jerusalem
Foto / Photo ©
The Israel Museum, Jerusalem by Elie Posner

Hintergrund versinken die marschierenden Nazi-Truppen in Lavamassen. Spektakelhaft werden die geschichtlichen Ereignisse der letzten Jahre durcheinandergewirbelt, Herschel Grynszpan[43] bittet mit abrasiertem Kopf um Satans Gnade, der brennende Reichstag wird zwischen einem Ballett aus „Tanzteufeln und Tanzteufelinnen"[44] projiziert. Am Ende der Vorstellung legt die erschöpfte Dichterin am Heimweg eine Pause im Garten des Beith Ticho ein. Dort trifft sie eine Vogelscheuche, ebenfalls ein hochgebildeter Flüchtling, der die geistige Emigration der deutschsprachigen Juden verkörpert.[45]

Else Lasker-Schüler war selbst häufig zu Gast im Haus Ticho. Abraham Ticho hatte in Prag und Wien Medizin studiert und war Augenarzt in der Rudolfstiftung, bevor er 1912 nach Jerusalem ging. Anna Ticho hatte in Wien Kunst studiert und wurde in Jerusalem zu einer leidenschaftlichen Landschafts- und Porträtmalerin. Bei der Ankunft des Paares in Jerusalem herrschte gerade eine Epidemie an Augenkrankheiten. Dr. Ticho versorgte eine unwahrscheinlich große Zahl an jüdischen und arabischen Patienten, sodass sein Name in der heiligen Stadt bald zum Synonym für Augenarzt wurde. 1924 erwarb das Ehepaar das heutige Beith Ticho. Das Erdgeschoss diente Dr. Ticho als Klinik, geziert von einer Sammlung von Chanukka-Leuchtern, deren Lichtsymbolik eine besondere Bedeutung für den Augenarzt hatte. In der oberen Etage war nicht nur Platz für Anna Tichos Atelier, sondern auch für Gäste. Hier mischte sich die Jerusalemer „Aristokratie" der Mandatszeit, wie Shai Agnon, Helena Kagan, Henrietta Szold, Martin

Foundation Hospital before he went to Jerusalem. Anna Ticho had studied art in Vienna and became a passionate landscape and portrait painter in Jerusalem. When the couple arrived in Jerusalem in 1912, there was an epidemic of eye diseases. Dr. Ticho treated an unbelievable number of Jewish and Arab patients, so that in the Holy City his name soon became synonymous with ophthalmologist In 1924, the couple purchased the present-day Beith Ticho (Ticho House). The ground floor served Ticho as a clinic, adorned by a collection of Hanukkah chandeliers, whose light symbolism held a special meaning for the ophthalmologist. On the upper floor there was not only room for Anna Ticho's studio, but also for guests. Here the Jerusalem "aristocracy" of the British mandate period, such as Shai Agnon, Helena Kagan, Henrietta Szold, Martin Buber and Gershom Scholem, mingled with international guests: "Every musician, writer, artist or doctor who arrives in the city is invited to the Ticho House where he meets his Jerusalem counterparts."[46] Even Teddy Kollek found himself shortly after his arrival in Jerusalem in the Ticho House; he placed it under monument protection in 1957.[47] The role of the hosts was shared by the couple: "Dr Ticho is very generous and Anna, his wife, is a perfect hostess. He knows how to show interest in his guests. His knowledge in various areas makes it easier for him to form

Buber oder Gershom Scholem, mit internationalen Gästen: „Every musician, writer, artist or doctor who arrives in the city is invited to the Ticho house where he meets his Jerusalem counterparts."⁴⁶ Auch Teddy Kollek fand sich kurz nach seiner Ankunft in Jerusalem im Haus Ticho ein, 1957 stellte er es unter Denkmalschutz.⁴⁷ Die Rolle der Gastgeber übernahm das Ehepaar gemeinsam: "Dr Ticho is very generous and Anna, his wife, is a perfect hostess. He knows how to show interest in his guests. His knowledge in various areas makes it easier for him to form connections with his conversation partners. He can talk about every subject. Anna also has the skill to sense the differences in people and to direct the conversation according to her desire."⁴⁸

Der Salon als Traumstätte in Mexiko

„Im allgemeinen wird im Bett geträumt, in Mexiko versammelte man sich zu diesem Zweck des gemeinsamen Träumens um einen Tisch. Die Dame des Hauses, eine Wienerin, dachte gewiß nicht an die berühmten Salons der Literaturgeschichte, als sie die merkwürdigen Gesellen bei sich empfing, die, fast ohne Geld in der Tasche, den Kopf so hoch trugen, als wären sie regierende oder zumindest stellvertretende Minister. Im Haus des Dirigenten R.[ömer] verkehrten Ärzte, Kaufleute, Fabrikanten, die sich in Mexiko angesiedelt hatten, nachdem sie als Juden aus dem Land, wo sie geboren wurden und wo ihre Väter begraben sind, vertrieben worden waren. An der Tafel bei R. konnten die allerkühnsten Träume geträumt werden, ohne daß jemand daran Anstoß genommen hätte."⁴⁹

In Mexiko war es das Haus der Familie Römer in der Colonia del Valle, das den Exilanten Zuflucht und deutschsprachige Kultur bot. Ernst Römer, der in Wien Schüler Guido Adlers und Arnold Schönbergs gewesen und in der Zwischenkriegszeit als Dirigent tätig gewesen war, flüchtete 1938 gemeinsam mit seiner Frau Irma und ihrem gemeinsamen Sohn Oscar nach Mexiko. Dort setzte er sich sehr für die österreichische Musik ein und war an der Leitung der mexikanischen Oper beteiligt. Ruhm brachte ihm seine Aufführung der *Fledermaus* in Mexiko-Stadt ein.⁵⁰

Im Haus Römer waren häufig jüdische Kommunisten zu Gast, zum Austausch politischer Ansichten servierte Irma Römer Köstlichkeiten der Wiener Küche. Oscar Roemer schildert in seinen autobiografischen Aufzeichnungen folgende Szene: Im Jahr 1940 wurden seine Eltern zu General

connections with his conversation partners. He can talk about every subject. Anna also has the skill to sense the differences in people and to direct the conversation according to her desire."⁴⁸

The Salon as a Dream Site in Mexico

"Dreaming is generally done in bed; in Mexico people gather around a table for this purpose of dreaming together. The lady of the house, a Viennese woman, certainly did not think of the famous salons of literary history when she received the strange fellows who, with nearly no money in their pockets, held their heads so high as if they were ruling or at least deputy ministers. In the house of the conductor R.[ömer] there were doctors, merchants, and factory owners who had settled in Mexico after having been expelled as Jews from the country where they were born and where their fathers were buried. At R.'s table, the wildest dreams could be dreamt without anyone taking offense at it."⁴⁹

In Mexico, it was the Römer family house in the Colonia del Valle that offered the exiles refuge and German-speaking culture. Ernst Römer, who had been a pupil of Guido Adler and Arnold Schönberg in Vienna and had been a conductor in the interwar period, fled to Mexico in 1938 together with his wife Irma and their son Oscar. Very committed to Austrian music there, he was involved in leading the Mexican Opera House. His performance of *Die Fledermaus* in Mexico City earned him fame.⁵⁰

Jewish communists were frequent guests at the Römer house. Irma Römer served Viennese delicacies while they exchanged political views. In his autobiographical notes, Oscar Roemer remembers the following scene: In 1940, his parents were summoned to General Mujica, an assistant of the former president Lázaro Cárdenas. He wanted to get to know them personally and talk to the political refugees. As a culinary accompanying program, he wanted the "Viennese

Die Tafel im Haus von Ernst und Irma Römer (2. u. 3. v. r.) in Mexico-Stadt. Am Kopf des Tisches: Carl Alwin
Company at the table in the house of Ernst and Irma Römer (2nd and 3rd f. right) in Mexico City. At the head of the table: Carl Alwin
Privatsammlung / Private collection Christian Kloyber

Der Fall des Generalstabschefs Redl *von Egon Erwin Kisch, Theateraufführung des Heinrich Heine-Klub in Mexiko-Stadt, von links nach rechts: Bodo Uhse, Friedl Katz, Kurt Stern, Anna Seghers, Ludwig Renn, Bruno Frei, Alexander Abusch, Lenka Reinerowa, R. Fuerth-Feistmann, Nadine Stern, Leo Katz, Alma Uhse, André Simone, Hans Marum*
The Case of the Chief of the General Staff Redl *by Egon Erwin Kisch, theater performance of the Heinrich Heine Club in Mexico City, from left to right: Bodo Uhse, Friedl Katz, Kurt Stern, Anna Seghers, Ludwig Renn, Bruno Frei, Alexander Abusch, Lenka Reinerová, R. Fuerth-Feistmann, Nadine Stern, Leo Katz, Alma Uhse, Andre Simone, Hans Marum*
Tschechisches Literaturarchiv / National Literature Archives, Prague

Mujica geladen, einem Mitarbeiter des vormaligen Präsidenten Lázaro Cárdenas. Er wollte ihre Gesellschaft kennenlernen und sich mit den politischen Flüchtlingen austauschen. Als kulinarisches Begleitprogramm wünschte er sich „Wiener Tacos mit Marillenmarmelade", für ein in „su casa" vereinbartes Treffen. Die Römers putzten also ihr Haus heraus, am Buffet warteten Gulasch, Sachertorte und selbstverständlich die gewünschten Palatschinken. Eingeladen waren Anna Seghers, Egon Erwin Kisch, Paul Merker, André Simone (Otto Katz), Leo Katz und Friedrich Katz, nur die Delegation erschien nicht. Schließlich griff der Hausherr zum Telefon, und es stellte sich heraus, dass die sprachlichen Feinheiten der Emigranten noch nicht ausreichend waren. Denn der General hatte mit „su casa" sein Haus gemeint und wartete selbst in seiner Villa auf die Gesellschaft.[51]

Nachdem sich die Kommunisten im bürgerlichen Salon der Familie eingefunden hatten, entschlossen sie sich, tätiger zu werden: „‚Es muss etwas geschehen', sagte der Erste. ‚In Paris sind zu den Veranstaltungen der deutschen Schriftsteller immer Hunderte von Menschen gekommen.' [...],

tacos with apricot jam" for a meeting arranged at "su casa." The Römers therefore cleaned their house; goulash, *Sachertorte* and, of course, the desired *Palatschinken* were waiting at the buffet. Invitees included Anna Seghers, Egon Erwin Kisch, Paul Merker, Andre Simone (Otto Katz), Leo Katz and Friedrich Katz, but the delegation did not appear. Finally, the man of the house picked up the phone, and it turned out that the linguistic subtleties of the emigrants were not yet sufficient. Actually, the general had meant his house with "su casa" and was waiting in his villa for the company to arrive.[51]

After the Communists had gathered in the family's bourgeois salon, they decided to become more active: "'Something has to happen,' the first one said. 'Hundreds of people always came to the events of German writers in Paris' [...] 'We will do something completely different, create something new,' they all said together." Thus, in the fall of 1941, the guests of the Römer salon decided in one "act of collective optimism"[52] to found the Heinrich-Heine-Klub.[53] This association subsequently became a cultural institution for German-speaking émigrés in Mexico who "created a center for the spirit forbidden in Germany [...] for those who did not

Wir werden etwas ganz Anderes machen, etwas Neues schaffen', sagten alle zusammen." So beschlossen die Gäste des Salons Römer im Herbst 1941 in einer „Tat des kollektiven Optimismus",[52] den Heinrich Heine-Klub zu gründen.[53] Dieser Klub wurde in der Folge zu einer kulturellen Instanz der deutschsprachigen Emigranten in Mexiko, die „dem verbotenen Geist in Deutschland ein Zentrum schuf, [...] von all denen die sich von Hitler ihre Freude an der Kultur nicht rauben lassen" wollten.[54] Das verbindende Moment eines Salons wurde auch noch im Heine-Klub erfüllt, so fanden sich in dessen Vorstand Kommunisten, Zionisten, Sozialisten und Bürgerliche.[55]

Nach wie vor war auch das Haus Römer ein Treffpunkt für die Mitglieder des Heine-Klubs, unter ihnen war eine nicht geringe Anzahl von Stalin-Anhängern. Ihre führenden Köpfe Paul Merker und André Simone drohten dem Hausherrn, den Kreis zu verlassen, wenn er weiterhin Kontakt mit Leo Trotzki, der sich seit 1937 in Mexiko im Exil befand, unterhalte. Das soziale Netzwerk seines Salons war Ernst Römer so wichtig, dass er den Kontakt mit dem Revolutionär abbrach.[56] Die meisten der damals noch treuen Stalinisten wurden gegen Ende ihres Lebens mit dem Verrat ihrer politischen Ideale durch Stalin konfrontiert. Otto Katz bezahlte mit seinem Leben, er wurde Opfer der stalinistischen Schauprozesse und beim sogenannten Slánský-Prozess 1952 zum Tode verurteilt.

Der Salon als „Festung Europa"[57] in den USA

Die USA wurden für viele Vertriebene zu einer längerfristigen Bleibe, und dennoch empfanden viele Emigranten Isolation und Einsamkeit. In den späten 1930er-Jahren entstand in den USA eine Salonkultur, die an ihre Vorbilder in Wien und Berlin erinnert.[58]

Das Ehepaar Eric und Gertrude Zeisl hatte bereits in seinem Haus, das es 1938 in Le Vésinet (Paris) bewohnte, Emigranten um sich versammelt.[59] Getrude Zeisl schilderte später: „We had a kind of round table",[60] an dem Paul Stefan, Marcel Rubin, Franz und Alma Werfel, Georg Moenius und Hans Kafka teilnahmen. Das Paar gelangte mit einem Affidavit von Arnold Zeisl in die Vereinigten Staaten. Arnold Zeisl war für sie allerdings ein Unbekannter, Gertrude suchte nach Namensverwandten im amerikanischen Adressverzeichnis, denen sie in Briefen ihre Situation

want to be robbed of their enjoyment of culture by Hitler."[54] The connecting element of a salon was also fulfilled in the Heine-Klub, since its executive committee consisted of Communists, Zionists, socialists and members of the middle class.[55]

The Römer House remained a meeting place for the members of the Heine-Klub, among whom were a not inconsiderable number of Stalin supporters. Their leaders, Paul Merker and André Simone, threatened to leave the circle if the host continued to maintain contact with Leon Trotsky, who had been exiled in Mexico since 1937. The social network of his salon was so important to Ernst Römer that he broke off contact with the revolutionary.[56] Most of the then-loyal Stalinists were confronted with the betrayal of their political ideals by Stalin towards the end of their lives. Otto Katz paid with his life after becoming a victim of the Stalinist show trials and being sentenced to death at the so called Slánský trial in 1952.

The Salon as "Fortress Europe"[57] in the USA

The USA became a long-term home for many displaced people, yet many emigrants faced isolation and loneliness. In the late 1930s, a salon culture emerged in the USA, reminiscent of its role models in Vienna and Berlin.[58]

The couple Eric and Gertrude Zeisl had already gathered emigrants around them at the house in Le Vésinet (Paris), where they lived in 1938.[59] Getrude Zeisl later recalled: "We had a kind of round table,"[60] in which Paul Stefan, Marcel Rubin, Franz and Alma Werfel, Georg Moenius and Hans Kafka participated. The couple arrived in the United States with an affidavit from Arnold Zeisl. However, Arnold Zeisl was unknown to them. Gertrude had looked for families with

Eric und Trude Zeisl, Los Angeles, 1950er-Jahre
Eric and Trude Zeisl, Los Angeles, 1950s
Barbara Zeisl-Schoenberg, Los Angeles

Das Zeisl-Netzwerk: Telefonbuch von Eric und Trude Zeisl, Los Angeles 1940/50er-Jahre
The Zeisl network: Phonebook of Eric and Trude Zeisl, Los Angeles 1940s/50s
Foto / Photo: Sebastian Gansrigler
Barbara Zeisl-Schoenberg, Los Angeles

schilderte und um ein Affidavit bat. Der Installateur Arnold Zeisl war der Einzige, der ihnen half. In der ersten Zeit lebten sie in New York, und als sie ihr Ein-Zimmer-Apartment für ein Haus in Mamaroneck nahe New York aufgaben, entwickelte sich dieses schnell zu einem Treffpunkt für Asylanten und Gleichgesinnte.[61] Beständiger war jedoch das Zusammenkommen der Vertriebenen in ihrem Haus in 8578 West Knoll Drive, Hollywood 46. Zeugnis davon geben die immer noch im Familienbesitz befindlichen Adressbücher: Erich Wolfgang Korngold, Ernst Toch, Hanns Eisler, Lion Feuchtwanger, Ludwig Marcuse und Igor Strawinsky sind nur einige der schillernden Namen, die dort eingetragen sind.[62] Das Ehepaar lebte in einer sehr innigen Beziehung und nahm die Rolle des Gastgebers gemeinsam ein, nach dem frühen Tod Eric Zeisls (1959) schrieb sein Freund Hans Kafka, Charlotte Dieterle zitierend: „Man hat nie das Gefühl gehabt, dass es einen Herrn und eine Frau Zeisl gibt, es waren nur ‚die Zeisls'."[63] Dies wird auch durch die Anrede in so manchen Briefen deutlich: „Liebe Zeiserln" oder

the same name in the American directory, described their situation to them in letters and asked for an affidavit. The plumber Arnold Zeisl was the only one who helped them. They first lived in New York, and when they gave up their one-bedroom apartment for a house in Mamaroneck near New York, it quickly became a meeting place for asylum seekers and like-minded people.[61] More steady, however, was the gathering of displaced persons at their home at 8578 West Knoll Drive, Hollywood 46. The family-owned directories bear witness to this: Erich Wolfgang Korngold, Ernst Toch, Hanns Eisler, Lion Feuchtwanger, Ludwig Marcuse and Igor Stravinsky are just some of the colorful names listed therein.[62] The couple lived in a very intimate relationship and shared the host role. After Eric Zeisl's early death (1959), his friend Hans Kafka, quoting Charlotte Dieterle, wrote: "One never felt that there was a mister and a misses, it was simply 'the Zeisls.'"[63] This is also clear from the salutations in many letters: "Dear Zeiserln" or "Dear Gezeisel."[64] In exile, Eric Zeisl turned to religious subjects in his compositional work,

„Liebes Gezeisel".[64] Eric Zeisl wandte sich im Exil in seiner Kompositionsarbeit religiösen Themen zu, er schuf die Violin-Sonate *Andante religioso (hebraique)* oder der *Sonata Barocca*, die Zeisl beide als „an intimate talk between God and man" bezeichnete.[65] Dies vermittelte Zeisl vielleicht ein „universelles Heimatgefühl". Einem viel praktischeren Gefühl von Heimat dienten Geselligkeiten in privatem Kreis unter Exilanten.[66] Im Gegensatz dazu wurden Partys, die für die amerikanische Gesellschaft gegeben wurden, eher als Last empfunden. Für die berufliche Existenz waren sie allerdings unerlässlich, nur durch diese konnten Emigranten Verbindungen erlangen, die ihnen den nächsten Auftrag im Showbusiness einbrachten.[67] In einem Brief an Hilde Spiel schrieb Gertrude Zeisl: „Diese Woche habe ich wieder einmal eine große Party. Gott sei Dank sind sie jetzt seltener [...]. Das ist kein Spaß, mein Haus ist sehr klein, ich habe zu wenig Sesseln, zu wenig Teller, alles zu wenig, aber es wird schon gehen. Mit der Hilfe meiner Mutter, die die himmlischen Wiener Torten macht, was den Leuten hier ja die größte Rarität ist, da die amerikanischen Cakes riesige chirurgische desinfizierte mit den neuesten Erfindungen der Chemie ausgestattete und danach schmeckende Wattesubstanzen sind. Die Leute, die kommen, sind mir alle wurscht und es ist nur, daß man es nicht erlauben kann, ganz aus der Welt draußen zu leben, sonst würden wir gerade so gut wie niemanden sehen."[68]

Der Exilsalon der Zeisls wurde auch nach dem Krieg weitergeführt, regelmäßig fanden sich „exilierte Komponistenkollegen und Instrumentalisten zum inspirativen Meinungsaustausch ein", um etwas von der „alten Heimat" zu bewahren.[69] Die 1940 noch in New York geborene Tochter Barbara führte die Tradition der Gastgeberschaft weiter. Noch heute lädt sie zu Gesellschaften, bei denen Sachertorte nach Wiener Familienrezept mit Schlagobers und Erdbeeren Fixpunkte sind. Christa Wolf hielt dies im Roman „Stadt der Engel" fest: „Die Gäste waren versammelt, man rief uns zu Tisch. Das Haus, in dem Arnold Schönberg, den sein Schüler Eisler sehr verehrte, fünfzehn Jahre gelebt hat, wird jetzt von seinem Sohn und dessen Frau Barbara bewohnt. Man tritt in einen Wiener Salon ein: Hier hat sich nichts verändert! [...] Man bekommt Rindssuppe mit Grießnockerln serviert, Tafelspitz mit Karotte und verschiedenen Saucen und endlich einmal gekochte Kartoffeln, und zum Nachtisch natürlich Sachertorte mit Schlagobers und Erdbeeren. Man wird vor eine Vitrine geführt, in der Frau Barbara die wenigen Andenken an ihren Vater, den aus composing the violin sonata *Andante religioso (hebraique)* or *Sonata Barocca*, which Zeisl described as "an intimate talk between God and man."[65] This perhaps gave Zeisl a "universal sense of home." Socializing among exiles in a private circle provided a much more practical sense of home.[66] In contrast, parties given for the American society were more of a burden. However, they were indispensable for their professional existence, and it was only through these that emigrants were able to make connections, which earned them the next assignment in show business.[67] In a letter to Hilde Spiel, Gertrude Zeisl wrote: "This week I once again have a big party. Thank God they are now rarer [...]. This is no fun, my house is very small, I have too few armchairs, too few plates, too little of everything, but it will work out. With the help of my mother, who makes the heavenly Viennese cakes, which is the greatest rarity to the people here, since the American cakes are huge, surgically disinfected wadding substances that are coated with the latest inventions of chemistry and taste accordingly. I don't care at all about the people who are coming, and it's just that one cannot allow oneself to live entirely out of the world; otherwise we would hardly see anyone at all."[68]

The exile salon of the Zeisls was also continued even after the war, and regularly "exiled composer colleagues and instrumentalists came for an inspirational exchange of views" to preserve something of the "old homeland."[69] Their daughter Barbara, who was born in 1940 while they were still living in New York, carried on the tradition of hosting. Even today, she invites people to get-togethers where *Sachertorte* made according to the Viennese family recipe with whipped cream and strawberries is common place. Christa Wolf stated this in the novel *City of Angels Or, The Overcoat of Dr. Freud*: "The guests had all arrived and we were called to the table. [...] The house, where Arnold Schoenberg had lived for fifteen years worshipped by his student, Eisler, was now occupied by Schoenberg's son Ronald and Ronald's wife, Barbara. Walking into their dining room was like walking into a Vienna salon: Nothing has changed here! [...] They served beef soup with bread dumplings and boiled beef with baby carrots and various sauces and boiled potatoes, and for dessert Sacher torte with whipped cream and strawberries, of course. Guests were led past a display case where Barbara had preserved the few remaining mementoes of her father, the Austrian émigré composer Eric Zeisl; she said with a certain melancholy—the daughter in the famous father-in-law's house—that her own father had been forgotten."[70]

Salka Viertel mit Edith Kramer, Los Angeles um 1940
Salka Viertel with Edith Kramer, Los Angeles ca. 1940
DLA Marbach

Österreich emigrierten Komponisten Eric Zeisl, aufbewahrt, mit Wehmut spricht die Tochter im Haus des berühmten Schwiegervaters davon, daß ihr Vater vergessen sei."[70]

Sachertorte gab es auch bei Salka Viertel.[71] Das Haus in der Mabery Road in Santa Monica wurde ab 1931 zum gesellschaftlichen Treffpunkt, ab 1933 kamen die ersten Emigranten dazu. Während des Zweiten Weltkrieges fanden sich zum Großteil deutschsprachige Exilanten ein und brachten das Essen selbst mit.[72] Erst in der Nachkriegszeit wurde Salka Viertels Salon europäischen Maßstäben gerecht.[73] Gottfried Reinhardt, mit dem Viertel eine Liebesbeziehung hatte, beschrieb dies: „The greatest contrasts collided in the salon of Salka Viertel … It was a salon. In her house in Santa Monica, George Sand, Chopin, Liszt, Musset, Delacroix would have felt comfortable. Now it was where Greta Garbo elucidated to Max Reinhardt how she intended to play Hamlet; where Chaplin … recruited his musical ghostwriter, the brilliant sycophant Hanns Eisler; where the happy-go-lucky virtuoso in the grand tradition, Arthur Rubinstein, was polite to the unhappy and unlucky, tradition-trampling Arnold Schönberg; where the brothers Heinrich und Thomas Mann, estranged for decades, were reconciled after many weeks of delicate … diplomacy … where Max Reinhardt, for the first time, made the acquaintance of his former Dramaturg (literary adviser) – Bertolt Brecht."[74] Das Besondere an ihrem Salon war, dass sich Gäste aus verschiedenen Ländern und Schichten einfanden und somit die Überwindung gesellschaftlicher Normen möglich wurde. Dieses Element, das den europäischen

Sachertorte was also available at Salka Viertel's.[71] The house on Mabery Road in Santa Monica became a social meeting place from 1931, and the first emigrants started arriving in 1933. During World War II, mostly German-speaking émigrés showed up and brought the food themselves.[72] Salka Viertel's salon first lived up to European standards in the post-war period.[73] Gottfried Reinhardt, who had a love affair with Viertel, provides an account: "The greatest contrasts collided in the salon of Salka Viertel … It was a salon. In her house in Santa Monica, George Sand, Chopin, Liszt, Musset, Delacroix would have felt comfortable. Now it was where Greta Garbo elucidated to Max Reinhardt how she intended to play Hamlet; where Chaplin … recruited his musical ghostwriter, the brilliant sycophant Hanns Eisler; where the happy-go-lucky virtuoso in the grand tradition, Arthur Rubinstein, was polite to the unhappy and unlucky, tradition-trampling Arnold Schönberg; where the brothers Heinrich und Thomas Mann, estranged for decades, were reconciled after many weeks of delicate … diplomacy … where Max Reinhardt, for the first time, made the acquaintance of his former Dramaturg (literary adviser) – Bertolt Brecht."[74] What made her salon so special was that guests from different countries and strata rubbed elbows and thus enabled social norms to be overcome. This element, which constituted the European salon in its heyday, was unknown to the Americans.[75]

Not only did Salka Viertel know how to make connections between emigrants and Americans, she also used them to procure affidavits or provide work and housing to new arrivals. Together with Liesl Frank and Charlotte and William Dieterle, she co-founded the European Film Fund, into which actors paid a portion of their salary in support of refugees.[76] Martha Feuchtwanger explains another indispensable feature of a salonière, Viertel's secrecy: "If she had written what she knew, she would have made the greatest sensation. And that she didn't do it is even a greater page in her life."[77]

Salka Viertel, like Gina Kaus, created a new livelihood in Hollywood as a scriptwriter, while her male immigrant colleagues almost invariably failed on the "market where lies were sold."[78] Crucial to success in Hollywood was not only talent, but also "diplomatic sensitivity, communication skills, the ability to compromise, and no complacency,"[79] qualities that both also had to fulfill as salon ladies. Gina Kaus had already held a salon in Vienna between the wars.[80] Her circle in the United States was much less open than Salka Viertel's. Here the emigrants kept to themselves and

Salon in seinen Glanzzeiten ausmachte, war den Amerikanern unbekannt.[75]

Salka Viertel verstand es nicht nur, Verbindungen unter Emigranten und Amerikanern zu knüpfen, sie nützte diese auch, um Affidavits zu beschaffen oder Neuangekommene mit Arbeit und Wohnmöglichkeit zu versorgen. So gründete sie gemeinsam mit Liesl Frank und Charlotte und William Dieterle den European Film Fund, in den Schauspieler einen Teil ihres Gehalts zur Unterstützung von Flüchtlingen einzahlten.[76] Martha Feuchtwanger beschrieb eine weitere unerlässliche Eigenschaft einer Salonière, Viertels Verschwiegenheit: "If she had written what she knew, she would have made the greatest sensation. And that she didn't do it is even a greater page in her life."[77]

Salka Viertel schuf sich ebenso wie Gina Kaus als Drehbuchautorin eine neue Existenzgrundlage in Hollywood, während ihre männlichen Emigrantenkollegen auf dem „Markt, auf dem Lügen verkauft wurden",[78] fast ausnahmslos scheiterten. Entscheidend für den Erfolg in Hollywood war nicht nur Talent, sondern auch „diplomatisches Feingefühl, Kommunikationsgeschick, Kompromißfähigkeit, keine Selbstgefälligkeit",[79] Eigenschaften, die beide auch als Salondamen erfüllen mussten. Gina Kaus hatte bereits im Wien der Zwischenkriegszeit einen Salon geführt.[80] Ihr Kreis in den USA war weit weniger offen als der Salka Viertels, hier blieben die Emigranten unter sich und ließen Erinnerungen an die alte Heimat aufleben: „Zur anheimelnden Atmosphäre im Haus von Gina Kaus trug nicht wenig die Mutter der Gastgeberin bei, die hochbetagte Frau Wiener, die uns mit rührender, ganz und gar europäischer Aufmerksamkeit umsorgte und zugleich auf nicht minder rührende Weise bemüht war, sich in Amerika einzuleben und sich all die neuartigen Begriffe anzueignen, die es da zu bewältigen galt. [...] Selbstverständlich sprach man an solchen Abenden immer von der alten Heimat, von den alten Zeiten, von alten Freunden, über deren Schicksal man nichts wußte – und das war noch das Beste, was man wissen konnte, denn es ließ die Hoffnung zu, daß sie vielleicht noch am Leben wären."[81]

In New York wurde die Wohnung von Mimi Grossberg zu einem regelmäßigen Treffpunkt für Exilanten. Die Modistin war gemeinsam mit ihrem Mann im Oktober 1938 in die Vereinigten Staaten geflüchtet. In Wien war sie kurze Zeit in der Schwarzwaldschule gewesen: „Aber ich blieb nicht im Schwarzwaldlyzeum. Meine Mitschülerinnen waren mir zu arrogant."[82] Ihr in Wien erlernter Beruf ermöglichte es

rekindled memories of the old homeland: "The homey atmosphere in the house of Gina Kaus was not least due to the mother of the hostess, the elderly Frau Wiener, who cared for us with touching, absolute European attention, and at the same time tried in no less touching ways to settle down in America and to pick up all the new terms that had to be mastered. [...] Of course, on such evenings people always spoke of their old homeland, of the old days, of old friends whose fate they knew nothing about – and that was still the best thing that could be known, because it gave hope that they might still be alive."[81]

In New York, Mimi Grossberg's apartment became a regular gathering place for exiles. The milliner fled to the United States with her husband in October 1938. She had attended the Schwarzwald Schule in Vienna for a short time: "But I did not stay in the Schwarzwald Lyceum. My classmates were too arrogant for me."[82] Her profession, learned in Vienna, enabled her and her husband to quickly gain a foothold in New York and invite guests. An annual jour fixe was her invitation to exiled writers on the first day of the

Gina Kaus, Wien / Vienna 1925
Foto / Photo: Trude Fleischmann
Imagno

Treffpunkt Mimi Grossberg in New York, um 1940, Mimi Grossberg links hinten stehend
Mimi Grossberg's meeting place in New York, ca. 1940, Mimi Grossberg standing on the left in the rear
Österreichische Exilbibliothek

ihr und ihrem Mann, schnell in New York Fuß zu fassen und Gäste einzuladen. Ein Fixpunkt war ihre Einladung an exilierte Schriftsteller am ersten Tag des Jahres.[83] Angeregt und unterstützt von Professor Siegfried Altmann, dem ehemaligen Direktor des Israelitischen Blindeninstituts auf der Hohen Warte, begann sie sich mit Exilschriftstellern zu beschäftigen, Material zu sammeln und Vorträge zu halten.[84] Siegfried Altmann baute in New York das Austrian Institute auf, lud Mimi Grossberg ein, und sie brachte ihre literari-

year.[83] Inspired and supported by Professor Siegfried Altmann, the former director of the Jewish Institute for the Blind on the Hohe Warte, she began to study exile writers, collect material and give lectures.[84] Siegfried Altmann built up the Austrian Institute in New York and invited Mimi Grossberg, who brought her literary friends, including Rose Ausländer and Fritz Bergammer, with her[85]. Grossberg found a second home at the Austrian Institute, doing pioneering work in the reappraisal of Austrian exile literature in New York.[86]

schen Freunde, darunter Rose Ausländer und Fritz Bergammer.[85] Im Austrian Institute fand Grossberg eine zweite Heimat.[86] Sie leistete dort Pionierarbeit in der Aufarbeitung österreichischer Exilliteratur in New York.

Die Salonière im Exil?

Mit der Exilsituation änderten sich auf augenfällige Weise die äußeren Umstände des Salons. Die Zusammenkünfte waren räumlich und zeitlich unbeständiger. Manchmal musste aus Platzmangel auch der private Raum verlassen werden. Der Salon nach europäischem Verständnis konnte erst nach einer gewissen Etablierung im neuen Land stattfinden und entwickelte sich, wenn überhaupt erst nach dem Zweiten Weltkrieg. Die Rolle der Salonière wurde allerdings nicht mehr ausschließlich von Frauen wahrgenommen. Oftmals waren Männer ebenso beteiligt, man empfing als Paar, manchmal war auch der Mann der Initiator. Dies lässt sich auf die allgemeine Rollenaufweichung im Exil zurückführen. Frauen übernahmen häufig die praktischen Alltagsfragen und Behördenwege und lebten sich in Folge besser und schneller in eine neue Umwelt ein, während Männer meist größere Anpassungsschwierigkeiten hatten.[87] Damit könnte sich auch erklären, dass Männer sich ebenso stark oder gar noch stärker an die vergangenen Zeiten und die sozialen Kontakte der Heimat binden wollten.

War es die Sehnsucht der frühen jüdischen Salonièren, von einer Gesellschaft anerkannt zu werden, die sie als Jüdinnen eigentlich ablehnte, was, wie Hannah Arendt es analysierte, „eine illusionäre Idylle, eine bloß erträumte Gemeinsamkeit"[88] war, so entsprang die Gemeinsamkeit eines Exilsalons einer unfreiwilligen und umso offensichtlicheren Notlage. Dort trauerten die Gäste einer Idylle nach, über deren Existenz sich keiner von ihnen mehr eine Illusion machen konnte. Die Salons im Exil entstanden, weil sie ein mehrfaches Vakuum ausfüllten, es wurde ein Raum für etwas geschaffen, was es im Exil nicht gab: für intellektuellen Austausch, der noch in der alten Welt verhaftet war, für die deutsche Sprache, für politische Diskussionen über ein freies Europa oder für eine echte Wiener Sachertorte. Oft waren diese privaten Kreise auch Geburtshelfer für spätere offizielle Institutionen.

Ein letzter Emigrantenzirkel sei hier noch erwähnt, der „Stammtisch" um das Ehepaar Gaby und Fritz Glückselig

The Salonière in Exile?

With the exile situation, the external circumstances of the salon changed conspicuously. The meetings were spatially and temporally unstable. Sometimes, due to lack of space, the private realm had to be abandoned. The salon, according to the European understanding of it, could only take place after a certain establishment in the new country and developed, if at all, after the Second World War. The role of the salonière, however, was no longer exclusively held by women. Often men were equally involved, receiving guests together with their wives; occasionally the husband was the initiator. This can be attributed to the general blurring of roles in exile. Women frequently took on the day-to-day practical and administrative tasks, and as a result settled into a new environment better and faster, while men usually had greater adjustment difficulties.[87] This could also explain why men wanted to commit themselves just as strongly or even more strongly to past times and the social contacts of the homeland.

Whereas the desire of the early Jewish salonières to be recognized by a society that actually rejected them as Jewish women, which, as Hannah Arendt analyzed it, was "an illusionary idyll, a merely dreamed commonality,"[88] the commonality of an exile salon thus arose from an involuntary and all the more obvious emergency situation. At these gatherings, the guests mourned an idyll whose existence none of them could make an illusion about. The exile salons came into being because they filled a multiple vacuum, creating a space for something that did not exist in the diaspora: for intellectual exchanges still bound in the Old World, for the German language, for political discussions about a free Europe or for a real Viennese Sachertorte. These private circles repeatedly served as "midwives" for later official institutions.

One last emigrant circle is to be mentioned here, the "Stammtisch" (regulars' table) headed by the married couple Gaby and Fritz Glückselig (Bergammer) in New York. This was founded in 1940: Oskar Maria Graf, Hans Sahl and Harry Asher were the defining figures. Leo Glückselig later recalled the various characters he had met there and how he had interpreted between the Viennese and the Berliners: "When he [Hans Sahl] ordered a 'Schorlemorle' [wine mixed with soda water] in Berlin, we agreed after long discussions that this was in reality a 'G'spritzten,' but with a lemon inside."[89] While the Stammtisch still took place at a restaurant

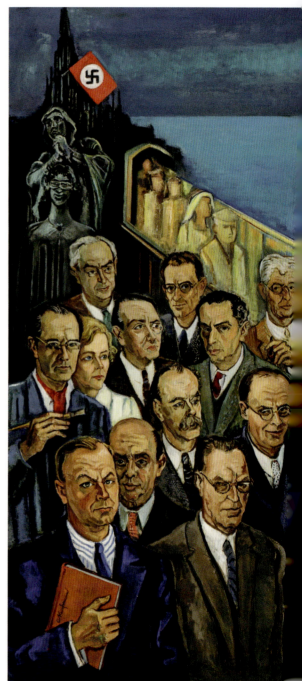

1	Berthold Viertel (Schriftsteller & Regisseur)	20	William Stern (Psychologe)
2	Fritz Lang (Regisseur)	21	Ferdinand Bruckner (Schriftsteller)
3	Günther Anders (Schriftsteller)	22	Albert Einstein (Physiker)
4	Ernst Toch (Komponist)	23	Klaus Mann (Schriftsteller)
5	Ernst Bloch (Philosoph)	24	Thomas Mann (Schriftsteller)
6	Arthur Kaufmann (Künstler)	25	Erika Mann (Schriftstellerin)
7	Elisabeth Musset-Kaufmann (Psychologin)	26	Ludwig Renn (Schriftsteller)
8	Max Wertheimer (Psychologe)	27	Curt Valentin (Kunsthändler)
9	Emanuel Feuermann (Musiker)	28	Hans Jelinek (Grafiker)
10	Arnold Schönberg (Komponist)	29	Bruno Frank (Schriftsteller)
11	George Grosz (Künstler)	30	Erwin Piscator (Regisseur)
12	Joseph Floch (Künstler)	31	Lotte Goslar (Tänzerin)
13	Heinrich Mann (Schriftsteller)	32	Oskar Maria Graf (Schriftsteller)
14	Paul Zucker (Architekt & Kunsthistoriker)	33	Benedikt Fred Dolbin (Zeichner)
15	Luise Rainer (Schauspielerin)	34	Kurt Goldstein (Neurologe)
16	Ulrich Friedemann (Arzt)	35	Kurt Weill (Komponist)
17	Otto Klemperer (Dirigent)	36	Max Reinhardt (Regisseur)
18	Paul Tillich (Theologe)	37	Helene Thimig (Schauspielerin)
19	Arnold Zweig (Schriftsteller)	38	Ernst Toller (Schriftsteller)

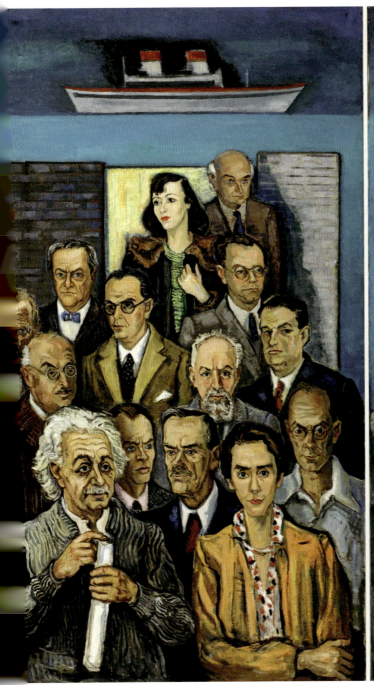

Arthur Kaufmann
Die Geistige Emigration
Triptychon, Öl auf Hartfaser
1939–1964
Arthur Kaufmann
The Intellectual Emigration
Triptych, oil on hardboard
1939–1964
Kunstmuseum Mülheim an der Ruhr

(Bergammer) in New York. Dieser wurde 1940 gegründet: Oskar Maria Graf, Hans Sahl und Harry Asher waren die prägenden Figuren. Leo Glückselig berichtete später von den verschiedenen Charakteren, die er dort traf, und wie er zwischen Wienern und Berlinern dolmetschte: „Wenn er [Hans Sahl] auf berlinerisch eine ‚Schorlemorle' bestellte, einigten wir uns nach langen Diskussionen darauf, daß es sich dabei in Wirklichkeit um einen G'spritzten handelte, allerdings mit einer Zitrone drinnen."[89] Während der Stammtisch zu Lebzeiten Oskar Maria Grafs noch in einem Lokal stattfand, wurde er später in die Wohnung der Glückseligs verlegt. Mit dem Verstreichen der Jahrzehnte änderte sich die Besucherstruktur, und es kamen junge Österreicher und Deutsche, die etwas über die Vertreibung wissen wollten.[90] Der Dichter Fritz Bergammer, der Ehemann von Gabi Glückselig, verfasste ein Gedicht über die Sehnsucht des Einwanderers, etwas von der alten Heimat in der neuen Heimat zu bewahren, ein Anliegen, das jedem Exilsalon eingeschrieben war:

„Das schönste an der amerikanischen Flagge
Sind ihre rot-weiß-roten Streifen",
sagte ein österreichischer Einwanderer
nach siebenunddreißig Jahren
und meinte es nicht wegwerfend –
Amerika wegwerfend – sondern im Gegenteil
Dankbar, daß dieser große Kontinent
Langsam die Farbe seiner Heimat annahm."[91]

during Oskar Maria Graf's lifetime, it was later transferred to the Glückselig's Upper East Side apartment. With the passage of decades, the visitor structure changed, and there were young Austrians and Germans who wanted to know something about the expulsion.[90] The poet Fritz Bergammer, Gaby Glückselig's husband, wrote a poem about the immigrant's yearning to preserve something of his old homeland in the new one, a concern inscribed in every exile salon:

"'The most beautiful thing about the American flag
are their red-white-red stripes,'
said an Austrian immigrant
after thirty-seven years
and did not mean it dismissively –
dismissing America – on the contrary
thankful that this great continent
slowly adopted the color of his homeland."[91]

---

1 Zitat im Titel aus: „Stella Kadmon lud ein." Zeitungsnotiz aus dem Teilnachlass Stella Kadmon im Theatermuseum, E 4821, Mappe: Tel Aviv, „Bonaparte in Jaffa", Zweig, 1945.
2 Bertha ZUCKERKANDL: Österreich intim. Erinnerungen 1892-1942, Wien u.a. 1970, 186.
3 Lucian O. MEYSELS: In meinem Salon ist Österreich. Berta Zuckerkandl und ihre Zeit, Wien u.a. 1985, 282 ff.
4 Anne SAINT SAUVEUR-HENN: Frankreichs Haltung gegenüber den deutschsprachigen Emigranten zwischen 1933 und 1940, in: Anne SAINT SAUVEUR-HENN (Hrsg.): Fluchtziel Paris. Die deutschsprachige Emigration 1933–1940, Berlin 2002, 15 ff.
5 Karin WAGNER: Fremd bin ich ausgezogen. Eric Zeisl – Biografie, Czernin 2005, 139 ff.; Ernst SCHWAGER: Die österreichische Emigration in Frankreich, Böhlau/Wien u.a. 1984, 11 ff.
6 Anne-Marie CORBIN: Die Bedeutung der Pariser Cafés, in: Anne SAINT SAUVEUR-HENN (Hrsg.): Fluchtziel Paris. Die deutschsprachige Emigration 1933–1940, Berlin 2002, 90 f.
7 Robert NEUMANN: Ein leichtes Leben. Bericht über mich selbst und Zeitgenossen, Frankfurt am Main 1965, 57.
8 NEUMANN 1965, 57 f.
9 Manfred FLÜGGE: Wider Willen im Paradies. Deutsche Schriftsteller im Exil in Sanary-sur-Mer, Berlin 2001, 77.

1 Quote in a title from „Stella Kadmon lud ein." Notice in a newspaper from the partial estate of Stella Kadmon at the Theatermuseum in Vienna, E 4821, Folder: Tel Aviv, „Bonaparte in Jaffa", Arnold Zweig, 1945.
2 Bertha ZUCKERKANDL, Österreich intim. Erinnerungen 1892–1942, Vienna and Munich: Amalthea, 1970, p. 186.
3 Lucian O. MEYSELS, In meinem Salon ist Österreich. Berta Zuckerkandl und ihre Zeit, Vienna and Munich: Herold Verlag, 1985, p. 282 ff.
4 Anne SAINT SAUVEUR-HENN, „Frankreichs Haltung gegenüber den deutschsprachigen Emigranten zwischen 1933 und 1940", in Anne SAINT SAUVEUR-HENN (ed.), Fluchtziel Paris. Die deutschsprachige Emigration 1933–1940, Berlin: Metropol Verlag, 2002, p. 15 ff.
5 Karin WAGNER, Fremd bin ich ausgezogen. Eric Zeisl – Biografie, Vienna: Czernin 2005, p. 139 ff.; Ernst SCHWAGER, Die österreichische Emigration in Frankreich, Vienna, Cologne and Graz: Böhlau, 1984, p. 11 ff.
6 Anne-Marie CORBIN, „Die Bedeutung der Pariser Cafés", in Anne SAINT SAUVEUR-HENN (ed.), Fluchtziel Paris. Die deutschsprachige Emigration 1933–1940, p. 90 f.
7 Robert NEUMANN, Ein leichtes Leben. Bericht über mich selbst und Zeitgenossen, Frankfurt am Main: Büchergilde Gutenberg, 1965, p. 57.
8 Ibid., p. 57 f.
9 Manfred FLÜGGE, Wider Willen im Paradies. Deutsche Schriftsteller im Exil in Sanary-sur-Mer, Berlin: Aufbau Taschenbuchverlag, 2001, p. 77.
10 Thomas Mann in a letter to Lion Feuchtwanger on June 17, 1944, from Lion FEUCHTWANGER, Briefwechsel mit Freunden 1933–1958. Bd. 1. Hg. Harold von Hofe und Sigrid Washburn, Berlin: Aufbau Verlag, 1991.
11 Hilde SPIEL, The Dark and the Bright: Memoirs 1911–1946, trans. Christine Shuttleworth, Riverside CA: Ariadne Press 2007, p. 102.
12 Hilde SPIEL, „Exil und Rückkehr. Hilde Spiel im Gespräch", in Hartmut KRUG (ed.), Kunst im Exil in Großbritannien 1933–1945, Berlin: Frölich & Kaufmann, 1986, pp. 289–295, here p. 289.
13 SPIEL, The Dark and the Bright: Memoirs 1911–1946, p. 131.
14 Richard DOVE, „Fremd ist die Stadt und leer ...": Fünf deutsche und österreichische Schriftsteller im Londoner Exil 1933–1945, Berlin: Parthas, 2004, p. 185.
15 SPIEL 2008, p. 113.
16 Ibid.

10 Thomas Mann an Lion Feuchtwanger, 17. Juni 1944, aus: Lion FEUCHTWANGER: Briefwechsel mit Freunden 1933-1958. Bd. 1. Hg. Harold von Hofe und Sigrid Washburn, Berlin, 1991.
11 Hilde SPIEL: Die hellen und die finsteren Zeiten. Erinnerungen 1911–1946, Berlin 1989, 153.
12 Hilde SPIEL: Exil und Rückkehr. Hilde Spiel im Gespräch, in: Kunst im Exil in Großbritannien 1933–1945, Frölich & Kaufmann, Berlin 1986, 289–295, hier 289.
13 SPIEL 1989, 192.
14 Richard DOVE: „Fremd ist die Stadt und leer …", Berlin 2004, 185.
15 Hilde SPIEL: Englische Ansichten. Berichte aus Kultur, Geschichte und Politik, Stuttgart 1984, 97.
16 SPIEL 1984, 97.
17 Lilly Sigall, in: https://www.telegraph.co.uk/news/obituaries/culture-obituaries/music-obituaries/8522005/Lilly-Sigall.html; Nachlass Lilly Sigall im Imperial War Museum, 13666.
18 Jahrzehnte später, in den 1990er-Jahren, wurde Fleischmanns bereits verwitwete Frau Joy bei einer Party Lilly Sigall vorgestellt. Im Gespräch erfuhren sie von der frühen Begegnung. Als Lilly Sigall von dem gerade in der Gründungsphase befindlichen Arthur Fleischmann Museum erfuhr, stiftete sie diese Maske.
Zuzana FRANCOVÁ: The Story of the Arthur Fleischmann Museum, https://3rd-dimensionpmsa.org.uk/features/2017-06-26-the-story-of-the-arthur-fleischmann-museum.
19 Wienbibliothek, I. N. 215.134. Ich danke Andrea Winklbauer für die die Hinweise auf die Briefstelle sowie auf das Pastell und die Identifikation der Dargestellten als Marie-Louise von Motesiczky.
20 Ines SCHLENKER: „Aber Emigrant … überhaupt nicht". Marie-Louise von Motesiczky in England, in: Jeremy ADLER, Birgit SANDER (Hrsg.): Marie Louise von Motesiczky 1906–1996. Die Malerin, Wien 2007, 199.
21 SCHLENKER 2007, 203.
22 Stella KADMON: Interview auf Audiokassette aus dem Teilnachlass Stella Kadmon im Theatermuseum, E 4821.
23 Henriette MANDL: Cabaret und Courage. Stella Kadmon, eine Biografie, Wien 1993, 124f.
24 Stella KADMON: Interview auf Audiokassette aus dem Teilnachlass Stella Kadmon im Theatermuseum, E 4821.
25 Ebd.
26 Stella KADMON. Unveröffentlichtes Notizbuch aus dem Teilnachlass Stella Kadmon im Archiv und Sammlungen des Instituts für Theater-, Film- und Medienwissenschaften, N 31/01.
27 MANDL 1993, 132 ff.
28 Walter GRAB: Der Kreis für fortschrittliche Kultur in Tel Aviv (1942–1946), in: Hans Otto HORCH, Horst DENKLER (Hrsg.): Conditio Judaica; interdisziplinäres Symposion der Werber-Reimers-Stiftung Bad Homburg. Teil III, Tübingen 1993.
29 Siglinde BOLBECHER: Vom „Lieben Augustin" zum „Theater der Courage". Erinnerung an Stella Kadmon, in: Jura Soyfer Gesellschaft (Hrsg.): Zwischenwelt. Die Welt des Jura Soyfer, Wien 1991, 111.
30 Alice SCHWARZ-GARDOS: Der literarische Salon von Nadja Taussig – eine Institution. In: Mitteilungsblatt des Irgun Olej Merkas Europa 80 (Juni 1992), 3.
31 Ebd.
32 Alice SCHWARZ-GARDOS: Von Wien nach Tel Aviv. Lebensweg einer Journalistin, Gerlingen 1991, 229.
33 Zit. n. SCHWARZ-GARDOS 1991, 159.
34 Max BROD: Der Prager Kreis. Stuttgart u. a. 1966, 194.
35 Alice SCHWARZ-GARDOS: Der literarische Salon von Nadja Taussig – eine Institution, in: Mitteilungsblatt des Irgun Olej Merkas Europa 80 (Juni 1992), 3; SCHWARZ-GARDOS 1991, 229.
36 Kraal bezeichnet in Afrikaans ein kreisförmig angelegtes Dorf.
37 Else Lasker-Schüler an Martin Buber, zit. n. Sigrid BAUSCHINGER, Ihr Werk und ihre Zeit, Heidelberg 1980, 269.

17 Lilly Sigall, in https://www.telegraph.co.uk/news/obituaries/culture-obituaries/music-obituaries/8522005/Lilly-Sigall.html; Lilly Sigall Estate at the Imperial War Museum, London, 13666.
18 Decades later, in the 1990s, Fleischmann's widowed wife Joy was introduced to Lilly Sigall at a party. In the conversation they learned about the early encounter. When Lilly Sigall found out about the Arthur Fleischmann Museum, which was in the process of being founded, she donated this mask.
Zuzana FRANCOVÁ, "The Story of the Arthur Fleischmann Museum," https://3rd-dimensionpmsa.org.uk/features/2017-06-26-the-story-of-the-arthur-fleischmann-museum.
19 Vienna City Library, Inv. No. 215.134. I thank Andrea Winklbauer for the leads about the letters as well as the pastel, and for identifying the portrayed person as Marie-Louise von Motesiczky.
20 Ines SCHLENKER, „…Aber Emigrant … überhaupt nicht'. Marie-Louise von Motesiczky in England", in Jeremy ADLER, Birgit SANDER (eds.), *Marie Louise von Motesiczky 1906–1996*. Vienna: Prestel Verlag, 2007, p. 199.
21 Ibid., p. 203.
22 Stella KADMON, interview on an audio cassette from the partial estate of Stella Kadmon at the Theatermuseum in Vienna, E 4821.
23 Henriette MANDL, *Cabaret und Courage. Stella Kadmon, eine Biografie*, Vienna: WUV Universitätsverlag 1993, p. 124f.
24 Stella KADMON, interview on an audio cassette from the partial estate of Stella Kadmon at the Theatermuseum in Vienna, E 4821.
25 Stella KADMON, interview on an audio cassette from the partial estate of Stella Kadmon at the Theatermuseum in Vienna, E 4821.
26 Stella KADMON, unpublished notebook from the partial estate of Stella Kadmon in the archives and collections of the Department for Theatre, Film and Media Studies at the University of Vienna, N 31/01.
27 MANDL, *Cabaret und Courage. Stella Kadmon, eine Biografie*, p. 132 ff.
28 Walter GRAB, „Der Kreis für fortschrittliche Kultur in Tel Aviv (1942–1946)", in Hans Otto HORCH, Horst DENKLER (eds.), *Conditio Judaica; interdisziplinäres Symposion der Werber-Reimers-Stiftung Bad Homburg. Teil III*, Tübingen: Max Niemayer Verlag, 1993.
29 Siglinde BOLBECHER, „Vom ‚Lieben Augustin' zum ‚Theater der Courage'. Erinnerung an Stella Kadmon", in Jura Soyfer Gesellschaft (ed.), *Zwischenwelt. Die Welt des Jura Soyfer*, Vienna: Verlag für Gesellschaftskritik 1991, p. 111.
30 Alice SCHWARZ-GARDOS, „Der literarische Salon von Nadja Taussig – eine Institution" in *Mitteilungsblatt des Irgun Olej Merkas Europa*, 80 (June 1992), p. 3.
31 Ibid.
32 Alice SCHWARZ-GARDOS, *Von Wien nach Tel Aviv. Lebensweg einer Journalistin*, Gerlingen: Bleicher Verlag, 1991, p. 229.
33 Quoted in SCHWARZ-GARDOS, *Von Wien nach Tel Aviv. Lebensweg einer Journalistin*, p. 159.
34 Max BROD, *Der Prager Kreis*. Stuttgart, Berlin, Cologne and Mainz: Kohlhammer Verlag, 1966, p. 194.
35 SCHWARZ-GARDOS, „Der literarische Salon von Nadja Taussig – eine Institution", p. 3; SCHWARZ-GARDOS 1991, p. 229.
36 "Kraal" is the Afrikaans term to denote a village laid out in a circular form.
37 Else Lasker-Schüler to Martin Buber, quoted in Sigrid BAUSCHINGER, Ihr Werk und ihre Zeit, Heidelberg 1980, p. 269.
38 Karl Jürgen SKRODZKI, „‚Abschied von den Freunden'. Exil in den späten Gedichten Else Lasker-Schülers", in *Literatur im Exil* (Ortsvereinigung Hamburg der Goethe-Gesellschaft in Weimar e. V. Jahresgabe 2013), Wettin-Löbejün OT Dößel: Verlag Janos Stekovics, 2013, p. 58 ff.
39 BAUSCHINGER, 1980, p. 270.
40 A single evening was dedicated to music, when the Viennese native Emil Stein performed Jacques Offenbach's operetta *Madame l'Archiduc*. BAUSCHINGER 1980, p. 269–271.
41 Quoted in BAUSCHINGER 1980, 271.

38 Karl Jürgen SKRODZKI: „Abschied von den Freunden". Exil in den späten Gedichten Else Lasker-Schülers, in: Literatur im Exil (Ortsvereinigung Hamburg der Goethe-Gesellschaft in Weimar e. V. Jahresgabe 2013). Wettin-Löbejün 2013, 58 ff.
39 BAUSCHINGER 1980, 270.
40 Ein einziger Abend wurde der Musik gewidmet, der Wiener Emil Stein trug die Operette *Madame l'Archiduc* von Jacques Offenbach vor, BAUSCHINGER 1980, 269–271.
41 Zit. n. BAUSCHINGER 1980, 271.
42 SKRODZKI 2013.
43 Dieser hatte 1938 in Paris ein Attentat auf den deutschen Ernst von Rath verübt, was die Nationalsozialisten als Vorwand für die Novemberpogrome benutzten.
44 Karl Jürgen SKRODZKI, Kevin VENNEMANN (Hrsg.): Else Lasker-Schüler: IchundIch. Frankfurt am Main 2009, 20.
45 Sigrid BAUSCHINGER: Else Lasker-Schüler. Biografie, Göttingen 2004, 420 ff.
46 Miri DEBBI: Ticho. The Story of a Family, Ofakim 1994, 162.
47 Teddy KOLLEK: The House in Ticho Lane, in: Irit SALMON: Ticho House. A Jerusalem Landmark, Jerusalem 1994. Irit Daniela SEGENREICH-HORSKY, Ben SEGENREICH: Das Ticho-Haus in Jerusalem. Ein Rundgang, in: Das Jüdische Echo. 45/Oktober 1996, 298.
48 DEBBI 1994, 163.
49 Bruno FREI: Der Papiersäbel. Autobiographie, Frankfurt am Main, 1972, 242f.
50 Christian KLOYBER: Österreichische Autoren im mexikanischen Exil 1938 - 1945 : ein Beitrag zur antifaschistischen österreichischen Exilliteratur, Diss, 1987, 90–91; Marcus G. PATKA: Ernst Römer. Die erstaunliche Karriere eines Schönberg-Verehrers im mexikanischen Exil, in: Geächtet, verboten, vertrieben; hrsg. von Hartmut Krones, Wien [u.a.] 2013, 503-520.
51 Oscar ROEMER: Elegí el barco. Familia Judía, Austria-Mexico 1933. Mexiko, 2015. Mein besonderer Dank gilt Christian Kloyber zur Verfügung Stellung des Materials wie für die Übersetzungshilfe.
52 Egon Erwin KISCH: Eine Tat des kollektiven Optimismus, in: Heines Geist in Mexiko, hrsg. vom Heinrich Heine-Klub, Mexiko, 1946, 12.
53 Rudolf FUERTH-FEISTMANN: Die Geburt des Heine-Klubs, in: Heines Geist in Mexiko, hrsg. vom Heinrich Heine-Klub, Mexiko, 1946, 11.
54 Egon Erwin KISCH: Eine Tat des kollektiven Optimismus, in: Heines Geist in Mexiko, hrsg. Vom Heinrich Heine-Klub, Mexiko, 1946, 12.
55 Alexander ABUSCH, in: Heines Geist in Mexiko, hrsg. vom Heinrich Heine-Klub, Mexiko, 1946, 49.
56 ROEMER, 179.
57 Friedrich TORBERG: Die Erben der Tante Jolesch, München/Wien 1978, 235ff.
58 Brendan G. CARROLL: Exil im Paradies. Europäische Emigranten und der Traum von Hollywood, in: Endstation Schein-Heiligenstadt. Eric Zeisls Flucht nach Hollywood, hrsg. von Werner Hanak, Michael Haas und Karin Wagner, 2005, 92-117.
59 Karin WAGNER: „... es grüsst Dich Erichisrael". Briefe von und an Eric Zeisl, Wien 2008, 126; Karin WAGNER: Fremd bin ich ausgezogen, Wien 2005, 146.
60 Zit. n. WAGNER, Fremd bin ich ausgezogen, 2005.
61 Ebd., 171 ff.
62 Karin WAGNER: Eric Zeisl (1905–1959) – Leben und Werk, in: Endstation Schein-Heiligenstadt. Eric Zeisls Flucht nach Hollywood, hrsg. von Werner Hanak, Michael Haas und Karin Wagner, 2005 22-54, 50f.
63 Hans Kafka an Gertrud Zeisl, 3. April 1959, in: WAGNER 2008, 9.
64 WAGNER, Eric Zeisl, 2005; WAGNER 2008.
65 Zit. n. WAGNER, Fremd bin ich ausgezogen, 2005.
66 WAGNER, Eric Zeisl, 2005, 50; Manuela SCHWARTZ: „Zäher Boden", „balsamische Luft" und „große Partys". Aspekte des kalifornischen Musiklebens für Emigranten, in: Endstation Schein-Heiligenstadt. Eric Zeisls Flucht nach Hollywood, hrsg. von Werner Hanak, Michael Haas und Karin Wagner, Wien 2005, 56-72, hier 66–68.

42 SKRODZKI, „Abschied von den Freunden'. Exil in den späten Gedichten Else Lasker-Schülers".
43 In 1938, he assassinated the German Ernst von Rath in Paris, which the Nazis used as an excuse for the November pogroms.
44 Else LASKER-SCHÜLER, *IchundIch*, Karl Jürgen SKRODZKI (ed.), Frankfurt am Main: Jüdischer Verlag im Suhrkamp Verlag, 2009, p. 20.
45 Sigrid BAUSCHINGER, *Else Lasker-Schüler. Biografie*, Göttingen: Wallstein Verlag, 2004, p. 420 ff.
46 Miri DEBBI, *Ticho: The Story of a Family*, Tel Aviv: Debbi Ofakim, 1994, p. 162.
47 Teddy KOLLEK, "The House in Ticho Lane," in Irit SALMON, *Ticho House. A Jerusalem Landmark*, Jerusalem: Israel Museum, 1994. Irit Daniela SEGENREICH-HORSKY, Ben SEGENREICH, „Das Ticho-Haus in Jerusalem. Ein Rundgang", in *Das Jüdische Echo* 45/October 1996, p. 298.
48 DEBBI, *Ticho: The Story of a Family*, p. 163.
49 Bruno FREI, *Der Papiersäbel. Autobiographie*, Frankfurt am Main: S. Fischer Verlag, 1972, p. 242 f.
50 Christian KLOYBER, *Österreichische Autoren im mexikanischen Exil 1938 bis 1945: ein Beitrag zur antifaschistischen österreichischen Exilliteratur*, Dissertation, University of Vienna, 1987, pp. 90–91; Marcus G. PATKA, „Ernst Römer: Die erstaunliche Karriere eines Schönberg-Verehrers im mexikanischen Exil", in *Geächtet, verboten, vertrieben; Hartmut Krones*, ed., Vienna, Cologne and Weimar 2013, 503-520.
51 Oscar ROEMER, *Elegí el barco. Familia Judía, Austria-Mexico 1933*. My special thanks go to Christian Kloyber for making the material available, as well as for the translation help.
52 Egon Erwin KISCH, „Eine Tat des kollektiven Optimismus", in *Heines Geist in Mexiko, hrsg. vom Heinrich-Heine-Klub, Mexiko*, Mexico City: El Libro Libre, 1946, p. 12.
53 Rudolf FUERTH-FEISTMANN, „Die Geburt des Heine-Klubs", in *Heines Geist in Mexiko, hrsg. vom Heinrich-Heine-Klub, Mexiko*, Mexico City: El Libro Libre, 1946, p. 11.
54 KISCH, „Eine Tat des kollektiven Optimismus", p. 12.
55 Alexander ABUSCH, in *Heines Geist in Mexiko, hrsg. vom Heinrich-Heine-Klub, Mexiko*, Mexico City: El Libro Libre, 1946, p. 49.
56 ROEMER, *Elegí el barco. Familia Judía, Austria-Mexico 1933*, p. 179.
57 Friedrich TORBERG, *Die Erben der Tante Jolesch*, Munich and Vienna: Langen-Müller, 1978, p. 235 ff.
58 Brendan G. CARROLL, „Exil im Paradies. Europäische Emigranten und der Traum von Hollywood", in *Endstation Schein-Heiligenstadt. Eric Zeisls Flucht nach Hollywood, hrsg. von Werner Hanak, Michael Haas und Karin Wagner*, Vienna: Jüdisches Museum Wien, 2005, pp. 92–117.
59 Karin WAGNER, „... es grüsst Dich Erichisrael". Briefe von und an Eric Zeisl, Vienna: Czernin, 2008, p. 126; Karin WAGNER, *Fremd bin ich ausgezogen*, Vienna: Czernin, 2005, p. 146.
60 Quoted in WAGNER, *Fremd bin ich ausgezogen*.
61 Ibid., p. 171 ff.
62 Karin WAGNER, „Eric Zeisl (1905–1959) – Leben und Werk", in *Endstation Schein-Heiligenstadt. Eric Zeisls Flucht nach Hollywood, hrsg. von Werner Hanak, Michael Haas und Karin Wagner*, Vienna: Jüdisches Museum, 2005, pp. 22–54, pp. 50–51.
63 Hans Kafka to Gertrude Zeisl, April 3, 1959, in WAGNER 2008, p. 9.
64 WAGNER, „Eric Zeisl (1905–1959) – Leben und Werk"; WAGNER, „... es grüsst Dich Erichisrael". Briefe von und an Eric Zeisl.
65 Quoted in WAGNER, *Fremd bin ich ausgezogen*.
66 WAGNER, „Eric Zeisl (1905–1959) – Leben und Werk", p. 50; Manuela SCHWARTZ, „Zäher Boden', ‚balsamische Luft' und ‚große Partys'. Aspekte des kalifornischen Musiklebens für Emigranten, in *Endstation Schein-Heiligenstadt. Eric Zeisls Flucht nach Hollywood, hrsg. von Werner Hanak, Michael Haas und Karin Wagner*, Vienna: Jüdisches Museum Wien, 2005, pp. 56–72, here pp. 66–68.
67 Zeisl to Hilde Spiel, December 1, 1945, quoted in WAGNER, *Fremd bin ich ausgezogen*, p. 202.

67 Zeisl an Hilde Spiel, 1. Dezember 1945, zit. n.: WAGNER, Fremd bin ich ausgezogen, 2005, 202.
68 Gertrud Zeisl an Steffi Hirschenhauser (undatiert), zit. n. SCHWARTZ 2005, 65.
69 WAGNER 2008, 144.
70 Christa WOLF: Stadt der Engel. Oder The Overcoat of Dr. Freud, Berlin 2010.
71 John HOUSEMAN: Unfinished Business. A Memoir, London 1986, 266. Zit. n.: Emily D. BILSKI, Emily BRAUN: The Salon in Exile. Salka VIERTEL: The Salon at the other end of the world, in: Emily D. BILSKI, Emily BRAUN: Jewish Women and Their Salons. The Power of Conversation, New York 2005, 143.
72 Shadows in Paradise. Hitler´s Exiles in Hollywood. Film von Peter Rosen 2009.
73 Katharina PRAGER: „Ich bin nicht gone Hollywood!". Salka Viertel – ein Leben in Theater und Film, Wien 2007, 123 f.
74 Gottfried REINHARDT: The Genius. A Memoir of Max Reinhardt, New York 1979, 303. Die Liste der Berühmtheiten, die bei Salka Viertel ein und aus gingen, ist lang: May Reinhardt, Charlie Chaplin, Hanns Eisler, Curt Bois, Leopold Stokowski, Franz Werfel, Erich Maria Remarque, Bertolt Brecht, André Malraux, Jean Renoir, Aldous Huxley, Alfred Adler, Ernst Lubitsch und noch viele mehr. Vgl. PRAGER 2007, 121 ff.
75 PRAGER 2007, 119.
76 BILSKI, BRAUN 2005, 143.
77 BILSKI, BRAUN 2005, 145.
78 Zit. n. Christine BACKHAUS-LAUTENSCHLÄGER: ... Und standen ihre Frau: das Schicksal deutschsprachiger Emigrantinnen in den USA nach 1933, Pfaffenweiler 1991 (nach Hilde SPIEL in der F.A.Z.: Eine Löwin der Literatur: Zu den Memoiren der Gina Kaus. 5.5.1979.)
79 BACKHAUS 1991, 127.
80 Milan DUBROVIC: Veruntreute Geschichte. Die Wiener Salons und Literatencafés, Wien/Hamburg 1985. Gina Kaus verwandelte ihr Atelier in der Strudlhofgasse und hielt ab 1933 in ihrer Wohnung im Philipphof Salon.
81 TORBERG 1978, 235 ff.
82 Mimi GROSSBERG: Selbstbiographie eines Ostersonntagskindes. Rede, gehalten am 26. April 1985 im Literarischen Verein, N. Y., in: Mimi GROSSBERG: The Road to America. Her Times and her Emigration, New York 1986, 20.
83 Wien - New York, Rückkehr in Büchern, Film von Albert Lichtblau und Helga Embacher, 1993.
84 GROSSBERG 1986, 39.
85 Mimi GROSSBERG: Bericht über Schicksal und Leistung des New Yorker literarischen Kreises von 1938 (Vortragsmanuskript), im Nachlass Mimi Grossberg in der Österreichischen Exilbibliothek, DST.N1.EB-17/1.6.1.
86 Eva KOLLISCH: „Heimweh", in: Mimi GROSSBERG 1986, 50–56, hier 50.
87 Christine BACKHAUS-LAUTENSCHLÄGER: ... Und standen ihre Frau. Pfaffenweiler 1991, 73ff.
88 Hans-Martin SCHÖNHERR-MANN: Hannah Arendt: Wahrheit, Macht, Moral, München 2006, 39.
89 Leo GLÜCKSELIG: Gottlob kein Held und Heiliger! Ein Wiener „Jew-boy" in New York, Wien 1999, 282.
90 GLÜCKSELIG 1999, 289.
91 Friedrich BERGAMMER: Momentaufnahmen. Gedichte, 1981, 45–47.

68 Gertrude Zeisl to Steffi Hirschenhauser (undated), quoted in SCHWARTZ 2005, p. 65.
69 WAGNER 2008, p. 144.
70 Christa WOLF, *The City of Angels Or, The Overcoat of Dr. Freud*, trans. Damion Searls, New York: Farrar, Straus & Giroux, 2013, p. 156.
71 John HOUSEMAN, *Unfinished Business. A Memoir*, London: Chatto & Windus, 1986, p. 266. Quoted in Emily D. BILSKI, Emily BRAUN, "The Salon in Exile: Salka Viertel, The Salon at the Other End of the World," in Emily D. BILSKI, Emily BRAUN, *Jewish Women and Their Salons. The Power of Conversation*, New York: The Jewish Museum, 2005, p. 143.
72 Peter ROSEN, *Shadows in Paradise. Hitler's Exiles in Hollywood*, documentary film, 2009; 58 min.
73 Katharina PRAGER, *„Ich bin nicht gone Hollywood!" Salka Viertel – ein Leben in Theater und Film*, Vienna: Braumüller, 2007, p. 123 f.
74 Gottfried REINHARDT, *The Genius. A Memoir of Max Reinhardt*, New York: Knopf, 1979, p. 303. The list of celebrities who went in and out of Salka Viertel's house is long: Max Reinhardt, Charlie Chaplin, Hanns Eisler, Curt Bois, Leopold Stokowski, Franz Werfel, Erich Maria Remarque, Bertolt Brecht, André Malraux, Jean Renoir, Aldous Huxley, Alfred Adler, Ernst Lubitsch and many more. Cf. PRAGER *„Ich bin nicht gone Hollywood!" Salka Viertel – ein Leben in Theater und Film*, p. 121 ff.
75 PRAGER 2007, p. 119.
76 BILSKI, BRAUN 2005, p. 143.
77 BILSKI, BRAUN 2005, p. 145.
78 Quoted in Christine BACKHAUS-LAUTENSCHLÄGER, *... Und standen ihre Frau: das Schicksal deutschsprachiger Emigrantinnen in den USA nach 1933*, Pfaffenweiler: Centaurus-Verlagsgesellschaft, 1991 (Hilde SPIEL, „Eine Löwin der Literatur: Zu den Memoiren der Gina Kaus", *Frankfurter Allgemeine Zeitung*, 5 May 1979.)
79 BACKHAUS-LAUTENSCHLÄGER, *... Und standen ihre Frau: das Schicksal deutschsprachiger Emigrantinnen in den USA nach 1933*, p. 127.
80 Milan DUBROVIĆ, *Veruntreute Geschichte. Die Wiener Salons und Literatencafés*, Vienna/Hamburg: Zsolnay, 1985. Gina Kaus converted her studio on Strudlhofgasse and held her salon from 1933 onwards at her apartment at Philipphof.
81 TORBERG, *Die Erben der Tante Jolesch*, p. 235 ff.
82 Mimi GROSSBERG, „Selbstbiographie eines Ostersonntagskindes. Rede, gehalten am 26. April 1985 im Literarischen Verein, N. Y.", in Mimi GROSSBERG, *The Road to America. Her Times and Her Emigration*, New York: The Austruab Institute, 1986, p. 20.
83 Helga EMBACHER and Albert LICHTBLAU, *Wien – New York: Rückkehr in Büchern*, documentary film, 1993; 87 min.
84 GROSSBERG, „Selbstbiographie eines Ostersonntagskindes", p. 39.
85 Mimi GROSSBERG, „Bericht über Schicksal und Leistung des New Yorker literarischen Kreises von 1938 (Vortragsmanuskript)", in the Mimi Grossberg estate at the Austrian Exile Library, DST.N1.EB-17/1.6.1.
86 Eva KOLLISCH, „Heimweh", in GROSSBERG, *The Road to America. Her Times and Her Emigration*, pp. 50–56, here p. 50.
87 BACKHAUS-LAUTENSCHLÄGER 1991, p. 73 ff.
88 Hans-Martin SCHÖNHERR-MANN, *Hannah Arendt: Wahrheit, Macht, Moral*, Munich: C.H. Beck, 2006, p. 39.
89 Leo GLÜCKSELIG, *Gottlob kein Held und Heiliger! Ein Wiener „Jew-boy" in New York*, Vienna: Picus Verlag, 1999, p. 282.
90 Ibid., p. 289.
91 Friedrich BERGAMMER, *Momentaufnahmen. Gedichte*, Vienna: Bergland, 1981, pp. 45–47.

HANNAH LANDSMANN

*Haben Sie Wien schon
bei Tag gesehen?
Oder: Kennen Sie Ihre Stadt?*

*Have You Already Seen
Vienna by Day?
Or: Do You Know Your City?*

Wo in Wien stand der erste Weihnachtsbaum? Wo sprach das Ehepaar Schnitzler über Eheprobleme? Wo wohnte die Reformpädagogin Eugenie Schwarzwald, wo befand sich ihre Schule, die auch Hilde Spiel besuchte? Hilde Spiel kannte auch das Café Herrenhof, in dem die in der Schwarzwaldschule Lehrenden sich vielleicht die Zeit verkürzten. Schule und Café existieren nicht mehr.

Was verbinden Wienerinnen und Wiener mit Namen wie Fanny von Arnstein, Eugenie Schwarzwald, Berta Zuckerkandl, Hilde Spiel, mit Adressen wie dem Hohen Markt oder der Herrengasse und mit Institutionen wie dem Café Landtmann oder der Secession? Was kann man in einer Stadt von ihrer Geschichte sehen? Welche Geschichten erzählt sie, und wo hört man sie? In Rainhard Fendrichs Song *Haben Sie Wien schon bei Nacht gesehen?*, dessen Titel sich in diesem Beitrag ein wenig verändert wiederfindet, ist natürlich die Rede vom Stephansdom, vom Donaustrom und vom Riesenrad. Unsere Sehenswürdigkeiten sind aber andere.

Was wird eigentlich wann und warum zu einer Sehenswürdigkeit? Welche Adressen und Personen werden berühmt und damit in eine „To do"- oder besser „To see"-Liste für Touristinnen und Touristen aufgenommen? Was sieht man eigentlich in der Stadt? Was sieht man, wenn es eine Erinnerungstafel gibt, was, wenn es keine gibt? Wenn man etwa nicht weiß, dass in der Herminengasse 16 im 2. Wiener

Where in Vienna was the first Christmas tree? Where did the Schnitzlers talk about their marriage problems? Where did the educational reformer Eugenie Schwarzwald live? Where was her school, which Hilde Spiel also attended? Hilde Spiel also knew Café Herrenhof, in which the teachers at the Schwarzwaldschule were perhaps able to pass the time. Both the school and the café no longer exist.

What do Viennese women and men associate with names like Fanny von Arnstein, Eugenie Schwarzwald, Berta Zuckerkandl and Hilde Spiel? With addresses such as Hoher Markt or Herrengasse? With institutions like Café Landtmann or the Secession? What can one see of a city's history in the city itself? What stories does it tell, and where can they be heard? In Rainhard Fendrich's song *Haben Sie Wien schon bei Nacht gesehen?* (*Have You Already Seen Vienna at Night?*), the title of which has been slightly altered in this article, the talk is, of course, about St. Stephen's Cathedral, the Danube and the Vienna Giant Ferris Wheel. But our points of interest are different.

What actually becomes a landmark when and why? Which addresses and people become famous and are thus included in a "to do," or better, "to see" list for tourists? What does one actually see in the city? What does one see when there is a commemorative plaque? And what if there is none? If one does not know, for example, that a support

In der Oppolzergasse 6 im heutigen 1. Wiener Gemeindebezirk befanden sich Wohnung und Salon von Berta Zuckerkandl. Berta Zuckerkandl's apartment and salon were located at Oppolzergasse 6 in what is now Vienna's 1st district.
Foto / Photo: Lukas Elias Winkler, 2018

Gemeindebezirk ein Unterstützungsverein für Frauen und Wöchnerinnen seine Adresse hatte oder in der Krummbaumgasse 8 eine jüdische Volksküche ihren Standort, lassen sich die Geschichte(n) dieser Adressen und der dahinterstehenden Persönlichkeiten nicht wahrnehmen.[1] Weder die der berühmten Gestalten wie Fanny von Arnstein oder Berta Zuckerkandl und noch weniger die der Unbekannten, die Tee oder Suppe gekocht, serviert, Geschirr gewaschen oder Mütter im Kindbett betreut haben. Was kennt man in der Stadt, nach einem viertägigen Kulturtrip oder als „Einheimischer", freiwillig, zufällig, gezwungenermaßen – oder wenn ein Asylverfahren läuft, mit ungewissem Ausgang.

Das Thema Salonkultur ist geradezu prädestiniert für die Museumspädagogik: Treffen, Interaktion, Dialog, Erkenntnisgewinn, Netzwerken – das steht im Mittelpunkt der Arbeit von Vermittlerinnen und Vermittlern, Kommunikation in die Wege leiten, anregen, unterstützen.

Das Motiv Salon haben wir dazu genützt, eine Einladung auszusprechen an Wienerinnen und Wiener aus Stadt- und Weltteilen wie Ottakring, Hietzing, der Inneren Stadt, Sarajevo, den USA, Teheran, dem Irak oder Orten der Welt, an denen man womöglich nicht mehr sein kann oder sein will. Wir treffen uns im „Salon Museum" im Jüdischen Museum, wir halten Salon, wir unterhalten uns über die berühmten Salondamen des 19. und 20. Jahrhunderts, ihre Biografien, ihre Heimaten, ihre Leistungen und ihre Wohnorte in Wien. Diese Interaktion zwischen Gegenwart und Vergangenheit, zwischen historischen Persönlichkeiten und ihren nicht immer bekannten Adressen in Wien ist auch eine Interaktion mit europäischer jüdischer Geschichte, mit Wien und der Welt.

Das französische Wort *salon* meint ein Wohnzimmer. So betrachtet haben wir fast alle einen Salon. Ist die berühmte, oft von jüdischen Frauen, die wohlhabend und einflussreich waren, getragene Salonkultur eine mitteleuropäische Errungenschaft? Gibt oder gab es auch in Kabul Salons? Wie trifft man sich andernorts?

Die Kultur- und Stadtforscherin Elke Krasny bezeichnet die Salonière als eine Figur, die in Bezug auf ihre Gäste „behind and with at once" steht.[2] Sie kreiert also eine spezielle soziale Konstellation und darin Konversation. Eigentlich ist sie eine Vermittlerin! „Täglich treffen verschiedene kulturelle Elemente in ständiger Wechselwirkung im Haus Arnstein aufeinander. Sie [Fanny von Arnstein, Anm. d. Verf.] als Salonière ist die Vermittlerin."[3] Ganz unterschiedliche Leute sind zu Gast, auch die Geistlichkeit ist eingeladen

association for women and new mothers had its address at Herminengasse 16 in Vienna's 2nd district or a Jewish public soup kitchen was located at Krummbaumgasse 8, the (hi)story ([hi]stories) of these addresses and the personalities behind them cannot be perceived.[1] Neither the famous characters like Fanny von Arnstein or Berta Zuckerkandl, and even less those of the unknown, who made tea or cooked soup, served meals, washed dishes or cared for mothers in childbirth. What does one know in the city after a four-day cultural trip or as a "local," voluntarily, accidentally, forced — or when an asylum procedure is running, with an uncertain outcome?

The topic of salon culture is virtually predestined for museum education, meeting, interaction, dialog, gaining knowledge, networking—stands in the focus of the mediators' work, initiating, stimulating, and supporting communication.

We have used the motif of the salon to extend an invitation to Viennese women and men from parts of the city and the world such as Ottakring, Hietzing, the Inner City, Sarajevo, the USA, Tehran, Iraq or places on the globe where you probably cannot or no longer want to be. We meet in the "Salon Museum" at the Jewish Museum, we hold a salon, we talk about the famous salon ladies of the 19th and 20th centuries, their biographies, their homes, their achievements and their places of residence in Vienna. This interaction between the present and the past, between historical personalities and their not always familiar addresses in Vienna is also an interaction with European Jewish history, with Vienna and the world.

The French word *salon* means living room. Looking at it in this way, almost all of us have a salon. Is the famous salon culture, often sustained by Jewish women who were wealthy and influential, a Central European achievement? Are there or were there salons in Kabul, too? How do people come together in other places?

The cultural and urban researcher Elke Krasny calls the salonière a figure who, in terms of her guests, stands "at once behind and with."[2] She thus creates a special social constellation and conversation therein. Actually she is a mediator! "Every day, different cultural elements meet in constant interaction at the Arnstein house. She [Fanny Arnstein, author's note:], as the salonière, is the mediator."[3] Very diverse people are guests; the clergy is also invited and comes repeatedly to a dinner or a "concert with lemonade, almond milk and ice cream."[4] The guests from our "Salon Museum"

und kommt wiederholt zum Souper oder zu einem „Konzert mit Limonade, Mandelmilch und Eis". [4] Die Gäste aus unserem „Salon Museum" werden von uns noch einmal eingeladen. Sie werden jetzt mit Kameras ausgestattet, in die Stadt geschickt und halten Ausschau nach den Adressen der berühmten historischen Salons.

Wie schon die Salonière nicht alle Inhalte und den Ausgang von Gesprächen beeinflussen konnte und wollte, wird die Interaktion hier den Gästen, den Akteurinnen und Akteuren überlassen. Über Fanny von Arnstein spricht man irgendwo oder im Museum. Oder am Hohen Markt 1, wo sich ihr Salon befand. Über den Weihnachtsbaum oder Metternichs Geheimpolizei oder wie es sein kann, dass 1814 in einem „jüdischen" Haus ein solcher Baum, noch bevor er in irgendeinem christlichen Haushalt gesehen worden war, zur Aufstellung kam. Oder auch darüber, dass Arnsteins nur zur Miete wohnten, weil es Jüdinnen und Juden bis zum Jahr 1860 gar nicht erlaubt war, Grund und Boden zu besitzen. Ob man selbst einen Weihnachtsbaum zu Hause hat, ob man sich vorstellen kann, wie sich die Berlinerin Fanny in Wien zurechtgefunden hat, als Fremde, als Jüdin, als eine, die nicht „von hier" ist, sondern von woanders herkommt.

In der Herrengasse 10 gab es eine Schule, der Eugenie Schwarzwald als Direktorin vorstand. Über sie wusste Elias Canetti, dass sich bei Frau Schwarzwald die „eigentlichen

will be invited by us once again. They are now equipped with cameras, sent into the city and are on the lookout for the addresses of famous historic hostesses.

Just as the salonière was unable and unwilling to influence all the content and outcome of discussions, the interaction here is left up to the guests, to the actresses and actors. Somewhere, or at the museum, one speaks about Fanny von Arnstein. Or at Hoher Markt 1, where her salon was located. About the Christmas tree or Metternich's secret police or how it can be that in 1814 such a tree was set up in a "Jewish" house even before being seen in any Christian household. Or also that the Arnsteins only rented their house, because Jews were not allowed to own any property at all until the year 1860. Whether you yourself have a Christmas tree at home, whether you can imagine how the Berlin native Fanny got around in Vienna, as a stranger, as a Jewish woman, as one who is not "from here," but who comes from somewhere else. At Herrengasse 10 there was a school headed by Eugenie Schwarzwald. Elias Canetti knew that at Frau Schwarzwald's "Vienna's truly great had (met) there long before they gained general recognition." [5] On the 25th anniversary of the Schwarzwaldschule, Otto Glöckel, the school reformer and President of the Vienna City School Board, states in his speech that the "Schwarzwald schools implemented the school reform in practice before the theory was even known." [6] Eugenie Schwarzwald taught the art

Hoher Markt 1 im 1. Wiener Gemeindebezirk: hier befand sich das Palais Arnstein. Hoher Markt 1 in Vienna's 1st district; Palais Arnstein once stood here.
Foto / Photo: Carina Hartl, 2018

Größen Wiens (trafen) und zwar lange bevor sie zu allgemein bekannten, öffentlichen Figuren geworden waren."[5] Zur 25-Jahr-Feier der Schwarzwaldschule wird der Präsident des Wiener Stadtschulrates und Schulreformer Otto Glöckel in seiner Ansprache festhalten, dass die „Schwarzwaldschulen die Schulreform praktisch umgesetzt haben, bevor man die Theorie gekannt hat".[6] Eugenie Schwarzwald ließ in ihrer Reformschule die künstlerische Avantgarde der damaligen Zeit unterrichten. Ob sich die Lehrenden in den Freistunden im Café Herrenhof trafen? Ende der 1920er-Jahre besuchte auch Hilde Spiel dieses Café, um sich nach ihrer Rückkehr aus dem englischen Exil 40 Jahre später hier folgenden Satz gefallen zu lassen: „‚Die Frau Doktor haben gut daran getan', seufzt der Oberkellner des Café Herrenhof vorwurfsvoll, ‚dass Sie fort sind. Allein die Luftangriffe – dreimal haben sie die ganze Stadt in Brand gesteckt.'"[7]

Vor dem Café Landtmann könnten wir uns an Berta Zuckerkandl erinnern, die auf einem Canapé sitzend künstlerische Prominenz empfing. Nicht nur die Secession wurde sozusagen in ihrem Salon gegründet, Olga und Arthur Schnitzler kamen auch zur Eheberatung hierher. Zweimal waren die beiden bei Hofrätin Zuckerkandl zu Gast, die ihnen erst riet, sie „müssten sich ‚accomodieren'",[8] und mit ihnen dann die Modalitäten der Trennung besprach.[9]

avant-garde of the day at her progressive school. Did the teachers meet during the free periods at Café Herrenhof? Hilde Spiel also frequented this café at the end of the 1920s. 40 years later, after her return from exile in the UK, she heard the following sentence: "'Frau Doctor did well,' sighs the head waiter of Café Herrenhof reproachfully, "to go away. Just think of the air raids – three times they set the entire city on fire.'"[7]

In front of the Café Landtmann we could remember Berta Zuckerkandl, who, sitting on a canapé, received artistic prominence. Not only was the Secession founded, so to speak, in her salon, Olga and Arthur Schnitzler also came here for marriage counseling. Twice the two were guests at Privy Councilor Zuckerkandl's, who first advised them that they had to "'accommodate themselves"[8] and then discussed the modalities of the separation with them.[9]

Which *topoi* can become meeting places? Who says where one meets? Where in Vienna and where someplace else? Does "salon culture" exist elsewhere, perhaps in the old homeland of a person who had fled or emigrated? Is that an urban phenomenon? Where do people meet in the countryside? Does everyone come together or are the sexes separated? If the salon is a living room, we all have one. Even a kitchen can be a meeting place or the "parlor" in the country.

Die Schwarzwaldschule und das Café Herrenhof waren an der Adresse Herrengasse 10 im heutigen 1. Wiener Gemeindebezirk zu finden.
The Schwarzwaldschule and Café Herrenhof were to be found at the address Herrengasse 10 in what is now Vienna's 1st district.
Foto / Photo: Danielle Spera, 2018

In der Herminengasse 16 im heutigen 2. Wiener Gemeindebezirk war der Unterstützungsverein für jüdische Frauen und Wöchnerinnen angesiedelt.
The support association for Jewish women and new mothers was located at Herminengasse 16 in Vienna's 2nd district.
Foto / Photo: Lukas Elias Winkler, 2018

Welche Topoi können zu Treffpunkten werden, wer sagt, wo man sich trifft, wo in Wien und wo andernorts? Gibt es anderswo, vielleicht in der alten Heimat einer geflohenen oder ausgewanderten Person, so etwas wie „Salonkultur"? Ist das ein städtisches Phänomen? Wo trifft man sich am Land? Treffen sich alle, oder sind die Geschlechter getrennt? Wenn der Salon ein Wohnzimmer ist, haben wir (fast) alle einen. Auch eine Küche kann ein Treffpunkt sein oder die „Stube" am Land.

In einem Artikel in der *Presse* wird gefragt, ob die Salonkultur zurückkomme, schon im Titel allerdings darauf hingewiesen, dass es sich womöglich nur um eine Mogelpackung handle. Ort des Geschehens: Herklotzgasse 21 im 15. Wiener Gemeindebezirk. „Man kann sich bessere Adressen für ein Comeback vorstellen als die Gürtel-nahe Herklotzgasse. Zumindest auf den ersten Blick. Denn auf den zweiten eignet sich Nr. 21 für ein Update der Wiener Salonkultur so gut, dass es fast kitschig ist: Rechts im Innenhof, quasi als Symbol jüdischer Salon-Tradition […], steht die letzte intakte Turnhalle des Makkabi-Sportvereins."[10] Interessant, dass sich der jüdische Sportverein als Nachbar für eine Salongründung gut macht. Wäre es irgendein anderer nichtjüdischer Sportverein gewesen, wäre das vermutlich keine Erwähnung wert gewesen. Die vielen neuen Wiener Salons seien oft keine, heißt es weiter. Der „Wiener

In an article in *Die Presse*, the question is asked whether salon culture is coming back. The title, however, already pointed out that it may be just a sham. Place of action: Herklotzgasse 21 in the 15th district of Vienna. "One can imagine better addresses for a comeback than Herklotzgasse near the Gürtel. At least at first glance. Since at second glance No. 21 is suited for an update of the Viennese salon culture so well that it is almost kitschy: In the courtyard to the right, effectively as a symbol of Jewish salon tradition […], is the last intact gym of the Maccabi sports club."[10] It is interesting that the Jewish sports club does well as a neighbor for a salon foundation. Had it been some other non-Jewish sports club, it would probably not have been worth mentioning. The many new salons in Vienna are often not really salons, it goes on to say. The "Viennese salon," which is also referred to in this article, cannot be so easily located. If this pair of terms is entered into a search engine, the first hits turn out to be hairdressers' salons.

What was going on in the historic salons should also be in the new or newly founded ones. Apparently, there is a need to meet in a semi-private realm, to exchange ideas, to have good discussions and, above all, to network. The Viennese salon can be found as the "Viennese Salon for Change," which has regularly opened its doors since March 2013. Not only is the name of this salon interesting, but also the fact

Salon", der ebenfalls in diesem Artikel genannt wird, lässt sich gar nicht so leicht ausfindig machen. Gibt man dieses Begriffspaar in eine Suchmaschine ein, sind die ersten Treffer Frisörläden.

Was in den historischen Salons vor sich ging, soll es auch in den neuen oder neu gegründeten geben. Anscheinend gibt es ein Bedürfnis, sich im Halbprivaten zu treffen, sich auszutauschen, gute Gespräche zu führen und vor allem Networking zu betreiben. Der Wiener Salon ist als „Wiener Salon für Wandel" dann doch zu finden, seit März 2013 öffnet er regelmäßig seine Türen. Interessant ist nicht nur der Name dieses Salons, sondern auch die Tatsache, dass er seine Adresse bei der VinziRast im 9. Bezirk hat. VinziRast ist eine Institution, zu der einem als Erstes Notschlafstellen und Suppenküchen für Obdachlose einfallen. Im „Wiener Salon für Wandel" muss man sich anmelden, eine Teilnahme kostet zwischen 15 und 35 Euro nach Selbstermessen, inkludiert ist eine Raummiete an VinziRast, Wein und Bio-Buffet. Die Programmankündigung für die Einladung in den Salon am 29. November 2017 liest sich wie folgt: „Es giftlt! In der Politik, im öffentlichen Diskurs, im Land, in der Welt, in uns. Wie können wir in einem toxischen Umfeld gesunden und uns stärken? Was ist das Lebenselixier, das Hirn und Herz erfrischt, Blockaden löst, Düsternis vertreibt? Ein Abend zum gemeinsamen Entgiften."[11] Entgiftet wurde von 18.30 bis 22.00 Uhr.

Anders und etwas teurer ist es wohl in der Bel-Etage des Café Landtmann neben dem Burgtheater, wo man sogar ein Zuckerkandl-Zimmer buchen kann, das über einen Balkon für Raucherinnen und Raucher verfügt.[12] Vielleicht gibt es in diesem Salon auch ein Canapé? Genau dort, in der Oppolzergasse 6, hatte Berta Zuckerkandl ihren Salon, und hier wurde der berühmte Salzburger „Jedermann" von Hugo von Hofmannsthal zum ersten Mal vorgelesen.

magdas HOTEL bietet auch einen Salon. Abgesehen von Zimmern, Frühstück und Essen kann man sich im „Peppermint Salon" einmieten. Dieser hat Platz für 70 Personen sowie Blick auf bzw. Zugang in den Garten.[13] Wie auch bei VinziRast werden „neue" Wienerinnen und Wiener in den Hotelbetrieb einbezogen: „Von 20 ehemaligen Flüchtlingen und 10 Hotellerieprofis betrieben, treffen im *magdas HOTEL* 16 Nationen, 20 gesprochene Sprachen, verschiedene kulturelle Hintergründe, bewegende Lebensgeschichten, lustige Anekdoten, internationale Gäste, Nachbarn, Stadtbummler und eine große Portion Herzlichkeit aufeinander."[14]

that its address is at the VinziRast in the 9th district. VinziRast is an institution that you first associate with emergency shelters and soup kitchens for the homeless. You have to register for the "Vienna Salon for Change," and taking part costs between 15 and 35 Euros, depending on how much you want to give, and includes a room rent at VinziRast, wine and an organic buffet. The program announcement for the invitation to the salon on November 29, 2017 reads as follows: "It's poisoning! In politics, in public discourse, in the country, in the world, in us. How can we recover and strengthen ourselves in a toxic environment? What is the elixir of life, which refreshes the brain and heart, releases blockades, dispels gloom? An evening of mutual detoxification."[11] The "detoxificaton" went on from 6:30 p.m. to 10 p.m. Different and somewhat more expensive is probably the Bel-Etage of the Café Landtmann next to the Burgtheater, where you can even book a Zuckerkandl room with a balcony for smokers.[12] Maybe there is also a canapé in this salon? Right there, at Oppolzergasse 6, Berta Zuckerkandl had her salon, where the famous Salzburg *Jedermann* by Hugo von Hofmannsthal was read out for the first time. The *magdas HOTEL* likewise offers a salon. Apart from rooms, breakfast and food, you can rent out the "Peppermint Salon." This has space for 70 people as well as a view or access to the garden.[13] Like with VinziRast, "new" Viennese women and men are involved in the hotel business: "Run by 20 former refugees and 10 hotel industry professionals, 16 nations, 20 spoken languages, different cultural backgrounds, moving life stories, funny anecdotes, international guests, neighbors, city strollers and a big dose of warmth meet each other at *magdas HOTEL*."[14]

In her book *Das gesellige Canapé* (*The Sociable Canapé*), Cornelia Saxe portrays the salon boom in Berlin in the late 1990s. When many people moved to the new capital after reunification, around one hundred salons came into being. "Historical and social upheavals encouraged the emergence of salons. Further developing a thesis of his wife, Karl Varnhagen von Ense maintained that salon sociability unfolds its most beautiful, most pleasing flowers usually on the ground of disintegrating states, that is, shortly before disasters."[15] "The Jewish women who hosted salons, to which they themselves referred as circles or societies, used the economic and spatial resources of their bourgeois homes to offer the supporting infrastructures for conversation subjects. It is important to situate the Berlin and Vienna Jewesses and their practice of aesthetic, social and

In ihrem Buch *Das gesellige Canapé* porträtiert Cornelia Saxe den Salon-Boom im Berlin der späten 1990er-Jahre. Als nach der Wiedervereinigung viele in die neue Hauptstadt zogen, entstanden zirka hundert Salons. „Historische und gesellschaftliche Umbrüche begünstigten schon früher das Entstehen von Salons. Karl Varnhagen von Ense behauptete, eine These seiner Frau weiterentwickelnd, daß die Salon-Geselligkeit ‚ihre schönsten, gefälligsten Blüthen gewöhnlich auf dem Boden zerfallender Staatszustände, also kurz vor Katastrophen' entfalte."[15] „The Jewish women who hosted salons, to which they themselves referred as circles or societies, used the economic and spatial resources of their bourgeois homes to offer the supporting infrastructures for conversation subjects. It is important to situate the Berlin and Vienna Jewesses and their practice of aesthetic, social and intellectual conviviality in the specific political and economic context of the time [...]."[16]

Die Initiative *iTELL* setzt auf die Faszination, Geschichten live zu erzählen und zu erfinden. Man organisiert *salon nights* in Städten auf der ganzen Welt, wo Freunde und solche, die es werden wollen, zusammenkommen, um Geschichten und Erlebnisse über Themen zu teilen, die alle interessieren oder angehen. Die letzte Salonnacht in Damaskus im Jahr 2010 ist nun schon etwas länger her. Auf der *iTELL*-Website heißt es: „We believe that by sharing perspectives on the same topics we sometimes learn that while we're unique, we're not actually all that different."[17] Dafür braucht es keine feste Adresse, die Geschichten können überall zu Gast sein. Wenn nun der Salon gar keinen Ort braucht, könnten dann die sozialen Netzwerke virtuelle Salons sein? Ein wenig vielleicht. Auf jeden Fall helfen sie allen Menschen des 21. Jahrhunderts beim Netzwerken. Dieses Werkzeug nutzt man jedenfalls, um Geschichten zu erzählen und Erinnerungen zu bewahren, weiterzugeben und zu teilen. Wie vernetzt man sich heute? Als Mensch des 21. Jahrhunderts, als Migrantin oder als Migrant, als Flüchtling?

Frau von Arnstein lud ein, wohl eher schriftlich als mündlich. Heute hätte sie vielleicht eine Website. Sie würde auch *WhatsApp* benutzen, und man könnte ihr über die verschiedenen sozialen Medien eine Nachricht schicken. Die historische Inbetriebnahme der sozialen Medien ist als Idee für ein Vermittlungsprogramm durchaus tauglich. Man könnte Frau von Arnstein fragen, wie sie sich hier in Wien gefühlt hat, als sie als Fremde in diese Stadt kam. Hilde Spiel würde vielleicht interessante Artikel von

intellectual conviviality in the specific political and economic context of the time [...]."[16]

The *iTELL* initiative is based on the fascination of telling and inventing stories live. *Salon nights* are organized in cities around the world, where friends and those who want to become such congregate to share stories and experiences on topics that interest or concern everyone. The last salon night in Damascus in 2010 is now quite some time ago. The *iTELL* website states: "We believe that by sharing perspectives on the same topics we sometimes learn that while we're unique, we're not actually all that different."[17] No fixed address is needed; stories can go anywhere, be guests everywhere. If the salon does not need any place at all, could the social networks be virtual salons? Maybe a little. In any case, they help all people of the 21st century to network. Anyhow, this tool is used to tell stories and to preserve, pass on and share memories. How do you network today? As a person of the 21st century? As a migrant? As a refugee?

In der Krummbaumgasse 8 im 2. Wiener Gemeindebezirk war eine jüdische Volksküche untergebracht.
A Jewish soup kitchen was housed in Krummbaumgasse 8 in Vienna's 2nd district.
Foto / Photo: Lukas Elias Winkler, 2018

Kolleginnen und Kollegen twittern, die sie im Exil kennengelernt hat, und man könnte sie fragen, wie sie sich das Nachkriegsösterreich nach ihrer Rückkehr aus ebendiesem Exil zur Heimat gemacht und wie lange sie dafür gebraucht hat.

Ziel dieser Interaktion mit unseren Gästen im Museum und in „Unserer Stadt!"[18] ist die Auseinandersetzung mit der jüdischen Geschichte dieser Stadt, nicht zuletzt in der Verschränkung mit heutigen Perspektiven neu Angekommener, wo es auch stark um die Rolle der Frauen geht. In Elke Krasnys *Stadt und Frauen. Eine andere Topographie von Wien* lässt die Autorin noch vor dem Vorwort und dem Inhaltsverzeichnis Gerda Lerner zu Wort kommen. „Jede Frau sollte mindestens ein Jahr lang Frauengeschichte studieren, egal was sie sonst macht. Jede Frau ändert sich, wenn sie erkennt, daß sie eine Geschichte hat."[19] Gerda Lerner gehörte zu den vertriebenen österreichischen Studentinnen, die gerade noch in ihrer Stadt maturieren konnten, aber nicht mehr zum Studium zugelassen wurden. Sie floh in die Vereinigten Staaten von Amerika, um dort zunächst Kellnerin, Dienstmädchen und Röntgenassistentin zu sein und dann im Alter von 38 Jahren ein Studium zu beginnen.[20] Wir erlauben uns zu ergänzen, dass sich nicht nur Frauen für Frauengeschichte interessieren sollten. Man(n) ändert sich, wenn man merkt, dass man/frau eine Geschichte hat oder Teil einer Geschichte ist.

1 Jüdisches Museum der Stadt Wien (Hg.): Jüdischer Stadtplan Wien – einst und jetzt, Wien 1993, 19.
2 Elke KRASNY: The Salon Model: The Conversational Complex, in: Victoria HORNE, Lara PERRY (Hg.): Feminism and Art History Now. Radical Critiques of Theory and Practice, London/New York 2017, 151.
3 Helga PEHAM: Die Salonièren und die Salons in Wien. 200 Jahre Geschichte einer besonderen Institution, Graz 2013, 71.
4 Ebd., 81.
5 Ebd., 291 (zit. n. Elias Canetti, Das Augenspiel. Lebensgeschichte 1931–1937, München 1985, 203).
6 Ebd., 292 f.
7 David AXMANN: Spiel, Hilde: Rückkehr nach Wien, in: Wiener Zeitung (2009), URL: http://www.wienerzeitung.at/themen_channel/literatur/buecher_aktuell/235548_Spiel-Hilde-Rueckkehr-nach-Wien.html (18.02.2018).
8 Jutta JACOBI: Die Schnitzlers. Eine Familiengeschichte, München/Salzburg 2016, 159.
9 Ebd., 163.
10 Ulrike WEISER: Die Rückkehr der Salonkultur, light, in: Die Presse (2008), URL: https://diepresse.com/home/panorama/oesterreich/351769/Die-Rueckkehr-der-Salonkultur-light (22.02.2018).
11 https://us9.campaign-archive.com/?u=d3f7a32c85fd533ec1260c13a&id=b3de16ea6c (22.2.2018)
12 http://www.landtmann.at/en/celebrations-and-events/celebrating-at-the-bel%E2%80%90etage.html (22.02.2018)
13 https://www.magdas-hotel.at/tagen-feiern/ (22.02.2018)

Frau von Arnstein probably invited people in writing rather than orally. Today she would perhaps have a website. She would also use *WhatsApp* and you could send her a message via the various social media. The historic start of social media is quite suitable as an idea for a mediation program. You might ask Frau von Arnstein how she felt here in Vienna when she came to this city as a foreigner. Hilde Spiel might tweet interesting articles from peers she met in exile, and you might ask her how she made post-war Austria her homeland after her return from that very same exile, and how long it took her to do it.

The aim of this interaction with our guests at the museum and in "Our City!"[18] is the confrontation with the Jewish history of this city, not least in the interlacing with today's perspectives of new arrivals, where it also strongly concerns the role of women. In Elke Krasny's *Stadt und Frauen. Eine andere Topographie von Wien* (*City and Women. A Different Topography of Vienna*), the author lets Gerda Lerner have her say before the preface and the table of contents. "Every woman should study women's history for at least a year, no matter what she does. Every woman changes when she realizes that she has a history."[19] Gerda Lerner belonged to the expelled Austrian students, who were able to graduate from grammar school in their city, but were no longer admitted to study. She fled to the United States to first work as a waitress, maid, and radiographer, and then began studying at the age of 38.[20] We allow ourselves to add that not only women should be interested in women's history. One (man) changes when one (man) realizes that a man/a woman has a history or is part of a history.

1 Jüdisches Museum der Stadt Wien (ed.): *Jüdischer Stadtplan Wien – einst und jetzt*, Vienna: Freytag-Berndt 1993, p. 19.
2 Elke KRASNY, "The Salon Model: The Conversational Complex," in Victoria HORNE, Lara PERRY (eds.), *Feminism and Art History Now. Radical Critiques of Theory and Practice*, London and New York: I.B. Tauris, 2017, p. 151.
3 Helga PEHAM, *Die Salonièren und die Salons in Wien. 200 Jahre Geschichte einer besonderen Institution*, Graz: Styria Premium, 2013, p. 71.
4 Ibid., p. 81.
5 Ibid., p. 291 (quoted in Elias Canetti, *The Play of the Eyes*, trans. Ralph Manheim. New York: Farrar, Straus & Giroux, 1986, p. 187).
6 Ibid., p. 292 f.
7 David AXMANN, "Spiel, Hilde: Rückkehr nach Wien", *Wiener Zeitung*, 12 June 2009, URL: http://www.wienerzeitung.at/themen_channel/literatur/buecher_aktuell/235548_Spiel-Hilde-Rueckkehr-nach-Wien.html (accessed on 18 Feb. 2018).
8 Jutta JACOBI, *Die Schnitzlers. Eine Familiengeschichte*, Munich/Salzburg: btb Verlag, 2016, p. 159.
9 Ibid., p. 163.
10 Ulrike WEISER, „Die Rückkehr der Salonkultur, light", *Die Presse*, 6 Jan. 2008, URL: https://diepresse.com/home/panorama/oesterreich/351769/Die-Rueckkehr-der-Salonkultur-light (accessed on 22 Feb. 2018).

14 https://www.magdas-hotel.at/hotel/10-gruende/ (01.03.2018)
15 Cornelia SAXE: Das gesellige Canapé. Die Renaissance der Berliner Salons, Berlin 1999, 11.
16 KRASNY, 150.
17 http://itell.live/about/ (22.2.2018)
18 Werner HANAK-LETTNER/Danielle SPERA (Hg.): Unsere Stadt! Jüdisches Wien bis heute, Katalog zur Dauerausstellung des Jüdischen Museums Wien, Wien 2013.
19 Elke KRASNY: Stadt und Frauen. Eine andere Topographie von Wien, Wien 2008, 5.
20 Werner HANAK-LETTNER (Hg.): Die Universität. Eine Kampfzone, Ausstellungskatalog Jüdisches Museum Wien, Wien 2015, 167 f.

11 https://us9.campaign-archive.com/?u=d3f7a32c85fd533ec1260c13a&id=b3de16ea6c (accessed on 22 Feb. 2018).
12 http://www.landtmann.at/en/celebrations-and-events/celebrating-at-the-bel%E2%80%90etage.html (accessed on 22 Feb. 2018).
13 https://www.magdas-hotel.at/tagen-feiern/ (accessed on 22 Feb. 2018).
14 https://www.magdas-hotel.at/hotel/10-gruende/ (accessed on 1 March 2018).
15 Cornelia SAXE, *Das gesellige Canapé. Die Renaissance der Berliner Salons*, Berlin: Quadriga, 1999, p. 11.
16 KRASNY, p. 150.
17 http://itell.live/about/ (accessed on 22 Feb. 2018).
18 Werner HANAK-LETTNER/Danielle SPERA (eds.), *Our City! Jewish Vienna – Then to Now*, permanent exhibition catalogue of the Jewish Museum Vienna, Vienna: Jüdisches Museum Wien, 2013.
19 Elke KRASNY, *Stadt und Frauen. Eine andere Topographie von Wien*, Vienna: Metroverlag, 2008, p. 5.
20 Werner HANAK-LETTNER (ed.), *Die Universität. Eine Kampfzone*, exhibition catalogue, 3 Nov. 2015 to 28 March 2016, Jewish Museum Vienna, Vienna: Picus Verlag, 2015, p. 167 f.

ANNA MENDELSSOHN

Salon Talk

Gesprächsrunde / Discussion:
Jens Kastner, Dudu Kücükgöl, Anna Mendelssohn, Gin Müller, Elisabeth Tambwe
Regie / Director:
Anna Mendelssohn in Zusammenarbeit mit / in cooperation with Yosi Wanunu
Kamera / Camera:
Martin Putz
Ton und Schnitt / Sound and Film Editing:
Michael Strohmann

Das Jüdische Museum Wien hat die Wiener Schauspielerin und Künstlerin Anna Mendelssohn eingeladen für die Ausstellung *The Place to Be. Salons als Orte der Emanzipation* einen Film zu gestalten. Anna Mendelssohn ist Enkelin von Hilde Spiel, die als Autorin des Buches über die Salonière Fanny von Arnstein sowie selbst als Salonière der Nachkriegszeit in der Ausstellung eine wichtige Rolle einnimmt.

Der Film zeigt ein zeitgenössisches Salongespräch, in dem Anna Mendelssohn mit einer kleinen, von ihr eingeladenen Runde von Personen ganz im Sinne des Salons als Ort des politischen Diskurses die Themen Emanzipation, Identität und Feminismus diskutiert. Ort des Gesprächs ist der Salon der Villa Wertheimstein, in dem in der zweiten Hälfte des 19. Jahrhunderts die prominenten Gastgeberinnen Josephine und Franziska von Wertheimstein gewirkt haben. Im Originalinterieur (re)aktivieren Anna Mendelssohn als Salonière und ihre Salongäste Dudu Kücükgöl, Jens Kastner, Gin Müller und Elisabeth Tambwe durch Konversation den heutigen musealen Ort als einen Raum, in dem – wie einst in den Salons – eine andere Gesellschaft denkbar wird.

Astrid Peterle

The Jewish Museum Vienna has invited the Viennese actress and artist Anna Mendelssohn to make a movie for the exhibition *The Place to Be. Salons – Spaces of Emancipation*. Anna Mendelssohn is the granddaughter of Hilde Spiel, who plays an important role in the exhibition as the author of the book about the salonière Fanny von Arnstein and as a postwar salonière herself.

The film shows a contemporary salon conversation in which Anna Mendelssohn discusses the issues of emancipation, identity, and feminism with a small group of people invited by her in the spirit of the salon as a space for political discourse. Villa Wertheimstein, where the prominent hostesses Josephine and Franziska von Wertheimstein held a salon in the second half of the 19th century, is the place of exchange. In the original interior, "salonière" Anna Mendelssohn and her salon guests Dudu Kücükgöl, Jens Kastner, Gin Müller and Elisabeth Tambwe (re)activate the present-day museum site as a space in which— as once in the salons—a different society is conceivable.

Astrid Peterle

Film-Still aus Salon Talk, v.l.n.r.: Dudu Kücükgöl, Gin Müller, Anna Mendelssohn, Elisabeth Tambwe und Jens Kastner
Still from Salon Talk, from l. to r.: Dudu Kücükgöl, Gin Müller, Anna Mendelssohn, Elisabeth Tambwe, and Jens Kastner
Fotos / Photos: Martin Putz

Anna: Dudu, du würdest dich als Feministin beschreiben, richtig? Würdest du sagen, dass es ungewöhnlich ist, sowohl Muslimin als auch Feministin zu sein? Was ist das Besondere daran?

Dudu: Ich denke nicht, dass es so speziell ist, zugleich Muslimin und Feministin zu sein. Es gibt viele muslimische Frauen, die sich als Feministinnen sehen. Es gibt jedoch Musliminnen, die sich für Gleichberechtigung einsetzen, aber nicht Feministinnen nennen würden, denn es besteht schon eine gewisse Spannung zwischen der feministischen Bewegung und dem Umstand, religiös oder muslimisch zu sein. Manche sehen darin also ein Problem, ich nicht.

Anna: Was sind deiner Meinung nach die Reibungsflächen zwischen dem Feminismus und einem religiösen Selbstverständnis?

Dudu: Ich glaube, es gibt diese Vorstellung, insbesondere in Europa, dass Feminismus atheistisch oder anti-religiös sein muss. Das kann Spannungen erzeugen. Ich glaube aber, dass man religiös *und* emanzipiert sein kann. Ich denke, es ist möglich religiös zu leben und gleichzeitig Feministin zu sein.

Elisabeth: Ich habe da vielleicht einen anderen Zugang. Ich empfand früher, dass das Wort Feminismus die Dinge ein bisschen exklusiv machte – zugunsten der Frau. Aber ich glaube, es geht um Humanismus – alle sollten feministisch denken. Denn der Kampf um Gleichberechtigung zwischen Frauen und Männern bedeutet auch, über die Stellung von Frauen nachzudenken.

Anna: Ich frage mich, ob nicht Emanzipation ein besseres Wort wäre?

Jens: Ich denke, dass Feminismus und Emanzipation unterschiedliche Dinge ansprechen. Feminismus könnte uns lehren, weshalb Emanzipation so schwierig ist. Feminismus könnte ein Schlüssel zur Emanzipation sein. Es ist aber nicht dasselbe.

Anna: Warum nicht? Geht es im Feminismus spezifisch um die Emanzipation der Frauen?

Jens: Nein, nein, so würde ich das nicht sagen. Der Feminismus gehört nicht den Frauen. Feminismus, so wie ich ihn verstehe, setzt sich mit einer Veränderung der Gesellschaft im Allgemeinen auseinander. Er richtet sich an Männer und Frauen. Für mich versteht es sich von selbst, dass er alle Menschen etwas angeht.

Elisabeth: Vielleicht sollte man die Bezeichnung ändern?

Gin: Ich glaube auch, dass Feminismus und Emanzipation ineinandergreifen. Für mich als Frau, und jetzt als Mann,

Anna: Dudu, you would describe yourself as a feminist, right? Would you say there is something special about being both a Muslim and a feminist? What is unique about that experience?

Dudu: I don't think it's very unique to be Muslim and feminist at the same time. There are lots of Muslim women who define themselves as feminists. However, there are also Muslim women who work for equality but would not call themselves feminists, because there is a kind of friction between the feminist movement and being religious or being Muslim at the same time. So some people feel there is a problem; for me there isn't.

Anna: What would you say is the friction between feminism and being religious?

Dudu: I think there is this idea, especially in Europe, that feminism has to be against religion and be atheist or anti-religious. And this can cause friction. I think it is possible to be religious and live out emancipation. I think it's possible to be religious and feminist at the same time.

Elisabeth: I have maybe another approach. I used to feel that the word feminism made things a bit exclusive – towards the woman. And I feel it's about humanism – everybody should feel feminist. Because fighting for equality between woman and man is also thinking about the position of women.

Anna: I was wondering if maybe emancipation is a better word?

Jens: I think the notions of feminism and emancipation are working on different levels. I think feminism could teach us why emancipation is so difficult. Feminism could be a tool for emancipation. But it's not the same.

Anna: Why not? Is feminism the emancipation of women specifically?

Jens: No, no I wouldn't say so. Feminism doesn't belong to women. I think feminism, as I understand it, deals with a change of society in general. It refers to man and woman. For me it's self-evident that it belongs to all mankind.

Elisabeth: Maybe we should change the name?

Gin: I also think that feminism and emancipation work together. For me as a woman, and now as a man, it's important to be a feminist. Both go together with my emancipation. I also see feminism very much as a tool.

Anna: How would you describe that?

Gin: As a political tool, for equality and for the democracy we always have to fight for.

Anna: If you speak about feminism as a tool – what does that mean for you, Dudu?

ist es wichtig Feminist zu sein. Beide gehören zu meiner Emanzipation. Ich sehe Feminismus ebenfalls sehr stark als eine Art Zugang, ein Werkzeug.

Anna: Wie würdest du das beschreiben?

Gin: Als politisches Werkzeug für Gleichberechtigung und Demokratie, für die wir immer kämpfen müssen.

Anna: Feminismus als Werkzeug – was bedeutet das für dich, Dudu?

Dudu: Ich denke, der Feminismus hilft uns dabei zu verstehen, wie unsere Gesellschaft funktioniert, und zu analysieren, woher manche Probleme kommen. Nicht nur, aber speziell für Frauen. Das bedeutet kritisch zu sein und aufzuzeigen, wo wir noch immer Schwachstellen haben. Indem wir herausfinden, wo diese Schwächen liegen, eröffnen wir Möglichkeiten, an Lösungen zu arbeiten. Er ist also ein Werkzeug, aber auch ein Weg, Emanzipation zu erreichen.

Anna: Feminismus bietet also auch eine Möglichkeit, Dinge in Worte zu fassen, zur Diskussion zu bringen? Eine Hilfe eine Stimme zu finden, im Diskurs, den wir über bestimmte Dinge führen?

Dudu: Ich würde sagen, eine Stimme zu finden ist ein großes Thema der feministischen Bewegung, vielleicht eines der wichtigsten. Denn es geht darum, die Erfahrung von Frauen

Dudu: For me, feminism is a tool when trying to understand how our society works, how to analyze where some of the problems come from. Not only, but especially for women. It means being critical and showing where we still have weaknesses. By finding where our weaknesses are, we open possibilities to work on solutions. So it's a tool and a way to reach emancipation as well.

Anna: So it's a way to put things into words, into discussion? It's a discourse that we have on certain things and it helps us find a voice?

Dudu: I would say finding a voice is a very big issue in the feminist movement, maybe one of the most important. Because it's about making the experience of women visible. Being a woman means something. But it's a totally different experience being a woman from a marginalized group than being a woman from the upper class. Social factors play a role, race or religion play a role. These issues are very important.

Jens: If you are part of a dominant group, you don't have to question yourself – why am I being discriminated against – because you aren't. So it's important to have tools, like feminism, to confront, to open your eyes for discrimination and marginalization, because you yourself don't experience it.

Film-Still aus Salon Talk, v.l.n.r.: Dudu Kücükgöl, Gin Müller, Anna Mendelssohn, Elisabeth Tambwe und Jens Kastner
Still from Salon Talk, from l. to r.: Dudu Kücükgöl, Gin Müller, Anna Mendelssohn, Elisabeth Tambwe, and Jens Kastner
Fotos / Photos: Martin Putz

sichtbar zu machen. Es bedeutet etwas, eine Frau zu sein. Aber es ist wiederum jeweils eine gänzlich andere Erfahrung, eine Frau aus einer Randgruppe oder aus der Upperclass zu sein. Soziale Faktoren spielen eine Rolle, ebenso wie ethnische oder religiöse Zuschreibungen oder Religion. Diese Hintergründe sind sehr wichtig.

Jens: Wenn du Teil einer gesellschaftlich dominanten Gruppe bist, musst du dich nicht fragen, warum du diskriminiert wirst – weil es nicht der Fall ist. Also ist es wichtig, Werkzeuge wie den Feminismus zu haben, um sich mit Diskriminierung und Marginalisierung zu konfrontieren, weil man es selbst nicht direkt erlebt. Man muss damit konfrontiert werden. In meiner persönlichen Entwicklung war es ganz entscheidend, mit dem Feminismus konfrontiert zu werden.

Dudu: Aber ich denke, bevor man konfrontiert wird, muss man sensibel dafür sein; man muss bereit sein, zuzuhören. Nur dann lässt man die Konfrontation zu.

Elisabeth: Ich habe festgestellt, dass es wirklich so etwas wie einen „weißen Feminismus" gibt. Zum Beispiel fühle ich mich manchmal in eine Konversation nicht eingebunden. Die Leute reden mit großen Worten und alles erscheint so theoretisch – und dann in der Praxis, im Leben, merkt man, wie exklusiv das eigentlich alles ist.

Dudu: Ich denke, man kann nur so selbstsicher sein und wirklich glauben, was man sagt, wenn man daran gewöhnt ist, nicht in Frage gestellt zu werden. Ich wurde schon in ganz jungem Alter, als Sechsjährige, dauernd gefragt „Warum isst du das nicht? Warum tust du das?" Und so weiter. Ich bin es gewohnt, mich immer wieder erklären zu müssen.

Elisabeth: Dich zu rechtfertigen...

Dudu: Ja, mich zu rechtfertigen. Ich bin immer hinterfragt worden. Ich bin damit aufgewachsen, mich selbst zu hinterfragen, weil die Leute um mich herum es immer taten. Im Gegensatz dazu ist die allgemein vorherrschende Erfahrung doch eher jene, nie hinterfragt zu werden, sodass man gar nicht auf die Idee kommt, die eigenen Ansichten wären nicht die richtigen.

Anna: Hast du ein Problem mit dem Wort Feminismus, Jens?

Jens: Für mich stellt das Wort Feminismus klar, dass wir eine bestimmte Form von Ungleichheit ansprechen; nicht Rassismus, nicht Kapitalismus. Es gibt verschiedene Formen der Diskriminierung und wenn wir eine bestimmte Problematik hervorheben wollen, ist es entscheidend, dass wir nicht über dieses und jenes, sondern über etwas ganz Spezifisches sprechen.

You need to be confronted. For my personal experience it was crucial to be confronted by feminism.

Dudu: But first of all, before being confronted, I think you have to be sensitive; you have to be willing to listen. Only then can you let yourself be confronted.

Elisabeth: I have come to realize that there really is a "white feminism." For example, sometimes I don't feel included in the conversation. You know, people talk with big words, and everything seems so theoretical – but then in practice, in life, we see how exclusive it actually is.

Dudu: I think you can only be so self-confident and absolutely believe in what you say if you are not used to being questioned. From a very young age on, as a six-year-old, I was always questioned, "Why aren't you eating this? Why are you doing that? and so on. I am used to having to explain myself over and over.

Elisabeth: To justify yourself...

Dudu: ... to justify myself. I was always questioned. I grew up questioning myself, because people always questioned me. On the other hand – the dominant experience is – I am never questioned and so I don't even come up with the idea that my views are not the correct ones that everyone should share.

Anna: Do you have a problem with the word feminism, Jens?

Jens: I think the word feminism makes it clear that we are addressing a certain form of inequality; it's not racism; it's not capitalism. There are different forms of discrimination, and if we want to address a certain problem, it's crucial that we don't just talk about this or that, but about something very specific.

Gin: I used to have a problem with the word feminism because I always had the problem of having to identify as a woman – and then also be a feminist. So my problem was a little bit different. I felt more trans. It's actually easier now for me, as a man, to proudly say I am a feminist. I also see it strategically. I was always proud to be a feminist, but I had this identity problem. Being feminist was connected to being a woman. But strategically now, as a trans-man who is also being received differently, socially, it's very important to say – I am a proud feminist.

Anna: Sometimes it feels like we are tired of having the same discussions over and over again. I wonder what the discussion on feminism that we would like to have is?

Dudu: I think justice. I think our discussion should be about justice.

Gin: Justice connected to equality in a democratic society. Feminism is also connected to anti-capitalism, and, yes, pro-

Gin: Ich hatte früher ein Problem mit dem Wort Feminismus, weil ich es immer schwierig fand, mich als Frau identifizieren zu müssen – und dann auch noch Feministin zu sein. Mein Problem war also ein bisschen anders gelagert. Ich fühlte mich eher trans. Jetzt ist es eigentlich leichter für mich, als Mann, mich stolz einen Feministen zu nennen. Ich sehe das auch strategisch. Ich war zwar immer stolz darauf, Feministin zu sein, hatte aber dieses Identitätsproblem. Feministin zu sein war damit verbunden, eine Frau zu sein. In diesem neuen Kontext, als Trans-Mann, der auch sozial anders wahrgenommen wird, ist es sehr bedeutsam zu sagen: Ich bin ein stolzer Feminist.

Anna: Manchmal fühlt es sich so an, als wären wir es leid, immer wieder die gleichen Diskussionen zu führen. Ich frage mich, worum sich eine Diskussion über Feminismus, wie wir sie gerne hätten, drehen sollte.

Dudu: Um Gerechtigkeit, glaube ich. In unserer Diskussion sollte es um Gerechtigkeit gehen.

Gin: Gerechtigkeit im Zusammenhang mit dem Gleichheitsprinzip in einer demokratischen Gesellschaft. Feminismus hängt auch mit Antikapitalismus zusammen und ja, mit den Problemen des Rassismus und der klassenspezifischen Diskriminierung. Und so landen wir unvermeidlich bei der Frage, was es heißt, in einer demokratischen Gesellschaft zu leben.

Elisabeth: Manchmal wird mir von all dem ein bisschen schwindelig. Zuviel Gerede, ich bin mehr für's Handeln. Was ist Feminismus? Es gibt all diese Ungleichheit, und es gibt diese vermeintlich geschlossenen Türen, aber das zwingt blems of racism and classism. And we end up necessarily questioning what it means to live in a democratic society.

Eisabeth: Sometimes it all makes me a bit dizzy. Too much talking, I am more into doing. What is feminism? There is all this inequality, and then there are doors which seem closed, but this also forces us to open up spaces. I have to find other solutions. I have to propose something else. And this way we can find a new approach.

Anna: What are the things we want to do?

Elisabeth: Give visibility in a different field, for instance. Inviting me here in this Jewish museum is an action.

Gin: Maybe it's not so much about smashing patriarchy, but more about developing other social relations, giving visions of what feminism, also intersectional feminism, could be, and also becoming hegemonic with this.

Dudu: I feel that more people are becoming aware that if you want to have equality, if you want to have democratic structures, it means not only standing up for yourself alone, not only standing up for my own struggle, but also for your struggle. To say – if I am against oppression, I am against the oppression of everybody, and not only against my own oppression.

Elisabeth: My mother used to say that before you change the world, change your curtain. Or clean the window. Then you can see better.

Film-Still aus Salon Talk, v.l.n.r.: Dudu Kücükgöl, Gin Müller, Anna Mendelssohn, Elisabeth Tambwe und Jens Kastner
Still from Salon Talk, from l. to r.: Dudu Kücükgöl, Gin Müller, Anna Mendelssohn, Elisabeth Tambwe, and Jens Kastner
Fotos / Photos: Martin Putz

uns auch dazu, Räume zu öffnen. Ich muss andere Lösungen finden. Ich muss etwas anderes vorschlagen. Und so können wir neue Zugänge finden.
Anna: Wie wollen wir also handeln?
Elisabeth: Sichtbarkeit in einem anderen Bereich erzeugen, zum Beispiel. Mich hier in das Jüdische Museum Wien einzuladen, ist so eine Aktion.
Gin: Vielleicht geht es nicht so sehr darum, das Patriarchat zu zerschlagen, sondern eher um das Herstellen von neuen sozialen Beziehungen, Visionen zu liefern, was Feminismus, auch intersektionaler Feminismus, sein könnte, und damit auch hegemoniale Ansprüche zu stellen.
Dudu: Ich bemerke, dass immer mehr Leuten bewusst wird, dass man zur Verwirklichung von Gleichheit, von demokratischen Strukturen nicht nur für sich alleine aufstehen soll, für den eigenen Kampf, sondern auch für den der anderen. Das heißt, wenn ich gegen Unterdrückung bin, bin ich auch gegen die Unterdrückung aller, nicht nur meine eigene.
Elisabeth: Meine Mutter pflegte zu sagen, wenn du die Welt verändern willst, beginne mit deinem Vorhang. Oder putze das Fenster. Dann siehst du besser.

Anna Mendelssohn ist Schauspielerin und Künstlerin.

Gin Müller ist Dramaturg, Theaterwissenschafter, Performer und Queer-Theoretiker.

Jens Kastner ist Soziologe und Kunsthistoriker.

Elisabeth Tambwe ist Choreographin und bildende Künstlerin.

Dudu Kücükgöl ist studierte Wirtschaftspädagogin und ehem. Vorstandsmitglied der Muslimischen Jugend Österreich.

Anna Mendelssohn is an actress and artist.

Gin Müller is a dramaturg, theater scholar, performer and queer theorist.

Jens Kastner is a sociologist and art historian.

Elisabeth Tambwe is a choreographer and visual artist.

Dudu Kücükgöl is a graduate in business education and a former board member of the Muslim Youth of Austria.

Bibliografie und Quellen (Auswahl)
Selected Bibliography

Isabella ACKERL: Wiener Salonkultur um die Jahrhundertwende, in: Jürgen NAUTZ (Hrsg.): Die Wiener Jahrhundertwende. Einflüsse – Umwelt – Wirkungen, Wien u.a. 1993, 694-709.

Jeremy ADLER, Birgit SANDER (Hrsg.): Marie Louise von Motesiczky 1906–1996. Die Malerin, Wien 2007.

Peter ALTENBERG: Märchen des Lebens, Berlin 1911.

Elsie ALTMANN LOOS: Mein Leben mit Adolf Loos, Wien 1968.

Hannah ARENDT: Rahel Varnhagen. Lebensgeschichte einer deutschen Jüdin aus der Romantik. München/Berlin/Zürich 2016 (erstmals 1959).

Christine BACKHAUS-LAUTENSCHLÄGER: ... Und standen ihre Frau. Pfaffenweiler 1991.

Sigrid BAUSCHINGER: Else Lasker-Schüler. Biografie, Göttingen 2004.

Emily D. BILSKI, Emily BRAUN: Jewish women and their salons: The power of conversation (published in association with the Jewish Museum, New York), New Haven, Conn. [u.a.] 2005.

Susanne BLUMESBERGER (Hrsg.): Helene Scheu-Riesz (1880–1970). Eine Frau zwischen den Welten, Wien 2005.

Felix BUTSCHEK: Österreichische Wirtschaftsgeschichte, Wien 2011.

Elias CANETTI: Das Augenspiel. Lebensgeschichte 1931–1937, München u.a. 1985.

Franz Theodor CSOKOR: Zeuge einer Zeit. Briefe aus dem Exil 1933-1950, München/Wien, 1964.

Miri DEBBI: Ticho. The Story of a Family, Ofakim 1994.

Hans DEICHMANN: Leben mit provisorischer Genehmigung. Leben, Werk und Exil von Dr. Eugenie Schwarzwald (1872–1940). Berlin u.a. 1988.

Richard DOVE: „Fremd ist die Stadt und leer ...", Berlin 2004.

Milan DUBROVIC: Veruntreute Geschichte. Die Wiener Salons und Literaturcafés, Wien/Hamburg 1984.

Gesa von ESSEN: „Hier ist noch Europa!" – Berta Zuckerkandls Wiener Salon, in: Roberto SIMANOWSKI, Horst TURK, Thomas SCHMIDT (Hrsg.): Europa – ein Salon? Beiträge zur Internationalität des literarischen Salons, Göttingen 1999, 190-213.

Felicie EWART: Zwei Frauen-Bildnisse zur Erinnerung. Wien 1907.

Jacob FALKE: Die Kunst im Hause. Geschichtliche und kritisch-ästhetische Studien über die Decoration und Ausstattung der Wohnung. Wien 1873 (2. Auflage).

Manfred FLÜGGE: Wider Willen im Paradies. Deutsche Schriftsteller im Exil in Sanary-sur-Mer, Berlin 2001.

Bruno FREI: Der Papiersäbel. Autobiographie, Frankfurt am Main 1972.

Margret FRIEDRICH: Zur Tätigkeit und Bedeutung der Frauenvereine im 19. Jahrhundert in Metropole und Provinz, in: Brigitte MAZOHL-WALLNIG (Hrsg.): Bürgerliche Frauenkultur im 19. Jahrhundert, Wien u.a. 1995, 125–174.

Florentine GALLINY (Hrsg.): Julie Schlesinger: Gedenkblätter von Freunden den Freunden, Wien 1903.

Heinz GERSTINGER: Altwiener literarische Salons. Wiener Salonkultur vom Rokoko bis zur Neoromantik (1777–1907), Salzburg 2002.

Leo GLÜCKSELIG: Gottlob kein Held und Heiliger! Ein Wiener „Jew-boy" in New York, Wien 1999.

Julius GOMPERZ: Jugend-Erinnerungen, Wien 1903.

Peter HAMMERSCHLAG: Der Mond schlug grad halb acht. Grotesk-Gedichte, Wien 1972.

Werner HANAK-LETTNER, Michael HAAS, Karin WAGNER (Hrsg.): Endstation Schein-Heiligenstadt. Eric Zeisls Flucht nach Hollywood, Wien 2005.

Werner HANAK-LETTNER, Danielle SPERA (Hrsg.): Unsere Stadt! Jüdisches Wien bis heute, Katalog zur Dauerausstellung des Jüdischen Museums Wien, Wien 2013.

Werner HANAK-LETTNER (Hrsg.): Die Universität. Eine Kampfzone, Ausstellungskatalog Jüdisches Museum Wien, Wien 2015.

Louise HECHT, Dieter HECHT: Jüdische Frauen zwischen Haskalah und Emanzipation, in: Sabine HÖDL (Hrsg.): Salondamen und Dienstboten. Jüdisches Bürgertum um 1800 aus weiblicher Sicht, St. Pölten 2009, 28-39.

Alice HERDAN-ZUCKMAYER: Genies sind im Lehrplan nicht vorgesehen. Frankfurt 1979.

Olaf HERLING: Berta Zuckerkandl (1864–1945) oder die Kunst weiblicher Diplomatie, in: Frauke SEVERIT (Hrsg.): Das alles war ich. Politikerinnen, Künstlerinnen, Exzentrikerinnen der Wiener Moderne, Wien u.a. 1998, 53-74.

Deborah HOLMES: Langeweile ist Gift. Das Leben der Eugenie Schwarzwald, St. Pölten u.a. 2012.

Rudolf HOLZER: Villa Wertheimstein. Haus der Genien und Dämonen. Wien 1960.

Paula HYMAN: Gender and Assimilation in Modern Jewish History. The Roles and Representation of Women, Seattle 1995.

Israelitischer Frauen-Wohltätigkeits-Verein (Hrsg.): 100. Vereinsjahr. Jubiläums- und Jahresbericht für das Jahr 1915, Wien 1916.

Jutta JACOBI: Die Schnitzlers. Eine Familiengeschichte, München/Salzburg 2016.

Clemens JOBST, Hans KERNBAUER: Die Bank. Das Geld. Der Staat. Nationalbank und Währungspolitik in Österreich 1816–2016, Frankfurt 2016.

Erika KARNER: Zwischen Gartenbau und Gartenkunst: Gärtner und Gartengestalter in Wien 1918–1945. Die Standesgeschichte im Wechsel der politischen Systeme, Dissertation, Universität Wien 2010.

Gabriele KOHLBAUER-FRITZ, Wiebke KROHN (Hrsg.): Beste aller Frauen. Weibliche Dimensionen im Judentum, Ausstellungskatalog Jüdisches Museum Wien, Wien 2007.

Oskar KOKOSCHKA: Mein Leben, München 1972.

Elke KRASNY: The Salon Model. The Conversa-

tional Complex, in: Victoria HORNE, Lara PERRY (Hrsg.): Feminism and Art History Now. Radical Critiques of Theory and Practice, London/New York 2017, 134-142.

Ulrike KRIPPNER: Wiener Gartenarchitektinnen zwischen Staudenbeet und Zeichentisch. Garten- und Landschaftsarchitektur des frühen 20. Jahrhunderts in Österreich, Dissertation, Universität für Bodenkultur Wien 2015.

Hartmut KRONES (Hrsg.): Geächtet, verboten, vertrieben. Österreichische Musiker 1934 - 1938 - 1945, Wien u.a. 2013.

Sophie LILLIE: Was einmal war. Handbuch der enteigneten Kunstsammlungen Wiens, Wien 2003.

Adolf LOOS: Wohnungsänderungen, Wien o.J.

Claire LOOS: Adolf Loos privat, Wien 1936.

Elisabeth MALLEIER: Jüdische Frauen in Wien 1816–1938, Wien 2003.

Henriette MANDL: Cabaret und Courage. Stella Kadmon, eine Biografie, Wien 1993.

Karl MARILAUN: Adolf Loos, Wien/Leipzig 1922.

Lucian O. MEYSELS: In meinem Salon ist Österreich. Berta Zuckerkandl und ihre Zeit, Wien u.a. 1985.

Hermine MÜLLER-HOFMANN – Vergänglichkeit, ich bin dafür, in: Hubert GAISBAUER, Heinz JANISCH (Hrsg.): Menschenbilder, Wien 1992, 179-190.

Robert MUSIL: Der Mann ohne Eigenschaften, Berlin 1930.

Robert NEUMANN: Ein leichtes Leben. Bericht über mich selbst und Zeitgenossen, Frankfurt am Main 1965.

Helene von NOSTITZ: Aus dem alten Europa. Menschen und Städte, Reinbek bei Hamburg 1964.

Corinna OESCH: Maria Hofer. Frauenzusammenhänge und Musik, Strasshof/Wien 2010.

Corinna OESCH: Maria Hofer (1894–1977). „Wenn die mittendrin in Improvisieren war, die Augen haben gebrannt.", in: Horst SCHREIBER (Hrsg.): Frauen in Tirol. Pionierinnen in Politik, Wirtschaft, Literatur, Musik, Kunst und Wissenschaft. Innsbruck u.a. 2003, 146–155.

Corinna OESCH: Yella Hertzka (1873-1948). Vernetzungen und Handlungsräume in der österreichischen und internationalen Frauenbewegung. Innsbruck/Wien/Bozen 2014.

Marcus G. PATKA: Freimaurerei und Sozialreform. Der Kampf für Menschenrechte, Pazifismus und Zivilgesellschaft in Österreich 1869–1938.

Helga PEHAM: Die Salonièren und die Salons in Wien. 200 Jahre Geschichte einer besonderen Institution, Wien u.a. 2013.

Shachar PINSKER: Between ‚The House of Study' and the Coffeehouse: The Central European Café as a Site for Hebrew and Yiddish Modernism, in: Charlotte ASHBY, Tag GRONBERG, Simon SHAW-MILLER (Hrsg.): The Viennese Café and Fin-de-siècle Culture, New York/Oxford 2013, 78-97.

Katharina PRAGER: „Ich bin nicht gone Hollywood!". Salka Viertel – ein Leben in Theater und Film, Wien 2007.

Karlheinz ROSSBACHER: Literatur und Bürgertum. Fünf Wiener jüdische Familien von der liberalen Ära zum Fin de Siécle, Wien 2003.

Karl Heinz ROSSBACHER: Salons und Salonièren der Ringtraßenzeit, in: Agnes HUSSLEIN-ARCO, Alexander KLEE (Hrsg.): Klimt und die Ringstrasse, Ausstellungskatalog Belvedere, Wien 2015, 61-76.

Arno RUSSEGGER: „Der Zeus von Tarnopolis". Eugenie Schwarzwald und die Mädchenbildung um 1900, in: Robert STREIBEL (Hrsg.): Eugenie Schwarzwald und ihr Kreis, Wien 1996, 29-40.

Anne SAINT SAUVEUR-HENN (Hrsg.): Fluchtziel Paris. Die deutschsprachige Emigration 1933–1940, Berlin 2002.

Irit SALMON: Ticho House. A Jerusalem Landmark, Jerusalem 1994.

August SARNITZ: Adolf Loos (1870–1933). Architekt, Kulturkritiker, Dandy, Köln 2003.

Cornelia SAXE: Das gesellige Canapé. Die Renaissance der Berliner Salons, Berlin 1999.

Friedrich SCHEU: Ein Band der Freundschaft. Schwarzwald-Kreis und Entstehung der Vereinigung Sozialistischer Mittelschüler, Wien/Köln/Graz 1985.

Moriz SCHLESINGER: Das verlorene Paradies. Ein improvisiertes Leben in Wien um 1900, Wien 1993.

Julius H. SCHOEPS: Theodor Herzl 1860 – 1904. Wenn Ihr wollt, ist es kein Märchen, Wien 1995.

Hans-Martin SCHÖNHERR-MANN: Hannah Arendt. Wahrheit, Macht, Moral, München 2006.

Ernst SCHWAGER: Die österreichische Emigration in Frankreich, Böhlau u.a. 1984.

Alice SCHWARZ-GARDOS: Von Wien nach Tel Aviv. Lebensweg einer Journalistin, Gerlingen 1991.

Eugenie SCHWARZWALD: Die Heimkehr des verlorenen Buches, Wien o.J.

Eduard F. SEKLER: Josef Hoffmann. Das architektonische Werk. Monographie und Werkverzeichnis. Salzburg/Wien 1982.

Karl Jürgen SKRODZKI, Kevin VENNEMANN (Hrsg.): Else Lasker-Schüler: IchundIch. Frankfurt am Main 2009.

Hilde SPIEL: Fanny von Arnstein oder Die Emanzipation. Ein Frauenleben an der Zeitenwende 1758 – 1818, Wien 1978.

Hilde SPIEL: Englische Ansichten. Berichte aus Kultur, Geschichte und Politik, Stuttgart 1984.

Hilde SPIEL: Die hellen und die finsteren Zeiten. Erinnerungen 1911–1946, München 1989.

Robert STREIBEL (Hrsg.): Eugenie Schwarzwald und ihr Kreis, Wien 1996.

Friedrich TORBERG: Die Erben der Tante Jolesch, München/Wien 1978.

Horst TURK: Diotimas Salon, in: Horst TURK, Thomas SCHMIDT, Roberto SIMANOWSKI (Hrsg.): Europa – ein Salon? Beiträge zur Internationalität des Salons, Göttingen 1999, 282-304.

Paul Graf VASILI: Die Wiener Gesellschaft, Leipzig 1885.

Karin WAGNER: Fremd bin ich ausgezogen. Eric Zeisl – Biografie, Czernin 2005.

Karin WAGNER: „.... es grüsst Dich Erichisrael". Briefe von und an Eric Zeisl, Wien 2008.

Franz ENDLER (Hrsg.): Egon Wellesz. Leben und Werk, Wien 1981.

Joseph WERTHEIMER: Über einige neuere wohlthätige Veranstaltungen innerhalb der israelitischen Gemeinde zu Wien, in: J. J. BUSCH (Hrsg.): Kalender und Jahrbuch für Israeliten auf das Jahr 5603, Wien 1842.

Petra WILHELMY-DOLLINGER: Der Berliner Salon im 19. Jahrhundert (1780–1914), Berlin 1989

Christa WOLF: Stadt der Engel. Oder The Overcoat of Dr. Freud, Berlin 2010.

Gerson WOLF: Vom ersten bis zum zweiten Tempel. Geschichte der Israelitischen Cultusgemeinde in Wien (1820–1860), Wien 1860.

Michaela ZLAMAL: Die Wiener Salonkultur in der ersten Hälfte des 20. Jahrhunderts, Universität Wien 1994.

Berta ZUCKERKANDL: Ich erlebte fünfzig Jahre Weltgeschichte, Stockholm 1939.

Berta ZUCKERKANDL: Österreich intim. Erinnerungen 1892–1942 (hg. von Reinhard Federmann), Frankfurt u.a. 1970.

Stefan ZWEIG: Die Welt von Gestern. Erinnerungen eines Europäers, Frankfurt 1986.

Internetquellen / Internet sources

David AXMANN: Spiel, Hilde: Rückkehr nach Wien, in: Wiener Zeitung vom 12.06.2009, URL: http://www.wienerzeitung.at/themen_channel/literatur/buecher_aktuell/235548_Spiel-Hilde-Rueckkehr-nach-Wien.html (18.02.2018).

Ulrike WEISER: Die Rückkehr der Salonkultur, light, in: Die Presse vom 06.01.2008, URL: https://diepresse.com/home/panorama/oesterreich/351769/Die-Rueckkehr-der-Salonkultur-light (22.02.2018).

Abkürzungsverzeichnis
Abbreviations

ASC	Arnold Schönberg Center
	Arnold Schönberg Center
DLA Marbach	Deutsches Literaturarchiv Marbach
	German Literature Archive
IKG	Israelitische Kultusgemeinde
	Jewish Community of Vienna
Slg. JMW	Sammlung Jüdisches Museum Wien
	Collection Jewish Museum Vienna
MAK	Österreichisches Museum für angewandte Kunst / Gegenwartskunst
	Austrian Museum of Applied Arts / Contemporary Art
ÖKA	Österreichisches Kabarettarchiv
ÖNB	Österreichische Nationalbibliothek
	Austrian National Library
ÖStA	Österreichisches Staatsarchiv
	Austrian State Archives
WStLA	Wiener Stadt- und Landesarchiv
	Municipal and Provincial Archives of Vienna

Autorinnen und Autoren
Authors

Domagoj Akrap, Studium der Judaistik und Slawistik an der Universität Wien. Seit 2003 als Bibliothekar und wissenschaftlicher Mitarbeiter und seit 2017 als Kurator am Jüdischen Museum Wien tätig. Mehrere Publikationen zu jüdischen Denkern, u.a. die Monographie *Erich Fromm – ein jüdischer Denker* (Wien 2011). Forschungsschwerpunkte: Jüdische Geistesgeschichte mit Schwerpunkt jüdische Mystik, jüdisches Denken (insb. 20. Jh.) sowie jüdische Buchgeschichte und hebräischer Buchdruck.

Domagoj Akrap, studied Jewish studies and Slavonic studies at the University of Vienna. Since 2003 librarian and research assistant, and since 2017 curator at the Jewish Museum Vienna. Published several articles on Jewish thinkers, as well as the book *Erich Fromm – ein jüdischer Denker* (Vienna 2011). Research focus: Jewish history of ideas with special focus on Jewish mysticism, Jewish thinking (mainly 20th century), Jewish book history, as well as Hebrew letterpress printing.

Sabine Bergler, Studium der Vergleichenden Literaturwissenschaft und Kunstgeschichte in Wien. Seit 2014 wissenschaftliche Mitarbeiterin am Jüdischen Museum Wien, Mitarbeit an Ausstellungen und Sammlungsbetreuung. Doktorandin im Bereich der Schoa-Literatur.

Sabine Bergler, studied comparative literature and art history in Vienna; since 2014 researcher at the Jewish Museum Vienna; participation in exhibitions and collection management; doctoral student in Shoah literature.

Werner Hanak, Studium der Theater- und Kommunikationswissenschaft. Chefkurator am Jüdischen Museum Wien 2011–2018, wissenschaftlicher Mitarbeiter seit 1992. Kurator der permanenten Ausstellung *Unsere Stadt! Jüdisches Wien bis heute* (2013). Zahlreiche kulturgeschichtliche Ausstellungen und Publikationen, u. a. *Die Universität. Eine Kampfzone* (2015), *Bigger than Life. 100 Jahre Hollywood. Eine jüdische Erfahrung* (2011), *quasi una fantasia. Juden und die Musikstadt Wien* (gemeinsam mit Leon Botstein, Wien: 2003, New York: 2004). Seit Mai 2018 stellv. Direktor am Jüdischen Museum Frankfurt. 2011 publizierte er seine Studie *Die Ausstellung als Drama. Wie das Museum aus dem Theater entstand*; Lehraufträge an der Universität Wien und am Bard Graduate Center, New York.

Werner Hanak, studied theater and communication studies. Head curator of the Jewish Museum Vienna 2011–2018, member of its scientific staff since 1992. Curator of the

permanent exhibition *Our City! Jewish Vienna – Then to Now* (2013). Numerous cultural exhibitions and publications, including *The University. A Battleground* (2015), *Bigger than Life. 100 Years of Hollywood. A Jewish Experience* (2011), *quasi una fantasia. Vienna. Jews and the City of Music 1870–1938* (with Leon Botstein, Vienna: 2003, New York: 2004). Since May 2018 deputy director of the Jewish Museum Frankfurt. In 2011 he published his study *Die Ausstellung als Drama. Wie das Museum aus dem Theater entstand*. Lecturing assignments at the University of Vienna and the Bard Graduate Center, New York.

Gabriele Kohlbauer-Fritz, Studium der Slawistik und Judaistik in Wien und Moskau. Ab 1993 Kuratorin am Jüdischen Museum Wien, seit 2011 Sammlungsleiterin. Ausstellungen und Kataloge: *Der Schejne Jid. Das Bild des jüdischen Körpers in Mythos und* Ritual; Zwischen *Ost und West. Galizische Juden und Wien*; *Die Liebens. 150 Jahre Geschichte einer Wiener Familie*; *Beste Aller Frauen. Weibliche Dimensionen im Judentum* und *Ringstraße. Ein jüdischer Boulevard*.

Gabriele Kohlbauer-Fritz, studied Slavic studies and Jewish studies in Vienna and Moscow; since 1993 curator at the Jewish Museum Vienna, since 2011 head of collection department; exhibitions and catalogues: *Der Schejne Jid: Images of the Jewish Body in Myth and Ritual*; *East Meets West: Galician Jews and Vienna*; *The Liebens: 150-Year History of a Viennese Family*, *Best of All Women: The Female Dimension in Judaism*; *Ringstrasse: A Jewish Boulevard*.

Hannah Landsmann studierte Judaistik und Romanistik an der Universität Wien und erlangte das Lehramt aus Deutsch und Geschichte an der Pädagogischen Hochschule in Wien. Seit 1997 ist sie als Kulturvermittlerin im Jüdischen Museum Wien tätig und leitet seit 2000 die museumspädagogische Abteilung. In verschiedenen Weiterbildungsformaten tritt sie als Vortragende auf und berät Vermittlungsabteilungen anderer (jüdischer) Museen.

Hannah Landsmann studied Jewish studies and Romance studies at the University of Vienna and also graduated from the Teacher Education Program in German and History at the University College of Teacher Education Vienna. Since 1997, she has been working as cultural educator at the Jewish Museum Vienna and has been head of the education department since 2000. She serves as a lecturer in various further education training programs and advises educational departments of other (Jewish) museums.

Anna Mendelssohn studierte Schauspiel in Großbritannien. Seit 2004 ist sie Mitglied der Kompanie *toxic dreams*. Der Fokus ihrer eigenen Arbeiten liegt im Besonderen auf der Rolle von Sprache und Rhetorik. In ihren Solokonferenzen, Dialogen und Sprechakten beschäftigt sie sich mit Themen wie Feminismus, Klimawandel, dem Internet oder der Konfliktlösung.

Anna Mendelssohn studied acting in Great Britain. Since 2004, she has been a member of the ensemble *toxic dreams*. The focus of her work lies on language and rhetoric. In her solo conferences, dialogues and speech acts, she deals with issues such as feminism, climate change, the Internet, or conflict resolution.

Marcus Patka, Zeit- und Kulturhistoriker, Germanist, seit 1998 Kurator am Jüdischen Museum Wien. Zahlreiche Ausstellungen und Publikationen im In- und Ausland zur Wiener jüdischen Kulturgeschichte (Literatur, Musik, Theater, Kabarett, Sport etc.). Lehraufträge an der Portland State University (2004 und 2006) und an der Universität Wien (2012 und 2013). 2014 Habilitation am Institut für Zeitgeschichte der Universität Wien.

Marcus Patka, contemporary and cultural historian, German philologist, since 1998 curator at the Jewish Museum Vienna. Numerous exhibitions and publications in Austria and abroad on Viennese Jewish cultural history (literature, music, theater, cabaret, sports, etc.); lecturer at Portland State University (2004 and 2006) and at the University of Vienna (2012 and 2013), 2014 habilitation at the Institute of Contemporary History, University of Vienna.

Astrid Peterle, seit 2010 als Kuratorin und Assistentin der Geschäftsführung am Jüdischen Museum der Stadt Wien tätig, seit Mai 2018 Chefkuratorin. Studium der Geschichte und Kunstgeschichte in Wien, Berlin und New York; 2009 Promotion; Lektorin an den Universitäten Wien, Graz und Salzburg. Autorin zahlreicher Beiträge zur Wiener jüdischen Geschichte, Kulturgeschichte sowie zeitgenössischer Kunst, insbesondere Performance Kunst, Fotografie und feministischer Kunstpraxis.

Astrid Peterle, curator and executive personal assistant to the CEO at the Jewish Museum Vienna since 2010; since May 2018 chief curator. Studies of history and art history in

Vienna, Berlin, and New York; 2009 PhD; external lecturer at the universities of Vienna, Graz and Salzburg; author of numerous articles on Viennese Jewish history, cultural history as well as contemporary art, in particular performance art, photography, and feminist art.

Danielle Spera, Studium der Publizistik und Politikwissenschaft/Universität Wien, 1978 bis 2010 Journalistin, Reporterin, Moderatorin und Redakteursrätin im ORF, 1987/88 ORF-Korrespondentin in Washington, DC. Seit 2010 Direktorin des Jüdischen Museums Wien; Präsidentin von ICOM-Österreich; 2013–2018 Universitätsrätin an der MUI; 1991 und 2007 Romy-Preisträgerin; 1990–2002 Lektorin am Institut für Publizistik der Universität Wien; Autorin zahlreicher Bücher und Beiträge zu zeitgenössischer Kunst, jüdischen Themen und bei der Zeitschrift *NU*.

Danielle Spera, studied journalism and politics at the University of Vienna; from 1978 to 2010 journalist, reporter, presenter, and editorial advisor at ORF; 1987/88 ORF correspondent in Washington, D.C.; since 2010 director of the Jewish Museum Vienna; president of ICOM Austria; 2013–2018 member of the University Council of the Medical University of Innsbruck; 1991 and 2007 Romy prizewinner; 1990–2002 lecturer at the University of Vienna Department of Communication; author of numerous books and publications on contemporary art, Jewish subjects, and for the magazine *NU*.

Andrea Winklbauer, Kunsthistorikerin, seit 1992 Kuratorin von Ausstellungen u. a. für das Belvedere, Kunstforum Wien, Kunsthalle Krems, Kunsthaus Mürzzuschlag, Forum Frohner. Von 1994 bis 2008 Kulturvermittlerin und seit 2008 Kuratorin am Jüdischen Museum Wien. Schwerpunkte auf Kunst, Fotografie und Film sowie auf der österreichischen Kunst des 19. Jahrhunderts, Wien um 1900, der Zwischenkriegszeit und Exilforschung. Zahlreiche Publikationen über Kunst, Kulturgeschichte, Fotografie und Film.

Andrea Winklbauer, art historian; since 1992 curator of exhibitions at Belvedere, Kunstforum Vienna, Kunsthalle Krems, Kunsthaus Mürzzuschlag, Forum Frohner, etc. From 1994 to 2008 educator and from 2008 curator at the Jewish Museum Vienna. Specialist in the interaction of art, photography, and cinema, and in Austrian art of the nineteenth century, Vienna around 1900 and between the wars, as well as exile studies. Numerous publications on art, culture, photography, and film.

Leihgeber
Lenders

Akademie der Künste Berlin
Albertina Wien
Archive of Ticho House, The Israel Museum, Jerusalem
Arnold Schönberg Center, Wien
Dr. Marie-Theres Arnbom
Arthur-Fleischmann-Museum, Bratislava
Backhausen Archiv, Wien
Barbara Zeisl-Schönberg
Belvedere, Wien
Boris Wilnitsky Fine Arts, Wien
Galerie bel etage
Germanisches Nationalmuseum Nürnberg
Richard Grubman
imagno
Jewish Museum of New York
KHM-Museumsverband, Theatermuseum Wien
Kunstmuseum Mülheim an der Ruhr
MAK – Museum für angewandte Kunst Wien / Austrian Museum of Applied Arts
National Library of Israel
Österreichische Nationalbank/Geldmuseum, Wien
Österreichische Nationalbibliothek
Österreichische Exilbibliothek im Literaturhaus Wien
Österreichischer Rundfunk, Wien
Privatbesitz Familie Spießberger, Neukirchen bei Altmünster
Dr. Robert Streibel
Slg. Gotschy
Slg. Dr. Thomas Lachs
Slg. Mariella Meinl
Slg. Nechansky
Slg. Dr. Ploil
Slg. Dr. Otmar Rychlik
Österreichisches Kabarettarchiv
Staatsbibliothek zu Berlin
Staatsgalerie Stuttgart
Stadtarchiv Kitzbühl
Wienbibliothek im Rathaus
Wien Museum
Wiener Stadt- und Landesarchiv
ZDF Enterprises

Sowie private Leihgeber, die ungenannt bleiben wollen.
And private lenders who wish to remain anonymous.

Trotz aller Bemühungen ist es nicht gelungen, alle Rechteinhaber ausfindig zu machen. Wir bitten daher, sich mit dem Jüdischen Museum Wien in Verbindung zu setzen, damit die üblichen Vergütungen vorgenommen werden können.
Despite all our efforts, we were not able to identify all of the copyright holders. Should you hold a copyright that has not been acknowledged, we request that you contact the Jewish Museum Vienna so that the customary royalties can be paid.

Dank
Acknowledgements

Monika Angelberger, MAK – Österreichisches Museum für angewandte Kunst/Gegenwartskunst, Wien
Dr. Marie-Theres Arnbom, Wien
Dr. Paul Asenbaum, Decorative Arts Consult, Wien
Anja Bauer-Kersken, MA, Kunstmuseum Mülheim an der Ruhr
Mag. Carmen Baumschlager, Österreichische Galerie Belvedere
Vera Brantl, Literaturarchiv der Österreichischen Nationalbibliothek, Wien
Direktor Dr. Matti Bunzl, Wien Museum
Taylor Catalana, Jewish Museum New York
Martina Dax, MAK – Österreichisches Museum für angewandte Kunst/Gegenwartskunst, Wien
Mag. Dagmar Diernberger, Österreichische Galerie Belvedere, Wien
Karin Ellermann, Klassik Stiftung Weimar
Tanja Fengler-Veit, Deutsches Literaturarchiv Marbach
Eike Feß, MA, Arnold Schönberg Center
Dr. Zuzana Francová, Arthur Fleischmann-Museum, Bratislava
Mag. Ursula Gass, Wien Museum
Daniela Geist, Wien Museum
Claudia Geringer, Österreichische Exilbibliothek im Literaturhaus
Monika Girtler, Galerie bei der Albertina – Zetter, Wien
Mag. Andrea Glatz, Wien Museum
Caroline Gotschy, Seewalchen am Attersee
Mag. Ursula Graf, Archiv Backhausen, Hoheneich
Mag. Elisabeth Graff, Wien Museum
Mag. Michael Grundner, Geldmuseum der Österreichischen Nationalbank
Dr. Sebastian Hackenschmidt, MAK – Österreichisches Museum für angewandte Kunst/Gegenwartskunst, Wien
Barbara Hampe, Klassik Stiftung Weimar
Dr. Andrea Harrandt, Musiksammlung der Österreichischen Nationalbibliothek
Mag. Gerhard Hubmann, Wien Bibliothek
Mag. Robert Huez, Dokumentationsstelle für neuere österreichische Literatur
Dr. Daniel Hupko, Múzeum mesta Bratislavy
Dr. Regina Karner, Wien Museum
Dr. Ingrid Kastel, Albertina Wien
Hanna Keßler, Kunsthandel Boris Wilnitsky
Dr. Louise Kiesling, Ameea Beteiligungs Gmbh
Dipl.-Ing. Dr. Roman Klementschitz, Wien
Dr. Christian Kloyber, St. Wolfgang
Wilhelm Korinek, Österreichisches Patentamt, Wien
Univ.-Prof. Elke Krasny, Institut für künstlerisches Lehramt, Akademie der Bildenden Künste Wien
Dr. Markus Kristan, Albertina, Wien

Dr. Thomas Lachs, Wien
Dr.in Michaela Laichmann, Wiener Stadt- und Landesarchiv
Rachel Laufer, The Israel Museum, Jerusalem
Mag. Ingrid Leis, Gesellschaft der Musikfreunde, Wien
Mag. Michaela Lindinger, Wien Museum
Josef Lutmannsberger, Bezirksgericht Döbling, Wien
Dr.in Sylvia Mattl-Wurm, Wienbibliothek im Rathaus
Mag. Thomas Matyk, MAK – Österreichisches Museum für angewandte Kunst/Gegenwartskunst, Wien
Mag. Agnes Mayrhofer, Galerie bel etage
Rachel Misrati, National Library of Israel, Jerusalem
Elke Morain, Kunstmuseum Mülheim an der Ruhr
Mag. Angelika Möser, Arnold Schönberg Center
Dr. Therese Muxeneder, Arnold Schönberg Center
Eva Nechansky, Wien
Dr. Martina Nussbaumer, Wien Museum
Dr. Corinna Oesch, Wien
Mag. Eva-Maria Orosz, Wien Museum
Ass. Prof. Dr. Clemens Peck, Institut für Germanistik, Universität Salzburg
Mag. Gerald Piffl, IMAGNO, Wien
Mag. Ruth Pleyer, Wien
Dr. Ernst Ploil, Wien
Mag. Michael Prenner
Mag. Christiane Rainer, MA, Albertina Wien
Petra Reichl, UNIQA Österreich AG / Kunstversicherung
Zmira Reuveni, National Library of Israel, Jerusalem
Susanne Rocca, Filmarchiv Austria, Wien
Generaldirektorin Stella Rollig, Österreichische Galerie Belvedere
em. Univ.-Prof. Dr. Karlheinz Rossbacher, Institut für Germanistik, Universität Salzburg
Dr. Otmar Rychlik
KR Hans Scheikl, Bezirksmuseum Döbling
Dr. Elisabeth Schmuttermeier, MAK – Österreichisches Museum für angewandte Kunst/Gegenwartskunst, Wien
Mag. Susanne Schneeweiss, Museum für angewandte Kunst Wien
Barbara Schoenberg-Zeisl
Prof. Dr. Ingrid Schramm, Österreichische Nationalbibliothek, Wien
Dr. Klaus Albrecht Schröder, Albertina
Mag. Christian Schwarz, Wien Museum
Timna Seligman, The Israel Museum, Jerusalem
Tanya Sirakovich, The Israel Museum, Jerusalem
Irmgard Spiessberger, Neukirchen bei Altmünster
Bernhard Steiner, Georg Fritsch Antiquariat, Wien
Mag. Anita Stelzl-Gallian, Büro der Kommission für Provenienzforschung beim Bundeskanzleramt p. A. Bundesdenkmalamt Wien
Dr. Robert Streibel, Wien
Eva Streit, MA, Graz
Mag. Monica Strinu, Österreichische Galerie Belvedere
Mag. Laura Tomicek, Wien Museum
Dr. Brigitte Trinkl, Bezirksmuseum Döbling
Angelika Tunhardt, Ploil Boesch Rechtsanwälte GmbH
Mag. Matthias Vigl, Wiener Stadt- und Landesarchiv
Dr. Angela Völker, Wien
Mag. Nadine Vorwahlner, MA, Wien Museum
Franziska Wachter, IMAGNO, Wien
Viktoria Wagesreiter, Wien Museum
Mag.a Kyra Waldner, Wienbibliothek im Rathaus
Mag. Elke Wikidal, Wien Museum
Boris Wilnitsky, Kunsthandel Boris Wilnitsky
Franz Wingelmaier, hs art service austria GmbH
Dr. Christian Witt-Dörring, Wien
Kathrin Wrona, Staatsgalerie Stuttgart
Dr. Barbara Zeisl-Schoenberg, Los Angeles
MMag. Veronika Zwerger, Österreichische Exilbibliothek im Literaturhaus

Foto: Hertha Hurnaus

AK**K**UNSTPROJEKT**E**

kultur.arbeiterkammer.at

Denk KUNST ist eine LEIDENSCHAFT, die wir gerne teilen.

Kunstversicherung

Für Informationen wenden Sie sich bitte an:

- Mag. Ulrike Seppele
  Tel.: +43 1 21175-3932
  E-Mail: ulrike.seppele@uniqa.at

- Mag. Alexandra Mauritz
  Tel.: +43 1 21175-3597
  E-Mail: alexandra.mauritz@uniqa.at

- Isabella Frick MA
  Tel.: +43 1 211 75-3966
  E-Mail: isabella.frick-croy@uniqa.at

www.artuniqa.at

Werbung

Impressum
Imprint

The Place to Be. Salons als Orte der Emanzipation
The Place to Be. Salons – Places of Emancipation

Herausgegeben von Werner Hanak, Astrid Peterle und Danielle Spera im Auftrag des Jüdischen Museums Wien
Edited by Werner Hanak, Astrid Peterle, and Danielle Spera on behalf of the Jewish Museum Vienna
Diese Publikation erscheint anlässlich der gleichnamigen Ausstellung im Jüdischen Museum Wien, 30. Mai 2018 bis 14. Oktober 2018
This catalogue is published to accompany the exhibition of the same name at Jewish Museum Vienna, May 30, 2018, to October 14, 2018

Jüdisches Museum Wien / Jewish Museum Vienna
Dorotheergasse 11, 1010 Wien / Vienna
www.jmw.at

Gesamtleitung / Director: Danielle Spera
Koordination / Coordination: Astrid Peterle, Werner Hanak
Konzept und Kuratierung / Concept and curation: Domagoj Akrap, Sabine Bergler, Werner Hanak,
    Gabriele Kohlbauer-Fritz, Hannah Landsmann, Marcus G. Patka, Astrid Peterle, Danielle Spera, Andrea Winklbauer
Kuratorische Assistenz / Curatorial assistant: Adina Seeger, Janine Zettl
Produktion und Katalogredaktion / Exhibition production and catalogue editing: Adina Seeger
Praktikantinnen / Interns: Julia Kosely, Eva Streit
Grafische Gestaltung / Graphic design: Fuhrer, Wien
Übersetzung Deutsch – Englisch / Translation German to English: Brian Dorsey
Übersetzung Englisch – Deutsch / Translation English to German: Christine Schöffler, Peter Blakeney
Lektorat / Proof-reading: Hans Fleißner
Kaufmännische Leitung / Commercial manager: Markus Roboch
Presse / Press: Petra Fuchs
Sponsoring und Marketing / Sponsoring and marketing: Ida Salamon
Ausstellungssekretariat / Exhibition secretariat: Dominik Cobanoglu
Konservatorische Betreuung / Conservation management: Bettina Dräxler
Haustechnik / Building Services: Christian Fischer, Drago Kecman, Ivica Pavljašević
Kommunikation und Vermittlung / Communication and Education: Hannah Landsmann, Julia Windegger
Veranstaltungsmanagement / Event management: Verena Schrom, Ida Salamon

Foto Umschlag Vorderseite / Cover photo: Vincenz Georg Kininger, Fanny von Arnstein, um/circa 1800, Druck/print, Slg./Coll. JMW, Inv. Nr. 6140

Foto Umschlag Rückseite / Back cover photo: Salon Wertheimstein im Bezirksmuseum Döbling, 2018 / Wertheimstein salon in Döbling District Museum, 2018
© www.nafezrerhuf.com

Zitate Umschlag Rückseite
Zitat Arendt aus Hannah ARENDT: Rahel Varnhagen, Lebensgeschichte einer deutschen Jüdin aus der Romantik, München/Berlin/Zürich 2016 (Erstausgabe 1959), 52.
Zitat Grillparzer zit. n. Karlheinz ROSSBACHER: Literatur und Bürgertum. Fünf Wiener jüdische Familien von der liberalen Ära zum Fin de Siècle, Wien 2003, 339.
Zitat Ley zit. n. Heike HERRBERG/Heidi WAGNER: Wiener Melange. Frauen zwischen Salon und Kaffeehaus, Berlin 2002, 32.
Quotes back cover
Quote by Arendt from Hannah ARENDT, *Rahel Varnhagen: Life of a Jewess*, trans. Richard and Clara Winston. Baltimore and London: The Johns Hopkins University Press, 1997, p. 112.
Quote by Grillparzer cited in Karlheinz ROSSBACHER, *Literatur und Bürgertum. Fünf Wiener jüdische Familien von der liberalen Ära zum Fin de Siècle*, Vienna: Böhlau, 2003, p. 339.
Quote by Ley cited in Heike HERRBERG/Heidi WAGNER, *Wiener Melange. Frauen zwischen Salon und Kaffeehaus*, Berlin: edition ebersbach, 2002, p. 32.

© Jüdisches Museum Wien sowie bei den Autorinnen und Autoren / Jewish Museum Vienna and authors

Für die Buchhandelsausgabe / for publishing industry:
© 2018 by Amalthea Signum Verlag, Wien
Alle Rechte vorbehalten / All rights reserved
Gedruckt in der EU / Printed in the EU
ISBN 978-3-99050-125-2
amalthea.at

In Partnerschaft mit / In cooperation with: